抗日战争时期中国人口伤亡和财产损失调研丛书

主　编　李忠杰
副主编　李　蓉　姚金果
　　　　霍海丹　蒋建农

侵华日军"慰安妇"问题研究

苏智良　姚霏　陈丽菲　编著

中共党史出版社

图书在版编目(CIP)数据

侵华日军"慰安妇"问题研究/苏智良,姚霏,陈丽菲编著.—北京:中共党史出版社,2016.1

(抗日战争时期中国人口伤亡和财产损失调研丛书/李忠杰主编)

ISBN 978-7-5098-3244-8

Ⅰ.①侵… Ⅱ.①苏… ②姚… ③陈 Ⅲ.①军国主义－性犯罪－研究－日本 Ⅳ.①K313.46

中国版本图书馆 CIP 数据核字(2015)第 197553 号

出版发行:**中共党史出版社**

责任编辑:王鸽子

复　　审:姚建萍

终　　审:汪晓军

责任校对:龚秀华

责任印制:谷智宇

责任监制:贺冬英

社　　址:北京市海淀区芙蓉里南街6号院1号楼

邮　　编:100080

网　　址:www.dscbs.com

经　　销:新华书店

印　　刷:北京君升印刷有限公司

开　　本:170mm×240mm　1/16

字　　数:458 千字

印　　张:25.75

印　　数:1—2550 册

版　　次:2016 年 1 月第 1 版

印　　次:2016 年 1 月第 1 次印刷

ISBN 978-7-5098-3244-8

定　　价:58.00 元

此书如有印制质量问题,请与中共党史出版社出版业务部联系

电话:010—82517197

《抗日战争时期中国人口伤亡和财产损失调研丛书》

本课题在中共中央党史研究室室委会领导下进行。先后三位时任主任孙英、李景田、欧阳淞对本课题给予了重要指导。

主　编　李忠杰
副主编　李　蓉　姚金果　霍海丹　蒋建农

参加审稿的领导和专家：

一、中共中央党史研究室领导和专家

　　　曲青山　　孙　英　　龙新民　　陈　威　　石仲泉
　　　谷安林　　张树军　　黄小同　　黄如军　　李向前
　　　陈　夕　　任贵祥　　郑　谦　　王　淇　　黄修荣
　　　刘益涛　　韩泰华

二、有关部门和单位的专家

　　　李景田（第十二届全国人大常委、民族委员会主任
　　　　　　　委员；中共中央党史研究室原主任；中共
　　　　　　　中央党校原常务副校长）
　　　何　理（中国人民解放军国防大学少将、教授、中
　　　　　　　国抗日战争史学会会长）
　　　支绍曾（中国人民解放军军事科学院少将、原军事
　　　　　　　历史研究部副部长、研究员）

罗焕章 （中国人民解放军军事科学院研究员）

刘庭华 （中国人民解放军军事科学院原军事历史研
究部研究室主任、研究员、博士生导师、
首席军史专家）

阮家新 （中国人民革命军事博物馆原副馆长、研究员）

步　平 （中国社会科学院近代史研究所原所长、研
究员）

汤重南 （中国社会科学院世界历史研究所研究员、
中国日本史学会名誉会长）

姜　涛 （中国社会科学院近代史研究所研究员）

荣维木 （《抗日战争研究》原主编）

郭德宏 （中共中央党校党史教研部原主任、教授、
博士生导师）

肖一平 （中共中央党校党史教研部教授）

杨圣清 （中共中央党校党史教研部教授）

李东朗 （中共中央党校党史教研部教授、博士生
导师）

徐　勇 （北京大学历史系教授、博士生导师）

李良志 （中国人民大学中共党史系教授）

王桧林 （北京师范大学教授、博士生导师）

谢忠厚 （河北省社会科学院原现代史研究所所长、
历史研究所顾问、研究员）

中共中央党史研究室课题组成员

李忠杰　霍海丹　李　蓉　姚金果　李　颖
王志刚　王树林　杨　凯

《抗日战争时期中国人口伤亡和
财产损失调研丛书》

总　　序

中共中央党史研究室副主任　李忠杰

发生在 20 世纪三四十年代的中国人民抗日战争，是中华民族抵抗日本帝国主义侵略的一场规模巨大的战争，是世界反法西斯战争的重要组成部分和东方主战场，是近代以来中国反对外敌入侵第一次取得完全胜利的民族解放战争。中国人民抗日战争的胜利，成为中华民族由衰败走向振兴的重大转折点，也对世界各国人民取得反法西斯战争的胜利、争取世界和平的伟大事业产生了巨大影响。

这场战争，作为世界反法西斯战争的一部分，从根本上来说，是反法西斯正义力量与法西斯侵略势力之间的一场大决战，是文明与野蛮的一场大搏斗。日本侵略者，站在法西斯阵营一边，不仅与中国人民为敌，而且与世界人民为敌，肆意践踏人类的公理和正义，企图以残暴杀戮的手段，将中华民族置于自己的铁蹄之下。日本侵略者先后占领了中国、东南亚、南亚、大洋洲许多国家的领土，杀害居民，掠夺物资，强征劳工，施放毒气，蹂躏妇女和儿童，毁坏和窃取文物，造成了大量人员和财产的损失，给中国人民和亚洲其他许多国家人民留下了巨大的创伤，给世界文明造成了空前的破坏。

中国是受战争摧残最为严重的国家。从 1931 年到 1945 年的 14 年间，日本侵略者先后占领了东北、华北、华中、华南等大片中国最重要的经济政治文化战略地区。在整个战争进程中，日军到处屠杀、焚烧、抢掠、奸淫，使中国人民的生命财产惨遭蹂躏；大量使用生化武器，进行残酷的细菌战和化学战；把大批中国平民和俘虏当作细菌和毒气的试验品；对无辜的中国平民施放毒气，或在河流、湖泊、水井中投毒；掠走大批中国劳工，强迫他们筑路、开矿、拓荒，从事大型军事工程，使其大批冻、饿、病、累而死；强征中国妇女作为"慰安妇"，严重残害妇女的身心健康；对抗日根据地实行"烧光、杀光、抢光"政策，企图摧毁抗战军民起码的生存条件；在许多地方还制造了一系列触目惊心的大惨案。直至今天，日本侵略所造成的后果还难以完全消除，日军遗留的毒气弹还不时地威胁着中国人民的生命安全。

日本侵略者的罪行，违背了起码的人类良知和国际公法，不仅是对人权和人道主义的践踏，而且是对人类文明的挑战。它决不是如某些日本右翼分子所说是解放亚洲和太平洋地区人民的行动，而是亚洲和太平洋地区历史上最黑暗的一幕，是人类文明史上的一场浩劫。第二次世界大战结束后，根据《波茨坦公告》的规定，远东国际军事法庭在东京对日本首要战犯进行了国际审判，确认侵略战争为国际法上的犯罪，策划、准备、发动或进行侵略战争者为甲级战犯。此外，盟军还在马尼拉、新加坡、仰光、西贡、伯力等地，对日本的乙、丙级战犯进行了审判。中国也先后对日本的有关战犯进行了审判。这些审判，与欧洲的纽伦堡审判一起，使发动侵略战争的罪犯受到了应有的惩处，代表了全世界一切爱好和平人民的共同愿望。这是正义的审判，历史的审判！这一审判的结果是不容挑战的！

策划和制造当年这场战争的，是一小撮日本军国主义和法西斯分子。而日本人民，从根本上来说，也是受害者。所以，日本人民也用不同方式对这场战争进行了抵制和反抗。不少参加侵华战争的士兵认识到战争的性质，幡然悔悟，积极参加了国际和日本国内的反战活动。战后，很多人勇敢面对历史事实，以见证人的身份揭露了日本军国主义的罪行。还有很多当年的士兵，真诚忏悔战争的罪行，以实际行动推动世界和平和中日友好，做了很多有益的工作。他们的良知和勇气，应该得到充分的肯定和赞赏。

相反，日本国内一些右翼势力，直到今天仍然否认侵略战争的性质和罪行，竭力推卸侵略战争的责任。对早已由当年远东国际军事法庭作出严正判决的南京大屠杀一案，始终企图翻案。历史不容改变，事实岂能抹杀！企图歪曲历史，掩盖罪行，这是中国人民绝对不能同意的！

中国人民在当年那场战争中的胜利，是正义战胜邪恶、光明战胜黑暗、进步战胜反动的伟大胜利！是正义的胜利、人民的胜利、和平的胜利！既是中华民族永远值得纪念的胜利，也是世界人民永远值得纪念的胜利！但是，在纪念胜利的同时，我们不要忘记，这一胜利是用极为惨重的代价换来的。在这一伟大胜利的背后，是中华民族遭受的巨大人员伤亡和财产损失！中华民族，既为这场战争的胜利作出了巨大的贡献，也在这场战争中付出了巨大的民族牺牲。

1995 年，江泽民同志在首都各界纪念抗日战争暨世界反法西斯战争胜利 50 周年大会上，对当年日本侵略中国造成巨大人口伤亡和财产损失的基本数据作出了重要表述。2005 年，胡锦涛同志在纪念中国人民抗日战争暨世界反法西斯战争胜利 60 周年大会的讲话中，再次郑重宣布，据不完全统计，在抗日战争期间，中国军民死伤 3500 多万人；按 1937 年的比值折算，中国直接经济损失 1000 多亿美元，间接经济损失 5000 多亿美元。中国领导人公开宣布的基本数据，从整体上揭示了中国人口伤亡和财产损失的规模，有力地揭露了日本军国主义侵略的罪行。

数据，是历史的抽象。数据的背后，是大量的事实、确凿的证据，是无数人们的惨痛记忆和血泪控诉。为了更直接、更具体、更全面、更系统、更立体地还原当年的历史，展示中国人民遭受的灾难和损失，揭露日本军国主义的罪行，驳斥日本右翼势力否认侵略罪行的种种言论，我们必须通过更多档案资料的展示、历史文书的挖掘、具体事实的考查、当事人的证词证言、各种各样的物证书证，等等，将侵略者的罪行昭告天下。因此，作为炎黄子孙，作为郑重的历史工作者，有必要、有责任、有义务、也有权利对战争期间中国的人口伤亡和财产损失进行更加系统、详尽、具体的调查研究，将当年中国人民的巨大牺牲和惨重损失永远地记载下来。

这项调查研究工作，本来在抗日战争结束之后，或者在新中国成立时，就应该进行。但由于种种历史原因，未能系统、全面地进行。由于年代久远，资料散失，在世的证人越来越少，现在进行这方面的调查和研究已经有很大困难。但是，无论早晚，这项工作总得有人来做。现在才做，已经晚了几十年。但如果现在再不做，将来就更晚，也更困难了。所以，无论再困难，做，都是必要的。做好这项调研，是对历史负责、对人民负责、对当年的牺牲殉难者负责、对我们的子孙后代负责。根本上，是对整个中华民族负责，也是对国际社会和人类文明负责。

因此，2004 年，中央党史研究室决定开展《抗日战争时期中国人口伤亡和财产损失》的课题调研。从 2005 年开始，组织全国党史部门围绕这一重大课题，开展了系统深入的调研工作。其基本任务，是按照实事求是的原则，调查更加详实、有力、具体、准确的档案、材料、事实，更加清楚准确地掌握日本军国主义的侵略罪行，更加清楚准确地掌握日本侵略在各个不同领域、地区和方面对中国造成的破坏和损失。其中包括：各个省、自治区、直辖市在抗战中的人口伤亡和财产损失情况；历次重大战役战斗中中国军队伤亡的情况；日本从中国掠走各种资源的情况；日本从中国掠走和破坏文物的情况；日军在中国制造的一系列重大惨案；中国劳工的损失情况；中国妇女遭受日军性侵犯的情况，包括"慰安妇"的情况；日军在中国使用细菌武器、化学武器及其造成伤害的情况；日本侵略在其他方面给中国造成破坏的情况；等等。

课题调研的整体布局，实行块块和条条的结合。每个省、自治区、直辖市党史研究室，主要负责把本区域内的情况调查清楚。也可根据实际情况，选择一些重点，进行专题性的调研，形成专题性的研究成果。一些重要专题，单靠某个省（自治区、直辖市）做不了，就采取条条的办法，组织专题性的调研。还有一些，则是条条与块块相结合。如毒气，日军在不同区域使用过，有关的省（自治区、直辖市）都调查。但作为一个专题，由相关的区域进行协调，配合开展调研工作，并形成专项的调研成果。如劳工、性侵犯等，就大致属于这种类型。

课题调研的方式方法，主要是查阅和搜集档案文献资料，包括不同历史时期的统计报表。同时查阅当时有关的报刊资料，查阅多年来涉及有关地方、有关课题的研究成果。对一些特殊的重大事件，特别是重大惨案等，也同时进行社会调查，对当事人、知情人、有关研究人员等进行走访，记录证词证言。对于特别重要的事件，有条件的，还进行必要的司法公证，如南京大屠杀、潘家峪惨案等，使这些调查都成为在法律上可以采信的证据。根据需要与可能，也到国外境外包括台湾地区查阅搜集档案资料。

中央党史研究室进行了大量组织和指导工作。在课题确定前，首先进行了必要的论证，得到了许多专家的支持。随后，制定了详细的工作方案，向各省、自治区、直辖市党史研究室发出正式通知和实施意见，明确了工作的指导思想、组织领导、调研项目、工作步骤、基本要求、注意事项等等。为了提高认识，振奋精神，交流经验，落实措施，专门召开了工作培训会议，就课题的总体规划、调研方法、需要把握的问题等，作了全面部署，特别是提出了把调研工作做成"基础工程、精品工程、警世工程、传世工程"的要求。多年来，一直分阶段、有步骤地把这项课题调研推向前进。有关领导和专家分别到各地参加会议，指导培训，提出要求，统一规格，解答疑难问题。在调研过程中，随时就有关问题进行具体指导。工作班子及时编发简报和简讯，交流情况和经验。

各级党委和政府高度重视。多数地方成立了由党史研究室领导负责的课题组。各地先后召开工作会议、电话会议等，培训人员，落实任务。许多地方形成了由党史研究室牵头，档案、民政、财政、司法、地方志、社科院以及高校等部门单位联合攻关的局面，保证了调研工作扎扎实实、有计划有步骤地向前推进。

《抗日战争时期中国人口伤亡和财产损失》课题调研先后经历了六个阶段。第一，酝酿启动。第二，全面调研。这是最重要的阶段。各地组织专门人员，查询档案，实地走访，搜集了大量资料。第三，起草报告。凡参加调研的县以上单位，都要在搜集整理、考证研究档案文献资料和进行实地调查的基础上，写出调研报告，全面、准确地反映调研成果。同时，将调研中搜集的档案文献资料进行分类整理，制作统计表、大事记和人员伤亡名录等。第四，分级验收。为保证调研成果的科学性、准确性、严肃性，各省、自治区、直辖市调研报告都要经过四级验收。首先由课题领导小组审查通过，然后聘请所在省份资深专家审读验收，合格后报送中央党史研究室课题组。中央党史研究室课题组审读各省、自治区、直辖市的调研报告及相关调研成果，认为合格后，再聘请有全国影响的专家审读，写出书面意见并亲笔署名。根据审读意见，各地都要反复认真进行修改，只有达到规定要求才能通过验收。第五，上报成果。完成调研工作的省、自治区、直辖市，都按统一要求，将调研中收集的档案文献资料等所有文件，精心整理，分类成册，向中央党史研究室提交调研成果。各市县也要逐级向省级报送。第六，反复审核。中央党史研究室召开审稿会，组织各省、自治区、直辖市按照标准自审，相互间互审，将各种材料进行比对，将有关数据核实，解决带有共性的问题，进一步统一标准、统一规范、统一格式。

这项课题调研，作为一项浩大的工程，到目前为止，进行了将近10年之久。前后共有60多万党史工作者、史学工作者和其他各类有关人员参加。将近10年来，各个地方都周密组织，采取有力措施推动工作开展，保证调研质量。如山东省，先在30个县（市、区）进行试点，然后在全省普遍推开，形成了纵向省市县乡村五级联动、步调一致，横向十几个部门优势互补、携手攻关的工作格局。课题调研期间，山东省参加工作的同志共查阅档案238742卷，复印档案资料406912页，查阅抗战期间及战后出版的书刊61301册（期），复制文献资料220177页。走访调查8万余个行政村、609万名70岁以上（即1937年全国性抗战爆发以前出生）老人中的507万余人，收集证言证词79万余份。拍摄照片资料7376幅、录像资料49678分钟，制作光盘2037张。全省1931个乡镇，每个乡镇都建立了包括证人证言证词、伤亡人员名录、财产损失清单、人员伤亡和财产损失数字统计、人员伤亡和财产损失大事记、重大惨案证据材料以及证人和知情人口述录音、录像、照片等内容的抗战时期人口伤亡和财产损失材料卷宗，共12892个。

这项课题调研，也得到了社会各界特别是档案图书部门、专家学者的普遍支持。许多档案馆、图书馆为这次调研提供各种方便。不少专家学者在教学科研任务繁重、经费困难的情况下，承担专题研究任务。有的外请专家利用学校假期全力以赴做课题，缺少交通工具，就以自行车代步或徒步，到档案馆和图书馆查阅文献资料。

为了扩大搜寻面，中央党史研究室还组织查档小组，分赴美国、俄罗斯、日本，搜集了许多抗战史料。很多地方的课题组都到台湾查档。在台北"国史馆"、中国国民党党史馆、"中央研究院"近代史研究所档案馆等，找到了数量巨大、整理比较细致的抗战档案。台北"国史馆"馆藏的国民党在大陆统治时期行政院赔偿委员会档案，涉及抗战时期中国人口伤亡和财产损失的有8924卷，内容十分翔实具体。既有中央机关、军队系统人口伤亡和财产损失情况，也有地方省、市，县、区和个人填报的资料，包括台湾地区和华侨的档案资料。新疆防空委员会也报送有财产损失材料，如修筑防空工事、疏散费等财产损失。重庆市报送有日机空袭慰恤重伤难胞姓名卡，上面有卡号、伤员姓名、性别、年龄、籍贯、受伤时间、受伤地点、犒金额、发犒金时期、所住医院名称、医院地址、入院时间等，受伤部位还配有图片加以说明。所有这些，为查明当时各方面的人口伤亡和财产损失，提供了重要证据。

这项重大课题调研的成果，均编成《抗日战争时期中国人口伤亡和财产损失调研丛书》公开出版，为国内外学者提供并为子孙后代留下一份关于抗战时期中国人口伤亡和财产损失的系统资料。经过验收、审核合格的调研报告和主要档案文献资料，都按统一体例，编辑成为丛书的A、B两个系列。A系列为各省、自治区、直辖市各一本调研成果，以及若干重要专题的调研成果，由中央党史研究室负责审核。B系列为各省、自治区、直辖市的其他大量调研成果，由各省、自治区、直辖市党史研究室负责审核。全部成果统一设计、统一规格、统一版式、统一编号，由中共党史出版社统一出版。全部出齐之后，将有300本左右。

为了集中反映日本侵略者在中国制造的各种重大惨案，我们专门编纂了一套《抗日战争时期全国重大惨案》，收录抗战时期死伤平民（或以平民为主）800人以上的重大惨案100多个，配以档案、文献、口述及照片等作为历史证据。日本一些右翼分子，常常攻击中国为什么不拿出伤亡人员名单。我们专门安排了一个省，即山东省，公布该省具体的伤亡人员名录（第一批先公布该省100个县＜市、区＞的死难人员名录），包括姓名、籍贯、年龄、性别、伤亡时间等多项要素。以此说明，中国的伤亡人员都是有根有据、铁证如山的。

历史的生命在于真实、客观、准确。《抗日战争时期中国人口伤亡和财产损失》这一课题调研的生命也在于真实、客观、准确。所以，在开展这一课题调研的过程中，我们始终把保证调研质量，保证所有材料、事实、成果的真实性、客观性和准确性放在第一位，并在五个重要环节上严格要求、严格把关。第一，严格要求。一开始就明确规定，课题调研工作坚持实事求是的原则和科学严谨的态度。整个调研工作必须尊重历史事实。档案怎么记录的，就怎么记载，不能随意改变。当事人、知情人怎么说的，就怎么记录，不能随意加工。所有的材料、事实都要经得起法律上和学术上的质证。在需要与可能的情况下，对当事人、知情人的证词证言要进行司法公证。各种数据，都要确有根据，不能随便编排、采信。不许追求任何高数字、高指标。第二，统一规范。对课题调研的项目、内容，都做了认真细致的研究，提出了统一要求和严格规范。对全部调研项目设计了统一的表格，对调研报告的内容和格式做了统一规定。每个数字的内涵外延，包括如何计算、如何换算等等，都有明确的规定。事前对调研人员进行了培训。调研过程中，对没有理解的问题、疑难的问题等，都由专家给予统一的解释、说明。第三，责任到人。对所有参与课题调研的人员，都实行责任制。查档的、笔录的、整理的、起草调研报告的、审读的……，每个环节的人员都要签名，以对这一环节自己的工作负责，对子孙后代负责。明确规定，今后凡遇到质疑，有关环节的调研人员都要能够站出来进行证明、解释和辩论。第四，客观撰写。在汇总情况、起草调研报告阶段，要求所有的数据统计都必须客观、真实、准确。一律用事实说话，材料要具体、实在。不允许像写文艺作品那样来写调研报告；不允许作任何想象、编造和煽情性的描写；不允许刻意追求语言的生动华美；不允许使用任何带有夸张性、主观推断性的文字；不允许用"不计其数"、"无恶不作"这类抽象的形容词来概括相关内容；经过调研，凡是能够说清的事实、数字都予采用，但仍然说不清的情况、数据，就客观地说明未查核清楚，在汇总和整理数据时充分考虑这些因素，绝对不得编造数字。第五，逐级验收。除了在调研过程中由特聘的专家随时给予指导外，对各地提交的调研报告和相关材料，都实行逐级验收制度。其中，对省级调研成果实行由地方到中央的四级验收，其他调研成果由有关省、自治区、直辖市党史研究室组织验收。每一验收环节都要有专家审读、签字。凡存在问题和不符合要求之处，都要退回重新核查和修改。

经过艰苦努力，到 2010 年底，我们在深入调研的基础上，初步编出了几十本成果，先行印制了少量样本作为内部工作用书，组织力量作进一步的研究、审读、复查、校核。从 2014 年初开始，我们又组织展开了新一轮较大规模的审核工作。第一，召开有关省、自治区、直辖市党史部门参加的审稿会，进一步提高认识，明确规范，听取相互评审以及从社会各方面听到的意见，对审核工作提出要求，进行部署。第二，开展自审、复核、修改，确保准确无误。同时在各省、自治区、直辖市党史部门之间交叉审读，相互间进行比较、核对、衔接。自审互审完成后，都要确认是否具备正式出版的质量水准，签署是否同意交付出版的意见。第三，由中央党史研究室组织专家，对所有拟第一批出版的成果（书稿）进行六个环节的审读、检查、修改、校对，不仅检查是否还有表述不够准确或不够清楚的地方，而且对各本书稿之间、每本书稿各个部分之间的内容、叙述、时间、数字等进行统筹检查，排除表述不一致的内容。第四，如实客观地说明我们工作尽最大努力后达到的程度。始终强调，凡是已经清楚的，就清楚表述。还没有搞清楚的，就如实说明还没有搞清楚。某些数据、结论与其他书籍资料不完全一致的，则说明我们是依据什么材料、从什么角度得出和叙述的，不强求一致。第五，组织各地党史部门继续参与审核。凡有疑问的，都与有关地方党史部门联系、查核。多数省、自治区、直辖市都派专人来京参与审核、修改、校对。审核完毕后，又组织各地党史部门对自己书稿的清样再次进行审核。然后再按出版流程交付印制。今年以来对这些成果再次进行如此繁密、细致的复核工作，都是为了进一步保证成果的质量，保证历史事实的真实性和准确性。

特别需要强调的是，开展这项调研，不是为了简单汇总、计算这样那样的数据，而是为了寻找、展示更多的档案、更多的材料、更多的人证物证、更多的历史事实，用具体的事实来反映当年中华民族遭受的巨大灾难，揭露日本侵略者反人类的罪行。时隔几十年，很多数据难以查清，很多数据可能不很吻合，而且数据的分类、统计、核算都极为复杂，远远不是简单做一做加法就能算出来的。所以，我们在数据上采取了十分谨慎的态度。能统计出来的就统计出来，难以统计的也不强求。统计的口径、结果相互有差别的，也注意说明。今后，我们将会对数据问题作进一步研究。因此，目前的研究还只是阶段性的，不能说已经包罗万象，更不是最终的结论。总体上，还是在为今后更加综合性的研究提供一个详尽、扎实的基础。

由于自始至终都高度重视和强调调研的质量，所以，对于这一项目的真实性、客观性、准确性，我们有充分的信心。当然，无论如何，历史已经过去了六七十年，很多当事人已经去世，很多档案资料已经散失。现在再对发生在六七十年前的灾难进行大规模的调查，其困难是可想而知的。所以，即使做了最大的努力，我们仍然充分预计在调研成果及有关材料中，还是会有不足和差错之处，出版之后，肯定会有不同意见。所以，我们真诚地欢迎所有看到这些调研成果的人们，对其中的内容、材料、数据等进行审查、讨论。如此，必将有更多的人们关心和参与对当年那场灾难的调查，必将会提供和发现更多的档案、更多的资料、更多的见证，必将对我们调研成果中的很多内容进行不断的推敲琢磨，从而使我们能够更加准确、系统地展示当年中国的人口伤亡和财产损失，使我们为子孙后代留下的资料更为完整、更为丰富。我们也欢迎日本和其他国家的人们对这些调研成果进行阅读、审查、讨论、质疑。如此，将会有更多的国家和人们关注中国当年所遭受的灾难，也将会有更多的存留于国外境外的档案资料出现在公众面前，也将会使对当年这段历史和灾难的记录、研究更加准确和科学。

《抗日战争时期中国人口伤亡和财产损失》课题调研，是一项学术性的工作。开展这项课题调研，是为了更加准确和详尽地记录这场战争和灾难的历史，更加充分和有力地揭露日本军国主义的侵略罪行、反击日本右翼势力否认侵略战争的言行，更加充分和有效地进行爱国主义教育，毋忘国耻、振兴中华，更加积极地促进两岸交流、推进祖国和平统一进程，同时，也是为了给全世界所有关注当年这场战争和灾难的国家、政府和人们一个更加负责任的交代，为子孙后代继续研究当年中国人民抗日战争和日本军国主义的侵略罪行留下一笔丰富翔实的历史遗产。因此，虽然是学术性调研，但具有重大的历史意义、现实意义、国际意义、政治意义。作为历史工作者，我们有责任、有义务，实事求是地把中华民族在那场战争中蒙受的巨大灾难和损失尽可能完整地记载下来。推动和开展这项课题调研，是良心所在，是责任所在！每每读到那些令人震颤的历史事实，每每想到那数千万死难者的冤魂亡灵，每每掂量我们今人特别是历史工作者的责任，我们都禁不住潸然泪下。将近10年来，所有调研人员本着对历史和民族负责的精神，殚精竭虑，无私奉献，千方百计寻找各种线索，逐字逐页翻阅档案资料。为了做好对当事人、知情人的调查取证工作，顶酷暑，冒严寒，深入村镇，一家一户进行走访。也许，随着时间的流逝，这样的调研工作，以后再也不可能如此全面深入大规模地进行了。所以，对于能够基本完成这一课题的调研，我们极为欣慰，对能够取得今天这样的成果，我们极为珍惜。将近10年来，调研工作遇到过重重困难，调研人员付出了巨大心血，但只要能够对国家、对民族、对人民有一个负责任的交代，我们所有的努力、辛劳甚至痛苦都是值得的！

现在，《抗日战争时期中国人口伤亡和财产损失调研丛书》A系列第一批成果就要正式出版了，随后我们还将根据工作进程陆续出版第二批、第三批……B系列丛书的编纂和出版工作也将同时推进。而且，这项课题调研工作远没有结束。截至目前课题调研取得的成果，都还是阶段性的、部分的、不完全的成果。很多专题性调研还要继续进行，对大量档案资料还要进行分析研究。所有这些，都还需要我们继续不懈地努力。我们将以对历史负责的精神，一如既往地将这项课题调研工作做好。

历史，是现实的基础，更是未来的起点。打开尘封的记忆，重温昔日的往事，我们可以得到很多的启示和教诲，增长很多的聪明和智慧。所以，研究历史，形式上是向后看，但根本目的是向前看。作为一种科学的研究，我们调查历史的真相，记录历史的灾难，不是为了延续旧时的仇恨，不是为了扩大中日之间的裂痕，不是为了煽动狭隘民族主义的情绪，而是为了以史为鉴，不让历史的悲剧重演；面向未来，书写更加友好合作的美好篇章。经历了太多的苦难和挫折之后，我们更加坚定地热爱和平，更加执着地追求正义，更加珍惜国家的主权与独立，也更加关注世界的文明发展和进步。我们真诚地希望，世界各国能够携手努力，平等协商，求同存异，友好相处，共同推进世界的发展，共享人类文明的成果；我们真诚地希望，中日两国人民能够更多地加强交流、理解和合作，共同开辟中日关系的新局面，使中日关系更加健康稳定地向前发展，使中日两国人民真正世世代代地友好下去；我们真诚地希望，中华民族能够始终以坚韧不拔的努力，坚定不移地走和平发展之路，在中国特色社会主义旗帜下全面建设小康社会，努力实现社会主义现代化，为推动建设一个和平发展、文明进步的世界作出自己的贡献！

2014 年 4 月 30 日

《抗日战争时期中国人口伤亡和财产损失》课题①调研工作规范和要求

2004 年，中共中央党史研究室决定开展《抗日战争时期中国人口伤亡和财产损失》课题调研。2005 年向全国各省、自治区、直辖市党史研究室发出开展此项工作的正式通知，进行相应部署，着重说明工作的指导思想、调查项目、实施步骤及规范和要求。以后又随着课题调研的深入开展，对规范和要求进行了补充和完善。

一、课题调研的基本任务

抗战损失课题调研的目的和任务是深化对抗日战争时期中国人口伤亡和财产损失的研究。1995 年，在首都各界纪念抗日战争暨世界反法西斯战争胜利 50 周年之际，江泽民同志曾经对 20 世纪三四十年代日本侵略中国造成巨大人口伤亡和财产损失的基本数据做出了重要表述。2005 年，在纪念中国人民抗日战争暨世界反法西斯战争胜利 60 周年大会的讲话中，胡锦涛同志再次郑重宣布，据不完全统计，在抗日战争期间，中国军民伤亡 3500 多万人；按 1937 年的比值折算，中国直接经济损失 1000 多亿美元、间接经济损失 5000 多亿美元。中共中央党史研究室组织开展的课题调研，旨在全面详尽调查有关抗日战争时期中国人口伤亡和财产损失的具体事实，为这组基本数据提供强有力的史实支撑，并不是简单地做数据统计。

---

① 本课题亦简称为抗战损失课题或抗损课题。因为抗日战争时期及抗战胜利后国民政府统计人口伤亡和财产损失多采用"抗战损失"等概括性提法，其中将人口伤亡也称作抗战损失之一种，与财产损失并提，故沿用这一表述。

课题调研的基本任务是：按照实事求是的原则，经过广泛、全面、深入细致的调查研究，包括查阅搜集档案资料、对统计数据进行分析等，获得更多的证据，以更加全面和准确地揭露日本帝国主义侵略中国的罪行及其对中国人民造成的伤害。

课题调研的主要内容包括：(1)各个省、自治区、直辖市在抗战中的人口伤亡和财产损失情况；(2)历次重大战役战斗中中国军队伤亡的情况；(3)日本从中国掠走各种资源的情况；(4)日本从中国掠走和破坏文物的情况；(5)日军在中国制造的一系列重大惨案；(6)中国劳工的损失情况；(7)中国妇女遭受日军性侵犯的情况，包括"慰安妇"的情况；(8)日军在中国使用细菌武器、化学武器及其造成伤害的情况；(9)日本侵略在其他方面给中国造成破坏的情况；等等。

二、课题调研的方式和方法

主要是组织有关人员查阅和搜集档案馆、图书馆和其他文博单位以及民间保存的有关中国抗战人口伤亡和财产损失的档案资料、报刊杂志、历年出版的专题资料集和发表的研究成果。对一些特殊、重大的事件如重大惨案，则走访当事人、知情人和有关研究人员，进行录音录像，整理和保存证人证言，有条件的还进行司法公证，努力使这些调查材料成为在法律上可以采信的证据。有些省份的课题组还到境外的有关机构查阅相关档案资料，作为对大陆保存的档案资料的丰富和补充。这次课题调研的整体布局，实行块块和条条相结合。每个省、自治区、直辖市党史研究室在负责开展地区性的广泛调研的同时，也从实际出发开展一些专题性调研。一些重要的、涉及多个地方的带有全局性的专题，则另组织专家进行调研。

三、对搜集档案资料的要求

1. 明确搜集档案资料的范围。搜集档案资料是本课题调研工作的基础，调研成果的质量也主要决定于档案资料是否翔实，是否尽可能完整和全面。所以，凡相关内容的档案资料，不论是直接反映人口伤亡和财产损失的，还是间接反映的（如关于人口状况、财产状况、生产能力、各类资源情况等资料），都尽量搜集，作为撰写调研报告的客观的历史依据。搜集的要件有：档案、报刊、史志、时人日记、专著专论、实地调查报告、图片、影像资料以及出版、发表的研究成果等。

2. 认真整理原始档案和资料。对于搜集到的档案资料，不论是来自原始的档案，还是来自报刊、史志、日记、图书、专题论文等，都认真整理，每份每件都注明保存的地点、单位，文件卷号、出版或发表处等，然后分类汇总，妥善保存。档案资料使用时一律保持原貌，必要时作注释说明，不允许对原件内容增改、涂抹。对搜集到的档案资料要在分门别类整理的基础上进行必要的考证、鉴别和研究。整理后的档案资料，不仅是有关课题承担者撰写课题调研报告的重要依据，其主要内容也作为附件收入有关的调研成果之中。

四、有关数据统计中的几个问题

1. 根据搜集、掌握资料的情况，抗日战争时期中国的人口伤亡分为直接伤亡和间接伤亡两大类。直接伤亡，一般是指日本侵略中国的战争直接导致的中国方面人员的死、伤、失踪等；间接伤亡，一般是指在日本侵略中国的战争包括特定战争环境中造成的中国方面被俘捕人员、灾民、难民、劳工等的伤亡。抗战期间，被俘捕人员、灾民、难民、劳工等伤亡很大，但由于其流动性大等复杂原因，很难形成具体数据资料，统计起来十分困难。因此，本课题调研中，将已确定属于死、伤或失踪的被俘捕人员、灾民、难民、劳工的数据归入有关地方间接伤亡统计数据；无法确定是否伤亡失踪的，可视情况单列相关数据并加以说明。需要补充说明的是，在战争中失踪者，按通常惯例归为死亡。

2. 抗日战争时期中国的财产损失分为直接损失和间接损失两大类。直接损失，一般是指在日军攻击、轰炸或掠夺中直接造成的社会财产损失。居民财产损失列为直接损失。间接损失，一般包括：(1)政府机关等因抗战需要而增加的费用，如迁移费、防空设备费、疏散费、救济费、抚恤费等；(2)各种营业活动可获利润额的减少及由于成本上升等增加的费用；(3)有关伤亡人员的医药、埋葬等费用；(4)为抗战捐献的物资和钱财；(5)有关人力资源的损失。总之，一切因战争造成的间接财产损失均包括在内。

3. 在财产损失中所列的人力资源类损失，包括了被俘捕人员、劳工等在财产方面的损失。中国各级政府所组织的劳役，例如为战争修筑公路、机场、军事工事等抽调民工，都算作人力资源损失。但中国方面征用民工和日本侵略军强征劳工有所区别。日军强征劳工的伤亡率很高，和中国方面征用民工民夫的情况区别很大，因此要分别统计和说明，不能混淆。

4. 中国军队在重大战役战斗中的人员伤亡，分别情况加以统计处理。此次课题调研以统计平民伤亡为主。有关省（自治区、直辖市）如发现有本地发生过军队人员伤亡的重要资料，可以搜集整理并在调研报告中说明，但不计入本地人口伤亡总数。若是本地籍军人的伤亡，则计入本地人口伤亡总数。

5. 海外华侨拥有中国国籍，因此在计算抗日战争时期中国人口伤亡和财产损失时，华侨人口伤亡和财产损失均计算在内。各有关地方在计算本地人口伤亡和财产损失时，视情况可以将本地籍华侨的伤亡、损失计入统计数据总数，亦可单列数据并加以说明。

6. 工厂、学校、机关团体等由于战争原因搬迁造成的损失，算作间接损失，原则上由工厂、学校、机关团体等原所在地方统计。如果原所在地方缺少相关资料，新迁移处具备资料条件，也可由后者统计。为避免交叉和重复，遇到这类情况须特别加以说明。

7. 政党、政府机构的财产损失，归入公用事业的社会团体类财产损失一并计算。

8. 被日军、日本占领当局无偿征用、占用的中国耕地，按农作物的产量及其价值计算财产损失。

9. 伪军、伪政府的人员伤亡和财产损失，一般计入中国人口伤亡和财产损失。

10. 由战争原因导致的如黄河花园口决堤一类重大事件所造成的人口伤亡和财产损失，计算在间接人口伤亡和财产损失中。

11. 重大的财产损失，均以相应数额的货币反映价值。反映财产损失的货币一般要注明币种。

12. 通常用于抗日战争时期财产损失统计的货币（主要是法币），币值问题非常复杂。本课题调研中，涉及财产损失统计的货币数据，有条件进行折算的，一般按1937年即全国抗战爆发当年通用货币法币的币值进行折算，并说明折算的方式方法。因条件不具备，保留原始数据未作折算的，则注明有关数据中用以反映财产损失的货币系何种货币、何年币值。

五、关于撰写课题调研报告的要求

本次课题调研，有关课题组和承担专门课题的专家均按要求撰写出调研报告。

1. 各省、自治区、直辖市课题组撰写调研报告，内容大致分为概述、主体、结论三部分。

概述部分主要包括：介绍课题调研工作的基本情况，如：投入多少力量，到过什么地方查阅搜集档案资料，搜集了多少档案资料等。反映本地的自然地理概况，抗战爆发前的经济社会发展和人口状况，以及在抗战时期是重灾区还是大后方，是沦陷区还是根据地等。叙述日本侵略者在本地的主要罪行。还可简略回顾以往相关课题的资料和研究情况。

主体部分主要包括：分析说明本地人口伤亡和财产损失情

况。根据现掌握资料，将本地抗战时期人口伤亡分为直接伤亡和间接伤亡，将本地财产损失分为直接损失和间接损失，并分别说明主要的史料依据和分析结果。

结论部分，汇总本地人口伤亡数据、财产损失数据。据实说明迄今所掌握资料的局限性、本地遭受人口伤亡和财产损失的特点、影响等。

撰写调研报告依据的主要资料以及调研中同步完成的专题研究报告等，作为调研报告的附件，纳入课题调研成果中。

2. 由一批专家承担的全局性专门课题，如抗日战争时期重大惨案、劳工问题、"慰安妇"问题、细菌战、化学战、文化损失、海外华侨人口伤亡和财产损失、中国军队伤亡、重要战役战斗伤亡等，其调研报告的撰写和附件的收录，参照以上要求进行。

六、对调研成果的验收

在各省、自治区、直辖市课题调研工作结束后，完成的包括课题调研报告在内的省级调研成果和市、县等调研成果，要装订成册，通过审阅和验收，逐级上报，送交各省、自治区、直辖市党史研究室和中共中央党史研究室分别保存。

为确保质量，在调研过程中形成的各省、自治区、直辖市A、B两个系列书稿（省级调研成果为A系列书稿，市、县等调研成果为B系列书稿），要分别通过验收。其中，省级调研成果要通过由地方到中央的四级验收，市、县等调研成果则在有关省、自治区、直辖市内验收。

省级调研成果上报验收前，课题组先认真进行自审，以保证内容的完整准确，特别是调研报告和有关专题研究报告、资料、大事记的内容和数据要互相补充、印证，不能互相矛盾。课题组完成自审后，省级调研成果首先报送省级抗战损失课题领导小组验收。省级课题领导小组审查通过后，送省级专家验收组验收。省级专家验收组参加验收的专家一般为3—5人，人选来自党史系统、社会科学院和社科联系统、档案史志部门、高等院校等方面，为较有影响力、权威性的专家。省级专家验收组在本省（自治区、直辖市）课题领导小组的指导下，按照学术规范的严格要求和有关规定审读、验收本省（自治区、直辖市）拟提交中共中央党史研究室的省级调研成果。验收的主要标准和目的是确保调研成果的准确性、可靠性。对于验收中指出的问题、提出的意见和建议，各省（自治区、直辖市）课题组须采取有效措施解决和落实。对一次验收不合格的，修改、完善之后进行第二次以至多次验收，直到合格为止。省级专家验收组验收合格后，填写《A系列书稿验收报告表》。填写的报告表和书稿同时报送中共中央党史研究室课题组。

中共中央党史研究室课题组收到经省级专家验收组验收合格的省级调研成果后，先进行验收。认为合格后，再聘请国内知名专家进行验收，并填写《A系列书稿验收报告表》。验收中所提修改意见，由有关省、自治区、直辖市课题组予以逐条落实，对调研成果做出相应修改或者说明相关情况。

由一批专家承担的全局性专题研究成果，最后形成的书稿也纳入A系列，其验收也参照上述程序和要求，由中共中央党史研究室课题组组织有关专家进行。对于验收中提出的意见，承担课题的专家要逐条落实，对调研成果进行修改完善直至合格为止。

最后，中共中央党史研究室课题组对经过反复修改形成的省级调研成果和全局性专门课题调研成果进行复核。完成各项程序并符合要求的调研成果，包括通过四级验收的A系列书稿和由有关省、自治区、直辖市党史研究室组织验收并合格的B系列书稿，分批次送交中共党史出版社付印出版。

中共中央党史研究室课题组

目　　录

一、侵华日军"慰安妇"问题调研报告

所谓"慰安妇",就是按日本政府或军队之命令,强迫为日本军队提供性服务、充当性奴隶的妇女,是日本军队专属的性奴隶。

1996 年受联合国委托进行"慰安妇"问题调查的法学家拉迪克·克马拉斯瓦密(Radhika Coomaraswamy)指出:根据国际法,"慰安妇"是日本在战争时期犯下的有组织强奸及奴隶制的罪行[①]。苏智良认定,"慰安妇"是指因日本政府或军队之命令,被强迫为日本军人提供性服务、充当性奴隶的妇女;"慰安妇"制度是二战时期日本政府强迫各国妇女充当日军士兵的性奴隶,并有计划地为日军配备性奴隶的制度,是日本法西斯违反人道主义、违反两性伦理、违反战争常规的制度化了的、无可辩驳的政府犯罪行为。"慰安妇"的历史也是世界妇女史上空前的、最为惨痛的被奴役记录。

(一) 调研工作概述

本报告的调研者长期从事"慰安妇"问题的研究与调查。1999 年 3 月,苏智良等在上海师范大学成立了中国慰安妇问题研究中心,推动该方面的调查与研究。2007 年 7 月 5 日,该研究中心在上海设立中国"慰安妇"资料馆。

本报告的主要完成者有苏智良(上海师范大学教授、中国慰安妇问题研究中心主任、都市文化研究中心副主任、中国近代社会研究中心副主任)、陈丽菲(上海师范大学教授、中国慰安妇问题研究中心研究员)、姚霏(上海师范大学博士、中国近代社会研究中心研究员)、侯桂芳(中共上海市委党史研究室副研究员)、

[①] *Report of the Special Rapporteur on violence against women,its causes and consequences,Ms. Radhika Coomaraswamy,in accordance with Commission on Human Rights,Resolution 1996.*

江文君（上海师范大学博士、上海社科院历史研究所研究人员）、胡海英（上海师范大学人文学院资料中心资料员）、陈克涛（中国慰安妇问题研究中心研究员）等。苏智良参与了国内外针对日本侵略战争罪行的学术与社会活动[①]，在北京、黑龙江、吉林、辽宁、山西、湖北、湖南、江苏、浙江、上海、福建、广东、香港、台湾、云南、海南、广西等地进行"慰安妇"问题调查，出版的著作有《慰安妇研究》《日军性奴隶》《罪孽滔天——二战时期日军的慰安妇制度》（论文集）、《上海日军慰安所实录》（合作）等。陈丽菲除了参与部分调查外，还代表中国受害者参与 2000 年 9 月 18 日在华盛顿地方法院起诉日本政府，已出版《日本慰安妇制度批判》等书籍。胡海英对海南的"慰安所"遗址和受害者进行了调研，姚霏则对上海的日军"慰安所"作了深入的调查，陈克涛整理了"慰安妇"的相关史料。

本课题的主要调研途径是：第一，在国内外广泛搜集中外文"慰安妇"资料；第二，在各地进行田野调查，查访受害者和历史证人；第三，出席国内外各类相关活动，与各国各地进行广泛地交流；第四，多方搜集与中国"慰安妇"问题相关的史料。

（二）关于中国"慰安妇"的情况

1. 关于日军实施"慰安妇"制度的历史

日军实施"慰安妇"制度的第一阶段是 1932 年 1 月至 1937 年 7 月，日军"慰安所"在上海、东北等地出现。

[①] 苏智良参加的相关活动主要有：2000 年东京民间审判日本性奴隶制度法庭发起人之一兼中国代表团团长、2001 年海牙民间审判日本性奴隶制度法庭中方负责人；历史认知与东亚和平中韩日三国论坛主要参与者之一（2002 年创立，每年一次在三国轮流举行，最近的第 13 次论坛于 2014 年 11 月 22 日在北京举行）；"清算日本过去"国际协议会发起人之一（总部日本东京）；中、韩、日三国合作的《东亚近现代史读本》的中方主要参与者之一（该书于 2005 年在北京、首尔、东京三地出版）；担任中国慰安妇问题研究中心主任，长期从事调查和援助工作，并于 2007 年创办中国"慰安妇"资料馆；2000 年制止日本右翼教科书进入课堂亚洲紧急会议中方代表；2006 年加拿大温哥华世界首届和平大会中方代表；2012 年出席"清算日本过去"国际协议会第 12 次会议；2014 年 2 月主办"亚洲慰安妇问题工作会议"；2014 年中国申报"慰安妇"档案为世界记忆遗产名录首席专家等。

明治维新以后，日本资本主义发展迅速，逐渐走上军国主义的扩张道路。1918 年 3 月，为阻止苏俄军队的东进，英、法军队在摩尔曼斯克登陆，实行武装干涉，日本也乘机出兵，向中国的北满及与之毗邻的西伯利亚扩张。3 年间，先后共有 11 个师团的日军入侵中国东北和苏俄[①]。在侵略苏俄的过程中，日本的娼业主们得到特许，带领妓女随军行动，向日军提供性服务。尽管如此，仍发生了大量的日军强奸事件，导致军队性病流行。据统计，约有 10%—20% 的日军官兵患有性病，总数达 12000 人，因性病减员的人数远多于伤亡人数[②]。这次性病大流行极大地震撼了野心勃勃、正在走向战争之路的日本军方。此后，日军高层便考虑在未来战争中，如何防止因性病而削减战斗力的对策问题。海军的《海军军医会杂志》、陆军的《军医团杂志》频繁发表专门文章，开展对这一问题的研究。最后取得了一致的结论，即必须建立一种由军队控制的有卫生保障的性服务制度，以解决日益庞大且外派增多的军队性欲问题[③]。

自清末以来，上海是日本海军在海外的最大基地，日本海军陆战队司令部就设在上海虹口。为了满足士兵的性需要、给士兵提供安全的性服务，1932 年 1 月，日本海军陆战队司令部在虹口选择了"大一沙龙"等 4 家日本人开设的风俗店作为海军的指定"慰安所"。我们对"大一沙龙"进行了长期的调查，查找到了大量人证物证，经过我们的努力，该"慰安所"旧址——上海东宝兴路 125 弄已经被上海市文物保管委员会实施保护。"大一沙龙"是目前资料中所见最早的日军"慰安所"记录。但是，随着事态的发展，日军"慰安妇"制度开始向强迫非日本国女性的亚洲各国女性做性奴隶的方向发展。

1932 年 1 月 28 日，日本发动的一·二八淞沪事变爆发。至 3 月，在沪日军已达 3 万多人。为防止因大规模的强奸事件导致的军纪败坏和性病泛滥，上海派遣军副参谋长冈村宁次决定仿照在沪日本海军的做法，从日本关西征调第一个陆军"慰安妇"团，并在吴淞、宝山、庙行和真如等战斗前线建起为日军官兵提供性服务的慰安所。该"慰安妇"团，是日本陆军第一次有组织地参与"慰安妇"制度建立的行动，它成为后来日本战时"慰安妇"制度的重要尝试和样本。

此后，上海日本人经营的和韩国人经营的"慰安所"一直延续着。日军占领中国东北以后，也在东北各地设立了"慰安所"。

第二阶段是 1937 年 7 月至 1941 年 12 月，日军"慰安所"在中国占领地全

① 井上清：《日本军国主义》第 2 册，尚永清译，商务印书馆 1985 年版，第 230 页。
② 矢野玲子：《慰安妇问题研究》，大海译，辽宁古籍出版社 1992 年版，第 32 页。
③ 《军医团杂志》第 151、190、288 号；《海军军医会会报》第 30 号等。

面推广。

日军全面推行"慰安妇"制度的根本动力是侵略战争的全面展开，南京大屠杀是其全面推行这一制度的契机。1937年，日本先后制造七七卢沟桥事变和八一三淞沪事变，开始了全面侵华战争。12月13日，日军攻入南京，制造了人类历史上罕见的屠杀暴行，大量无辜妇女遭遇奸杀。在国际谴责和日益严重的性病面前，日军高层开始加紧"慰安妇"制度的实施。上海、南京等地的"慰安所"建设被迅速提上日程。

经确认，上海杨家宅"慰安所"是日军上海派遣军直接设立的大型"慰安所"，"慰安妇"达百余人。上海的"慰安所"至少有159个。南京也是日军设立"慰安所"较多的城市。2004年，中国慰安妇问题研究中心邀请来自平壤的受害者朴永心到南京，确认了她当年的受害地——利济巷"慰安所"。日军在南京的"慰安所"至少有50个。

第三阶段是1941年12月至1945年8月，日军"慰安所"在东南亚各地的推广及其覆灭。

随着战争的蔓延，"慰安所"也广泛地设置于中国各地。除未占领的甘肃、陕西、西藏、新疆、宁夏、青海、四川、重庆等地以外，包括黑龙江、吉林、辽宁、内蒙古、山西、河北、河南、北京、天津、山东、江苏、安徽、江西、上海、浙江、福建、湖南、广东、广西、海南、贵州、云南等省市，都发现了日军"慰安所"遗址。

1941年12月太平洋战争爆发后，日军占领区域扩大，"慰安所"的设置范围也从中国大陆战场扩大到了中国香港、中国台湾、新加坡、缅甸、泰国、印度尼西亚、菲律宾、马来西亚、越南、东印度群岛、太平洋东部诸岛、日本本土等地。

这一时期的日军"慰安妇"，除了从中国、朝鲜、日本强征来的性奴隶外，还包括东南亚当地的妇女，甚至在东南亚各地的西方妇女也难逃厄运。

在台湾，"慰安所"的设置北以艋舺、西门町、北投为主要集中区，南则多在台南新町。当时，台南的小梅园"慰安所"，是日军神风特攻队出发前必去寻欢的场所；嘉义朴子东亚楼也是指定的日军"慰安所"。1944年战事吃紧后，台湾各地都设有日军特别队，"慰安所"也遍地皆是。从文献和资料来看，日军在台招募"慰安妇"的方式主要通过掮客等，以"担任护士"、"从事食堂工作"等名义诱骗或迫使受害妇女充当日军性奴隶。据台湾研究人员初步估计，台湾"慰安妇"受害人数可能在1200人以上。[①]

2. 日军"慰安所"的类型

就其所属关系、性质和经营方式而言，日军慰安所大致可分为4种类型。

第一种是军队直接设立的固定的"慰安所"。如1938年初在上海设立的"杨家宅娱乐所"，就是日本华中方面派遣军东兵站司令部设立的。汉口日租界的滨江大道旁有海军直属的"慰安所"；广州、济南、桂林等地都有日军主营的"慰安所"。从现有资料看，军队设立的"慰安所"是最普遍的形式之一，其主管者从方面军、师团、旅团到联队、大队甚至警备队或小队。当军队转移时，他们便带着"慰安妇"共同行动。

第二种是形式为日侨民营的"慰安所"。这种由日本侨民在军方支持下开设的"军督民办"的"慰安所"，数量也不少。自九一八事变后，日本的一些妓院主带领妓女来到中国东北，在关东军周围设立大量的"料亭"（供将校使用）和"游廊"（供士兵使用），形成驻地的"花柳街"。随着战争的扩大，这种"花柳街"推广到中国和亚洲各地。这些"慰安所"老板往往通过贿赂军官而得到特权，牟取暴利。而军方也由于在战争中无法兼顾所有战地"慰安所"的建立，加之有向外界掩盖军方直接建立慰安系统的必要，故倡导日侨经营"慰安所"。如上海江湾的一些"慰安所"，以及武汉东山里、积庆里的12家"慰安所"、斗级营的20家"慰安所"等，都是日侨经营的[②]。上海最大的海军"慰安所""海乃家"便是由东部海军特别陆战队与日侨坂下熊藏于1939年签约，海军提供房屋、开办费以及所需物资而设立的，其所有权归海军，坂下只有经营权[③]。

第三种是由日军指定使用的民间妓院形态的"慰安所"。这类慰安所多是汉奸、朝奸受日军指令在当地建立的，除日军外，一般的日本人也可以利用。上海的"大一沙龙"（它是世界上最早的慰安所之一，其址今为东宝兴路125弄），即使在战争时期，也对日侨开放。北平宣武门内六部口的"人民俱乐部"、芜湖的

---

① 参见（台北）妇女救援基金会主编：《台湾慰安妇的报告》，台北商务印书馆1999年版；《台日官方档案等慰安妇史科汇编》，台湾文献委员会2001年版；朱德兰：《台湾慰安妇》，中国社会科学出版社2012年版。

② 韩国挺身队对策协议会、挺身队研究会：《中国に连行された朝鲜人慰安妇》，三一书房1996年版，第177页。

③ 参见华公平：《从军慰安所"海乃家"的传言》，日本机关纸出版中心1992年版；朱未央：《铁蹄下故都妇女的哀啼》，独立出版社编：《日寇燃犀录》，汉口独立出版社1938年版。

"凤宜楼""慰安所"等也是如此[①]。

第四种是军队或民间经营的流动式"慰安所",有设在火车、卡车和轮船上等多种。日军第 11 兵站司令部在 1938 年春组织一批"慰安妇"从上海乘火车前往杭州,这列火车便成了沿途士兵的流动"慰安所"。"慰安所"的管理者通常用卡车将"慰安妇"运至部队驻扎地,然后用木桩和毛毯围起来,或者用木板临时搭成棚子,作临时"慰安所"。有的"慰安所"兼有固定与流动两种性能。如海口市、三亚市的日军"慰安所",除了接待当地日军外,还要每月分批到较远的兵营、据点巡回"慰安"。那大市"慰安所"则按照日军命令,将"慰安妇"组成几个分队,随时到周围的日军据点去[②]。

3. 关于中国"慰安妇"的人数研究

日本政府和军部为其侵略军队有计划、按比例地配备"慰安妇"。由于战败时日军大量销毁有关"慰安妇"的档案,也由于日本政府至今未公开"慰安妇"的历史文件,要准确指出日军与"慰安妇"的比例是较为困难的。尽管如此,我们仍可以通过对各种资料的分析而接近历史的真实。例如根据关东军的作战计划,1941 年,它准备动员 70 多万人的军队和 2 万人的"慰安妇",其比例为 37.5∶1。

但是,这个比例并没有得到军队的认同。目前日本学者普遍认同当时军队里流行的"29∶1"之说,也就是军队认为 37、38 名士兵配给一个"慰安妇"太少,根据生理限度,一个"慰安妇"大约对 29 名军人,才能大致使军队得到性满足而不致引起内部的混乱。据 29∶1 的比例,再加上"慰安妇"因逃亡或死亡而需补充的更替率(他们认为更替率大约在 1∶1.5 或 1∶2 之间),日本学者算出的"慰安妇"总人数大约为:300 万(日军)÷29×2=20.6897 万人。即二战期间的"慰安妇"人数为 20 万左右。这个研究结果是在 1992 年前后由日本学者得出的。但是,在那时,中国大陆的"慰安妇"问题还未引起学界的充分重视,几乎没有展开正式的有规模的调查。因此,这个数字,是日本学者主要根据日本国内、韩

---

① 汪业亚:《凤宜楼"慰安所"始末》,政协安徽省芜湖市委员会文史资料研究委员会编:《芜湖文史资料》,1985 年印行,第 3 辑。

② 吴连生口述、林良材整理:《楚馆悲歌 红颜血泪——那大市侵琼日军慰安所亲睹记》,符和积主编:《铁蹄下的腥风血雨——日军侵琼暴行实录》(下),海南出版社 1995 年版。

国的研究以及对东南亚的部分调查而作出的。自 90 年代中期中国大陆开展"慰安妇"的调查和研究之后，发现了至少以下数点以前未被注意的问题。第一，日军实施"慰安妇"制度的严密性和配备"慰安妇"的完备性远远超出人们的估计，不但日军主力部队，而且警备队、小分队以及前线的碉堡、据点都普遍设立了此类设施，这表明受日军性暴力侵害妇女远比此前研究的范围大。第二，前次作出的 20 万人数字估计，都是以日本、东南亚，特别是朝鲜女子为主体的，中国妇女的数量只是象征性的，而近 13 年来中国大陆调查到的"慰安所"遗址、历史目击证人及"慰安妇"制度幸存者证言中，均证实有大量"慰安所"强拉当地女子的事实，包括中国的少数民族妇女。由于中国大陆是二战时期日军最大的主战场，因此，未将中国的受害妇女计算在内，这 20 万数字显然是大大偏少了。第三，关于更替率。从这些年来受害者的证言和从各地编撰的地方志资料中可知，在战争期间，特别是战争的前期和后期，日军对中国军民，尤其是平民的杀戮，是变本加厉的。《安庆文史资料》中有一例记载，1938 年 6 月，日军在安徽桐城抓捕大量女子设立"慰安所"，结果被日军官兵"亵侮、奸淫、杀害"。1938 年出版的《敌寇暴行录》记录了一位中国牧师陆某误入设在上海虹口的日军"行乐所"，救出了他的邻居——一位新婚女子。据这位女子言，楼分 3 层，以年龄区分关押，不得穿衣服，日夜遭受蹂躏，每天有人死去，每天又有新的补充，关押有数百人之众。而这些女子，最后都下落不明。而《侵华日军暴行总录》一书记载，1941 年夏，海南博鳌"慰安所"的 50 多名中国妇女被日军于塔洋桥边全部杀死，原因是不肯好好接待日军。1944 年 5 月，日军在湖南株洲一"慰安所"的 10 名中国"慰安妇"中，有 8 名丧生。这些零碎的记载，只是沧海之一粟。由于中日是交战国，中国"慰安妇"的死亡率比起日本、东南亚、朝鲜的受害者要高得多，这是符合历史事实的。在这样高的死亡率下，"慰安妇"受害者的证言中，一直到 1945 年为止，日军仍然保持了军队中"慰安所"设置有增无减的势头。因此，如果将更替率定在 1∶1.5 和 1∶2.0 之间，可能是偏低了。因此，上海师范大学中国"慰安妇"研究中心提出更替率应在 1∶3.5 到 1∶4.0，计算得出的结果是：300 万（日军）÷29×3.5=36 万人；300 万（日军）÷29×4.0=41 万人。即整个的二战期间，被日军强迫为性暴力制度的受害者人数应在 36 万—41 万，其中约有半数即 20 万左右为中国妇女。[①]尽管这个数字只是在近 20 年来研究和实地调查结果的基础上

---

① 参见苏智良：《慰安妇研究》，上海书店出版社 1999 年版；陈丽菲：《日军慰安妇制度批判》，中华书局 2006 年版。

的一种推论，但它可以大致反映中国妇女在二战时期受日军荼毒之深重的基本概况。由于年代久远，搜集资料困难等客观原因，我们得出的数据还只是初步的和尚不完整的。今后，我们将继续推进本课题调研工作，以期在掌握更多资料和取得研究新成果的基础上对有关数据再做出修订和补充。

中国"慰安妇"的年龄跨度很大，年长者 40 岁，甚至五六十岁，年轻的 20来岁，甚至有不少还是十三四岁的少女。如日军在海南保亭县设立"快乐房"，强召当地黎族少女充当性奴隶，年龄最大的 20 岁，最小的只有 16 岁。[①]

4. 关于日军强迫中国妇女充当性奴隶的途径

早在抗日战争爆发以后，日军高层便号召部队"抢粮于敌"，在这一口号下，日军需要的各种物资及补给品均抢自中国战场，其中当然也包括性奴隶——"慰安妇"。随着战争的扩大和升级、侵华日军人数的增加，日军更加残暴地抢夺中国女子充当"慰安妇"。在中国占领地和战场上，日军主要通过以下途径来强迫中国妇女充当"慰安妇"。

第一，使用暴力强行掳掠当地妇女。日军在战场或占领城乡时，公开抢夺中国妇女，这种做法对于暴虐的日军来说，是最为便利的，既不需要支付任何费用，也省去了许多麻烦的手续，所以这种抢夺曾遍及各地。1937 年 11 月，日军占领上海后，便在城乡各处抢夺中国年轻女子，他们当众"剥掉衣裳，在肩上刺了号码一面让我们的女同胞羞耻，不能逃跑，一面又让充他们的兽欲"[②]。日军占领芜湖后，首先要做的就是抢劫妇女，甚至到尼姑庵中劫掠年轻美貌的尼姑充当"慰安妇"，后来又在对周边地区"扫荡"时抢夺了不少民女投入"慰安所"。云南的龙陵、腾冲等地，几乎所有的被查证的受害幸存者，均是被日军在光天化日之下抢夺去的。日军占领海南岛后，即派部队到村寨去强捕少女，供其开设"慰安所"，或者在强征的劳工中，挑选美貌的汉族、黎族女子投入"快乐房""慰安所"。1940年，日军一部侵入山西方山县"扫荡"，在设立据点后，立即要求伪政权征召"花姑娘"。于是，伪政权将"花姑娘"的人数摊派到各村，日伪宣称有姑娘的交姑

---

① 参见苏智良：《慰安妇研究》，上海书店出版社 1999 年版；陈丽菲：《日军慰安妇制度批判》，中华书局 2006年版。

② 宋美龄：《抗战建国与妇女问题》，重庆《中央日报》1939 年 1 月 15 日。

娘，没姑娘的交大洋，最后，不仅"慰安所"建成，还发了一大笔财。

第二，设下各种圈套，引诱妇女坠入陷阱。常见的是以招聘女招待、洗衣妇等名义进行诱骗。占领上海后，日军的特务部门便在市中心的"租界"里诓骗妇女："他们放出野鸡汽车，候在娱乐场所前面，等顾客上车后，汽车飞也似地驰着，到了僻静地方，将男子抛下或干了，女客便从此无影无踪。"一时，"孤岛"内失踪女子无数，人人自危。接着，日军又在大街小巷张贴招工启事。19岁的中学毕业生阿珠，父亲所在的工厂倒闭，家庭生活陷入困境，这时，她在报纸上看到广告："某公司为扩充业务起见，拟添聘女职员数位，凡年龄在16岁以上、25岁以下，略识文字者，均可应聘，尚能粗通国语或日语者更佳，月薪50元，有意者请至某处面洽。"征得父母同意后，阿珠便去应聘了，主考者一见阿珠当即签约。岂料原来这里是个诱骗"慰安妇"的机关，从此，阿珠陷入魔窟。日军占领桂林后，也以设立工厂为名，招募女工，然后强迫她们充当军队性奴隶。日军占领广州、香港后，以招募赴海南的护士、医务人员为名，骗招300多名青年女子，其中相当部分是学生，小的仅17岁，大的也仅20岁，她们被押至海南昌石县石禄"慰安所"，从此掉入人间深渊。在海南岛，日军经常组织"战地后勤服务队"，他们唆使汉奸张贴广告，鼓吹说服务队的任务是给日军官兵洗衣服，照顾伤员和打扫营房卫生，诱骗妇女参加。甚至还派人到上海、广州、香港等地招聘游说："海南岛开办大医院，招聘大批姑娘学习当护士和护理，薪水高，到那里去做工有吃有穿，还有大钱寄回家。"于是有不少受骗女子前来应募，这些人到海南后，被统统押进"慰安所"，陷入暗无天日的人间魔窟。

第三，日军占领一地，形势稍稍稳定后，日军便依靠汉奸组织协助，挑选妇女充当"慰安妇"。其中的一个手法便是借口登记"良民证"，挨家挨户地挑选年轻貌美的女性。在南京陷落时，日军除了经常到国际安全区强奸妇女外，也利用发放"良民证"之际，从中拉来数千名中国妇女，这些妇女没有一人逃过被强奸或虐杀的厄运；其中的一些人还被运往东北，充当关东军的性奴隶，从此无人知晓她们的生死命运。

1939年，在日军的指使下，山西文水县的伪政权曾张贴布告，明令征用妇女，其全文如下：文水县公署训令，差字第一号令：南贤村长副，为训令事。查城内贺家巷妓院，原为维持全县良民而设，自成立以来，城乡善良之家，全体安全。惟查该院现有妓女，除有病者外，仅留四名，实不敷应付。顷奉皇军谕令，三日内务必增加人数。事非得已，兹规定除由城关选送外，凡三百户以上村庄，每村选送妓女一名，以年在二十岁左右确无病症、颇有姿色者为标准，务于最短期内送县，以凭验收。所有待遇，每名每月由维持会供给白面五十斤，小米五升，煤油二斤，墨（原文如此，推测应为碳——作者）一百余斤，并一人一次给洋一元，此外游客赠予，均归妓女独享，并无限制，事关紧要。

文中的"贺家巷妓院"是专为日军设立的军队"慰安所"，所以称"维持全县良民而设"。由于不堪凌辱折磨，或死或逃，只剩下 4 名女子，于是要城镇、村庄选送"妓女"，然而，村庄哪来的"妓女"？实际上就只能送良家女子了，但日伪还有条件：一是年龄 20 岁左右；二是"确无病症"，否则会将性病传染给日军；三是还要"颇有姿色者"。最后还以物资条件来诱惑农民，说"游客赠予，均归妓女独享，并无限制"。这也说明，贺家巷内的军事性奴隶制度受害者是没有收入、非商业性服务的。

第四，将中国女俘虏强逼为性奴隶。在中国战场上，日军极少设立女战俘收容所，女俘虏除部分在审讯后即被杀死外，其余的大部分便被日军运到华北、华中属于偏僻的、荒凉的地区和前线去充当"慰安妇"，以防止她们逃跑或与八路军等中国抗日部队取得联系。中共领导的海南琼崖纵队第 4 支队的炊事员周某某，因下村筹粮被日军俘虏后，即被投入慰安所。这些女俘虏沦为"慰安妇"遭日军侮辱，真是生不如死，有的便千方百计寻找报仇的机会，"慰安所"里曾发生中国女战俘刺杀压在她们身上的士兵或者割下敌人的生殖器的事件。因此，日军官兵对充当"慰安妇"的中国女战俘比较警惕。当这些女俘虏作为性工具没有利用价值时，通常被拖到空地上，作日军新兵练习胆量用的活人靶子。她们的命运是极为悲惨的，日军第 14 师团士兵田口新吉回忆到：日军在作战中，一抓到这些人（指八路军游击队的女战士——作者）立即送到后方的大队本部去。在大队本部里，如果她们受了伤，就由医务室先给她们治伤，如果没有受伤，则由担任情报工作的军官对她们进行审讯，这是通例。但是，这些中国女性就在不知不觉中消失了。虽然士兵们有时也偷偷传说：这些当官的家伙又干好事了，但谁也不会去追查这些中国女人的去向。

当时，日本军队中从来就没有建立过女俘虏收容所，那么这些女人被弄到哪里去了呢？我听到的一种说法是把她们弄去当"慰安妇"了。但是，那些有特务嫌疑的女人以及在八路军中受过教育的女兵，是不可能让她们进入一般的"慰安所"的。因为如果让她们进了"慰安所"，她们随时都会逃跑；另外她们可以与八路军的工作人员取得联系，这是很危险的，因此，决不会把她们送到那种地方去。

那么，她们被送到哪里去了呢？都送到华北、华中一带最前线地区的两三个分遣队据点里去了。那都是些日本或朝鲜"慰安妇"无法到达的情况恶劣的地区。这些据点四周都建有围墙，盖有炮楼，每个炮楼由一个小队左右士兵进行守备。那些俘虏来的妇女就是被送进这些据点里去的。

第五，征用妓女。在大城市，日军机关常常征用现有的妓女来充实其"慰安妇"的队伍。上海、南京、武汉、广州和天津等地，都有不少妓女被迫加入"慰安妇"的行列。这里有必要指出的是，就是这些妓女也不是甘愿去做"慰安妇"的，她们往往被日军或汉奸政权强征，被迫充当日军的性奴隶，有些没有报酬，有些所得少得可怜。

被强逼为"慰安妇"的中国妇女中有不少是少数民族的妇女，其中有台湾高山族、东北满族、云南傣族、海南苗族和黎族、广西壮族等。吉林延边地区的朝鲜族是最早被征用的少数民族。九一八事变后不久，关东军便在东北地区强掠朝鲜族年轻女子充当性奴隶。

5. 关于"慰安妇"受害者遭受的苦难

"慰安妇"的年龄大多为18—20岁。1943年1月和4月，日陆军医官对在江苏淮阴的12名"慰安妇"进行了体检，其中年龄最大的喜代治32岁，年龄最小的是同为19岁的君子、新子、百合子和荣子，这12名"慰安妇"的平均年龄是23岁。[1]许多朝鲜原"慰安妇"证实，她们当初被强掳时年仅14—18岁。但是，日军在占领中国时，还曾掳掠更年轻的少女充当"慰安妇"，如海南的一些中国"慰安妇"只有十二三岁，在南京被掳掠走的最小的女子只有9岁，而年老的则达50来岁，乃至60岁。[2]在一些"慰安所"的中国"慰安妇"里，还出现了"母女慰安妇"、"姐妹慰安妇"、"姑嫂慰安妇"以及"妻子慰安妇"等罪孽现象。

关于"慰安妇"们每天被强迫"慰安"的次数，因各个"慰安所"的不同和时期的不同而有区别。一般"慰安妇"每天接待日军10多人，每天接待30—50个日军士兵也是很平常的。朝鲜"慰安妇"金德镇回忆那痛苦的往事说："我得了病，像似膀胱炎那样，流血，解不出小便来，去医院诊治。其他的女人中，有

① [日]吉见义明主编：《从军慰安妇资料集》，大月书店1992年版，第278页。
② 中央档案馆等编：《日本帝国主义侵华档案资料选编：南京大屠杀》，中华书局1995年版，第160页。

很多都是性器官肿得十分厉害，连针眼大的缝隙都没有，还出血……我没有染上性病，但由于年轻时子宫过于损伤，落得个子宫倾斜症。"另一位原朝鲜"慰安妇"李英淑作证说："我应酬很多士兵，性器官很多次肿得不像样子，只得去医院，下腹疼得像要炸裂一样……我几次性器官发炎，一年入院三、四次。"①

繁忙的时候，每间"慰安妇"的屋前均排起了数十人的长队。在特殊情况下，"慰安妇"一天"慰安"日军士兵的次数是相当多的，它甚至超出一般人的想象。一天之间被迫接待 60—70 名士兵的记录并不鲜见，庆子曾回忆，她们在广东繁忙时，每天接待 80 多名官兵。还有的一天之内竟接待了 100 个士兵。一位从腊包尔侥幸回来的朝鲜籍"慰安妇"控诉，第一批朝鲜人到达那儿时，日军已禁欲了近一个月，"慰安所"前立即排起了几条长龙，"慰安妇"们每天要与 90 多名士兵发生性关系，她们没有时间吃饭，于是，管理部的士兵就做好米饭团送来，"慰安妇"们身上还压着士兵，嘴里啃着饭团；更是由于没有上厕所的机会，有时小便失禁，下腹到处是士兵的精液和自己的尿水。②

从日本老兵的回忆来看，一个"慰安妇"一天接待的日军士兵的数量也是相当多的，负责"慰安所"管理的少尉大山正五郎回忆道："一个女人穿着一件衬裙，头上扎着围条，以勇敢的姿态横躺着。一点感情的酝酿也没有……只是进去出来而已。士兵们闻到女人特有的气味，触摸着她们的肌肤，这就够了。士兵们进去出来，女人们跳起来飞奔向厕所，如此反复循环而已。"有一个"慰安妇"在 3 个小时之内竟接待了 76 名士兵。③老兵曾根一夫回忆说："在条件恶劣的最前线守备地，（一个'慰安妇'）有时一天要应付七、八十人，甚至 100 人。一天要应付 100 个男人，假定 24 小时不眠不休息的工作，每小时约要应付 4 人，换句话说，每 15 分钟要处理一人。若扣除最低限度的睡眠和吃饭时间，则每小时约需处理七、八人。"④"慰安妇"之间流传着一首歌，歌的名字叫《我的肉体并非橡皮做的》，以表示对非人待遇的不满。⑤

"慰安妇"们长期处于非人的、奴隶般的生活之下，身心受到极大的摧残。由于生活条件十分恶劣，而遭受的又是非人的折磨和摧残，大多数"慰安妇"几

① [日]矢野玲子著，大海译：《慰安妇问题研究》，辽宁古籍出版社 1997 年版，第 198 页。

② [日]矢野玲子著，大海译：《慰安妇问题研究》，辽宁古籍出版社 1997 年版，第 198 页。

③ [日]金一勉：《天皇の军队と朝鲜人慰安妇》，三一书房 1976 年版，第 109—110 页。

④ [日]曾根一夫：《一个侵华日本兵的自述》，时事出版社编辑部选编：《悲愤·血泪——南京大屠杀亲历记》，时事出版社 1988 年版，第 149 页。

⑤ [日]曾根一夫：《一个侵华日本兵的自述》，时事出版社编辑部选编：《悲愤·血泪——南京大屠杀亲历记》，时事出版社 1988 年版，第 149 页。

周之后便产生不感症。如果"慰安"活动不停止，继之而来的就是生理异常。刚开始充当"慰安妇"时，月经来了也不能停止，慰安所管理者会让"慰安妇"不停地喝盐水以止经血；或者命令"慰安妇"们将卫生纸卷起来，往身体深部塞，然后再去接待士兵。这样过了半年就发生持续性的月经不调，接着就进入停经阶段，有些20来岁的"慰安妇"竟然一连几个月没有月经，甚至数年没有月经（如日本"慰安妇"庆子曾一次停经达 4 年之久）。[①]停经后鼻子下面会生汗毛，并变得粗黑起来，日军士兵有时会问："你是男的吗?"时间长了生理发生急剧变化，便不会生育了。另一方面，怀孕的恐惧却一直跟随着"慰安妇"们。日军士兵看到对象是中国或朝鲜的"慰安妇"，就会恶作剧地不使用避孕套，或者将避孕套弄破，故意使对方怀孕。于是，在各地的"慰安所"里，相继诞生了许多无辜的婴孩。这些孩子的命运一般都很凄惨。一些中国"慰安妇"所生的立即被日军杀死，朝鲜"慰安妇"所生的只能送给中国农民，日本"慰安妇"的孩子幸运地被送回日本，而大部分也不知下落。

长期的摧残使"慰安妇"们出现便秘、阴部膨胀、乳房剧痛、胸部疾患、性病、疟疾等"职业病"。一旦她们动作迟缓或表露厌倦，便会遭到辱骂和殴打。一名朝鲜原"慰安妇"回忆道："那时我才 19 岁，还不知道男女之事，不知道怎样干才好。第一天，一下子就接待了 20 个士兵，到第五个人时，我以为自己也许快要死了。那个地方又红又肿，象桃子一样大。一边哭，一边用毛巾冷敷了一个晚上。"[②]由于长期的"慰安妇"生涯，她们的阴部经常裂口出血，并肿胀变形，虽然也涂药治疗，但没有治愈的时间。最后导致阴部麻痹，"即使被虫子或老鼠咬了都没有感觉"[③]。

据千田夏光的研究，"慰安妇"中，因为长时期的睡眠不足，卫生条件差以及营养不良，至少有 10% 的"慰安妇"患有肺结核。[④]在那个年代，"慰安妇"得了这种病，等于是判了死刑。日军对中国、朝鲜的肺结核病人，不给任何药品，她们只是到处可以掳掠到的"慰安妇"而已，药品比她们的生命更贵重。重病的结果，她们就像自生自灭的野狗一样，等待死亡。为了活下去，患者自己想方设法弄些大蒜汁来对付，但这最多只是延长了些许生命，最后仍逃脱不了死亡的命运。临死时，这些"慰安妇"从包裹里翻出好衣服，央求其他"慰安妇"帮助穿

① [日]千田夏光：《从军慰安妇·庆子》，光文社 1981 年版，第 239 页。

② [日]金一勉：《天皇の军队と朝鲜人慰安妇》，三一书房 1976 年版，第 113 页。

③ [日]金一勉：《天皇の军队と朝鲜人慰安妇》，三一书房 1976 年版，第 158 页。

④ [日]千田夏光：《从军慰安妇·庆子》，光文社 1981 年版，第 115 页。

上，然后就无声无息地死去了。①日军对待中国"慰安妇"中的性病患者，轻者治愈后继续留用，重者治疗无效即处死灭尸。那大市赵家园慰安所开张一月内，就将3名患有性病的"慰安妇"活埋。②

山西太原老人万爱花（1929年生），是1992年向日本提出赔偿要求的7名原"慰安妇"幸存者之一。1992年，她在日本华侨的安排下，到日本各地演讲，一遍又一遍地控诉当年悲惨的遭遇，尤其是日军对她野蛮的蹂躏和残酷的迫害，除了使她丧失生育能力、各种妇科病缠身外，她的形体也因此而扭曲变形，一只胳膊丧失功能，一只耳朵的耳垂也缺损了一块。这是日军强奸了她之后，动手毒打她时，由于手上的戒指钩住了耳环，对方用力一扯，就将她的耳垂扯掉了。

日军官兵对中国"慰安妇"不当人看待，视其为性的奴隶，泄欲工具，恣意践踏，百般摧残。海南赵家园慰安所的日本老板娘每逢突击接客日，便要求"慰安妇"们整日赤身裸体地躺在铺板或"慰安椅"上，任由日本兵接连不断地发泄兽欲。这种"慰安椅"形制特别，"慰安妇"仰躺在椅子上，臀高头低手脚失去活动自由，只能任由日兵变换花招地站着宣淫。"慰安妇"稍有不满或反抗，便立即遭到严厉处罚。如海南的"慰安妇"阿燕因不堪忍受日军的轮番奸淫，挣扎反抗，立即被日军官用刀扎穿大腿，阿燕昏死过去后，日军照样继续蹂躏。一次，日军强迫那大市的妹仔妖英变化花样接待，被妖英拒绝后，竟将妖英绑在砖柱上，用辣椒和盐往其阴部抹搓，使其痛不欲生。至于拳打脚踢，更是中国"慰安妇"经常遭到的"待遇"。

由于日军灭绝人性的残暴行为，"慰安妇"的实际"使用寿命"很短。山西盂县的李秀梅在1940年农历七月十四日，被日军抓入炮楼充当"慰安妇"，那年她正值15岁的豆蔻年华，但经过日军5个月的摧残，右腕残疾，右眼瞎了，下身经年流血，若不是其父兄花了巨款赎出，早就被迫害致死了。事实上，"慰安妇"中的相当多数人，不是遭到日本兵的虐杀，就是死于疾病和贫困，还有些因经受不住这无期的苦难而自寻短见。在石碌慰安所里，一名女大学生不甘凌辱，被日军吊打至死；新婚不足一周的香港矿工梁信妻子黄玉霞被押入"慰安所"，梁信历经千辛万苦终于找到妻子，但还没团聚却被日本管事打死，黄也含恨上吊。该慰安所的两名"慰安妇"被折磨得精疲力尽后，不能继续服务了，便被光着身子，吊在大树上活活毒打致死。③1941年夏的一天，乐会县博鳌市慰安所里不愿

① ［日］千田夏光：《从军慰安妇·庆子》，光文社1981年版，第116页。
② 符和积：《侵日军慰安妇实录》，中国社会科学院近代史研究所编：《抗日战争研究》1996年第4期。
③ 符和积主编：《侵琼日军慰安妇实录》，中国社会科学院近代史研究所编：《抗日战争研究》1996年第4期。

接待的 50 名中国年轻女子，被日军拉到塔洋桥边，全部被杀死。①

中国"慰安妇"们对日军的暴行曾进行过各种形式的反抗。逃亡是最常见的手段。但是，她们的身边几乎日夜都有强壮的日本男人看管，很难找到机会逃出火坑。不少人逃亡途中被日军杀死。一些刚烈的女子曾杀死过压在她们身上的日军士兵，或者割下其生殖器。当然她们也无一例外地因此而献出了宝贵的生命。最绝望的反抗是自杀，几乎在任何一个"慰安所里"，都发生过中国"慰安妇"的自杀事件。崖县的一名黎族少女，不堪忍受多名日军士兵的同时恣意淫辱，咬断舌根自杀身亡。朝鲜"慰安妇"宋神道作证说，她曾亲眼见过一位不甘忍受折磨的"慰安妇"，躲在厕所里，喝了大量用以冲洗自己下身的消毒清洁剂，结束了自己年轻的生命。②

在 20 多万名中国"慰安妇"中，能够熬到日军投降而幸存下来的，已为数不多。如海南石碌"慰安所"的 300 多名"慰安妇"中，经过 4 年的摧残共有 200 多人死亡。至 1945 年 9 月日军投降时，活下来的仅有 10 多人。③黄流日军机场"慰安所"原有广州籍女子 21 人，最后仅剩下黄惠蓉等 4 人。④感恩县新街市"慰安所"的 40 多名中国少女里，最后只活了 10 来人。⑤即使是幸存下来的妇女们，因遭受长期残酷的摧残，绝大多数人丧失了生育能力，晚年陷入了孤独潦倒的凄凉境地。精神上，她们承受着世俗偏见，在传统伦理道德观的压力下煎熬，她们"带着难以名状的羞愧心情苟活至今"⑥。2014 年 11 月在中国大陆生活的，已发现的"慰安妇"幸存者尚存 23 人。

6. 关于"慰安妇"受害者对日本的起诉

为了给自己半个世纪以前遭受的迫害讨回公道，世界各国的受害妇女一直都在进行着不懈的努力。1991 年，67 岁的韩国老人金学顺第一个站出来承认"我就是一名'慰安妇'"，并奔赴东京状告日本政府，要求其认罪并赔偿，成为世界

---

① 符和积主编：《侵琼日军慰安妇实录》，中国社会科学院近代史研究所编：《抗日战争研究》1996 年第 4 期。

② 〔日〕矢野玲子著，大海译：《慰安妇问题研究》，辽宁古籍出版社 1997 年版，第 201 页。

③ 符和积著：《侵琼日军慰安妇实录》，中国社会科学院近代史研究所编：《抗日战争研究》1996 年第 4 期。

④ 符和积著：《侵琼日军慰安妇实录》，中国社会科学院近代史研究所编：《抗日战争研究》1996 年第 4 期。

⑤ 戴运泽：《我所知道的日军黄流机场的"慰安所"》，东方县政协文史资料委员会编：《东方文史》第 9 辑，第 44 页。

⑥ 符和积著：《侵琼日军慰安妇实录》，中国社会科学院近代史研究所编：《抗日战争研究》1996 年第 4 期。

上第一个向东京法院就日本强征"慰安妇"罪行作证的受害妇女。中国受害妇女随后也开始向日本政府提起诉讼。从 1992 年起，以山西的万爱花为代表的中国受害妇女曾先后 6 次到日本进行了血泪控诉，要求日本政府正式道歉和赔偿。到目前为止，中国"慰安妇"对日诉讼索赔案件有 5 起，其中大陆 4 起，台湾 1 起。①

山西"慰安妇"诉讼 1995 年 8 月 7 日，山西省盂县的李秀梅、刘面换、周喜香和陈林桃 4 名原中国"慰安妇"幸存者向东京地方法院提出了要求日本政府谢罪和赔偿的诉讼请求。2001 年 5 月 30 日，东京地方法院做出驳回原告要求的判决，2001 年 6 月原告上诉到东京高等法院。2004 年 12 月 15 日，日本东京高等法院以"国家无答责"和"诉讼时效已过"为由驳回了她们的上诉。此后，原告已经向日本最高法院进行上诉，但仍被判败诉。

山西"慰安妇"诉讼（第二批） 1996 年 2 月 22 日，郭喜翠、侯巧莲两名原告在东京地方法院提起诉讼，被告是日本国家，2002 年 3 月 29 日东京地方法院做出驳回原告要求的判决，但认定了加害和受害事实。2002 年 4 月原告上诉到东京高等法院，2005 年 3 月 18 日，东京高等法院再次做出驳回原告要求的判决，并首次支持了日本政府提出的"请求权放弃论"的主张。该判决认为：1952 年《日华条约》缔结时，中华民国政府是"正位政府"，与日本缔结的条约是有效的。关于战争赔偿问题是适用国家间的，不是限定在部分地域适用的，因此包括中国大陆在内的中国全境，都可以适用《日华和约》。东京高等法院的这一明显违反法律并带有挑衅的判决，向世人显示了日本司法界的一个危险信号。2007 年 4 月 27 日，日本高院终审判决原告败诉。次日，中华全国律师协会、中华全国妇女联合会、中国人权发展基金会、中国法律援助基金会、中国抗日战争史学会在北京发表《联合声明》，对日本最高法院作出的终审判决表示强烈抗议，认为判决不当，是为日本政府推卸了本无可否认的法律责任。

山西性暴力受害者诉讼 1998 年 10 月 30 日，万爱花、赵润梅等 10 名原告（其中 1 人为受害者家属）在东京地方法院提起诉讼，被告是日本国家。2003 年 4 月 24 日，东京地方法院作出了驳回原告要求的一审判决，但认定了加害和受害事实。5 月 8 日，原告向东京高等法院提出上诉，时原告中 4 位已去世。2005 年 3 月 31 日，东京高等法院作出二审判决，维持原判。7 月，原告向日本最高法院提出上诉，11 月，日本最高法院判决原告败诉，至此三审结束。

---

① 苏智良：《慰安妇研究》，上海书店出版社 1999 年版；《日军性奴隶》，人民出版社 2001 年版。

海南"慰安妇"诉讼 海南受害者陈亚扁、黄有良、林亚金等 8 名原日军"慰安妇"于 2001 年 7 月 16 日在东京地方法院提起诉讼,被告是日本国家。要求判令日本政府在中、日两国媒体上公开赔礼道歉,并赔偿每位原告 2300 万日元。8 名原告都为黎族或苗族,她们当年最小的年仅 14 岁,最大的也只有 17 岁,均未婚。诉讼中有两名原告已去世,她们的 7 名遗属参加了诉讼,因此现在共计 13 名原告,索赔金额共计 1.8 亿余日元。2001 年 11 月 28 日 13 点 10 分,黄有良老人在委托中日律师团日本律师和翻译胡月玲的陪同下,走进了东京地方法院,代表 8 名中国海南妇女在日本侵华战争中所受到的终身伤害出庭作证。此后,林亚金、陈亚扁等分别以原告代表的身份赴日本出庭作证。一审审理期间,杨娥榜等 3 位原告已因病去世。2006 年 8 月 30 日,日本东京地方法院一审判决原告败诉。法院认定了当年的侵害事实,但以"个人没有权利起诉国家"为由宣布原告败诉。陈亚扁老人亲身到法院和东京街头表示抗议[①]。2009 年 3 月,海南原告代表陈金玉再度拖着重病之身,去东京出席法院开庭调查活动。

(三)结论

1. 中国是日本"慰安妇"制度最大的受害国

日军在中国各占领地全面实施了"慰安妇"制度,从黑龙江到海南,从辽宁到云南;中国的"慰安妇"受害者总数达 20 万人(此外,朝鲜半岛的受害者约 16 万人,日本"慰安妇"为 2 万人左右,还有一些东南亚妇女和白人妇女也是受害者);日军在中国设立的慰安所数量最多,时间最长,规模最大。

---

① 台湾"慰安妇"诉讼始末:1999 年 7 月 14 日,来自台湾的 9 名"慰安妇"幸存者向东京地方法院提出起诉,要求日本政府谢罪并赔偿她们的损失。2002 年 10 月 15 日,一审判决原告败诉。阿妈们即提起上诉。2005 年 2 月 25 日,日本最高法院驳回原告的上诉。审理终结,此时已有两位阿妈病逝。

2. 日本实施的"慰安妇"制度违反了国际法

从国际法的大范畴看，日本实施的"慰安妇"制度违反了哪些国际条约与原则呢？

第一，侵犯了人权。自欧洲资产阶级革命以来，人权被称为人的天赋的、基本的和不可剥夺的权利，如英国1679年颁布的《人身保护法》和1688年的《权利法案》、美国1776年颁布的《独立宣言》和法国1789年著名的《人权宣言》等。尤其是《人权宣言》后来成为各资产阶级代议民主制国家所崇奉的经典性政治文件。其主要内容有：人生而平等，享有自由、财产、安全和反抗压迫的权利。具体而言，自由包括言论、著述和出版等自由，其行使以保证社会其他成员能享有同样权利为度。财产神圣不可侵犯，非因合法认定的公共需要，并经公平和事先的赔偿，不受剥夺。主权属于国民，实行分权原则，任何团体和任何个人不得行使主权所未明白授予的权力。法律为公共意志的体现，公民均有权亲自或通过其代表参与制定。在法律面前人人平等，任何人非于法定情况下并非经法定程序，可不受控告、逮捕或监禁。动议、发布、执行或扣押者构成犯罪。

随着西方资产阶级国家的扩张，本来属于国内概念的人权也进入了国际关系领域。在近代，殖民主义者从非洲大量掠夺黑人运至美洲以高价卖给当地的矿业主和种植园主。15世纪后，欧洲诸国先后侵入非洲，在长达3个世纪的时间里，自非洲运出的奴隶总数高达1500万—2000万人。在掠夺过程中，黑人备受虐待，死亡率高达90%。有鉴于此，国际公约中开始制订谴责和制止奴隶贩卖的条款，如1815年维也纳会议的有关文件、1841年的伦敦《制止非洲奴隶贸易条约》、1885年的《柏林公约》和1890年的《布鲁塞尔公约》等。

第二，违反禁止奴隶交易的国际公约。1919年签订的《圣日耳曼公约》规定，签字国承诺设法完全消灭奴隶制度和海上与陆上的奴隶贩卖（日本是签字国家之一）。在国联的监督下，各国又于1926年制定了《禁奴公约》，再次作了重申。而"慰安妇"制度就是使妇女，尤其是使敌国或殖民地妇女沦为军队性奴隶的获取、运送使用、买卖人身的制度，它再现了奴隶买卖的残暴与灭绝人性，因此，强制征集和使用"慰安妇"的各项行为都是违反《禁奴公约》的。

第三，违反了人道法。人道法是为在武装纷争的行动和保护武装纷争中牺牲者所确定的原则。"日内瓦条约"（又被称为第一次《红十字条约》）首次对此作了规定。此后，随着战争手段的发展、战争规模的扩大以及国际间关系的复杂化，逐渐形成了更为系统的法律体系。1906 年和 1929 年相继签署了新的"日内瓦条约"（即第二、第三次"红十字条约"），此间的 1907 年还签订过海牙《陆战法规和惯例章程》。上述的条约和战后 1949 年 8 月签订的关于保护受难者的 4 个"日内瓦公约"一起，被综合称为"国际人道法"。其主要内容有：在战争中，不实际参加战事的人员在一切情况下应予以人道待遇，不得基于种族肤色、宗教信仰、性别、出身、财产或其他类似标准而有所歧视。因此对于上述人员，不论何时、何地不得有以下行为：（一）对生命与人身施以暴力，特别如各种谋杀、伤残肢体、虐待及酷刑；（二）作为人质；（三）损害个人的尊严，特别如侮辱与降低身份的待遇；（四）伤者应予收集与照顾；（五）未经具有文明人类所认为必须之司法保障的正规组织之法庭的宣判而遽行判罪或执行死刑[①]。

日本政府虽然没有批准《日内瓦公约》，但早在 1912 年就宣布加入了《海牙公约》。公约中的《陆战法规和惯例公约》规定：不得以任何方式攻击或轰击不设防的城镇、乡村和住宅；禁止在战争中的强奸、强制卖淫，并指出这是对于生命乃至家庭名誉的侵害。而且，国际人道法作为习惯法的组成部分，任何国家，不管它是否是签约国，只要它们违反了国际人道法的原则，就应承担相应的责任。"慰安妇"制度大量囚禁、强迫外国或殖民地妇女充当性奴隶，显然违反了上述公约及国际人道法规。

第四，违反了国际劳工组织制定的《禁止强迫劳动公约》。1929 年，国际劳工组织就许多殖民地国家强制居民离开家园，到偏远地区从事强制劳动一事，向第 12 届劳工大会递交了报告书，呼吁国际社会对此引起应有的重视。接着次年通过了《禁止强迫劳动公约》。公约制定后，日本政府于 1932 年 11 月 12 日承诺加入这一公约。在二战期间，日军采用种种恶劣手段强迫中国等国家的妇女远离故乡，到战火弥漫的战场或日军占领区，充当日军的性奴隶，受到非人的待遇。胁迫充当"慰安妇"就是一种严重的、特殊的强迫劳动。上述公约的第 11 条明确规定，禁止女性从事强迫劳动。因此，日本政府和军队实施"慰安妇"制度是难逃其强迫劳动的罪责的。

第五，违反了国际惯行的保护妇女儿童权利的法规，违反了关于禁止妇女卖淫的国际法。1904 年 5 月，世界主要国家在法国巴黎展开了争取妇女权利、禁

---

① 参见劳特派特修订：《奥本海国际法》，商务印书馆 1989 年版，第 220 页。

止买卖妇女的国际会议，并通过了《关于取缔为经营丑业而买卖妇女的国际协定》。1910 年，各国在该项协定的基础上通过了《关于取缔为经营丑业而买卖妇女的国际条约》。到 1921 年 9 月，各国又在日内瓦签署了《关于禁止买卖妇女儿童的国际条约》，1933 年更进一步补充制定了《关于禁止买卖成年妇女卖淫的国际条约》。概而言之，这些条约的主要内容有三点：（1）凡以经营为满足他人情欲的丑业为目的，劝说、引诱或拐带未成年妇女（21 周岁以下）者，虽已经得到本人的同意，将构成犯罪。（2）凡以经营为满足他人情欲的色情业为目的，使用暴力、胁迫、滥用权力及其他一起强制手段，劝说、引诱、拐带成年妇女者，将构成犯罪。（3）无论任何人，凡以在别国经营为满足他人情欲的色情业为目的，劝说、引诱、拐带成年妇女者，虽已经得到本人的承诺，将构成犯罪。

对于以上四项国际条约，除了 1933 年的条约日本政府以国情不同为由未予批准外，对于其他三项条约均于 1925 年寄呈批准书，成为这些条约的成员国。不过日本在批准这些条约时，也曾利用这些条约中种族歧视条款和对殖民地的歧视等条约本身的漏洞，作了相当大的保留[①]。但尽管如此，日本作为国际联盟的创始成员国，理所当然必须遵守《国际联盟盟约》（1919 年 6 月 28 日列入《凡尔赛条约》第一部），该盟约明确规定禁止贩卖妇女、儿童等。

禁止买卖妇女卖淫在当时的世界上已经成为一种共识：使成年妇女卖淫而买卖妇女的行为，即便是在已经得到妇女自身同意的场合，也是一种犯罪。日本军队在第二次世界大战中使用欺骗、劝诱、绑架等暴力手段强征"慰安妇"，毫无疑义的是属于"经营为满足他人情欲的丑业为目的"而买卖妇女的行为。而且大量的无可辩驳的证据证明，在这一过程中，自始至终都有日本政府和军队的参与，这当然是一种不折不扣的国际性犯罪和国家犯罪。

关于成年妇女的年龄，1910 年条约中规定为满 20 岁，1921 年的条约规定为21 岁，日本政府当时以满 18 岁作为保留条件而承诺了上述条约，但因受枢密院有损于"帝国体面"的责难而于 1927 年撤回了保留条件。也就是说仍承认 21 岁为成年的标准。而在 40 万日军征用的"慰安妇"中，除大部分是年满 21 岁的成年妇女，还有大量的未成年女子。据日军的官方文件，曾征用 14 岁的台湾少女运至中国南方。在中国各地几乎都有未成年的日军"慰安妇"，云南、海南和广西等地的一些少数民族少女被掳掠为日军性奴隶时，很多年龄只有十四五岁。

---

① 例如，1910 年条约的第 11 条规定：该条约暂不在殖民地地区实施，如实施时，将以文件形式通告。1921 年条约的第 14 条也规定：缔约国可以宣言的方式将殖民地等地区剔除在外。日本政府在批准加入这些条约的同时，曾发表宣言，宣布该条约的实施范围不包括朝鲜、台湾、关东租借地、库页岛南部地区等在内。

第六，"慰安妇"制度也是战争犯罪。所谓的战争犯罪，是指把战争当作主权国家权利的情况下，交战国军队违反战争法规和惯例的行为[①]，包括使用有毒或其他被禁用的武器，杀害或虐待战俘，攻击、掠夺和屠杀平民等。1928 年的巴黎《非战公约》废弃以战争作为推行国家政策的手段，从而扩大了战争犯罪的范畴。在日本侵华战争中，日本基于政治（战争）、种族（歧视中国人）等目的劫掠、监禁、蹂躏中国各族妇女，剥夺她们作为人的尊严，驱使其成为日军的性奴隶，明白无误地构成了战争犯罪。而且，日本政府与军队有组织地实施"慰安妇"计划，使之制度化，从而使这一犯罪性质更加严重，危害更大。

3．国际社会对"慰安妇"问题日益关注

国际社会日益关注"慰安妇"问题，并敦促日本政府尽快、彻底承担所犯错误，谢罪并赔偿。早在 1996 年，联合国人权委员会就专门就"慰安妇"问题进行独立调查，并发表了报告。是年 4 月 1 日，联合国法律专家拉迪克·克马拉斯瓦密（Radhika Coomaraswamy）向联合国人权委员会提交了《关于战时军事性奴隶》的报告。报告认定，日本政府需要负起相关责任，并建议日本政府：（1）应当对违背国际法设立"慰安所"的行为承担法律责任；（2）应当对被作为性奴隶受害的每个人予以赔偿；（3）应当公布一切有关资料；（4）正式向被害者谢罪；（5）在教科书中正确反映这一历史事实；（6）对于战争犯罪进行惩罚。就在报告公布后不久，同年 6 月 17 日的美国《时代》周刊登载了一篇名为《慰安妇：日本卸不掉的历史包袱》的报道，首次向西方读者揭示了日军"慰安妇"事件的真相，对"慰安妇"的悲惨遭遇表示了强烈的同情，还批评日本政府在"慰安妇"等历史问题上的顽固立场。[②]

此后几年，国际社会有关"慰安妇"问题的取证和调查一直在进行中。2000 年12 月 8 日至 12 日，经过国际女权组织和一些民间索赔组织 3 年的筹备，具有重大意义的女性国际战犯法庭在东京举行。来自中国大陆、台湾以及朝鲜、韩国、菲律宾、印度尼西亚、马来西亚、东帝汶、荷兰、阿根廷、美国、英国、澳大利亚、肯尼亚、日本、南斯拉夫等国家或地区的代表 500 多人聚集于此。在 5 天的

① 详见劳特派特修订：《奥本海国际法》下卷第 2 分册，第 84 页。

② *The New York Times*, June 17, 1996.

会议期间，有 1 万多人次出席。

在"慰安妇"问题上，美国因其全球唯一超级大国的地位及美日同盟所形成的对日本的特殊影响力，而成为国际斗争的焦点。在"慰安妇问题华盛顿对策协议会"（The Washington Coalition for Comfort Women Issues，W.C.C.W.I.）长期不懈的游说努力下，2001 年 7 月 24 日，民主党国会议员莱恩·埃文斯第一次联合10 名议员，在众议院提出"H. Con. Res. 195"决议案，要求日本就第二次世界大战期间强迫妇女充当"慰安妇"之事，正式"明确道歉"，并立即赔偿受害人。决议案也要求日本政府教育后代子孙，让他们知道这一罪行，并公开驳斥了关于并没有发生过"慰安妇"这种事的说法。[①]2003 年，莱恩·埃文斯再次联名向众议院提交议案，可惜两次提案均因为日方利益集团的院外活动阻挠而搁置。

2006 年 4 月，莱恩·埃文斯和共和党议员克利斯多弗·史密斯在得到众议院 38 名议员的联合署名后，共同向美国国会提交了一项名为"H. Res. 759"的关于日军"从军慰安妇"问题的决议案。这也是同类决议案第三次在国会提交。决议案批评日本政府至今不愿正视这一历史事实。"在战后的赔偿交涉中，日本政府没有充分承认这一罪行，教科书中关于'慰安妇'的悲剧也只有只言片语。……2005 年日本许多政坛人士甚至鼓吹从教科书中删除'慰安妇'等内容。"决议案要求，日本政府应该公开地、强硬地、不断地驳斥任何否认"慰安妇"历史的言行，承认"慰安妇"的征用责任，明确防止类似事情再次发生；向年轻一代说明这一问题属于反人权罪；遵行联合国及其他国际组织关于"慰安妇"问题的劝告。[②]尽管日本方面运用种种手段进行阻挠，但 7 月 30 日，美国国会众议院在短短 35 分钟内，一致通过了谴责日本在二战期间强征亚洲国家妇女充当日军"慰安妇"的议案。

同样，加拿大众议院国际人权附属委员会也在酝酿要求日本政府就"慰安妇"暴行正式道歉和赔偿的动议案。荷兰政府外长也要求日本政府就"慰安妇"暴行作出解释。可以说，国际社会越来越关注"慰安妇"等战争遗留问题。2012 年，针对日本大阪市市长桥下彻宣称的"慰安妇必要论"，中国、韩国、美国、欧洲的媒体和专家学者进行了批驳。2014 年 1 月，日本新任 NHK 会长籾井胜人又在"慰安妇"问题上发表谬论，但在中国和日本进步舆论的严厉批判下，不得不承认失误，收回言论。

---

① 中国新闻社 2001 年 7 月 25 日报道。

② LexisNexis Congressional, 109 H. Res. 759; Retrieve Bill Tracking Report（April 04, 2006），LexisNexis Congressional，国会资料数据库提供了关于美国国会 211 年左右的全文信息资料。

二、各地"慰安妇"及"慰安所"的相关资料

（一）上海

1."大一沙龙"

上海是日军罪恶的"慰安妇"制度的发源地。

东宝兴路 125 弄的"大一记"是日本海军指定开设的特别慰安所之一，从 1931 年到 1945 年，它既是日军在亚洲设立的第一个慰安所，也是世界上存在时间最长的日军慰安所。

（1）关于"大一沙龙"的由来

在 1932 年 1 月，日本海军为了给在上海的海军陆战队提供性服务，就在虹口选择一批日本妓院作为其海军的特别慰安所，其中就有"大一沙龙"。①

"大一沙龙"最早称"大一"，是上海日侨较早建立的日本式"贷座敷"。所谓的"贷座敷"，是一种日本式的风俗营业店，除了向客人提供餐饮外，也提供女子供客人玩乐。"大一"

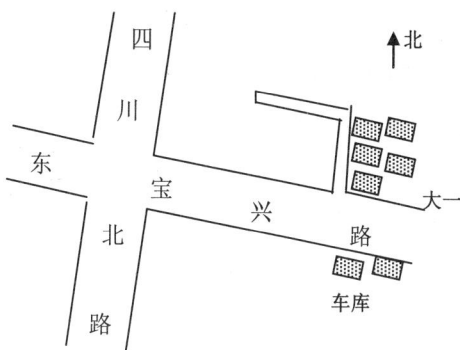

"大一沙龙"位置示意图

① 其名称有"大一"（宝山路）、"小松亭"（虬江路大富里 5 号）、"永乐馆"（狄思威路）、"三好馆"（吴淞路松柏里）4 家。前田朗：《国外移送目的诱拐罪的共同正犯——隐されていた大审院判决》，日本《季刊战争责任研究》第 19 号，1998 年版，第 3 页。

的名字在 1920 年的《上海日侨人名录》上已有记载，初由日本侨民白川经营，地点在宝山路上，宝山路属于公共租界的越界筑路区域，也就是闸北地界。

根据日本领事馆方面 1920 年至 1923 年的调查，日商"贷座敷"为躲避租界当局对废娼运动的攻击，而设在越界筑路区域。但在 1927 年南京国民政府成立后，中国地界也开始实施禁娼，上海特别市政府于 1929 年 6 月公告废除公妓，不允许妓院公开营业，并于 1930 年 3 月 20 日向日总领事馆提出，将日侨设在华界的"大一"、"三好馆"和"小松"等 4 个卖淫场所，或转为正业，或移入租界。①于是，日方被迫于次年 11 月 25 日，将"贷座敷"内营业的"乙种艺妓"改称"酌妇"，但承认"贷座敷"的继续存在。此后一些日商开设的色情业不得不逐渐向虹口迁移。这个时候，"大一"的经营者由白川转让给了近藤ミツ。

关于"大一沙龙"等"贷座敷"的营业妇女人数，目前还没有找到确切的数字，只知道娼妓人数前后稍有变化。包括"大一"在内的 4 家"贷座敷"，1928 年有"酌妇"32 人，1930 年为 19 人。②根据日驻沪总领事馆警察的同一资料统计，1930 年在上海的艺妓及其他接客的日本妇女计 1290 人，其中甲种艺妓 173 人，乙种艺妓（娼妓）19 人，旅馆、料理店、贷席、饮食店 419 人，舞女 164 人，"洋妾" 159 人，私娼 346 人。③

清末的虹口，是广东籍人士的集居之地。东宝兴路 125 弄 1 号的主人也是广东来的移民，而且这里还是潮汕帮商人的会议场所。九一八事变之前，虹口的局势已逐渐紧张，日本海军陆战队耀武扬威，浪人对中国居民挑衅事件接二连三。住在此处的广东商人遂纷纷离去，日侨近藤ミツ夫妇趁机占据了东宝兴路 125 弄 1 号，在日本海军的支持下，继续经营"大一"，并改称为"大一沙龙"。

1932 年 1 月，"大一沙龙"成为了日本海军陆战队司令部批准的第一批慰安所之一。根据我们的调查，它通常不挂牌子，也没有慰安所的名称，除了接待日本海军军人外，也同时接待日本侨民。最初无任何检查制度。有必要指出的是，这一时期的"慰安妇"，无论是日本人还是朝鲜人，基本上她们原来都是娼妓，女性都是从日本贫困山区招来的年轻女子。

---

① [日]吉见义明主编：《从军慰安妇资料集》，大月书店 1992 年版，第 184 页。

② 《昭和五年在上海总领事馆警察事务状况》，《外务省警察史·上海 1》，不二出版社 1996 年版，第 21093、21096、21104 页。

③ 《昭和五年在上海总领事馆警察事务状况》，《外务省警察史·上海 1》，不二出版社 1996 年版，第 21097 页。

1932 年 1 月，"大一沙龙"被称为"海军指定慰安所"而获得了扩张。[①]这一情况也得到了日本外务省的一则档案的证实，日本海军慰安所在 1932 年初就有记录。到 1932 年在上海开业的日海军慰安所共达 17 家。[②]这些慰安所以日本海军官兵为客人。是年底，在这 17 家慰安所中，有艺妓 279 人、"慰安妇" 163 人（见表 1）。

表 1　上海日侨的风俗营业一览（1932 年 12 月底）

业　　种	开业	废业	1931.12 底存在数	1932.12 底存在数
料理屋、置屋	3	—	28	31
饮食店	72	9	102	165
咖啡店、汁粉屋	13	5	27	35
海军慰安所	17	3	3	17
俱乐部	2	2	5	5
跳舞场	1	—	2	3
艺妓	134	47	188	275
跳舞女	170	164	239	245
酌妇	166	31	28	163

资料来源：《昭和七年十二月末调　邦人の诸营业》《外务省警察史・上海 1》。不二出版社 1996 年版。藤永壮：《上海的日本军慰安所と朝鲜人》《国际都市上海》，大阪产业大学 1995 年版。

包括"大一沙龙"在内的专门接待日海军的这些慰安所，在 30 年代中期已实施严格的检查制度，由日本驻沪总领事馆会同海军陆战队对所中的妇女进行检查，每周 2 次，患有性病者不准接待客人。

根据《日人在华人名录》33 版（1942 年）第 271 页记载，"大一沙龙"的经营范围是"咖啡贷席业"，老板是来自东京的近藤美津子，东宝兴路 125 号的电话为 46940 或 02-62801。

（2）慰安所的概况

东宝兴路 125 弄 1 号为 2 层西式砖木结构建筑。最初，此处的日本"慰安妇"只有 7 人左右，由于这里地处北四川路（现四川北路）旁，为日本海军陆战队集中之地，所以海军陆战队员相约而来，生意十分兴隆。于是，经营者夫妇便又从

① ［日］前田朗：《国外移送目的诱拐罪の共同正犯》，日本《战争责任研究》，［日］日本の战争责任资料センター编辑发行，第 19 号，第 3 页。
② ［日］吉见义明主编：《从军慰安妇资料集》，大月书店 1992 年版，第 183 页。

日本国内招来 20 名少女，并逐渐吞并了后面的两幢中国人的住房（今 125 弄 2 号、3 号），那两幢房屋也是西式砖木结构建筑。经营者还购置了用来接送客人的汽车，在路对面设立了停车库（东宝兴路 120、122、124 号，1997 年已经拆毁），形成一个规模颇大的慰安所。

1994 年，笔者找到时年 81 岁的陆明昌老人，据这位家住东宝兴路 108 号的老人介绍，他原籍江苏南通，一·二八事变前后，从家乡到上海谋生，经人介绍进"大一沙龙"做杂务工。这时的"大一沙龙"，客人除了日本海军以外，还有日侨。进大门后是个日本式亭院，上台阶里面是个大酒吧，平时接待客人，可以喝酒，也可跳舞。两厢房、2 楼以及后面的 3 幢建筑均是日本"慰安妇"的房间。楼房的东侧有个花园，中间是个喷水池，四周的空地就是舞场，每天这里都是莺歌燕舞，尤其是晚上 7 点起最为闹猛。八一三事变爆发后，这里成为日海军专用的慰安所。"慰安妇"们穿着和服，都是来自日本贫困山区的女子。后来还有朝鲜女子。日本医生每周都来检查，在一楼的 4 号房间为"慰安妇"检查身体。营业情况极好，因此，后来老板近藤就一个人带着钱财跑回东京享受去了，"大一沙龙"便由老板娘近藤美津子一个人支撑。约在 1944 年左右，老板娘死了，此后"大一沙龙"由近藤儿子经营，直到战争结束。

陆明昌在"大一沙龙"除了烧饭外，还要收拾酒吧、搬运啤酒等。因为每天与日本人打交道，所以晚年仍能讲一些日本话。他在这个慰安所整整干了 14 年，可以说是在日军慰安所内工作最长的人了，每月的工资却只有 6 块银元，还时常遭到日本人的打骂，回忆这痛苦的往事，陆明昌老人仍满腔怒火。1999 年，陆明昌因瘫痪久病而去世。

根据陆明昌等知情人的回忆，在战争的中后期，里面也有不少中国女人，遭受日军的奴役。

家住附近的林铃娣（1924 年生，1994 年 71 岁），她对"大一沙龙"还有清晰的记忆："我父亲是桶匠。'大一沙龙'我们叫它'大一记'，老板娘经常来我家订购小木盆，这种小木盆是给慰安女与客人洗澡时放置毛巾和肥皂用的。一次定做总有 10 只，每只价钱是 1 日元。那时我只有 10 来岁，这些木盆每次都是我送过去的。但只能送到门口，不准进去。里面的女孩都穿着和服、木屐。里面具体的情况，我也不敢看。对面两幢房子（东宝兴路 120、122、124 号）原来是车库，是专供客人们停车用的。战争结束时，日本人很可怜。"

林铃娣家为东宝兴路 113 号，就在"大一沙龙"的东面。她的丈夫王金鑫

（1922 年生，1994 年 73 岁,启东人）回忆，除了小的木桶外，慰安所还需要大的木桶，他也时常做这种人能进入洗澡的大木桶。

"大一沙龙"后来的规模越来越大。现在的 125 弄 2、3 号也是二层西式建筑，东边还有两幢风格有所不同的二层建筑（现在为 123 弄）。日本海军和管理者合作，对内部进行了改造，家住东宝兴路 101 弄 6 号的陈阿金老人，今年 82 岁，年轻时为木匠。他曾与师傅一道入"大一沙龙"做工，主要是隔离房间，做日本式的移门拉窗，安装榻榻米。他记得 5 幢房屋的两层楼均用天桥连接起来，以方便营业。慰安所里有朝鲜、日本、台湾和中国大陆的"慰安妇"。他与师傅做工，每天的工钱是 25 钱。他回忆，"大一沙龙"设备在当时算是非常好的，有煤气和抽水马桶；战争结束时被日本人拆毁了。账房先生是个日本人，比较胖。里面有高丽女人，我是怎样知道的，是因为战争结束后，高丽人穿的鞋子与日本人不同。"大一沙龙"有门卫，晚上关门。现在四川北路的俱乐部当时也是慰安所，叫"月光"，没错。

张银富家住 103 号，2001 年 72 岁，生于当地，因此对当时的慰安所还有记忆。他说原来"大一沙龙"东边也是 2 层的建筑，非常好，但日本人进攻上海时被轰炸毁掉了。"大一沙龙"里的日本人对待周边的中国人还算比较可以，而帮助老板管理的高丽人则非常坏，经常训斥甚至殴打中国人。光复后，这里作为敌产被国民党空军接收，到解放后，被解放军接管，并分配给军方一个皮鞋厂的职工。现在那里还住着原解放军 3516 工厂的家属，大多已退休。笔者访问这里的居民何怀启，1955 年即分配到这里居住，今年已 73 岁。他说，东宝兴路原来是弹夹路，"大一沙龙"的房屋外面有些变化。连接的天桥都被拆掉了。我们来住的时候，地上仍全部是榻榻米。

巧的是张银富老人的师傅就是林铃娣的丈夫，也就是说林铃娣是他的师娘，接着，张先生将多年不见的林铃娣老人叫了来，林大娘竟然还认得我，还记得 8 年前我第一次来调查时的情景，老人已 79 岁了。

1924 年出生的龚荣华，住在 123 弄 7 号，他 14 岁被拉夫做过火头军。后来为日军做饭，做了 14 个月。他记得"大一沙龙"本有大铁门，是在 1958 年大炼钢铁时被拆除了。

125 弄 2 号后来也成为了慰安所的一部分，现在还有一些遗物留存，如日本式的拉门、拉窗。在 2 室吴家，还保存着慰安所时代的木雕，共有两幅，一幅是富士山，另一幅据铭心会的日本朋友考证，认为可能是琵琶湖，雕刻相当精致。房屋主人吴让三先生，1945 年起住此。当年这里是中国银行职工宿舍，他便是服务于中国银行的。从那时一直住到现在，今年已 87 岁了。

（陈丽菲、苏智良写于 1996 年，2002 年 2 月补充。）

作为慰安妇问题研究中心的成员，出入 125 弄早已成了我的"家常便饭"。对于那里，我有着太多的记忆和感触。

五一期间，我又去看望住在 1 号二楼的郑大妈。她是 1 号仅存的老居民。20 世纪 50 年代初，从山东来的郑大妈随同空军军官的丈夫入住 125 弄，当时分配给他们的是整个二楼（1 号到 3 号全部打通，有过道相连）。整整半个世纪过去了，丈夫去世了，儿女搬走了，她一个人生活变得冷清。好在 1 号的邻里十分照顾腿脚不便的她，楼下的阿姨阿伯总会帮忙捎带每天的小菜。那些人里面，最关心她的要数老邻居何怀启，一个解放军 3516 工厂的退休老工人。每次提到他，大妈总忍不住嘀咕："小何啊？好人啊！他总让媳妇给我下面条吃。"这个郑大妈口中的好人何怀启，2006 年 5 月 6 日去世了。

2005 年 6 月一个周日早上，我和《外滩画报》的蔡明东到 125 弄时，72 岁的何怀启正站在 1 号院子的门口。他一眼就认出了我，热络地端出椅子招呼我们坐。何怀启也是山东人，解放战争时期随部队打到上海，就留在上海，这一留就是 50 多年。何老伯带着我们参观 1 号，不厌其烦地介绍那些我已很熟悉的内容："我所住的 1 号底层大堂原来是日军的舞厅，楼里每间屋子都很大，当年搬进来的时候，房间里还铺着日式榻榻米、拉窗，后来，楼里人家多了，都重新装修过，把原来相连的几幢房屋隔开。"楼上楼下的，他喜欢为我介绍不同的邻居，每次都会喜形于色地问："老杨，你记得吗？这是小姚，上师大的小姚？还有苏教授你记得吗？"那么开朗健谈的一个人，却在一年后走了，每次想到这里都忍不住感慨。同样不见了的还有住在不远处的林铃娣大娘，这位木桶匠的女儿曾经亲自见过"大一沙龙"内的"慰安妇"，为我们的调查取证工作提供了很多帮助。如今，她和丈夫搬去了别处，去享儿女的福，我们便又失去了一位重要的证人。

面前切着西瓜的郑大妈无不感慨地说："小何还小呢。我都 81 了，还没走，他倒先走了。现在这里就剩下我了，老邻居都没有了。"是的，现在已经没有人会陪着我上上下下地参观，不厌其烦地说着那些往事了，我这才意识到多么感谢那些历史证人的热心帮助。同样的，那些散落各处的"慰安妇"幸存者又何尝不是在老去、凋零？有谁能给予他们最后的安慰和关怀？

如今的 125 弄居民，或多或少都能讲出些关于"大一沙龙"的故事，对于记者和参观者，他们已经习以为常。虽不免有点被打搅的情绪，更多的是理解和热情，还有就是"何时能搬离这危险建筑"的焦急。

53 户、265 人挤在这三幢二层楼的楼房里，即便是阳光灿烂的日子，楼里的光线依然不好——白天进去也需要开灯。一踏上木质的楼梯，就"吱吱"作响，楼道也软绵地有种坠落的感觉。1 号里，十几户人家共用三个厕所。洗后的衣服只能滴滴答答地晾在狭窄的过道上，和着油烟一起蒸腾。楼梯口的电线盘根错节，像蜘蛛网，一到下雨天就噼里啪啦爆出火花，2005 年这里发生过一次火灾，正是电线老化引起的，把楼梯都烧着了。每次亮明自己的身份，总有居民拥过来："你帮我们反映反映，这里实在很难过日子，我们也认为应该保留，但要把我们安顿好啊！"而我，一个调查者，除了尽力安抚，没有更多的办法。

当然，我们正在努力的另一件事或许可以间接帮助他们。中国慰安妇研究中心一直致力于"慰安妇"纪念馆的筹建，"大一沙龙"就是最好的选址。苏智良教授曾多次对媒体公众提道："关于'慰安妇'纪念馆的想法，已经很久了。我收集了一些物品，包括老太太的遗物、照片、公证书等，那些老太太们一旦离世，这些东西就成为我们将来唯一的证据。中国作为'慰安妇'制度最大的受害国，应该像奥斯维辛那样建立一个永久的纪念馆，记载人类文明史上所曾经有过的这一段罪恶。"

4 月 9 日，《新闻晨报》刊登了一条题为《反击日右翼证据 日军慰安所"大一沙龙"旧址被保留》的报道。其核心内容是专家、市人大代表和市政协委员呼吁保护"大一沙龙"旧址的建议，受到相关部门的高度重视。市文管委等部门对"大一沙龙"旧址进行专项研究后认为，东宝兴路 125 弄 1 号、2 号、3 号及东宝兴路 123 弄 10 号 4 幢建筑，是 20 世纪 30 年代前期日本在上海建造的早期建筑，被侵华日军用作慰安所——"大一沙龙"，该组建筑难以被列为文物保护单位或上海市优秀历史建筑，但考虑到该旧址建筑是侵华日军罪证，是反击日本军国主义右翼势力妄言的证据，因此拟先予以保留。市文管委等部门将研究具体的保留措施，并把处理情况报国家相关部门。

无论如何，这则新闻都是鼓舞人心的。当我转述给 125 弄的居民们，他们绝大多数表示这是好事。那粉刷一新的外墙，暗示着这栋充满故事的建筑将被保存下来，他们担忧的只是他们的居住条件何时才能改善。保留毕竟只是保留，是否能成就起中国第一座"慰安妇"纪念馆，是否能安置好这些居民，还需要更多的呼吁和努力。希望这一切不会太远！

（姚霏写于 2007 年 5 月。）

2．陆军"慰安妇"团

1932 年的"慰安妇"团，是日本陆军第一次有组织参与建立"慰安妇"制度的行为，它成为日本后来战时"慰安妇"制度的重要尝试和样本。

"慰安妇"团的发起者是冈村宁次。

冈村宁次出生于东京，早年毕业于日本陆军大学，1917 年作为黎元洪大总统军事顾问团成员而到中国活动。1923 年，担任日本参谋本部驻上海的谍报武官，1925 年起，任中国北洋军阀孙传芳的军事顾问。1927 年，冈村宁次任日本陆军步兵第 6 团团长，是出兵中国山东，制造"五三"济南惨案的主凶之一。作为日本军部对华谍略的谍报核心人员，他参与拟定了以"据江浙而制天下"的对华作战的具体方案。以后参与历次侵华事件。

1932 年 1 月 28 日，日本海军与中国国民党十九路军发生冲突，一·二八事变爆发。此后，在中国军队的顽强抵抗之下，日军战线没有什么突破，于是，日本政府组建上海派遣军增援。2 月 25 日，上海派遣军司令官白川义则大将准备出发，白川在军部为他送别的宴会上，破例恳求冈村宁次出任派遣军副参谋长。于是，冈村宁次接受了任命，并于 3 月 6 日到达上海。

当时，在沪日军达到 30000 人，由于日军官兵十分野蛮，已发生了多起强奸战地妇女的事件，引起中国和各国舆论的严厉谴责。冈村宁次为了防止日军发生大规模的强奸事件而影响军纪及其战斗力，同时也为了搪塞外界舆论对日军兽性的指责，在白川义则的首肯之下，决定征募日本妇女建立一些专为日军官兵提供性服务的场所。

"慰安妇"团的具体操办者是日上海派遣军高级参谋冈部直三郎，冈部在 3 月 14 日的日记中记载："这时，传来士兵们千方百计搜索女人、道德败坏的各种传闻，为了解决士兵的性问题，就着手积极建立这种设施。"[①]于是，冈部与永见俊德中佐论证了"慰安妇"问题后向冈村宁次递交了实施报告。冈村宁次立即电请长崎县知事，迅速征召妓女，组织"慰安妇"团，到上海日军的占领区，建立慰安所。

由于此事已过去 70 年了，"慰安妇"团在上海的具体情况已很难复原。其主要驻扎之处应是吴淞、大场、江湾、纪家桥、庙行一带。估计这些慰安所设立于原农民房舍的村子里，并跟随日军活动迁移。因为在当时激烈战斗之下，日军根本没有可能让工兵来建造慰安所的房子。但是这批"慰安妇"团的妇女共有多少人，年龄情况，每天接待多少日本军人等均不得而知。

---

① ［日］冈部直三郎：《冈部直三郎大将の日记》，芙蓉书房 1982 年版，1932 年 3 月 14 日。

1932 年 7 月 15 日，冈村宁次调任关东军副参谋长，就是在冈村宁次在沪的 4 个月间，日军建立了第一批慰安所。

此后，冈村宁次因侵华有功而屡次提升，最后于 1944 年 11 月升任日本中国派遣军总司令。1949 年 2 月，冈村宁次在返回日本的轮船上接受记者采访时，曾透露说："我是无耻至极的'慰安妇'制度的缺席的始作俑者，昭和七年（1932 年）上海事变时，发生了两三起官兵强奸驻地妇女的事件，作为派遣军副参谋长的我，在经过调查后，我只有仿效海军早已实行的征召妓女慰军的做法，向长崎县知事申请召来华进行性服务的'慰安妇'团。事实证明，当从本土征募而来的'慰安妇'团到达时起，便不再发生强奸的事情"。[1]冈村宁次所创立的日军"慰安妇"制度，比海军就地利用现有妓女充当军妓要进了一步，它是日军"慰安妇"制度发展中的第二阶段。它是由日军上层和日本地方政府共同策划下建立的，这种特别组织的"慰安妇"团来到前线的唯一目的就是为日军提供性服务，这个"慰安妇"团的成员显然已是一种"慰安妇"，冈村宁次创造的这一形式不能不说是一种创举——是法西斯战争机器侮辱人性的一种创举。当然，这比起后来日军大规模地推广"慰安妇"而言，还只是一个开端。一·二八事变结束后，日本陆军在上海的慰安所在大批军人撤退后也关闭了，"慰安妇"团应该是回到了日本。然而，作为陆军慰安所样板的海军慰安所却依然如故。

需要再交代一下冈村宁次的下场。1932 年，冈村调任日本关东军副参谋长，后兼任驻伪满洲国武官。1933 年春，关东军侵犯热河、长城，威逼平津，他代表日方迫使国民党当局与之签订了屈辱的《塘沽协定》。1934 年起，历任日本陆军参谋本部第 2 部部长、第 2 师师长、第 11 集团军司令、军事参议官等职。1941 年晋升为上将，任华日军华北方面军司令。1944 年，先后任侵华日军第 6 方面军司令和日本侵华派遣军总司令。他在侵华期间，疯狂推行烧光、杀光、抢光的"三光政策"，对中国抗日根据地实行"烬灭扫荡"，犯下许多罪恶。1945 年 8 月，苦战中的中国人民终于迎来胜利的曙光，1945 年 8 月，中国八路军延安总部公布了日本侵华战犯的名单，冈村宁次被列为首要战犯。冈村宁次率领侵华日军向中国政府投降后，他却被中国国民党政府聘为军事顾问，帮助国民党打内战，对付共产党。1949 年，由国民党政府宣布"无罪"释放回国。次年，又被聘为台湾国民党中央常务委员会"军事实践研究院"高级教官。1955 年 6 月，任日本旧军人组织"战友联盟"副会长，后改任"乡友联盟"会长、名誉会长，从事复活军国主义的活动。1966 年死于东京。

（陈丽菲、苏智良写于 1998 年。）

---

① ［日］稻叶正夫编：《冈村宁次大将资料》上卷（战场回想篇），东京原书房 1970 年版，第 302 页。

3．朝鲜人经营的慰安所

上海的朝鲜人经营的商业由来已久，尤其是提供性服务的风俗店，集中在虹口地区，平时多以日本人为营业对象。进入 20 世纪 30 年代以后，随着上海日军的增加，以及"慰安妇"制度的推行，一些朝鲜人经营的风俗店被纳入向日军开放的性服务系统。比较 1936 年、1937 年和 1939 年的 3 个表格，可以看到这类营业的变化（见表 1、表 2、表 3）。

表 1 在沪朝鲜人的风俗营业一览（1936）

商　　号	经营者	所　在　地	来沪日期
伦敦酒吧	姜汉朝	虹江路 97 号	
心酒吧	韩汶礼	虹江支路宝德里 8 号	
贝贝酒吧	赵秉铉	南浔路 121 号	
少女酒吧	朴钟善	海宁路 322 号	
伊甸园酒吧	吴贤海	虹江支路 362 弄 5 号	
亚细亚酒吧	朴日硕	汉壁礼路 35 弄 31 号	1937.9.7

资料来源：《人名录·上海》第 28 版，1936 年版。

表 2 在沪朝鲜人的风俗营业、慰安所经营（1937 年）

商　　号	经营者	资本额	本　　籍	现在住处
贝贝酒吧	赵秉铉	2000 元	平安北道义州郡	南浔路 121 号
伯格斯酒吧	朴正淳	2000 元	平安北道义州郡	南浔路 135 号
亚细亚酒吧	朴日硕	2000 元	平安北道义州郡	汉壁礼路 35 弄 31 号
乐酒吧	金字济	1500 元	京畿道仁川府	汉壁礼路 37 号
少女酒吧	朴钟善	1500 元	平安南道平壤府	静安寺路安乐坊 17 号
心酒吧	崔次礼	2000 元	庆尚南道昌原郡	虹江支路宝德里 8 号
伦敦酒吧	崔鸿绮	2000 元	京畿道京城府	海能路 81 弄 48 号
伊甸园酒吧	吴铉淑	2000 元	平安南道平壤府	虹江支路宝德里 8 号
阿里郎酒吧	白利淳	2000 元	平安南道大同郡	北四川路丰盛里 25 号

资料来源：在上海日本总领事馆警察部编：《昭和十二年管内状况ノ内 特高警察二关スル事项》，在上海日本总领事馆警察部发行，发行年份不明。

表3　上海朝鲜人的风俗营业、慰安所（1939 年 10 月）

营业种类、商号	经营者	资本额	本　　籍	在沪住处
* 远东舞厅	宋世浩	20000 元	汉城	海能路 81 弄 48 号
贝贝酒吧	赵东铉	20000 元	平安南道	
慰安所	朴日硕	20000 元	平安北道	
慰安所	金一准	20000 元	庆尚北道	
慰安所	李昌柞	20000 元	京畿道	
慰安所	李相佑	20000 元	汉城	
慰安所	李致云	20000 元	平安南道	
* 伦敦酒吧	崔鸿绮			虹江支路 95 号
* 亚细亚酒吧	朴日硕			汉壁礼路 35 弄 31 号
* Idealism 酒吧	金锦淑			虹江支路 129 号
* 日之出酒吧	文点钟			吴淞路克俭里 3 号

　　资料来源：[韩]玄圭焕：《韩国流民史》上卷，汉城1967年版，第685页。
*者为《人名录·上海》第 29 版。

　　据不完全统计，到 1938 年上半年，在沪的日本籍"慰安妇"已达 300 多人，[①]朝鲜籍"慰安妇"估计要远远超过此数。由于日本殖民者占领了朝鲜，并残酷剥削压迫朝鲜人民，致使城乡经济破产，民众背井离乡。为谋生而被迫出卖肉体的这些朝鲜女子，实际上是日本殖民政策的牺牲品。她们来到上海后的遭遇更加悲惨。

　　有个日本老兵后来回忆，1932 年 3 月，他曾在上海进出过慰安所。慰安所设在前线中国人的民居内，里面约有 5—10 个朝鲜"慰安妇"，年龄 20 多岁。当时日军士兵每月所得只有 8 日元，进去一次要 1 日元，如果在那里住上一夜，还得付 2 日元。每到星期日，士兵们便带着预防性病的药，列队去慰安所，先是购买入场券，然后等待着轮到自己。

　　生于全罗南道灵岩郡的河顺任，19 岁那年被一个朝鲜人骗上了船，然后到达上海开始苦难生活，她回忆说："一到上海，就被带到临近美租界的一幢板式平房。当时我还相信人家说的'赚大钱'。正为自己在这种地方洗衣做饭而失望时，闯进来的军人改变了我的人生。我曾经逃跑过，但又被捉回来，受尽殴打，被剥光了衣服。我哭叫着，曾在梦中裸着身体逃跑，但撞上的却是门上冷冰冰的大锁。"[②]她说的"临近美租界的一幢板式平房"，可能就是上述哪一个朝鲜"酒吧"。

　　　　　　　　　　　　　　　　　　（苏智良、姚霏写于 2005 年 2 月。）

---

① [日]上海居留民团编：《上海居留民团三十五周年记念志》，第 185 页；[日]吉见义明主编：《从军慰安妇资料集》，大月书店 1992 年版，第 185 页。

② [日]矢野玲子著，大海译：《慰安妇问题研究》，辽宁古籍出版社 1997 年版，第 190 页。

4. 美楣里"慰安所"

位于横浜桥北堍、北四川路东侧的美楣里，是一个拥有 45 幢假 3 层砖木结构住屋的新式里弄，现在的门牌是四川北路 1746 弄。日军侵沪期间，这里一度是日军慰安所相当集中的地方。

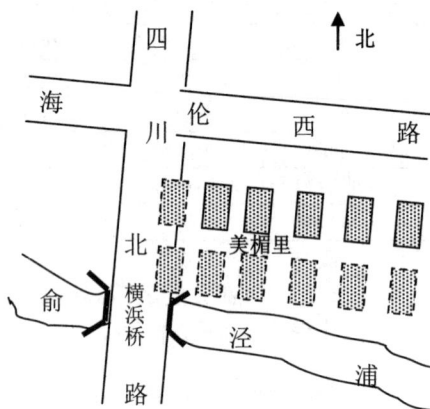

沿四川北路的弄口原有"美楣里"三字，20 世纪 90 年代中期，因扩建四川北路而将过街楼拆除，"美楣里"弄名遂不为人知了。美楣里前排房屋沿着俞泾浦（即横浜河）堤岸，一般居民只走后门。2000 年春，上海市政府决定整治河道，将沿河的 6 排楼房拆除，3 月 30 日美楣里前排房屋拆迁，只有 23—40 号的

四川北路 1746 弄（美楣里）

18 幢房屋保留下来。2 月 24 日，傅升先生抢拍了一些照片。2002 年，笔者再度来到美楣里调查时，只见数幢旧屋外墙已粉饰一新。

（苏智良）

1933 年的《支那在留邦人人名录》，其索引中已经专列"海军慰安所"一项，其中绝大部分慰安所集中在美楣里（见表 1）。

表 1　1933 年日本海军在沪慰安所

名称	所属	开办者姓名	开办者原籍	地　　址	电话
一心亭	海军慰安所	坂井岩吉	奈良县	北四川路横浜桥美楣里 7 号	
梅月	海军慰安所	中熊富藏	长崎县	北四川路横浜桥美楣里 31 号	
东优园	海军慰安所	马场半三	佐贺县	北四川路克明里 4 号	
千登势	海军慰安所	国本忠太郎	石川县	北四川路美楣里 6 号	
大星亭	海军慰安所	关根ふじ		北四川路横浜桥美楣里	
海乐①	海军慰安所	曹应道	朝鲜	北四川路横浜桥美楣里 16 号	

---

① 坂下元司是侵华战争时期海军在沪最大的慰安所"海乃家"的少老板。据他回忆，他曾亲自去过海军在横浜桥旁的慰安所，其中有一家是朝鲜人所开。坂下所说的应该就是美楣里慰安所，而那家朝鲜人经营的慰安所，很可能就是 1933 年存在过的"海乐"。

名称	所属	开办者姓名	开办者原籍	地址	电话
大胜馆	海军慰安所	洼田义男	长崎县	北四川路横浜桥美楣里 12 号	
筑紫	海军慰安所	田代辰次郎		北四川路横浜桥美楣里 36 号	
浮舟	海军慰安所	古贺浅吉	长崎县	北四川路横浜桥美楣里 27 号	
曙	海军慰安所	村上富雄	长崎县	北四川路横浜桥美楣里 26 号	42064
都亭	海军慰安所	间狩源治	滋贺县	北四川路横浜桥美楣里 29 号	
上海俱乐部	海军慰安所	宇都ウノ		北四川路克明里 7 号	

资料来源:《支那在留邦人人名录》25 版,上海北四川路日本金风社,昭和 8 年(1933 年)调查。

根据《上海市虹口区地名志》记载,美楣里的建成年代为 1933 年,即上表调查的年代。如果《地名志》的记载无误,美楣里很有可能就是专为海军慰安所而建。

在整个日军侵华时期,美楣里的慰安所此消彼长,却是始终贯彻日军“慰安妇”制度的“关键力量”。笔者利用上海留存的《人名录》[①]为曾在美楣里出现的慰安所做了一个简略的发展表(见表 2):

表 2　侵华战争期间出现在美楣里的慰安所

名称	开办者姓名	原址	起讫年代	变动情况
一心亭	坂井岩吉	北四川路横浜桥美楣 7 号	1933—1936	
梅月	中熊富藏	北四川路横浜桥美楣里 31 号	1933—1935	
千登势	国本忠太郎	北四川路美楣里 6 号	1933	
大星亭	关根ふじ	北四川路横浜桥美楣里	1933—1936	
海乐	曹应道	北四川路横浜桥美楣里 16 号	1933	
大胜馆	洼田义男	北四川路横浜桥美楣里 12 号	1933—1941	1935 年始由林田晃经营,1936 年迁址克明里 8 号

① 据笔者所知,上海目前留存的《人名录》分别收藏在上海图书馆和上海档案馆,版本有昭和五年(1930 年)版、昭和八年(1933 年)版、昭和十年(1935 年)版、昭和十一年(1936 年)版、昭和十三年(1938 年)版、昭和十四年(1939 年)版、昭和十五年(1940 年)版、昭和十六年(1941 年)版、昭和十七年(1942 年)版、昭和十八年(1943 年)版、昭和十九年(1944 年)版和昭和二十年(1945 年)版。

名称	开办者姓名	原址	起讫年代	变动情况
筑紫	田代辰次郎	北四川路横浜桥美楣里 36 号	1933—1945	1940 年始由田代巽经营
浮舟	古贺浅吉	北四川路横浜桥美楣里 27 号	1933—1936	
曙	村上富雄	北四川路横浜桥美楣里 26 号	1933—1944	
都亭	间狩源治	北四川路横浜桥美楣里 29 号	1933—1938	
上海俱乐部	宇都ウノ	北四川路克明里 7 号	1933—1943	1935 年始由间狩源治经营并迁址美楣里 10 号
胜利亭[①]	园喜三郎	北四川路横浜桥美楣里 20 号	1933—1938	
红梦	福岛胜藏	北四川路美眉里	1938—1940	
松竹	佐原又治	北四川路美楣里 21 号	1938—1944	
山游	山中正冶	横浜桥美楣里	1938—1941	

资料来源：《支那在留邦人人名录》，上海北四川路日本金风社出版。

可以说，美楣里的海军慰安所，是第一批真正意义上的日军慰安所。

（姚霏写于 2005 年 2 月。）

上海俱乐部在北四川路横浜桥美楣里（今 1746 弄）10 号，为日侨间狩源治经营，1933 年至 1943 年存在。间狩源治出生于日本滋贺，是当时上海日侨中经营慰安所的"积极分子"，与日本地方政府和军方均有良好的关系。

间狩源治经营的"慰安妇"来自日本的日本妇女或朝鲜妇女。目前发现的一份 1937 年"慰安妇"来华证明书，能够使我们了解"慰安妇"是如何从日本来到上海的。

1937 年 11 月 30 日，日本福冈县的八幡警察署，曾给两名朝鲜女子发放"慰安妇"的来华证明书，同意其到间狩源治开设在北四川路的海军慰安所充当"慰安妇"。[②]

---

① 在《人名录》上，"胜利亭"一直是以"饮食店"的名义出现的。但藤永壮在《上海の日本军慰安所と朝鲜人》一文中将"胜利亭"纳入海军慰安所（见苏智良著：《慰安妇研究》，上海书店出版社 1999 年版，第 27 页）。笔者尊重其研究成果，将"胜利亭"纳入表格中。

② ［日］吉见义明主编：《从军慰安妇资料集》，大月书店 1992 年版，第 101 页。

文件的名称是《关于发给去中国者的身份证明书》，编号为《外旅秘第 79 号》，发出时间是 1937 年 12 月 15 日。全文如下：

福冈县知事　　　赤松小寅

内务大臣　　　末次信正殿

外务大臣　　　广田弘毅殿

各厅府县长官殿

自 11 月底施行办理去中国渡航手续以来，所发身份证明书如下：

颁发日期及颁发地点	目的地	渡航理由	期限	本籍住所	职业、姓名、年龄
（前略）					
十一月二十九日八幡	河北省井陉煤矿	受兴中公司之嘱托调查华北资源	3 个月	八幡市大字枝光一、100 八幡市清田町 5 町目	矿业
十一月三十日	上海	应间狩源治之召唤到上海北四川路海军慰安所为酌妇	一年		安部哲雄
十一月三十日	上海		一年九个月		明治 44 年 3 月 26 日生
（后略）					

资料来源：[日]吉见义明主编：《从军慰安妇资料集》，大月书店 1992 年版，第 100—101 页。

这两名朝鲜"慰安妇"很有可能就是前往美楣里 10 号的上海俱乐部，等待她们的将是悲惨的命运。

（苏智良写于 2002 年。）

关于美楣里"慰安所"的调查

就笔者的实地考证，美楣里在未拆动前共有 12 排相对独立的建筑，南北各 6 排，呈对称分布，1—22 号位于南侧，23—45 号位于北侧，门牌由东向西递增，在四川北路口有一牌楼上书"美楣里"，后连同西侧和南侧的 7 排房屋一同拆除。

2005 年，当笔者走进美楣里时，能作为证据保留的只有这余下的五排淡绿色的房子。26 号在最东侧的一排，这幢与 25 号共用后门的房屋，曾经是来自日本长崎的日侨村上富雄经营的"曙"。27 号位于 26 号那排的西侧，同是来自长崎的古贺浅吉在那经营着"浮舟"。仅隔着 28 号，间狩源治又在美楣里 29 号经营了一家"都亭"，气焰之嚣张可见一斑。再往西一排的 31 号曾经是长崎人中熊富藏开办的"梅月"，这是一处短命的慰安所。与其形成鲜明对比的是西侧的 36 号，主人田代辰次郎和田代異想必颇有手腕，他们经营的"筑紫"是美楣里存在时间最长的慰安所。

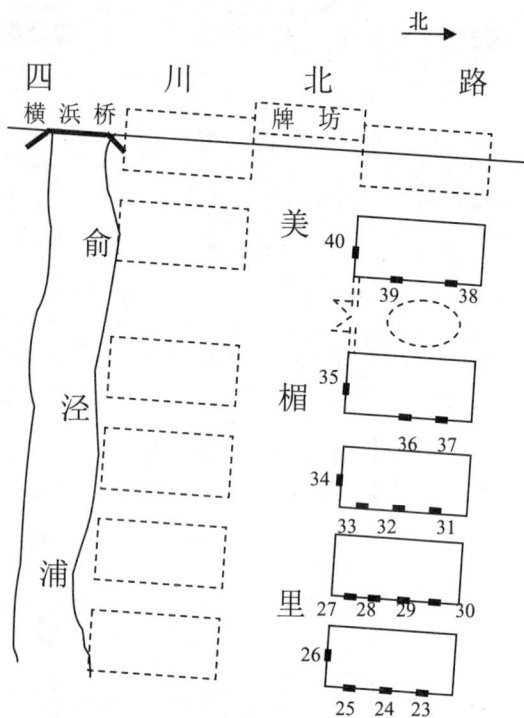

美楣里详图

家住美楣里 38 号三楼的沈雪棣老太太是日本人走后第一批搬到美楣里的住户之一。她告诉笔者，刚搬进来时，地板上铺有榻榻米，房间内的门大都是移门，现在，除了房间小，有半层楼之外，基本看不出当时房屋的格局了。就 38 号而言，唯一保留至今的就只有底楼的那扇彩色玻璃大门和门外的铁门（原在门内）。沈老太太亲自领着笔者到底楼参观，遇到了 38 号的另两位热心住户，底楼餐馆的蔡为民（音同）先生和另一户的王克明老伯。蔡先生给笔者指出了玻璃大门，彩绘的玻璃色彩依然清晰，透过玻璃门可以看到 35—37 号所在的房屋。王克明老伯带笔者来到门外，这里是两幢房屋之间的庭院，虽然堆满杂物，仍可以看出比其他几幢房屋之间的间距要大许多。王老伯告诉笔者，他曾经是沈老太太的房客，很早就住在这里。当时这片空地是一个花园，园中有一个水池，池里有西湖石垒起的假山。而园门口有大铁门，中间一扇向两边开，两旁各一扇小门。王老伯还说，38 号所在的这幢房屋最初共用一个正门（就是那个彩色玻璃大门），相传这里是美楣里所有东洋堂子的总的账房间。

（姚霏写于 2005 年 2 月。）

补录：从 1948 年、1949 年的《上海百业指南——道路机构厂商住宅分布图》

上找到位于横浜河畔的美楣里，从建筑结构来看，沿浜的1—22号房屋构造和建国后的有所不同，是沿河的连排房屋。某种程度上来说，这种结构更接近慰安所的构造。

（姚霏于2007年修订。）

5．乍浦路、武昌路、塘沽路"慰安所"

2004年8月加入苏智良先生主持的上海慰安所调查工作，由于地缘的关系，笔者把主要精力投向了虹口、杨浦两大区域的慰安所遗址，对著名商业街四川北路周围的日军慰安所做过不下十次的实地走访和调查。鉴于资料的局限和调查的相对集中原则，笔者的考察重点在海宁路以北的四川北路，特别是横浜桥和虹江路、衡水路（原虹江支路一段）一带，而对海宁路以南的四川北路、吴淞路之间的慰安所涉及不多。从紧张的书稿校对工作中抬头，笔者乘着闲余、揣着侥幸，集中走访了乍浦路吴淞路间的塘沽路、武昌路一带。仅以下调查所得，为《实录》做一补充。

（1）乍浦路

伫立在昆山路乍浦路口的乍浦路260号，是一幢风格独特的欧式砖结构建筑，形似塔楼的主楼、阶梯状起伏的立面，是乍浦路一道独特的景观。260号向内是254弄，环境幽静、绿化优美，映衬着红灰相间的砖结构房屋，即使在今天看来，也算得上"高尚住宅区"。1923年，美国教会团体卫理公会（原名监理公会）为纪念已故传教士林乐知，在254弄内建筑了"景林庐"（意为"景仰林乐知"），后习称"景林公寓"。 这一完工于1924年的5层建筑，东邻昆山中学，南靠塘沽路，西接乍浦路，北与景灵堂相望，占地1000余平方米，建筑面积5943平方米，建成初期主要由英美侨民居住。就是这样一处寄托友好与纪念的建筑，太平洋战争爆发后，竟被摘下"景林庐"的牌子代之以"大日本管理"5字，连带遭殃的还有整个254弄。《上海军事志》中记录有长年生活在乍浦路的一位老太太提供的信息，据她回忆，乍浦路254弄内，有着战时日军的慰安所。[①]

仍是通过这位老太太，笔者得知不远处的乍浦路180号也曾是日军侵沪时的慰安所。

① 上海军事志编纂委员会编：《上海军事志》，上海社会科学院出版社1994年版，第600页。

180 号位于乍浦路东侧近武昌路处，白色的外墙很好地掩饰着岁月的刻痕，然而从旁边的 180 弄进入，就会发现这幢东西长、南北窄的建筑早已破败。芳香酒店是它现在的名字，弄堂里处处可见的烟囱和油污、专门化的格局也在提醒路人这里恐怕有着多年餐饮业的经历。从木之内诚的《上海历史指南》中可见，这里当年有一处名为"月逦屋"的风俗营业，虽然没有标上门牌，但根据建筑平面的形似度，180 号应该就是"月逦屋"。《虹口历史上的日本人》一文提道："虹口仍留有'月逦屋'①之类的色情场所，似乎是专为日侨和日军驻守部队开设的。"②从居住在 180 号对面的蟠龙街的几位老人处，笔者也证实了芳香酒店所在的 180 号在日军占领期间确为慰安所，原先建筑在弄内，规模稍小，有"天桥"相连，内外装潢均为日式。

180 弄位于 180 号北侧，乍看之下只有乍浦路一处弄口，其实，有心的居民告诉笔者，弄底的房屋可以通往东侧的一条狭窄的小路——鲁关路（南起武昌路，北至塘沽路）。笔者从拆迁的房屋中走入，这一通道显然是当时就有的，转过几个弯，竟然走到了鲁关路 31 弄。回首看去，那幢沟通乍浦路 180 弄和鲁关路 31 弄的建筑，是鲁关路 29 号。于笔者而言，鲁关路不是个陌生的路名，在《上海日军慰安所实录》中，笔者就揭露了一处位于武昌路鲁关路口的慰安所。

（2）武昌路

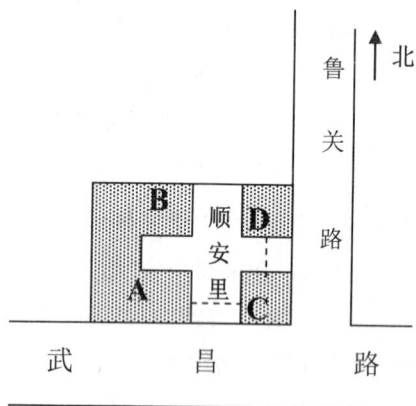

"顺安里"平面示意图

位于今武昌路近吴淞路处的武昌路 326 弄，名为"顺安里"。这个里坊仅由 3 幢砖木结构的石库门建筑组成，占地面积却有 730 平方米，在武昌路和鲁关路上各有一弄口。

《上海市虹口区地名志》记载：抗日战争时期，汉奸及日人曾在此（鲁关路）开设名为"文艺小憩"的妓院，50 号曾作马棚，故又称该路为马棚弄。据当地居民回忆，武昌路鲁关路一带的"日本堂子"③只有"顺安里"一处。原属"顺安里"的 322 号，楼内的住户都

---

① 原文写"月逦家"，可能为作者误记。

② 唐光光：《虹口历史上的日本人》，中国人民政治协商会议上海市虹口区委员会编：《虹口史苑》，2001 年印行，第 511 页。

③ 沪地俗称"妓院"为"堂子"，为了便于被访者理解，笔者在采访过程中一律将"慰安所"称为"日本堂子"。

知道该楼是"堂子",叫"文艺总汇"。当笔者问及是不是"文艺小憩",他们表示确是这个名字,只是太文绉绉,没记住。

"顺安里"对面烟杂店的老伯(居住此地40余年)告诉笔者,附近有点岁数的老人都知道这里曾经是日本人的"堂子"。"顺安里"的建筑平面布局如上图,A楼的门牌现为322号。据老伯说,A楼和其后的B楼原为大陆饭店,慰安所主要就位于这两幢楼内。抗战胜利后,他也曾入内,里面房间很多且面积较小,C楼则是大陆饭店的大厅兼舞厅。而一位出生于此、现年80多岁的老太太告诉笔者,C楼是这一"堂子"的仓库。这家"堂子"里的妓女多为东洋人,以弹弹唱唱为主,不是那种低级的地方。来这里的都是一些日军军官,常常坐着小车来,有时整个路边都被轿车占满。而他们带来的各类珍贵的物品就堆放在C楼中。

笔者来到"顺安里"时,C楼已被全部拆除。在弄口设摊的马先生告诉笔者,"顺安里"很快就要被全部拆除,据说是吴淞路武昌路口的恒升半岛酒店将这块地皮买了去。搬迁和拆除过程中的建筑方便了笔者的实地调查。D楼4号底楼的住户向笔者展示了房屋内部的情况。建筑楼层很高,墙是隔音效果好的十寸墙,地面上还铺着老式花纹地砖,与笔者在四川北路诸多洋房中看到的相似。据说原幢房屋还有一个公共卫浴间,拨给居民居住后改建成一般住屋。谈话之中,屋主流露出对房屋的不舍:"这样的房子虽然老式,但结构坚固,住起来很舒适,这么好的房子拆掉太可惜了。"

"顺安里"建于1910年,是典型的西洋风格的红砖石库门。抗战时期为了招待日本军人的需要,慰安所的经营者对建筑做了改建。由于时过境迁,那些改动只有极少数留存下来。经热心的居民们指点,笔者发现,A幢建筑三楼仍普遍保留着经改造的日式移窗。而在三楼西南角的房间地板上,笔者不经意地看到日式移门的滑槽,算是最后的一点"历史遗迹"了。

就在结束调查时,弄口摊主马先生告诉笔者:大约在2004年底,有两男一女曾来此地拍摄,当时C楼已经拆毁。他们并没有向住户询问什么,只能从他们的互相交谈中得知他们是日本人,而这已经不是第一批来到"顺安里"的日本人了。

(3)塘沽路

在《上海日军慰安所实录》中,笔者提到位于文路(今塘沽路)278号的"花月"。1938—1941年,来自日本滋贺县的池田一家(池田四郎、池田キミ、池田弥三郎、池田宇三郎)相继经营着这家对外声称"料理业"的慰安所。1942年,来自日本兵库县的浅井嘉德入主"花月",次年成了唯一的经营者。[①]

---

① 资料源于金风社:《支那在留邦人人名录》,上海北四川路日本金风社1938年—1943年版。

在寻访"花月"的过程中，塘沽路346弄的日式房屋引起了笔者的好奇，确切地说，最先引起笔者注意的是塘沽路310号—330号这幢形似轮船、外立面别致的4层楼房。在四川北路慰安所的调查过程中，笔者常常穿行于租界时期的西式建筑间，对于这类建制、材质、风格的建筑有着类似直觉的反应——这一楼房建成于抗战前。从乍浦路地段医院旁的308弄进入，令人惊讶的是这幢4层楼房竟是"双船楼"中的一幢。有着相同结构的308弄1—10号，与之南北对峙，这样规模和精心设计的楼房显然不是用作民居的。笔者还注意到，两幢楼的间距很宽，可以一眼看见西首的一幢两层日式改建房屋。笔者尝试着询问在屋前读报的一位老伯，附近在抗战时期是否有"日本堂子"，得到的答案居然是，此处便是。尽管在过去数月的查访中有过不少"无心插柳"的故事，但如此好运着实不多。老伯接着告诉笔者，不仅这两幢大楼中有几处"堂子"，隔壁的346弄更是一个大"堂子"。原来，"双船楼"西首的日式房屋由3幢连排的日式2层建筑连接而成，门牌是塘沽路346弄。

从346弄的结构来看，与其说它是一个迷你里弄，不如说是一户"大家庭"。三连排的房屋有着相同的格局，两条支弄的入口是简单的石质楣门柱，地上则由四方的青石板铺成。户与户之间的间隔很小，向内望去却十分精致，偶尔一两枝青竹和一两条蔓藤的装点，竟有种日式庭院的错觉。据一位1946年左右搬入346弄的老伯说："346弄原为346号，是日本人的'堂子'，旁边的两幢大楼（308弄1—10号、310号—330号）也是，只不过是高档妓院。我抗战时期住在346弄对面的楼房中，常看到不远处四川北路大桥大楼宪兵司令部的日军来此寻欢作乐。"

木之内诚的《上海历史指南》显示："双船楼"是当时的汉口银行，其侧的今塘沽路346号是日占时期的"六三亭"。"六三亭"对外称"日本料理店"兼上海料理业组合所在地，由来自长崎的白石六三郎创立，"六三亭"的店名也源于经营者的名字，当时的地址为文路264号。[①]木之内诚先生在书中提到，"六三亭"是"月迺屋"在塘沽路上的老店，拥有数十名来自长崎的艺妓。虽然没有确切的证据表明这里是挂牌的慰安所，但无论是与"月迺屋"的关联还是知情者的话语中都可见，在战时，"六三亭"这类料理店实际充当着日军慰安所，或者至少是日军慰安服务的掩护所。

每一次实地调查，最让笔者感动的是一位位知情者的热心回应。正如调查的最后一天，笔者与一位老伯站在原"六三亭"对面的小巷口，聊着笔者的调查和日本侨民的故事，亲切的气氛让双方有着说不完的话题。送走老伯，笔者在老伯站立良久的地方看到了一块路牌——鲁关路，不禁失笑。沿鲁关路向南踱步，雨后的小巷湿滑而安静，两侧的房屋大都只剩下一个空空的壳子，人去楼空。不足

---

① 资料源于金风社：《支那在留邦人人名录》，上海北四川路日本金风社1938年—1943年版。

百米的鲁关路竟然连接着三处慰安所，是笔者调查之幸，却是多少无辜妇女的不幸。路过 31 弄，前方就是武昌路，"顺安里"红色的建筑已近在眼前，而我们的搜集调查工作，任重道远！

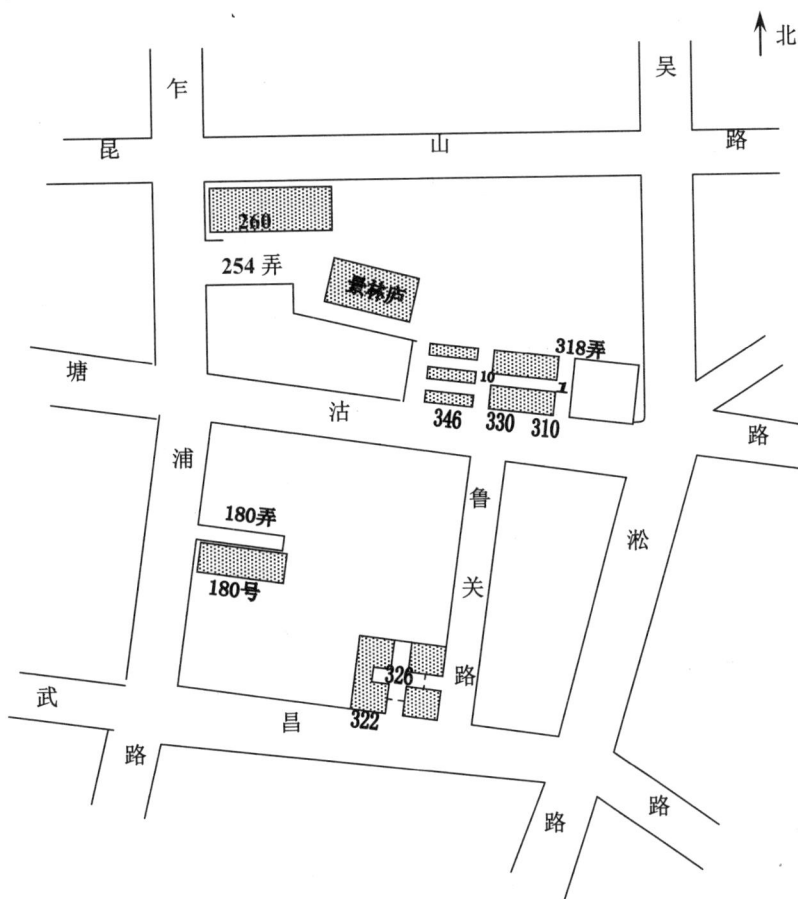

乍浦路、塘沽路、武昌路一带慰安所分布图

附记：

8 月底，笔者最近一次到武昌路、乍浦路、塘沽路一带走访，原就陆续拆迁的房屋，又多了几处断垣残壁。鲁关路塘沽路口的乍浦路 121 地块拆迁处时常有工作人员和居民们进出，询问之下得知，这里所谓的乍浦路 121 地块是指乍浦路东塘沽路南 15000 平方米的地界，正包括文中提到乍浦路 180 号和顺安里两处慰安所。笔者寻思，下次路过这里，或许只能拨开瓦砾碎砖，拾起"鲁关路"的路牌了吧。

（姚霏写于 2005 年 8 月。）

6. 马家宅、徐家宅"慰安所"

马家宅,乃现今徐汇区宛平南路、双峰路以及双峰北路之间的区域(见示意图)。马家宅10号,位于双峰路和宛平南路之间,大约在图中三角所示位置。这个陌生的门牌号,现在对我们来讲是弥足珍贵的,因为,在日军侵占上海期间,这里曾是众多慰安所中的一个。

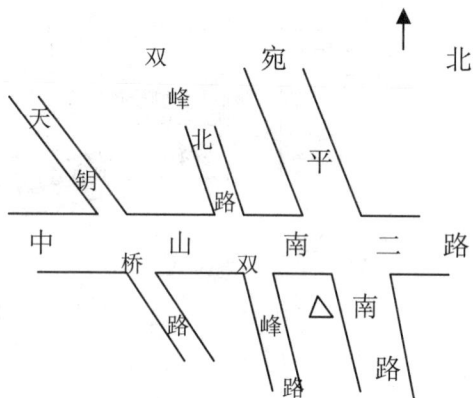

马家宅10号,是一幢二进式的江南民居,前厢房有18间,后厢房有9间,建筑面积有几百平方米,是当地

马家宅慰安所位置示意图

为数不多的一幢"豪宅",属于浦东电力公司工程师马耀兴和弟弟马耀祥(民族资本家)。这幢房子一半是马家祖传下来的,另外一半由马耀兴所建。由于是居家,因此所用建筑材料均属上乘,马头墙的装饰也是极为华丽,此房可以说是马家宅地区居住条件最好的住宅。可惜的是,这一见证"慰安妇"屈辱的建筑物,已被拆除,不见了踪影。

据马耀兴的外孙81岁的谈谦礼老人回忆,战争爆发后,舅舅一家都逃难到"法租界",该处"豪宅"被日军霸占为慰安所。日本侵略者是驾着马车蜂拥而来的(究其原因,可能是因为此地为上海的农村,交通不甚方便,不易汽车通行的缘故),日军一到此处便拆除了周围的民居,只留下外公的房子,辟为"东洋堂子",即慰安所。据谈谦礼回忆,当时他已13岁了,经常和伙伴们到舅舅家旁边留有的一块田地去捡拾青菜,他发现该房子的周围都被铁丝网"圈住"了,时常看到身穿黄色军装,脚蹬镶着铁钉的军靴的日本军人进出本来属于外祖父的房子,从所着服装上看,皆为陆军,就此我们可以断言,位于马家宅的慰安所是由日本陆军开设。

慰安所的门前没有任何标志,但其规模很大,由于日军都是穿带有铁钉的军靴,门口都重新装修了一番,还有两个士兵放哨。据谈谦礼老人推测,房子大约一共住有40名左右的"慰安妇",大多为朝鲜以及中国人,他还经常看见日军拿着蓝色的"东洋瓶"肆意取乐，场面不堪入目。

从 1941 年底开设至 1943 年慰安所随着日军的撤离而销声匿迹，这个慰安所大约存在了一年半多的时间。老人回忆说，日军撤离后，他到外公家一看，房子已经破坏得不成样子了，地板上有许多军靴戳的窟窿；原先的 18 间房屋都被一分为二，改成了日式的榻榻米，这样一来，每个房间有一名"慰安妇"的话，就有 36 名之多，依此看来，老人的估算是很准确的。

令人惋惜的是，此地早已变成了徐汇区龙山小区的一部分，另一部分也被中山南二路从中隔断了，马家宅慰安所的具体位置也就无从考证了。

据谈谦礼回忆，在马家宅不远处的徐家宅，有另一处慰安所。"这两处间隔不远，当年我在舅舅家附近处就经常能看见，当时人们都称呼是'日本人的堂子'。"由于该处已经天翻地覆，谈谦礼只记得它位于今天的中山南二路一带。

（陈克涛写于 2005 年 9 月。）

7．昆山路"慰安所"

这幅照片源于秦风编著的《梦迴沪江》第 127 页，照片说明道："1938 年 7 月，日军在昆山路设立的'皇军休憩所'，提供日军休闲服务。随着日军大量涌入中国，日军司令部开始有计划地设置'慰安所'（即随军妓院），强迫无辜的朝鲜、中国女子给日军士兵提供性服务。"从照片来看，这是一家开设在弄堂里的慰安所。

（姚霏写于 2007 年 5 月。）

昆山路上的慰安所

8. 崇明城桥镇"慰安所"

刘建民在给笔者的《揭露日寇在 1938 年 3 月 18 日占领崇明岛后的慰安妇的遭遇》信函中这样写道：

"回忆日寇在上世纪 30 年代的 1938 年 3 月 18 日占领崇明之后直至 1945 年 8 月日寇投降，在崇明建立慰安所的情景，真记忆犹新。"

2007 年 5 月 14 日上午，笔者在刘建民老人的带领下前往慰安所遗址探个究竟。

老人信中所指称慰安所，位于今天崇明县治所在地城桥镇人民路与新崇西路交叉口。这里现在是一幢四层楼，已是商业用房，主要作崇明泉凌宾馆客房之用。若不是刘建民老人告知，谁能想像到此处曾是慰安所原址？

日本侵略者 1938 年 3 月 18 日占领崇明，时年刘建民 13 周岁 [1925 年生于崇明城内西转河沿（今新崇西路，门牌号码已有变化）14 号]。他出生的这幢房子由刘建民祖父所建，当时为石库门房子，五开间，上下两层，楼下两侧间，共六七百平方米。南北皆有门，平日仅开南门通行。

据刘建民老人回忆，1938 年 5 月间，日寇"宣抚班"的桥本、石桥、白宾等人带领一批汉奸，强行霸占刘宅。不久，有日本浪人龟田夫妇带来 10 来名妇女和勤杂人员办起了慰安所。的确如此，李伴鹤《崇明沦陷记》（1947 年铅印本）上云："于城内兴贤街钱应清、西转河沿刘椭堂、南转河沿徐泮芹等宅，设立妓院，名曰慰安所，诱致本地青年妇女，以供日寇之销魂，开历史未有之纪录，贻吾崇莫大之耻辱，言之痛心！思之可憎！"

日本人在刘宅所设慰安所，有 10 多位"慰安妇"，最小者 16—17 岁，最大也不超过 30 岁。她们有的是从浙江抓骗而来，有的是上海的，崇明只有 1—2 人。据调查，来此慰安所发泄兽欲的日本兵腰挎长刀的不多。以此推测，此慰安所受众多为士兵。特别是在星期天，光顾者更多，他们酒醉之后，往往会大闹慰安所，殴打"慰安妇"，无恶不作。"老板龟田，我们一群孩子叫他乌龟老板，心狠手毒，时常强迫一些有病的'慰安妇'接待，如有不从，夜间便遭毒打，还不给饭吃，处境悲惨。有病情严重的，后来就不知去向了。"刘建民对笔者回忆道。

此外，《崇明沦陷记》中所提城内兴贤街钱应清和南转河沿（今新崇南路）徐泮芹等宅的慰安所，实乃刘宅慰安所转移了不同地方而已。

由于房子被霸占用作慰安所，刘建民一家离开崇明赴上海。1940 年，回到崇明，住进与刘宅紧临的叔母家。幸运的是，两年后，即 1942 年，经多方努力，日本人让出刘宅，慰安所相继转移至兴贤街钱应清宅，后又搬至徐宅继续开办，直至 1945 年日军无条件投降。

据老人介绍，钱宅和徐宅慰安所内大约有"慰安妇"6—7 名。抗战胜利后，慰安所取消，但这些"慰安妇"的去向，皆无从知晓。

（陈克涛、徐兵写于 2007 年 5 月。）

（二）辽宁

1. 沈 阳

（1）朝鲜"慰安妇"在奉天"慰安所"

朝鲜原日军"慰安妇"金俊淑自述：

青少年时代我在汉城上学。一天，同学京淑和英子拉我去市内公园游玩，被日本鬼子发现了。不知从哪里跑出来3个日本兵，不管三七二十一，强迫把我们拉到车站，在那儿停着篷货车。鬼子像扔行李似地把我们推进去，里面已有100多个女子，那时我们才知道被作为猪狗抓来了，虽然挣扎，但为时已晚。鬼子们把车开到了釜山，又有一些女子被送来，我们受到的完全是非人的待遇。后来鬼子用船和汽车把我们拉到了中国东北的奉天，在那里集结了数百名"慰安妇"的朝鲜女子。我看着她们才想起，这并不是哪个鬼子的胡作非为，而是日本政府和军部有计划的行动。

日军规定，我们自己的名字也不准叫，一律改成日本名字，强迫脱去朝鲜服装，穿上日本和服。

我和被拉去的姑娘一样，被夺去了贞操，成了野兽一样日本鬼子的牺牲品。

"劳动服务所"里日军犯下的罪行，真是连禽兽都不如。他们像兽群一样，用木板把房子隔成小房间，我们每天被数十名野兽一样的日本侵略军践踏着青春和肉体，遭受性奴役的侮辱。

一天，在院子里传来了杀人的喊声，这是旁边屋传来英子的声音，当时她的胳臂和腿被士兵捆住，浑身流着血，倒在院子中，被挖去了乳房。看到此景，我昏倒了。等了好一会儿，鬼子把还没有完全断气的英子拖到了篱笆墙外。我向鬼子扑去，日军反而用枪威胁我，但我毫不畏惧地向鬼子脸上吐唾沫以示抗议。鬼子抓住我，把我胳臂反捆着，猛打我的头部、肩和后背，我被打昏了过去，被关进仓库，三天没有吃一顿饭，没喝一口水。我一直不知道英子的消息。后来听说，和我一起去过汉城的朴京淑遭到了杀害，日本鬼子杀害了我们无数的朝鲜妇女。

那时，朝鲜妇女得了病或是死了，鬼子就按数补充。日本的一个文人像疯子一样说，随军"慰安妇"是卖春者的营业。我九死一生逃了出来，在好多地方彷徨，看到了经营卖春的地方，在那里没有铁丝网和扛枪站岗的日本军人。

像组织这样的"随军慰安妇"是犯罪行为，是日本政府和军队事先有预谋有组织的，现在日本政府根本没有说话的权利。

我因那时的迫害，至今没有子女。由侄子赡养，现已 70 多岁。但是，对于为此而死去的无数朝鲜妇女的怨恨是永生不忘的。

（朝鲜《劳动新闻》1992 年 8 月 26 日，孙玉梅译。）

（2）日本士兵口中的奉天"慰安所"

① "慰安所"由军队经营

京都 16 师团福知山 20 联队的老兵（76 岁）证言：

慰安所是在军队的指挥下经营的，"慰安妇"有日本人和朝鲜人，一个所里有 15 人左右。从白天到下午 4 时，一般是士兵。从下午 4 时到晚上 8 时，是下士官（伍长、军曹和曹长）。8 时以后是军官。军官如果没有钱的话，干完了就回去，有钱的则可以留宿。我们去慰安所时，都是带着避孕套去的。我们支付的是满洲银行、朝鲜银行或日本银行的钱。中国人的妓院到处都有，但军官禁止我们去那里。

战争结束时，我在满洲，对于慰安所，我们一般不说叫慰安所，慰安所是个人经营的。

（[日]《性与侵略》，苏智良译，东京社会评论社 1993 年版，第 49—51 页。）

② 奉天车站旁的"慰安所"

说明：三井泰治，1914 年 1 月生。2000 年 6 月采访。

我在满洲奉天车站旁的仓库警备时，那边上有慰安所。净是朝鲜女子，价钱不高。士兵没有很多的钱，但士兵有物品，可以向支那人倒卖小麦粉赚钱。当时用的是军票，与日元等价。入场付费，实行售票制。女孩一天大概接几十个人，很可怜。现在因为"慰安妇"的问题，日本政府受到各种各样的指责。我认为这是当然的事。毫无疑问是日军干的。现在常在电视中看到，当年的"慰安妇"都成了老婆婆了，她们的样子真是很可怜。

（[日]松冈环：《南京战·寻找被封闭的记忆——侵华日军原士兵 102 人的证言》，新内如、全美英、李建云译，上海辞书出版社 2002 年版，第 38 页。）

2．大　连

（1）大连日军"慰安所"调查记

2000 年 10 月中旬，笔者去大连对该地的日军慰安所遗址进行了调查。

大连，因海湾之形状如"褡裢"而转音为大连。这里曾是日本的海外殖民地——"关东州"。早在甲午战争之前，日本就已觊觎美丽的大连湾。1895 年的中日《马关条约》里，日本将辽东半岛作为殖民地，攘入了自己的怀中。但是，在以俄国为中心的三国干涉之下，日本不得不将吞下的果实又吐了出来。此后，俄国在旅顺建立了关东都督府。而日本朝野发誓报仇雪耻，终于在 1904 年爆发的日俄战争中击败俄国，1905 年，日本在旅顺设置了继"满铁"之后的第二个侵略基地"关东都督府"。1919 年改称关东厅，1934 年又改为关东州厅（1937 年 7 月关东州厅迁至大连），后来臭名昭著的关东军就是从都督府所属的陆军部衍生出来的。

日军在大连的慰安所数量不少。其中的一个地点在今日的中山广场。中山广场已有百年历史，1899 年俄国人在东青泥村中心建立了"尼古拉耶夫卡亚广场"，日俄战争后，日本人将其改名为大广场，广场中央竖起了日关东都督大岛义昌的塑像。但广场的整体构思仍按照沙俄原来的方案进行。于是先后建成了日本横滨正金银行（今中国银行辽宁省分行）、朝鲜银行大连支店（今中国工商银行广场分行）、日本衙门（今辽宁省外贸厅办公大楼）、日本东洋拓殖株式会社（今交通银行大连分行）、日本中央电信局（今大连市邮局）、英国领事馆（已拆毁，今六一幼儿园处）和大和宾馆等 9 幢大楼。

大连宾馆始建于 1909 年，地处中山广场的南侧，在延安路和解放大街之间。当时是大连南满株式会社出资由日本人太田毅设计了这座豪华的大和旅馆。这是一座文艺复兴式建筑风格与巴洛克式建筑特点相融和的仿欧洲古典风格的建筑，气势宏伟。其主楼正面中心部位横竖分断，中间二三层用爱奥尼式扶壁柱作为主体，显得极为古雅庄重。门庭高抬，伸出别致的日本式玻璃雨篷。四面转角墙和窗边、门洞，大多采用曲线造型，呈不规则变化，整个大楼呈古朴典雅、隽秀凝重之感。

大和旅馆于 1914 年建成并投入使用后，便成为东北地区具有很高知名度的旅馆，因为在当时的东北的各大城市均有名为"大和"的大旅馆。大连大和旅馆开张后，也引来了许多日本军政要人、财界大亨，也有其他的知名人士。如康有为、胡适、黄炎培、孙科和汪精卫等，均先后在此下榻。九一八事变后，大和旅馆更是繁忙，关东军的将官、日本政府的要人穿梭来此。从日本国内来的艺妓们也在此接待关东军的军官。这里成了高级慰安所。

根据日本老兵的回忆，在战时的逢坂町曾经有 20 家日本慰安所。可以说逢坂町是大连的军人"花街"。从大连市政府的地名办公室得知，逢坂町现在的地名是武昌街。武昌街并不太长，它东接解放路，我从解放路转入武昌街，只见迎面便是两个高层大工地。原来是在建造武昌小区的商品房。

再往西去，只见一排排簇新的商品房，举目望去几乎看不到一点旧的或稍旧的建筑。搞历史调查最怕的就是这种新房子，望着建设中的足有 20 层高的武昌花园的楼房，我想今天的调查恐怕是不会有什么收获的了。果然，一路走去，竟全是新式住宅。武昌街坐落在一个山谷中，南北西三面环山，因此，由东向西便是往山上爬去。我一直走到尽头，仍看不到一座旧屋。途中问了三位老人，他们均是解放后才搬来的，得知我要找寻旧房子，都自豪地说，这里已经没有一幢老房子了。

我只能惆怅地返回。当走下山坡时，突然看到在武昌路 7 号的旁边有一条小岔道，仔细辨认，还可找到武昌南巷的地名。那里倒有二三幢旧屋。这是二三层的建筑，石头的基础，红砖的墙，有一幢上面挂着"大连吉庆物资经销公司"的木牌。正走着，这时里面出来一位中年男子，准备发动机动三轮车外出。我赶忙上前询问。这位朋友倒知晓这旧屋的历史，说道这里就是"高丽窑子"。高丽窑子实际就是朝鲜人慰安所的别称。"大连吉庆物资经销公司"是武昌街南巷 85 号，旁边的 83 号，临街是两层的建筑，后面却是三层建筑，里面的结构没有任何变动，只是侧面的墙面已改造过了。

走入里面，见到一对老夫妇在整理柴火，孙大爷已 70 多岁，虽说也是解放后才搬来的，但毕竟年岁大了，喜欢搬弄历史，所以颇知道这里的历史。我想，除了这 85 号、83 号外，还有没有旧房？老人指着南面的墙角说，过了这个墙角，就是条小路，有 10 多幢旧屋呢！

我顺着楼房拐过去，一条只有两米宽的小路呈现在眼前，只见一排旧的西洋别墅在夕阳下闪光。我数了一下共有 12 幢，57 号、55 号、53 号、51 号、49 号、35 号、31 号……这些房子基本都是三层建筑，但其外墙和样式均小有不同。有的是瓷砖贴面的,有的是水泥的,还有更多的是红砖的。有的虽已经破旧,但装饰还是非常精致的。我问了几个老人,都说这些过去全是"高丽窑子",武昌街的里面原来还有很多"日本窑子",但都拆了。现在这里叫一面街,我猜测,这也许是因为北面就是山坡之意吧?

阳光下有位老大爷在晒太阳,我上前询问,这位王大爷祖籍山东,但他生在大连,今年已 78 岁。他说,这条街日本人占领时期几乎都是窑子。外面的是"高丽窑子",主要是朝鲜女孩,每幢房子里都有不少。逢坂町里面则均是日本人开的"日本窑子",一排排可多了。这里中国人是不敢进来的。都是日本人,有很多日本兵,开着车子来此。"日本窑子"的建筑也是三层的。尤其是朝南的一排,最兴旺。解放后,国家在没收的这些窑子的建筑里,建起了许多福利厂,让数以百计的残疾人得到了安定。

(苏智良写于 2000 年 11 月 20 日。)

(2)日本士兵回忆从大连转送"慰安妇"

现住奈良县的原日军陆军卫生曹长(相当于护士长——译者注),今年 73 岁,首次提出证词材料。

1992 年 6 月 6 日和 7 日两天的"从军慰安妇"热线获悉,1943 年韩国、中国的女性加在一起计六七百人的"慰安妇",被日军命令用挂有国际红十字旗帜的病院船,从大连运送到拉巴儿(菲律宾境内)。该曹长是当时乘此船唯一的男性。

国际病院船的使命,是运送民间的特殊重病患者,具有救死扶伤、发扬人道主义的性质,用这种船运送"慰安妇"是违法的。但这是军队的命令,对于这艘名为"乌拉尔"的国际病院船,呼吁能找到它的下落。

(日本《统一日报》1992 年 6 月 10 日,陈锋译。)

3. 旅　顺

日本士兵口中的旅顺"慰安妇"

京都第 16 师团伏见联队步兵(84 岁)证言:

战时的大连、旅顺、奉天（沈阳）和新京（长春）也有慰安所。我去慰安所，看到都是朝鲜女人，年龄在 20 岁前后，我们称呼"朝鲜屄"。穿的与日本人一样。士兵入内也是支付现金的，这是我自己体验的事情。

（《性和侵略》，东京社会评论社 1993 年版，苏智良译，第 46—48 页。）

4．抚　顺

（1）抚顺的"妓院"

九一八事变后，（抚顺）妓女达 3000 多人，其中妓女生意最繁盛的地区是位于"欢乐园"北侧的永安里。这里有中国妓院 50 家、朝鲜妓院 5 家、日本妓院 8 家、日本人开设的或中国人开设而以日本人为后台的中国妓院 14 家。每到黄昏之后，华灯初上，这里便灯红酒绿，淫荡之声通宵达旦，成为出卖肉体的市场、堕落的深渊。

（王承礼等主编：《苦难与斗争十四年》，中国大百科全书出版社 1995 年版，第 338 页。）

（2）抚顺的色情业

1931 年前后，抚顺的色情业开始兴旺。妓院云集的"欢乐园"中，色情业最繁盛的地区，是位于"欢乐园"北侧的永安里。据《满洲都市的新貌》（《满日丛书》第 8 辑）中记载："永安里中，艺妓 186 人；卖淫妇（日本、朝鲜人妓女）152 人；女给（日本陪酒侍女）85 人。"这数字也许不够精确，但也足以说明妓女行业的猖獗。当时整个永安里东西南北，前前后后几条街，布满了大小各等妓院。走进永安里南侧东面西开门儿，是日本人小山盐谷开设的几家一等妓院，即日天书馆、日东书馆、日满书馆，由日本人当老板，委托中国人经营，当时称为"料理屋"。

（姚云鹏：《抚顺永安里——妓女院》，《伪满社会》，吉林人民出版社 1993 年版，第 495—502 页。）

（3）抚顺"慰安所"名录

在欢乐园永安里，还有日本人开设的妓院 14 家。多为一等妓院，接待的嫖客，亦多为"高等华人"（即日伪官吏、豪绅之类）。亦有实属中国人开设而利用日本人当后台，以支撑门面的，如胥立斋、胥立诚开设之"双宝书馆"三家即是。

妓院名称	掌班姓名	开设地址
日满书馆	小山英太郎	永安里
双宝书馆	古贺初一	永安里
日东书馆	佐佐木九右卫门	永安里
新王园	渡边政九郎	永安里
日天书馆	中村信太郎	永安里
升泉书馆	中村信太郎	永安里
日荣书馆	铃木政吉	永安里
乐满书馆	松冈达夫	永安里
游仙阁	材才吾	永安里
日满书馆	盐谷德三	永安里
田光书馆	泷善二	永安里
红玉班	宫原诚治	永安里
笑福班	深川千力	永安里
满仙班	椎场又井	永安里

在永安里北侧（西三条大道，今西三路）新杨町（今新杨街），尚有 5 家朝鲜妓院（掌班中有朝鲜族，也有入了日本国籍的朝鲜人）：

妓院名称	掌班姓名	开设地址
明月	金天福	新杨町 36 号
文之家	福岛良一	新杨町 29 号
日新家	山口谷	新杨町 30 号
莺之家	渡边光二	新杨町 38 号
一力	柴用安	新杨町 31 号

在新杨町内有日本人开设的日本妓院（接待日本嫖客，拒绝接待中国人，对日语精通的"满人"冒充日本人者例外）计 8 家：

妓院名称	掌班姓名	开设地址
锦水	渡边力	新杨町 40 号
青柳	楠井操	新杨町 32 号
四海波	伊藤藤太郎	新杨町 32 号
玉川	九冈文治郎	新杨町 34 号
滨美屋	板本吉三郎	新杨町 41 号
松龙	玺古荣	新杨町 35 号
富喜楼	森田千代	新杨町 26 号
扇屋	河端山太郎	新杨町 37 号

（《抚顺工商名录》，1938 年 12 月版。）

5. 海 城

海城的日本人"慰安妇"

海城（今海城市）也有日军慰安所，有些"慰安妇"是日本人，本来她们是到前线来慰问的慰问团，结果应军队的要求，不回日本而在当地做了"慰安妇"。

（"从军慰安妇110番"编辑委员会编:《从军慰安妇110番》，苏智良译，明石书店1992年版，第24页。）

6. 辽 阳

辽阳的日军"慰安所"

辽阳也有日军慰安所。

（"从军慰安妇110番"编辑委员会编:《从军慰安妇110番》，苏智良译，明石书店1992年版，第36页。）

7. 营 口

永世街"慰安所"

永世街（今西市区凯旋里）为日本居留民的集中地，因此有日本地名"日本町"。后来称作二本町，这里有向日军服务的妓院。

（中共营口市委党史研究室编:《营口人民反日斗争史》，中共党史出版社1995年版，第68页。）

8．北　票

新德里"慰安所"

1933 年 2 月 22 日，日军侵占北票，而后派出一名大佐，介入地方"靖安肃政"，人们又叫他"靖安大佐"。他和旗长沁布多尔济密谋之后，在大柳树北街兴办起一个"靖安公司"，作为活动据点。随后又招集分散在北票城内各妓院的娼鸨（俗称龟公、龟婆、老板），组建起北票花界会，并选出了会长高文清。事后由他牵头，把分散在岳家沟、大烟筒后 15 间房的妓女全部集中到"新德里"，建立了由日军大佐筹划的"靖安妓院"。妓院所在的东西南北的巷口处高筑青砖拱门，门楣上书"新德里"三个大字。里内各巷，由各个堂院连接而成，共有砖石结构的平房 300 余间，并有一处设有二楼包厢的戏院子。新德里约占闹市区的四分之一，东至窑街，西至小木桥，南至铁路家属胡同，北至朝北大马路，面积达18000 多平方米。妓院、花烟馆、照相馆、酒馆、糕点铺、鲜货香烟卖店、客栈均分布在各巷之中。其中主要行业是妓院。当时里内的妓院有双顺堂、凤翔堂、宝乐堂、月红堂、天顺堂、芙蓉堂等二十多家，妓女达 200 余名。

该妓院建成后，"靖安大佐"亲自召集花界会全体人员"讲道"。他大讲什么："大日本帝国讲的是德孝一体，无条件地效忠天皇是至高无上的道德标准"。会后，他又留下警察署长、协和会长、花界会长，指令他们一定要把花界会及其他行业办好，办成效忠天皇的榜样，并要把"新德里"院内办成新满洲新天地的模式。

良家女子被逼入妓院后，先交给掌班的（老鸨）强训，最常用的办法是打。老鸨有妓女打死不论的特权，使用的工具有皮鞭、竹板、藤条、碗喳等。其手段首先要妓女们知道，她们是老板赚钱的工具；为了赚钱，要绝对服从"靖安大佐"的训导；要无条件地效忠天皇；不准有任何不利于日满亲善的言行。随后教她们学行语、春词，教做各种动作，并学唱窑调《满洲姑娘》、《十八摸》、《送情郎》、《摘黄瓜》等，以及接待嫖客的各种礼节和"灌迷汤"的伎俩，还训导哭、笑、献媚与其他一些基本功。妓女被驯服以后，才送进堂院接客。"靖安大佐"还迫使妓女们参加一些活动。一是强迫妓女们定期到煤矿去"慰安"，即用肉体去奉侍那些表现突出的催头、查头；二是每个妓女都得在固定的时间内，肩上斜挎白底黑字的标语带，头系标语箍，上书着表示"献肉"的日本文字，手捧油漆藤钵，见人行 90 度鞠躬礼，同时口中反复赘述："请您接纳，支援圣战早日完遂。"此外，还要为警察设赌场，去义务陪伴富商、老财和恶棍。

（姜东平编：《伪满社会》，吉林人民出版社 1993 年版，第 468—497 页。）

（三）吉林

1. 长　春

（1）朝鲜"慰安妇"在长春"慰安所"

朝鲜女子金大日在中国长春开始了苦难的"慰安妇"生涯。

贪图她美貌的医院院长，在一天晚上，像野兽一样向她扑去，强行污辱了她。事后院长怕其丑事败露，便在日军东京第12师团征集"慰安妇"的名单上填上了她的名字。

1934年日本侵略者疯狂侵略中国。她成为自称是日军精锐部队的东京第12师团的从军"慰安妇"。随着战争的展开而漂泊中国各地。

她被送往的第一站是长春，在日军部队驻扎的地方，从军慰安所是用木板盖起来的，在这里，许多朝鲜女性饱受了非人的虐待和蔑视，尝尽了禽兽不如的日军侮辱。

到了人间地狱般的从军慰安所之后，金大日的名字马上被换上"石川景江"的日本名字，并称作"12号"。每天早晨，"慰安妇"们被日军军官集中到从军慰安所的院子里，进行"宫廷参拜"，然后发给她们一些纸条，也就是用来"慰问"日军的纸条。没等她们吃完作为早餐的一小团芥麦饭和一块咸萝卜时，不分昼夜的耻辱服务生活便开始了。

年轻漂亮的金大日经常是日本军官的目标，他们像觅食的狼群一样纷纷糟蹋她，其中有65岁的大队长和副师团长。虽然他们职务高低不同，但本性都是一样的，都是披着人皮的禽兽。凶残的军官们如看到官职比自己低的人先进去，便会一脚把对方踢开，自己先行发泄。有时，两、三人为争先后，会激烈地厮打起来。

回想在长春的遭遇，金大日说："日本侵略者犯下的每一件罪行都牢记在我的脑海中。有时因不服从日军，日军就紧紧地捆住我的手脚，用烟头烫我的全身。这些野兽行径如何让我忘得了？由于实在没法忍受这种虐待，好几次我都想到自杀。"

有一次，她欲上吊自杀时，被日军发觉，一想到终日受到禽兽不如的日军的虐待，过着屈辱的生活，她心一横下来，开始拼命的反抗。即使日军把白晃晃的军刀架在她脖子上的那一瞬间，也怒睁双眼大声喝道："我是朝鲜女子，凭什么来到战场，要受你们日本人的侮辱。"看到此种情景日军军官哈哈大笑起来，嘲辱她说："朝鲜女子也算人？"此后，更多的日军闯入她的房间。

金大日在长春3年多，后被遣送到哈尔滨、上海、南京、贵州和广东等地。

（朝鲜《劳动新闻》1992年7月4日，李梅花译。）

（2）桃源路"慰安所"

康德2年（1935年），在长春的日本人藤井，于今桃源路北侧，东到今十四中学，西至来安街，北至新风胡同，建东西圈妓院共60栋，有956个房间，大院四周围有高墙，东院称东圈，西院称西圈，大院内又分若干方形小院，房屋低矮，设施简陋，宛如一排排鸟笼鸡舍。

（聂景周：《解放前长春妓院一瞥》，姜东平编：《伪满社会》，吉林人民出版社1993年版，第460页。）

2. 珲 春

（1）珲春的日军"慰安所"

1992年韩国学者尹贞玉教授等曾到珲春调查，她们惊奇地发现，原日军慰安所建筑仍存在，一间间两个半榻榻米大小的狭长的房间、铁格子的窗等还在。战争时，这里承担了日军"公众厕所"的作用。

（[韩]韩国挺身队问题对策协会、挺身队研究所编：《中国に连行された朝鲜人慰安妇》，第15页。）

（2）朝鲜"慰安妇"在珲春"慰安所"

崔贞礼1928年出生于朝鲜全北全州郡全州面清水町。家境贫寒，14岁时到清津谋生，在雄基被迫充当日军的性奴隶。约在1943年春天，又被带到吉林珲春。

崔贞礼所在的珲春慰安所里，有15名左右的"慰安妇"。到慰安所里来的都是日本军人，也有些便衣的日本宪兵，人数比在雄基时要多。老板是个朝鲜人，"慰安妇"也都是朝鲜人，且多是庆尚道出生的。

珲春慰安所里有定期身体检查制度，每次军人来时，都带着避孕套。但就是这样，也还有"慰安妇"怀孕的事情发生。

冬天非常寒冷，雪大到连门也无法开启。

一天，崔贞礼对老板提出："我想离开慰安所！"老板说："要想离开慰安所，首先要把所欠的债还清。"老板一算，崔贞礼不仅白白遭受日军的蹂躏，还倒欠老板2000元的债。崔贞礼一分钱的报酬都拿不到，怎么能还债呢？于是，只能继续忍受日军的摧残。生活中要购买的东西，老板总是要各"慰安妇"提出，然后他去买来，不要"慰安妇"支付现金，但老板会记在每个人的总账上，所以每人所欠的债，有时不见减少，反而会增加。

有个叫福姬的"慰安妇"，运气不错，在慰安所时间长了，有个日本宪兵挺喜欢她，便替她还了债，在1945年的5月，福姬终于返回了家乡。

1945年8月，苏联军队进入东北，日军要求"慰安妇"一起南逃，崔贞礼、君子、英子、新信子等五六个"慰安妇"一起行动，在渡图们江时，一个怀孕3个月的"慰安妇"不小心掉进水里淹死了。

（[韩]韩国挺身队问题对策协议会、韩国挺身队研究会编：《被掠往侵略战场的慰安妇》，金镇烈、黄一兵译，中国文史出版社2001年版，第443—446页。）

3．延　边

（1）延边的日军"慰安所"

吉林的延边一地就设有很多慰安所。如光明街慰安所，几乎都是朝鲜的女子。还有"京城慰安所"里也多是朝鲜女子。第16师团伏见第29联队驻地，就有日本老鸨经营的慰安所，日本、朝鲜和中国的妇女都有，尤其是中国女子很多，看上去只有10多岁，完全是孩子，她们还要干打水等活。在黑龙江的日军炮兵部队也设有各类慰安所，一般士兵一次进入的价格是1.5日元。

（[日]高木健一：《从军慰安妇与战后补偿》，东京三一书房1994年版，第93页。）

（2）京城"慰安所"

沈剑东战争时是个"大和小学校"的学生，在通往学校的路上每天要经过两个慰安所。其中一个有木牌，上面写着"京城慰安所"，是用砖造的建筑，外墙是白色的，进门处很狭窄。据他说："我的一个很要好的同年级的同学就住在这个慰安所的旁边。我听他说，里面都是朝鲜人女子。"

（[日]西野瑠美子：《从军慰安妇和十五年战争》，明石书店1993年版，第36页。）

4．四 平

（1）日本士兵口中的四平"慰安所"

说明：B某，1992年76岁，住日本浦和市，他回忆在四平的日军慰安所：

昭和十一年（1936年）我被征召入伍。作为关东军独立守备队的一员，被派往满洲。其中有四个中队从奉天（今沈阳）、四平又继续前进了。在这期间，我曾经逛过韩国的"慰安妇"。据说，那时"慰安妇"的数目达到十万或二十万人。后来，莫非大部分都死掉不知去向了？我所在的是大约百人的部队，后来生还的不过8人而已。在部队时，每逢星期日外出时，七八十人在营门处排上长队，从班长那里领来二三枚避孕套，然后才许可外出。于是我们便朝着军方建造的临时性木板房里的慰安所跑去。慰安所是用胶和板简易地间隔开的。这样的小房间有五六个。冲着每一个"慰安妇"，都有十至十五名的大兵在门口处站队等候排号，并且时刻高叫："快干！快干！别磨磨蹭蹭的！"齐声大喊大叫地在起哄。那时我是二十一岁，正血气方刚。到部队当兵，就是为了去送命。所以看到那些仰面朝天、半个病人模样的几乎动弹不得的朝鲜女子，而且要无休止地受到屈辱时，就感到很是可怜。现在，只是简单地表示一下"谢罪"，那是太通不过吧！其他有的军队还对当地村落的女人们实行强奸或掠夺。我想，军队的几乎大部分人，被置于有着今天并无明天的瞬间时刻里，竟满不在乎地干出了这种坏事来。我现在，对过去所干的如此这般的坏事，而感到痛心和苦楚。

在诺门坎事件中，我的战友们几乎都死去了。当时我得了伤寒，退役了。对于当时战友们的容貌和"慰安妇"的身影，都还清晰地记忆着。如今，我只孤身一人生活着，每天都感到寂寞无聊，现在，我把这些话讲了出来，觉得心里宽松了些，能够少许地卸下一点罪恶，也可安心死去了。

（日本《阿格拉》杂志1992年174号，第41—42页。）

（2）朝鲜"慰安妇"在明月"慰安所"

崔凤仙自述：

我 1925 年 3 月 1 日出生于朝鲜平安北道云山郡北镇草里洞（现称道青里）。1939 年秋季的一天，一个日本人的走狗林火来找我，要我跟日本宪兵队去挣大钱。我受了这家伙的骗。不久，我们 19 个朝鲜姑娘从香山站出发，经过新义州到中国奉天（今沈阳）附近的四平车站，下车后又走了一段路，到了我们后来称之为住家的一个小木板房。房屋外面挂着用日文写的"明月"的牌子，这里便是日军慰安所。

那里有 48 间简易房间，我们与先被拐来的 30 名朝鲜女人一道每人被塞进一间房中。两名日本女人命令我们全部脱去衣服，换上了日本的和服。她们还教我们简单的日语，并告诉我们不准讲朝鲜话。日本军医对我们进行体检后，通过翻译向我们介绍了宪兵队长。这个鬼子队长说，是奉天皇之命让我们参加日军的。他威胁道，假如违背了他的命令，一律处死。

自那时起，日军便犯下了令人发指的性暴行。我坐在房间的角落里，巨大的恐惧使我全身发抖，当我看到日本兵像畜生似地扑过来时，我拼命拒绝，昏了过去。那年我只有 14 岁。

等我醒来一看，许多鬼子已经发泄了他们丑恶的兽欲。因为我没有很好地接待，被他们狠狠打了一顿。就这样，我不得不按照鬼子们的要求，每日接待数十名日本军人。

挨打的当然不仅是我一个人。一个从平壤来的女人，就是他们用浸过水的木棍打在后脑上，当即气绝身亡的。

可怕的鞭打之后，便是令人发指的性暴行。

白天，鬼子兵们排队而来，有二三十名；夜里，醉酒的军官蹂躏得你整夜无法睡觉。

因为睡眠不足，我浑身像散了架子，终于有一天我鼻子流鲜血，昏倒在地。鬼子们竟往头上泼冷水。待我苏醒后，心想：要死就死，这种日子我也受够了。于是我开始反抗，宪兵队长把我叫了去，令我跪在木棱上，用二指粗的木棍狠打我的大腿，木棍也被打断了，我的大腿鲜血直流，跪在木棱上的膝盖皮肤也被磨破了。这就是当时我们在四平"明月"慰安所的遭遇。

我们每顿吃的是一小撮麦片饭，鬼子的侵略足迹踏到什么地方，就把我们带到那里。

被日军奸淫后，有的女子怀孕了，但怀孕的女子全部都"失踪"了。在当时无任何卫生防范的条件下，性病亦时刻对我们构成威胁。许多女人就是得了此病而死去的。

被称为日本军医的鬼子们，一旦发现性病患者，便以传染病为由加以隔离，而且茶饭不给。他们说，只能在痛苦中死去。

我们就这样度过了6年备受凌辱的从军"慰安妇"生活。到日本投降时，我被日军带到北京附近，我们获得解放后，当初一行近50人，只剩下7个了！我在当地同胞的帮助下回到了故乡。但是，美好青春被残酷蹂躏，无法向谁倾吐，这种痛苦只能深藏在心，甚至对妈妈也不能说，它使我不得不隐居于大同郡。

日本当局必须向我们这些受害者真心谢罪，并给予应得的赔偿。

（《朝鲜新闻》1992年9月13日，马彦译。）

5．延　吉

兴亚馆

（1943年的延吉）兴亚馆真是个好名字，搂抱着女人就能振兴亚洲，于是有了第一、第二馆，被称作"bi"女性几乎都是朝鲜姑娘。听说士兵一元五十钱，下士官二元五十钱，军官五元。据说军官们大都是在名为"银水"的料亭作乐。

（[日]今井现治：《赤纸兵队记》，径书房1987年版。）

6．洮　南

朝鲜"慰安妇"在洮安"慰安所"

洮安在吉林的西北部，现为洮南市。战争时候日军在这里也设立了慰安所。文玉珠1924年出生于朝鲜大邱市大明洞。1940年她16岁时，在傍晚回家的路上，她遇到一个日本军人，便被他威胁着到车站，然后经安东、奉天等站，到了洮安下了车，然后被送入了慰安所。

老板是个35岁的日本人，"慰安妇"每个人一间房间，里面有一床被子、一床褥子和两个枕头。文玉珠到达的第二天起，就开始遭到军人的蹂躏，与她在一起的有金启花、文子等。附近好像没有其他慰安所，日本军人全部来这里，每人每天要接待20—30个军人。军官可以在慰安所过夜。军人们偶尔给些钱，做零花用。饭菜是老板雇佣两个东北人按照朝鲜方式做的。

洮安冷得出奇，但"慰安妇"们没有可以逃跑的地方。这时，有个日本军官要求文玉珠在慰安所以外一起过日子。文说："我被抓到这里来以前，我妈妈病得很重，快要死去了。和你一起过日子以前，你能否帮助我回朝鲜一趟，从朝鲜回来以后一定和你一起过日子。"军官反复问文玉珠，回朝鲜后是否真的还回来。当他觉得能够相信文玉珠时，他开出了往返朝鲜的通行证。这样，文玉珠离开洮安，返回了故乡。不幸的是，后来她又被日本人抓住，送到缅甸继续充当性奴隶。

（［韩]韩国挺身队问题对策协议会、韩国挺身队研究会编，金镇烈、黄一兵译：《被掠往侵略战场的慰安妇》，第107—112页。）

7. 公主岭

公主岭的"慰安所"

吉林的公主岭（市）、四平街（今四平市）等地都有日军慰安所。慰安所的建筑有的是平房，有的是两层建筑，比较漂亮，有一个记得叫"万水楼"。"慰安妇"中有朝鲜、日本和中国的女性。其中东北当地妇女的卫生条件最差。去慰安所的士兵都持有免税票，可以少给20钱的钱。下士官则免税更多。免税票与避孕套是一起拿到的。士兵们去慰安所自然是一件很高兴的事情。往往多吃了饺子，然后去慰安所。

（［日]"从军慰安妇110番"编辑委员会编，苏智良译：《从军慰安妇110番》，第34页。）

8．通　化

日本见证者口中的通化日军"慰安妇"

说明：入江德子，1991 年 88 岁，住在日本川西市，她回忆战败时日本"慰安妇"被迫去接待苏联军队。

日本投降时，我们在满洲的通化市。当时，苏联军队的进驻，成了我们议论的话题。听说苏联军队在齐齐哈尔、哈尔滨等一带地方施行暴行，这样的流言蜚语，使我们心惊胆战，每天都在担心。

实际上，多数苏联军人在驻地司令部的指挥下，都在忙着收集俘虏和各种军用物资器材，并把它们运走。司令部虽然下达了不得侵入民宅，不得对妇女无礼等命令。但侵入民宅住房却是家常便饭，时有发生，而对妇女施行暴力，却还没有听到。

不久，苏军对日本人的组织提出了要求，除了要求提供男子劳动力外，也要求提供"女子奉仕"（让妇女服务之意）。我们日本人由于战败，处于要忍受各种耻辱、痛苦的可悲境地，要求男子为其服务，虽说是不得已的事情，但尚可忍受；但要求提供妇女，那简直是太可耻了。

正在这时，留在通化的原日本人"慰安妇"们决定，代替我们，去作了牺牲。

为感谢代我们而作出牺牲的人，我们决定，最重要的是，送去日本妇女会客时穿的花色鲜艳的和服及平日穿的日本女人的盛装。

有一天，我们在走过驻军司令部前时，看见穿着日本女人盛装的原"慰安妇"们的姿容。

（《朝日新闻》1991 年 7 月 11 日。）

9．朝鲜"慰安妇"在吉林日军慰安所

（1）E 某在"慰安所"的遭遇

说明：韩国"慰安妇"E 某回忆在吉林日军慰安所的苦难生涯。

1922 年我出生在朝鲜忠清南道扶余。从小家贫。12 岁时，以 100 日元被卖掉，去汉城给富人家做侍女。不久因不堪忍受女主人的虐待而出走。随后，在一些人家当保姆、女佣等，直到 17 岁。那时在咸镜北道一个财主家当女佣。1938年，官方分配了一个去工厂做工的名额到这家，主人的女儿当然不会去，最后只有我去当了牺牲品。

4 月份，我被迫去哈蒙车站报到，当时就有 40 多名女孩子。我们坐入火车，而车窗全用黑纸糊严，以便叫大伙不晓得火车开往何处。

第二天傍晚，不知在中国东北的某个车站下了火车，我们 15 个人被装上卡车，走了数小时，命令我们下了车，然后被带到一个大屋子里去（房子是有可铺20 张榻榻米那般大），然后被一个个地点名到士兵那里去，用肉体接待日本兵，都是用的日本兵的床铺，并且在门外站着日军士兵。起初的 10 天，因为说是"新货色要由军官优先"，所以都要先"接待"军官。

我们所处的大概是吉林省的某个地方。当时，并没有所谓的慰安所的固定建筑物，而是每日都被带到各个地方去，而被迫受到士兵的蹂躏。不仅这些，还要到厨房帮厨和去洗衣服、做针线活、挖土方等。我的日本名字叫"长木春子"。

我最初做了激烈的反抗和挣扎，但那个军官说，这是军部的命令，快把衣服脱掉！于是残忍地把我糟蹋了。从此之后，大兵们为所欲为地蹂躏了我，连月经期也不放过。有一次，一个士兵竟命令我像狗一样地来舔他的生殖器，并且稍不如意，就对我拳打脚踢。我为了得到片刻的休息，就在月经来潮时，把血涂满全身，弄得十分污秽，好叫大兵们离我远些。真是，如不这样办，就难以活得下去了。因为对于那些怀了孕的、身体太软弱的，是要被推下掘好的大坑里，用手榴弹炸死埋掉了。

1945 年 7 月末，日军开始骚动起来了，我也准备行李准备逃跑。8 月 15 日的下午，突然命令我们赶快出来集合，然后会同几个人一同逃跑出去，不久，在逃跑途中，只剩下我一个人了。

如今，我一个人做个小买卖勉强地活着。我的内心深处，总是埋藏一个愿望，我总要活下来，一定有朝一日，要把我所受到的苦楚和愤恨向日本人倾泻出来。可是，如此悲惨的人生遭遇是不能用言语说得清楚的。现在也常看到煤球炉，就想莫如煤气中毒死去为好吧！如今对于曾是"挺身队"的人们，在韩国仍然有人用严峻的目光看待我们。我们这些人至今不能结婚，也不能生育子女。此生的悲剧全是日本给带来的呀！

日本政府应该向曾经当过"挺身队"的女性们，拿出诚意来进行谢罪和相应的赔偿！

（日本《阿格拉》杂志 1992 年第 174 号，李大可译，第 22—23 页。）

（2）黄锦周在"慰安所"的遭遇

朝鲜女子黄锦周被日本人诱骗上了军用列车，一下运到了中国吉林。她所在的慰安所是一排洋铁皮做的房子，屋里铺着木板，上面放了几张榻榻米。每人只有一条毯子和一条被子，实在太冷，女孩们只好互相搂抱着睡觉。先到的女人将这里的真相告诉了黄锦周。到达的第二天，黄锦周就被带到一个军官的房间里。军官上来就要拥抱她，她奋力反抗，被军官将身上的裙子给扯去了，黄锦周跪下请求饶恕她，但那个军官一手抓着黄的辫子，一手用军刀挑开黄的内衣，这时，黄锦周被吓昏了。当她醒过来时，那军官坐在对面，擦汗穿衣。黄锦周边哭着边捡起内衣出去了。在最初的半个月里，军官们一天要让黄锦周接待三四次。军官们根本不用避孕套，因此有些女子就怀孕了。慰安所对付怀孕的女子就是注射606 号针剂。打针后就会身体肿起来，而且觉得阴冷阴冷的，然后阴道出血。最后被送到医院，由医生给她们刮宫。有些女子甚至连续被刮了三四次，从此就再也不会怀孕了。

半个月后，黄锦周被运回慰安所。慰安所是用木头建的，看起来像是临时性建筑，并排有三四栋。每栋房子用木板隔成五六个小房间，用撕开的毯子做门帘。房间的大小大约只能躺下一个人的样子。地面上铺着木板，上面铺着毯子。

"慰安妇"吃饭在军人食堂，由军人做饭，吃的只有饭、酱汤和萝卜之类。"慰安妇"穿的是和服，后来穿军人穿的运动服。断绝供应后，就穿军人的破旧衣服。进入 1945 年后，因物资匮乏，"慰安妇"们连衣服都穿不上了，不但没有副食，连豆酱、酱油等也都没有了，每天只有两三个小饭团。

军人们进入慰安所，没有规定的时间表，士兵和军官随时可以来。通常一个"慰安妇"一天要接待 30—40 人，到休假日，军人还要多，他们穿着裤衩在外面排队，有的甚至脱掉了裤衩，别人还在做时就迫不及待地进来了。里面的军人们进来就不顾死活地竭尽全力地做那种事，有的还一面做一面哭。军人们自己拿着避孕套来的，许多人要"慰安妇"替他们戴避孕套，有的则干脆不戴。黄锦周回忆，"慰安妇"没有一个身体是好的，大概每人都有过怀孕的经历，甚至二三次。

如果病重，军人们就将生病的人弄到别的房间隔离；如果治疗两次以后，第三次再复发，那么军人就把她带走。这些"慰安妇"没有再回来过。有的"慰安妇"从阴户到肚脐都肿胀化脓了，就会被军人带走，从此消失。与黄锦周一起从咸兴来的20个女子中，只有黄锦周一人活了下来，其余的人或是莫名其妙地失踪了，或者是得病被带走了。即使是新补充来的"慰安妇"也有不少失踪的。战争结束时，与黄锦周一起的"慰安妇"只有7人，都是朝鲜人。这个慰安所里，前后只有一名是中国人。

在慰安所里，日军根本不把"慰安妇"当人看待。"慰安妇"挨打是家常便饭。对部队内部的事情，更不能打听。有时甚至只能用手轻轻地遮住自己的眼睛。如"慰安妇"走出房舍，军人们就会大声斥责，问出来干什么，抬腿便踢。所以"慰安妇"们不知地名，不知部队番号，甚至不知道蹂躏她们的军人的长相和级别。

一次，黄锦周子宫肿胀出血，化着脓，军官还命令她："如果你接待不了，就舔舔我的身体吧！"黄锦周气愤地回答："宁愿吃屎，也不会舔你的。"军官恶狠狠地骂道："你这个臭婊子，我杀了你！"接着就是一顿毒打，这顿毒打竟使黄锦周昏迷了整整三天。

这个慰安所真是人间地狱。

（[韩]韩国挺身队问题对策协议会、韩国挺身队研究会编，金镇烈、黄一兵译：《被掠往侵略战场的慰安妇》，第61—64页。）

（四）黑龙江

1．哈尔滨

（1）731 部队的"慰安所"

驻扎在哈尔滨市平房的有日军第 731 部队和日本空军第 8372 部队，共有日军官兵 2500 余人（不包括随军家属）。日军在平房附近设置了两个慰安所，一个俗称叫日本人妓院，一个叫朝鲜人妓院。曾在朝鲜人妓院做过杂役的方玉翠老人回忆："我原在日军 731 部队'东乡村'洗衣房做劳工。1940 年调到在南厂平房火车站附近的朝鲜人妓院当杂役。到这里才知道这个朝鲜人妓院和旁边的日本人妓院，从来不接待中国人和朝鲜人，而在每天下午都有尉官以下的日本军人及中下层的文职人员（他们称军属）来到这里寻欢。实际上这两个不挂牌的妓院是专门为日军 731 部队和 8372 部队下级军官及士兵服务的慰安所。校级以上的军官嫌这里低级不到，他们到哈尔滨市内的将校俱乐部去。这个朝鲜人妓院拥有 20 多名'慰安妇'，每天接待日军尉官以下的官兵大约 400 名。"

（韩晓[①]采访于 1999 年 11 月。）

（2）日本见证者口中的哈尔滨日军"慰安所"

说明：1940 年，一个二十岁的青年步入了伪满"帝国海军江防舰队司令部"，当上了日军翻译官，直至日寇垮台。如今，这位经历了六十年风雨的幸存者依然健在。

"柳町"顾名思义，即花街柳巷。在哈尔滨也算一处有名的地方。我虽然早就听说过，但从未涉足，因为这里并不是谁都可以去的地方。与道外北七道街和十六道街的妓院完全不同，"柳町"的妓女 95%是朝鲜人，也有一部分日本女人。不懂日语的朝鲜女人无论姿色如何也没资格到这里来混生活，因为"柳町"的服务对象主要是日本现役军人。其实质，与前线的"慰安所"相同，只是比较高档、

---

① 韩晓先生时为哈尔滨日军 731 部队细菌战罪行陈列馆原馆长、中国慰安妇问题研究中心特邀研究员。

"文明"一些而已。其中的一小部分日本女人之所以沦为娼妓，都是因为出身低下，命运多难。一些因为种种原因而失去了工作的歌舞伎、酒店下女或者是盲目到满洲投亲不遇的不幸女子常被日本浪人（流氓）拐卖到这里。

"柳町"的老板是在满洲有相当后台势力的日本人，大多为日本国内黑道上的浪人头目。他所雇用的"大茶壶"、打手等人也是他的同类。这些人一般本身有生理残缺不能服兵役（或者弄到某种医院的身体残疾证而逃避了兵役）。据说为了对付来捣乱的日本兵，老板和打手还有达到了柔道"二段"、"三段"的高手呢。

"柳町"横跨地段街和买卖街的北部两头，足有几百米长，占地面积达两千多平方米。如果从高处望去那是一片玻璃顶棚的建筑（类似现在的农贸市场）。围绕着"柳町"，小餐馆、酒店、咖啡馆和鸦片、吗啡零售所等等明里暗里的东西交织成一片热闹闹、灰蒙蒙的蜘蛛网，将这淫窟养成了一只五毒俱全的大蜘蛛。"柳町"内部分成南、北、中三道小街，用木质材料间隔成许多日式的小屋。两层楼的结构，共设有六道小楼梯供人出入。到这里游逛、寻欢的日、韩、"满"人嫖客从外观和服饰上根本分不清楚。日本关东军的军官、士兵穿梭往来，进进出出互不干扰。但这里一律使用日语，妓女的服饰也完全是日本和服或西装，朝鲜服装一件也见不到。小屋的外观、拉扇门，里边榻榻米、装饰画也是地地道道的日本风格、情调。为的是让日军官兵一来到这里便如归故里，以慰乡愁。

据我观察，在这充满异国情调的大型"人肉市场"中至少有上百名朝鲜、日本妓女在这里服务。女人的香粉味和大兵身上的汗臭混杂在一起，让人无法推断其化学成分，找不到准确的字眼来形容。

（山大柏：《我是日军翻译官——伪满"江上军"亲历记》，春风文艺出版社 2000 年第 1 版，第 348—352 页。）

（3）日军强征妇女充当"慰安妇"

除了"慰安妇"外，日军还迫使中国妓院为日军官兵"义务奉仕"。哈尔滨道外一些妓院的妓女曾被押送到王岗日军兵营进行了 3 天的"劳军慰问"，每个都被迫"接待"了数十名日本兵，惨遭蹂躏。1945 年，日军铁石部队去河北讨伐时，也从哈尔滨强征 100 多名妓女随军，充当"慰安妇"。

（王承礼等主编：《苦难与斗争十四年》，中国大百科全书出版社 1995 年版，第 340 页。）

2．齐齐哈尔

（1）齐齐哈尔的日军"慰安所"

齐齐哈尔的日军慰安所数量不少，多建在木屋里，有些门口挂有"军慰安所"的木牌；每个慰安所有 10—20 个"慰安妇"，其国籍有日本、朝鲜和中国，年龄在 17 岁到 30 岁之间。每周有日本军医对她们进行严格的身体检查，以防止性病流行。

（［日］"从军慰安妇 110 番"编辑委员会编：《从军慰安妇 110 番》，第 24 页。）

（2）日本士兵口中的齐齐哈尔日军"慰安所"

① 齐齐哈尔的 3 个慰安所

齐齐哈尔于 1931 年 11 月 19 日被日军侵占以后，成为关东军的一个大本营，日伪机关及驻军很多，所以妓业非常繁荣，在被日本人称为游廓街（红灯区）的永安里，有上中下三等大小妓院数十处。日本、朝鲜、中国妓女 15808 人（1934 年即伪满康德 3 年统计）。日本宪兵、特务、伪警察等经常出入妓院。尤其是日本宪兵特务，有时看中一个妓女，竟三四人一起嫖。据日本宪兵曹长土屋芳雄回忆，他在昭和十四年（1936 年）前，就在永安里玩弄过 2 名中国妇女、4 名朝鲜妇女和 2 名日本妇女。后来齐齐哈尔的妓女患性病相当多，据伪满康德 3 年的检查统计，患性病者竟高达 14173 人，占妓女总数的 79%。于是，驻扎齐齐哈尔的日军开始筹建慰安所。

据我所知，齐齐哈尔的日军慰安所有 3 个。最晚建于 1939 年。其中一个在现在的电报大楼附近。土屋芳雄战后交代："在慰安所大门口没有露骨地标明慰安所字样，叫军人俱乐部。其中一个是日本'慰安妇'的慰安所，两个是朝鲜人的慰安所。'慰安妇'们平时日子接待 30 到 50 名士兵，当夜幕降临的时候还要整夜陪伴日军军官，所以是日夜不得休息，没有不得病的。"日苏诺门坎之战时，日军从齐齐哈尔征调 1500 士兵到前线增援。这 1500 人临行前最后一次去慰安所。这时慰安所门前排起了长队，每人限时 10 分钟，后边的士兵还不断地催促前面的快一点。这些"慰安妇"们个个累得死过去一般。一个叫静子的"慰安妇"在"慰安"过程中昏睡了过去，竟被几个士兵拖出来毒打，没有人去救她，军人们开心地围成一圈，叫骂着给打人者以鼓励："我们在为帝国拼命，她还挺舒服地睡呀，帮助她醒过来吧。"等打够了，半死不活的静子被拖回屋子，继续执行"慰安"任务。当晚，静子自杀了。另一个从群马县来的姑娘，在一个军队的外出日接待到20多名士兵的时候，就已昏死过去了，可没人理她，那些士兵们见她还有一口气，仍一个接一个地，等到最后一个离开她的身子时，她已经不行了。她昏迷了两天三夜，醒过来以后，人废了，只呆呆地傻笑。1939年参加"战地服务团"的太田美娟分配到齐齐哈尔慰安所，姐妹们告诉她要预备一把剃刀，齐齐哈尔3个慰安所的"慰安妇"们没有一个敢留体毛的。因为大和民族的"勇士"们要留作纪念。开始她还不相信，这怎么可能呢？然而，后来当她亲身体验了"拔毛"之苦后，带着耻辱，痛恨地准备了一把剃刀。这还不是"慰安妇"们最怕的，最怕的是每月一次的体检，这种体检并不是为了"慰安妇"们的健康着想，而是怕性病在军队中的蔓延。土屋芳雄在他的回忆录中写到："每月要检查一次梅毒，由军医对其进行检查是否患有花柳病。其中宪兵要监视参加，我本人就参加过两次。'慰安妇'有很多人患有严重的妇科疾病，痛苦不堪，但只要不是性病，就得继续接待，一直到成为废人。查出性病的'慰安妇'有一些自杀了。"和美娟同来的一个叫八重的姑娘被查出性病，被查出性病的都会被赶出慰安所，但回国是绝对不可能的，她们只能坐上被宪兵押解的军车拉走，其命运可想而知，八重是用剃刀割断了自己的血管。一把只有男人才用的剃刀，在"慰安妇"手中有了多种用途。就这样，齐齐哈尔3个慰安所的"慰安妇"们，在她们为"圣战献身"的工作中不断成为废人、死人，不断地被拉走，又不断地被补充进来，直到日本战败投降。

（［日］长冈纯夫：《坠向地狱的我——土屋芳雄宪兵少尉自述》，日中出版社；王延华：《论日军的"慰安妇制度"》，1995年。）

② 白城子的"慰安所"

市川一郎（72岁）的回忆：

我原是宪兵队的上等兵，直到战争结束，曾在旧满洲的齐齐哈尔附近的白城子（东北的东北部）驻扎过。这个宪兵队约有30人，队长是滨田中尉。

那时，我曾担任管理"慰安妇"的有关工作。主要是向前往慰安所的士兵们发放相当于名片大小的"证明书"的。证明书分别印成不同颜色。士兵用的是黑色，士官级为蓝色，将校级用的为红色。在那上面，则由本人填写上部队番号和本人姓名。我们宪兵队则要掌握各部队的外出人数和时间分配以及联系和掌握哪些人员去担任警戒任务。宪兵队也派人身着便服暗地里去看守慰安所等等。在第二天也要去慰安所从"慰安妇"那里把"证明书"收缴回来。这是为了防止发生军队人员长时间接触同一个"慰安妇"会发生恋情或泄露军事秘密。因之，我们就对某个每月两次与同一"慰安妇"接触的人，要注意监督了。

那时，有慰安所四五处，每个所大约有二三十名"慰安妇"。军医要对她们每月进行一次性病检查。临近战争结束时，军队将要撤离白城子时，在街上放起火来，想把市街烧光。然后登上货车向南溃逃。先头的火车，由将校们来坐。把"慰安妇"们当作一般老百姓对待，也想方设法叫她们坐上火车一起逃难，记得当时这些人还对我们表示了感谢。

现在，我对过去战争中发生的一切，时刻地加以深切的反省。政府对此问题的态度也不够好。我认为作为原来的兵士们，对于政府也应积极地展开工作。现在，当每年的 8 月 15 日来临之际，我就抱着反省的意思，在那前一天（8 月 14 日）夜间 8 时，从我住的大宫市的家里徒步走出，去到东京的寺院参拜。我打算只要我的身体情况允许，决心都要这样继续做下去。

（日本《阿格拉》杂志 1992 年 174 号，第 39—40 页，李大可译。）

③ 我常去"军慰安所"

日军第 9 野战航空修理厂军曹（72 岁）回忆：

我当时在齐齐哈尔的航空队，那时是 1939 年。关于"慰安妇"的事情，我从来没有对儿子、孙子们讲，太难为情了。

慰安所每天都开着，"慰安妇"有日本人和外国人，日本女子的价格比较高，约 1 日元 20 钱左右，外国女子是 80 钱到 1 日元。因为疲劳，她们看上去比较衰弱，脸色很难看。进入的多是日军的下士官和士兵，军官出入则非常自由。我们拿着避孕套，上面有汉字"突击一番"。

慰安所有不少，慰安所的名称是"某某军人会馆"、"军官集会所"之类的，我常去的那个就是叫"军慰安所"吧。建筑多是木造的，一个慰安所有的不足 10 人，有的慰安所有 20 人左右。"慰安妇"年龄年轻的只有 17、18 岁，年长的有 30 岁。日本女子几乎没有年轻的，都是过了 20 岁的。星期天是慰安所最忙的时候，我们士兵排好队，一个房间门口有 10 人、20 人甚至数十人。

我们被告知，是不准到中国人经营的妓院去，那里会有间谍，一个人去将是很危险的。

（[日]《性与侵略》，苏智良译，东京株式会社社会评论社 1993 年版，第 38—40 页。）

（3）朝鲜"慰安妇"在齐齐哈尔日军"慰安所"

我生于 1924 年 3 月 20 日，是平安南道文德郡立石里佃农的二女儿。当时家里有父母、一个姐姐和一个弟弟。由于是佃农无法维持生计，爸爸于 1931 年秋带全家来到平壤。父亲在面粉公司做麦芽糖。我从 14 岁到 17 岁，在西平壤木屐工厂干活。

我 17 岁那年，即 1941 年 9 月的一天，工厂的日本监督找到我，说有个一个月能挣三个月吃的好工作，要带我一起去。

我以前常想，家里生活太困难了，怎样才能帮家里忙呢？现在要是真有个挣大钱的地方，不管是什么工厂我都不计较，于是我心一横，跟着监督走了。

在平壤车站，有 7 名与我处境相同的少女。

等我上火车一看，前前后后都有日本警察监视，甚至上厕所都有日警尾随。

当我有受骗上当的害怕感觉时，逃走已为时过晚。火车走了数日，在一个叫齐齐哈尔的中国地方下了车。在那里已有 15 名朝鲜姑娘，加上我们一行共 22 人。

当地有个慰安所，其房子的样式像公共厕所。那里的房间狭小，仅能躺下两人，室内铺有榻榻米，每间房都贴有号码和姑娘的名字。管慰安所的家伙看着我说："你进 5 号房间，从今天起改名叫'照女'，说朝鲜话你得死。"

我初到此地时，以为那座房子是工厂宿舍，在那里住宿，到工厂上班。可没多久，我便意识到这种想法是多么天真。当我想到自己被日本鬼子所骗，掉进了永远无法回家的陷阱时，不由得大哭起来。

从到那儿的第二天起，"皇军"士兵便成队扑来。当我拒绝脱衣时，脖子便被刀逼住，他们一边以"弄死你个朝鲜娘们"相威胁，一边像畜生似地扑了过来。白天是士兵，晚上是军官，每天要接客 15 到 20 名。周日连吃饭的时间都没有，30 多名畜生接连而至，使我受尽凌辱。

非但如此，他们还在污辱我后，令我给士兵腿上缠绑腿，缠得稍不如意，便拳打脚踢。吃的每顿都是一个麦片和土豆合成的饭团及腌大头菜，四年多从无变化。即便是来月经，他们也从不让我休息。

我欲死不能地打发着耻辱的岁月。1945 年 6 月的一天夜里，我撒谎说去趟厕所马上回来，骗过日本军官，逃了出来。当时军官当中的高级军官们往往是挑自己相中的姑娘带至自己住所，靠侮辱她们过夜的。我虽然逃了出来，可语言不通，地形不熟，没钱没吃，只能吃草根、要饭，四处流浪。不久，我在中国大地上盼到了祖国的解放，在东北的朝鲜人的帮助下，我乘火车回到平壤。回到平壤后，我见到了想念的父母、姐姐和弟弟。父母紧紧地抱着我，边哭边问，听说你为了挣钱而出去，你去了哪儿，干什么活，怎么现在才回来？可我却对自己那段身遭凌辱的生活难以启齿。

我隐瞒了父母、姐姐和弟弟，是血泪往肚里流涌过来的。我被日本鬼子玷污了身体，时至今日仍一个人孤单地生活着。

我也是女人，难道没有和别人一样成立家庭、幸福生活的想法吗？今年我已70多岁。若像他人那样，早就有儿子、女儿、儿媳、女婿、孙子、孙女多人，在他们的尊敬和挚爱中欢度余生。

现在，我最羡慕的是周日或节日之际，老人们领着孙子、孙女的手悠闲散步的幸福身影。日本鬼子断送了我的青春，把我变成这样的废人。

日本当局竟说什么"从军慰安妇"的证言是撒谎，没有强行拐走朝鲜妇女这回事，那么是朝鲜妇女自己断送自己的一生，去找那种连生命都没保障的地方吗？天下有把自己可爱的子女送到那种地方的父母吗？

设身处地想想看，日本姑娘或其父母能那么做吗？

日本当局真是厚颜无耻，在谎称介绍"挣钱多"的工作后，再设哨兵让你无法逃走，这不是拐带强迫又是什么。

我希望诉诸人类的良知。

我希望采取强有力的措施解除我们心中的怨恨，使日本政府不得不谢罪和赔偿。

我认为日本当局要坦白地承认自己所犯罪事，在朝鲜人民面前老实谢罪，并发誓今后再不干那种伤天害理之事。我在得到明确的谢罪之前，绝不会死去的。

（《张秀月在世界人权大会亚洲讨论会上的控诉》，马彦译自朝鲜《劳动新闻》1992年7月1日。）

3. 木 兰

木兰的"妓院"

日伪时期为木兰、东兴两地历史上妓院最多时期。在木兰，有3家妓院。一家为日本妓院，一家为朝鲜妓院，一家为中国妓院。

日本妓院，有 7 间草泥结构正房，始建于 1938 年（伪康德 6 年）对外称"喜久屋"，坐落在现五金公司大楼偏东。该妓院有从日本征集来的 14 名日本籍妓女，据说年龄最大的有 30 多岁，艺名叫"铃子"。

朝鲜妓院，有 4 间草泥结构厢房，与日本妓院同时建立。坐落在原水果公司北侧。该妓院有从朝鲜强行征集来的 5 名朝鲜籍妇女。其年龄较日本妓女年轻。她们虽为朝鲜人，但要穿日本服装，说日本话，地位也较日本妓女低下。

这两座妓院，均为驻扎在木兰东大营的日本关东军所设。名义上为民间经营，老鸨为伪县公署开拓股长柴崎的老婆（日本人），实质上一切开支供给均由日本关东军供给。这两座妓院不但接待东大营的 100 多名日本关兵，也接待地方上日籍官员和有地位的华籍军警宪特，只是这些人一般不留宿，只由妓女陪伴听听弹唱，吃吃花酒，跳跳舞蹈。院主为了更好地为妓女、日本官兵服务，这两家妓院都雇佣了华籍酒保和杂役。

在这两座妓院中，为防止性病和妓女怀孕，无论是对"打快门"的士兵，还是对留宿过夜的军官，都发给一个印有汉字"突击一番"字样的小袋子，里面装有避孕套。白天，士兵"打快门"，一次收费 1—2 元。夜间，军官留宿过夜，一般收费 5 元。在这两个妓院中妓女所受到的凌辱，因缺少资料就不能在这里描绘了。1945 年 9 月以后，两个妓院的妓女全部回国。

据知内情的人讲，日本妓院、朝鲜妓院不仅木兰有，凡是日本侵略者所占领的地方都有。

（杜成：《伪满时期设置在木兰东兴的妓院》，政协黑龙江省木兰县委员会文史资料委员会编：《木兰文史资料》，1989 年印行，第 4 辑。）

4. 虎 头

虎头的"慰安所"

黑龙江省东部的日军军事重镇虎头，原有中国妓院 6 家，1935 年又新辟朝鲜慰安所 2 家，1938 年增加日本人慰安所 3 处。1933 到 1945 年，有日本"慰安妇"30 名，朝鲜"慰安妇"8 名，中国"慰安妇"11 名。以 1945 年计，不过四五十人的日、朝"慰安妇"，要为 1400 名日本官兵提供"性服务"。在虎头之战结束后，她们均死在虎头要塞的山洞里，有的人怀里还抱着孩子，成了日本侵华战争的殉葬品。[①]

（王承礼等主编：《苦难与斗争十四年》，中国大百科全书出版社1995年版，第339—340页。）

5. 东 安

日本士兵口中的东安"慰安所"

京都出身的原上等兵（70岁）证言：

1943—1945 年间，在满洲牡丹江北面的东安、东宁（今牡丹江市）驻扎。在东安有慰安所，与军队一起行动，"慰安妇"有中国人、朝鲜人和日本人。日本人"慰安妇"只有军官才能接触。我们士兵只能找中国人和朝鲜人。与我们接触的"慰安妇"，年龄在22、23岁。一个慰安所里有15到20人。

进去自然是要付钱的，一次是5元。当时士兵一个月的工资是8日元，所以，一个月去一次还够呛。现金是给"慰安妇"本人的。

"慰安妇"的名字似乎是启子（けいこ）、喜子（のぶこ）、纯子（じゅんこ）、绫子（あやこ），这样的名字是很多的。

（[日]《性と侵略——84 カ慰安所え日本军の証言》，苏智良译，东京社会评论社1993年版，第40—41页。）

6. 牡丹江

（1）日本士兵口中的温春"慰安所"

浜松日军第97部队第7航空教育队温春39飞行大队老兵（71岁）证言：

我曾在满洲待了3年，在牡丹江和稍南部的温春（今牡丹江市）。那时曾去慰安所，慰安所的建筑并排而立，有好几家，有好多朝鲜人"慰安妇"。牡丹江的エンメイ街，也有慰安所。在温春车站附近也有慰安所，是设在洋房里的，里

---

① 胡德玖等：《虎头要塞之谜》，《生活报》1993年8月8日。

面有满洲和朝鲜女性。

（[日]《性と侵略——84 カ慰安所え日本军の証言》，苏智良译，东京
社会评论社 1993 年版，第 44—45 页。）

（2）九州 BAY

在牡丹江的深处，设有慰安所，名字叫"九州 BAY"，实际上是慰安所。里
面中国、日本和朝鲜女子均有，可见规模也是较大的。

（[日]"从军慰安妇 110 番"编辑委员会编：《从军慰安妇 110 番》，第
24 页。）

（3）朝鲜"慰安妇"在牡丹江日军"慰安所"

朝鲜女子罗贤花是 1942 年 10 月被日军强行充当从军"慰安妇"的。她和其
他 3 个女孩子一起，被推上了又黑又潮的货车，这辆货车连有 20 个车厢，每个
车厢都载满了朝鲜女性。

走了三天三夜，货车开到了日军的目的地——中国的牡丹江。

日军军官用很难听懂的话对她们说："从此，你们对日本军人必须绝对服从，
这跟服从日本天皇的命令是一样的。""从军慰安所"的环境简直是性奴隶的监
房。狭窄的房间里勉强能放两张草袋子。日军把女孩子们一个个推进房间。为了
防止她们逃跑，日军时刻对她们进行监视，甚至连洗澡、上厕所也有武装哨兵跟随。

日军每顿饭只分给她们每人一个小饭团。4 个人围着桌子吃。吃饭时，日军
不允许她们互相对视、谈话。在如此恶劣的生活环境下，受尽虐待和侮辱的她们，
每天还要接受数十名日军的糟蹋。

对待那些尚未成年的少女，日本官兵做出的种种丑行连禽兽都不如。每当她
们不服从日军时，日军便用刀枪划破她们的衣服，只能穿着像睡袍的衣服。到了
日军发泄兽欲的时候，连这样的衣服也不让她们穿。在每个"慰安妇"的房间，
都设有一个小窗户，窗户只能在外边开关。每当赤裸身体、颤抖不止的女孩子们
饱受恶狼一般的日军施暴的时候，许多日军便挤在外面窗户前满意淫笑。

白天，来"慰安所"的一般都是年轻的士兵，晚上都是有军职的军官，深夜
留宿的则是高级军官，无论是秃头的士兵，还是满脸胡子的军官全部都是禽兽不
如的恶棍，毫无人性的人渣。

在慰安所里，"慰安妇"们越是反抗，扑上来的日军越多。有时即使晕过去，
日军也不放过她们，每当她们不顺从的时候，日军就会把她们拉到院子内进行打

骂、百般侮辱。很多女孩子的脊骨被打断了。

从军慰安所是日本帝国主义一手营造的"性奴隶监房"，是妇女的屠杀场。

（《朝鲜新闻》1992 年 7 月 22 日，李梅花译。）

7. 富子沟

朝鲜"慰安妇"在富子沟"慰安所"

李福女出生于朝鲜京畿道水源郡水源北水利的一个贫民家庭。1943 年 23 岁的李福女被日军强行推上货车，几经辗转，被秘密押送到中苏边境的一个深山沟里，从此开始了令她刻骨铭心终生不忘的参军"慰安妇"生活。

那个深山沟叫富子沟，在那里有一座平房，四周围着两道铁丝网，网上挂着许多警铃，这就是所谓的从军慰安所。在这里，她被改名为"春子"。这时，她们才意识到掉进了魔窟，不由失声痛哭、挣扎起来，日本军官凶狠狠地威胁说："在这儿，你们必须听皇军的话，否则死路一条。"

打开上锁的大门，走入带有铁丝网的院子里，右边数第一屋便是李福女居住的房间。说是房间，其实就是用两块木板中间夹着些稻草隔成的，地上略铺些稻草，像个动物笼子。在这里，"慰安妇"们被迫不分昼夜地为从战场上来的大批日军官兵提供性服务。白天往往是多达 30 名日军士兵，晚上还有 8 到 10 名军官。

当时，日军正疯狂地发动侵略中国的政治，为提高他们的战斗力，消除低沉情绪，日军抓了很多朝鲜妇女，送进如同地狱般的慰安所。

回忆起这段生活，李福女咬牙切齿地说："天下乌鸦一般黑，日本帝国主义侵略者个个都是恶魔，残暴无比，是世上数一数二的野兽。"

一次，李福女试图逃出魔窟，被日军发觉，对她进行了惨无人道的摧残，日军士兵把军乐队的锣，放在火里烧得通红后，放在她的大腿上，一次又一次，恣意取乐，痛得她死去活来。至今伤疤还留在身上。

还有一次，李福女隔壁的一位 30 岁左右的"慰安妇"，实在无法忍受日军毫无休止的糟蹋，奋起反抗。为了威慑其他"慰安妇"，日军把她们全部赶到外面，把那位"慰安妇"吊在树上，像恶狼似的成群地扑上去，扒光她的衣服，用刺刀割掉她的乳房，最后插入她的阴部，活活地把她折磨死了。日军气焰嚣张地说："你们这些朝鲜乞丐，不听皇军的话，也将是这个下场。"面对这一幕人间惨剧，很多妇女当场便昏了过去。另有一次，日军当着"慰安妇"们的面，当场把抓来的中国人砍头杀害并把尸体扔到锅里煮，而后把尸首吊在长杆上，强迫"慰安妇"们喝锅里的水。此种暴行，数不胜数。

这个慰安所的 20 多名女性中，最后仅剩下 5 名幸存者，其余都被日军杀害了。许多人连名字都没有留下来。作为幸存者之一的李福女老人，是从死尸堆里爬出来，历经九死一生方才得保全性命的。

（《朝鲜新闻》1992 年 7 月 15 日，李梅花译。）

8. 穆 棱

日本士兵口中的穆棱日军"慰安所"

1942 年我在炮兵队当兵，地点满洲（东北）穆棱市的郊外，从穆棱市出发约 3 公里外的山中。我们一个大队约 450 人。每月的薪水每 10 天发一次，每次是 5 日元 50 钱，慰安所的费用是一次 1 日元 50 钱。在穆棱市内，有士兵的慰安所和专门供军官专用的慰安所。那是一幢二层建筑，只有一个入口，进去后便是老板的账房，然后是"慰安妇"的房间。我们将钱直接交给"慰安妇"，然后，由"慰安妇"拿着钱到老板那里去付账。每次要领取避孕套。据说每天结束，"慰安妇"得到 4 成钱，老板得到 6 成钱。"慰安妇"约 20 人，是朝鲜人，小的 18 岁，老的有 30 岁。老板也是一对朝鲜人夫妇，其中有个"慰安妇"还有一个 1 岁的儿子。"慰安妇"的名字记得有叫花子、雅子。每天有不同部队进来，因此慰安所十分繁忙。一个月只有一天休息，也就是性病检查日。军医会来检查，几乎所有的女子都患有子宫内膜炎、膣炎，长期下来，没有月经，也不会生孩子了。房间里有消毒液。军官比士兵更容易染上性病，因为军官可以自由出入各种慰安所。我们在的 3 年中，慰安所几乎没有变化，也许"慰安妇"们是借了很多钱的缘故吧？士兵多的时候，在门口排起了长队。士兵们敲打着门，嗵嗵作响。每个人只有 10 到 15 分钟，"慰安妇"的午饭时候也没有，只好一边吃饭，一边抬屁股。"慰安妇"们穿着和服，不能自由外出。慰安所前有宪兵站岗，怕泄露机密。因为军官可以留宿，所以"慰安妇"确实也知道军机，如部队转移，她们往往比我们知道得更早。

（［日］"从军慰安妇 110 番"编辑委员会编：《从军慰安妇 110 番》，第 50 页。）

9．佳木斯

日本士兵口中的富锦日军"慰安所"

1944 年，我在富锦（佳木斯市）的通信教育队服役。那里有慰安所，20 个女人要接待数百名官兵，妇女都是 18 到 20 岁的年轻朝鲜女子。宪兵叫她们的名字是"花子"、"春子"、"桃子"等。慰安所是一幢红砖的民房改造而成的。入口是 6 尺宽的屋檐，房间并排，房门上有"慰安妇"的名牌，房间大约只有 4 个榻榻米大，里面放着兵士用的铁床（估计是日军运来的——引者注）。军官、下士官和士兵的待遇不同。每星期"慰安妇"检查一次，患有性病的"慰安妇"必须到县立医院去治疗。入院费是"慰安妇"向老板借贷的。一般数额很大，一生也还不清。入慰安所的费用是用满洲国的钱币支付的。

（[日]"从军慰安妇 110 番"编辑委员会编：《从军慰安妇 110 番》，第 43 页。）

10．黑　河

日军黑河驻屯部队士兵通信中反映的"慰安所"情况

此件档案系昭和十六年（1941 年）驻黑河日本军人武田武二郎写给秋田市大町四村上英子雄的信件摘抄，记录了黑河陆军馆舍一角开设"慰安所"的情况。档案记载，军队"慰安所"是士兵消遣解闷的地方，20 名"慰安妇"全是朝鲜人，受"国家总动员法"约束来到这里。这封信被扣押。

发信人：黑河　武田武二郎
收信人：秋田市大町四　村上英子雄
内容：北满黑河市街北方四里的山神府兵舍的川村、井上、绵引诸氏，诉说着成为预备役一员的日子。这里是一望无垠的旷野，只有显示国威的各兵科的兵舍，仅能看到的是利用陆军官舍的一角开设的东西方向的慰安所。所谓的慰安所既像一寸见方的小剧场，也像储物的小屋，很难想象出具体的模样。但这里却是生活在此兵舍的士兵非常重要的消遣解闷的地方。慰安所的兵力只有20名，都是朝鲜人，均受国家总动员法的制约，分发芳子、花子等粉红色配给券。不是军队的话，无法看到此情此景。因为是打折后的公定价格，所以不面向（非现役的）工薪人员。配给券作为一种职权滥用的方式，专门供给将校。

处置：扣押

（庄严主编：《铁证如山　吉林省新发掘日本侵华档案研究》，吉林出版集团2014年版，第174—176页。）

朝鲜"慰安妇"在黑河"慰安所"

全锦花1924年出生于朝鲜忠南道天安，兄妹5人，家庭贫苦，1940年17岁那年，被骗到车站，然后由日本军队押上了火车。经过长途跋涉，下车后一看，已到了中国的哈尔滨。随后，她们又被押上了卡车，最后，被带到了黑河的慰安所。

妇女们一到慰安所，日军就把她们扔进了猪窝一般的木板房里。木结构的房子共有9间，在那些用薄木板隔成的小房间里，可以清楚地听见隔壁房间里别人的说话声。慰安所里共有9个女孩，大部分来自南部朝鲜，年龄在14岁到17岁之间。全锦花的名字是澄子。

每个"慰安妇"的房间里有一张用木板拼成的床，放着毛毯、洗脸盆和供洗下身的盆子，还有消毒药等。房间里还都安装了个小水龙头，水管里流出的水流很小，但对妇女来说，总算是可以在房间里洗身子了。

每天吃三顿饭，饭是配给的，量非常少，"慰安妇"们总是饿着肚子。菜几乎没有，只要一块米团和盐，偶尔才吃到一些黄色的萝卜咸菜和酱汤。每到吃饭时，日军就像是喂狗似的，把盛饭的家什往房间里一推，让她们在房间里吃。喝的水也是配给的，量也很少，仅仅能够润湿喉咙。所以，每个人都感到口渴得厉害。

"慰安妇"们穿和服，一年发三四套，衣服由自己洗。日军还提供牙膏、牙刷、香皂、月经带、毛巾等，但没有化妆品。

黑河的冬天非常冷，人们只能通过烧火墙的办法来给屋子供暖，可是烧火墙的火很小，仅仅能够保证"慰安妇"不被冻死。

日军规定，"慰安妇"每周一次，坐车去医院检查。那里有军医和卫生兵，都是日本人。"慰安妇"中如果谁被查出患了性病，军人就辱骂："肮脏！滚出去！"抬脚便踢，动手便打。实际上性病恰是日本兵传染给她们的。检查身体是唯一获准外出的机会，在检查前，日军用卡车运"慰安妇"们去浴池洗大约30分钟的澡，然后再去医院。

此外，所有的时间都在"慰安妇"自己的房间里度过，连大小便也是如此。谁要大小便了，就对外边的日本兵高声通报，军人便把小桶拿进来。用完后，军人再把桶取出。那些军人也不是随叫随到的，有时"慰安妇"等待很长时间，军人才把小桶拿来。憋大小便成了"慰安妇"们每天的功课。

每天早上7时，军队便吹起床喇叭。如果喇叭吹了后，"慰安妇"还不起床，军人便会敲墙壁。8时，日军把早饭拿进来。吃完早饭后，就有三三两两的军人开始过来找"慰安妇"了。有的时候，有些军人还在深夜或凌晨时偷偷地从部队里溜出来，跑到慰安所里来。星期天官兵大量到来，军人们见了女人，就像疯了似的扑上来。一天下来，一个"慰安妇"不知接待了多少军人，每个人被折磨得筋疲力尽。有的军人看到"慰安妇"比较壮实，就提出更加过分的要求，"慰安妇"遭受军人的虐待还不能喊叫，一喊叫或反抗，站在外边的宪兵就会进来把军人抓走，而"慰安妇"也要遭受惩罚。

每只避孕套只使用一次，用完后就扔到房间里的垃圾桶里去，一天下来，垃圾桶里全是用过的避孕套，那些东西散发出的臭味经常使人恶心得想呕吐。有些军人不愿使用避孕套，"慰安妇"也没有办法。

在慰安所里，应该是不准喝酒的，但事实上日本兵经常带着酒进来。于是，后来一些"慰安妇"也学会了喝酒。

慰安所里有个上了年纪的中国男子，他负责干杂活。这个中国人经常被日本兵殴打。

全锦花在黑河慰安所从17岁到22岁，整整5年。

一天，有个日本宪兵到慰安所里说，明天早晨，苏联军队要打进来了，把慰安所烧掉，赶快逃跑吧！听到这个消息，"慰安妇"们也开始设法逃跑。于是，黑河慰安所便消亡了。

([韩]韩国挺身队问题对策协议会、韩国挺身队研究会编：《被掠往侵略战场的慰安妇》，金镇烈、黄一兵译，中国文史出版社2000年版，第434—438页。)

11．鸡　西

朝鲜人口中的鸡西日军"慰安所"

说明：沈进现住朝鲜咸镜南道咸光市，战时他是建筑工程队的职员，他讲述了慰安所的事情：

我从 1940 年初开始，到日帝对朝鲜殖民地统治结束，一直在苏"满"边境地域的伪满洲国东安省鸡西市当一名道路建筑工程队里的小职员，为日帝修筑道路服务。经常到市内看到"笑之家"之类的许多招牌，那就是关东军经营的从军慰安所。在那里有许多 16 岁到 20 岁左右的年轻的朝鲜女子被沦为"皇军"的性奴隶。这些女子每天被迫实行三班倒，不分昼夜地强行为"皇军""奉仕"，当时我只有 17 岁，在异国他乡看到自己的女性同胞受此侮辱，民族的愤怒情绪油然而生，实在难以自己。

偶然的一次机会，和一个朝鲜"慰安妇"相识了。她很可怜，但也确实出于无奈。她流着眼泪向我讲述了她的一切。通过她的讲述，我才真正了解到"慰安妇"们的痛苦和所受到的屈辱。她是 1942 年从咸镜南道端川被抓来的，名为朴熙妙（音译），年龄是 17 岁。日本帝国主义者把她的名字改成为"新井吉子"的日本名。

当时，光鸡西市的慰安所就有 8 处，每个慰安所有 120—150 名左右的"慰安妇"。这些"慰安妇"每人每天都要为"皇军""奉仕" 8 个小时以上。"慰安妇"们每天都忍受着肉体上的痛苦和精神上的折磨，有的得了梅毒等性病，有的死了，也有的变成了残废不能继续再为"皇军""奉仕"，也有不少因受不了精神上的痛苦而自杀的。日本帝国主义者对患了重病的"慰安妇"，没等死就在夜间把她们扔进河里，企图消尸灭迹，掩盖其罪行。

至今，还时常在耳边响起那些在满洲流着眼泪向人们求助的"慰安妇"们的声音。因此要求日本政府当局，对"从军慰安妇"问题，不但要在言语上谢罪，同时，还不要逃避赔偿的责任。如果不从内心反省对朝鲜人犯下的这些罪行，就只能受到世界舆论的愤怒谴责，而暴露自己的愚劣。

亲眼目睹日本帝国主义夺走了纯洁的朝鲜女性灵魂罪行的我，要求日本当局必须对过去日本帝国主义对朝鲜人民造成的不幸的痛苦，谢罪和给予充分的赔偿。

（《如生病就被扔掉——在满洲的从军慰安妇》，《朝鲜时报》1992 年 3 月 5 日。）

12．孙 吴

（1）陆军军人"慰安所"

在中苏边境的孙吴（县），日本北满第 4 军驻地，至少在 1941—1945 年间，设有 3 家慰安所，门牌写"陆军军人慰安所"。每家至少有 10 个"慰安妇"，有的年龄很小，像小学 3、4 年级的学生。慰安所的经营者经常打电话到各部队，以协调士兵去"慰安"的时间，士兵要去慰安所时，内务班长便发给避孕套。当士兵数量与"慰安妇"的数量保持平衡时，日军内十分"和平"，而一旦失衡就有可能发生冲突。在孙吴，2 万人的日军面对 50 个"慰安妇"，于是，日军之间就发生了"慰安妇"的争夺战，甚至双方拔刀战斗。也有些士兵在演习时溜走，去嫖妓或抢夺当地妇女。

（[日]千田夏光：《从军慰安妇》，双叶社 1973 年版，第 89 页。）

（2）日本军医口中的孙吴"慰安所"

说明：在玉兵团（第一师团）作为军医从军，现在川崎市的某公立医院当院长的某人（希望匿名），就慰安所的管理状况作如下回忆：

军队的战略单位是师团，这师团的中枢是师团的司令部，司令部下设参谋部、经理部、军医部、兵器部、兽医部、管理部。……

且说，我们在战争初期驻扎在北满的孙吴。这个孙吴本来是个无名的农村。自从 1938 年诺门坎事件之后，成为对苏作战的兵团基地，由日本人建立起来的镇子。日本人的艺妓也在那儿营业。当然，虽说叫艺妓却是兼做妓女和卖艺的生意，劝酒、歌舞然后陪你睡觉。但是这种营业，不是以军人和军队关系的人为对象，而是以一般的日本人为对象的。军队的兵营设在离镇子 5 公里的野地。

军队的慰安所在这兵营的附近，军队专门使用这个。四面围着砖墙，里面有日本人和朝鲜人"慰安妇"。数目与师团兵员数 2 万以上相对，大约有 50 名。这里由民间人来管理，就营业问题，军队不介入。

但在卫生方面，由军队后方医院的军医负责。定期地进行检诊，一发现花柳病患者，就通过各联队的值班司令通知各部队，命令该"慰安妇"停止营业。就是说由军队掌握着管理权，是一种军队间接管理方式。作为军人，反正是最害怕性病的发生。军医部在各个慰安所的房间里放置着高锰酸钾水溶液，命令在完事之后，士兵们必须给自己的性器官消毒。

这种水称为"变色龙"水。所谓高锰酸钾，是闪闪发光的云母状，呈现鱼鳞似结晶的药品。颜色是紫色的。这种变色龙水的洗涤装置设置，全军都是统一的。多半是根据全军的命令。此外，外出时一定让你带上写着"突击一番"的袋装避孕套。这也是全军统一的。"突击一番"是军需品，用配给的生橡胶优先制造的。

不管怎样，用它可以大体上防止性病。当然了，没有血液检查的设备。所以检诊从医学上来说，还不完善。"慰安妇"中也有得了淋病的。经调查，是由外部传染的。即使这样，她们在检诊即将开始之前，有的把局部的脓洗掉，从街上的药店买来磺化剂抑制化脓，但逃不过有很多内、外科专家的军医们的眼睛。

另一方面，就带来的"慰安妇"，军医部有她们的人员贴了相片的名簿，不如说是"户籍簿"。在宪兵队里也有抄本。我原是属于卫生队的，后方医院的军医跟我说："一看这些照片，就能想起她们身体的一切部位来。"后方医院如有妇科医生在召集军医中为数很少，因此大体上由内、外科医生担任。所以在就要检诊之前洗涤啦或者用磺化剂啦，这种成药名叫拉坡尔，一喝下这就看出来了。

（殷岸：《战争暴行——随军妇女回忆录》，新疆大学出版社 1997 年版，第 128—130 页。）

（3）有 20 个左右的"慰安妇"

在孙吴的电信部队服役时，那里也有慰安所，有 20 个左右的"慰安妇"。
（[日]"从军慰安妇 110 番"编辑委员会编:《从军慰安妇 110 番》，第 35 页。）

（4）日本军医口中的孙吴日军"慰安妇"

123 师团军医、现担任川崎市某公立医院院长回忆："战争初期，我们驻在北满一个不知名的农村小镇——孙吴。军营离镇 5 公里左右，配属的军队'慰安妇'就在这个军营附近。""慰安所的'慰安妇'有日本人和朝鲜人，约 50 多人，而师团的士兵有两万多人。慰安所的管理人员不是军人，军方不介入营业。但实际上军队握有管理权。""来到部队的'慰安妇'，都有户口簿，由军医部把她们的相片贴在上面。""当时的松风町内设有两个慰安所，在孙吴镇内亦有两个慰安所，设在逊别拉河边的日本关东军军人会馆，也有'慰安妇'。"1976 年北满孙吴生产队菜园子的曹姓老人回忆，他当年是军人会馆的锅炉工人，看到过二楼的单间里，每间有一日本女人，与来休假、议事的军官饮酒、弹唱、陪宿。

在慰安所中也常有"事故"发生，前面所提及在孙吴工作的军医就写过这种报告。他说：在孙吴，有一天，一名朝鲜"慰安妇"请我去。开始我以为有什么企图，看样子又不像。我在后方担任军医，与她们互相认识。我想也许她们觉得请我帮助容易一些，于是便去了。一进门就听她说："请看这个。"一打开壁柜，里面睡着一个刚出生 7 天的婴儿。"是士兵的孩子？""……""自己生的？""……"不管怎么问，她都不回答，那名朝鲜"慰安妇"一边哭一边说："我被骗了，我被骗了!"过了大半个月,那名"慰安妇"不在那里了,她也许把孩子送人,自己又做了"慰安妇";也许自己独立抱上孩子,漂流四方。

日本侵华日军中的"慰安妇",本身就是悲惨的事情,尤其是女性的悲剧,她们不仅肉体受到蹂躏,她们的人生也遭到无情的践踏。

(苏智良录自孙吴九一八事变70周年展览,2001年8月13日于哈尔滨。)

13.勃　利

日本士兵口中的勃利"慰安所"

一个原第5军第606部队的一等兵(代理卫生兵)战后回忆说,在黑龙江的勃利驻地,设有军队慰安所,在街上,是由军队管理的。大约有十四、五名朝鲜妇女,但她们都有着日本名字,并且穿和服,她们没有行动自由,即使外出也会受到监视。还有5名日本妇女在日本人慰安所里。那已是战争后期的1944年。慰安所的建筑像个电影院,门票要5元满洲票,付钱后得到票,然后持票进入慰安所。每个慰安所房间前都有七、八个士兵排着队,星期天时,"慰安妇"一天要接待20名左右的士兵。中国人当然是不能进入的。"慰安妇"吃的是米饭,但副食就是土豆。

"慰安妇"的检查由军医负责。检查时,我背着军医的背包,在外面等候。战争结束时,我已去了奉天(沈阳),这些"慰安妇"也许被杀掉了吧?

([日]《性と侵略——84 力慰安所之日本军の証言》,苏智良译,东京社会评论社1993年版,第35页。)

日军宪兵队记录的勃利"慰安所"相关情况

此件档案系鸡宁临时宪兵队《思想对策月报》中有关"慰安妇"的内容,五月二十一日东安省勃利街两名朝鲜人到军队"慰安所"大闹,不满军队"慰安所"只招待军人及军属。

(五月二十一日)东安省勃利街四名朝鲜人饮酒大醉后到满警派出所,看日本人不在,便对满人口出狂言:"这里的日本人太狂妄自大了!"之后将椅子砸坏。其中两名又继续到军队慰安所,说出反军的话:"这里只让军人军属便宜游玩,我们连进都进不来，太让人气愤了。"

（庄严主编：《铁证如山　吉林省新发掘日本侵华档案研究》，吉林出版
集团 2014 年版，第 177—178 页。）

14．阿　城

日军强掳当地女子充当"慰安妇"

在阿城，关东军的重炮兵部队强掳当地女子随军充当"慰安妇"，均是年轻
美貌的，一次只需 1 日元。

（《性与侵略》，第 40 页。）

15．东　宁

（1）日本士兵口中的东宁"慰安所"

据日军老兵回忆：1943 年 4 月，"在东满的东宁镇一角，也有朝鲜女性的设
施，其数目不详。但不仅有朝鲜女性，还有日本女性，确实是以军官用的饮食店
名义'营业'。这些朝鲜女性是为堂皇的'随军护士募集'广告所吸引而来的，
但万没想到是在设施内'营业'。这就是她们被送到满洲各地，成为所谓士兵们
处理排泄道具的命运。或许我是一名理想的伤感家，我对由于战争而导致的人这
一动物的排泄处理，从心底泛起一种幻灭感"。

（［日］长尾和郎：《关东军军队日记》，经济往来社 1968 年版，转引自［日］
矢野玲子著，大海译：《慰安妇问题研究》，辽宁古籍出版社 1997 年版，
第 106 页。）

（2）中国"慰安妇"在东宁日军"慰安所"

苏智良：大娘，您原来是哪儿人啊？

陈桂兰：算来，我是上海人啊！

苏：啊！您原来住上海哪里还记得吗？

陈：我住在上海市闸北区，具体路名已经忘了。我弟弟现在住在彭浦新村临汾路某弄某号某室。

苏：现在这里的地址怎么写。

陈：是东宁县绥阳镇河南五委三组 57 号，是个破房子。

苏：您有身份证吗？

陈：有，我是 1922 年 10 月 10 日生的，身份证在这里（身份证号码是231024221010202）。

苏：您的老家在哪里啊？

陈：这话说起来就长了。我老家原来在江苏。至今我的一个弟弟在老家，这信封上有地名（是江苏江都县竹墩乡前庄村新生小队，弟弟叫王船稳）。因为家里穷，没法活。父母带着我们一起到了上海，找工作不容易，就当保姆。

苏：大娘，您是怎么会到东北来的？

陈：那年我 18 岁。有人来召佣工，我为了减轻家中的负担，便跟着那人走了。这样就到了哈尔滨。哪里想到，原来是被弄到了妓院。我哭闹着要回家，但没得自由了。后来又来到了东宁绥阳。

苏：那时，日本人已占领这里了吧？

陈：是的。那时，绥阳住着好多的日军官兵。还有师团的司令部。那些日本兵也到我们妓院来，所以，绥阳的妓院特别多，大约有 20 多家。我所在的妓院叫"乔燕堂"。老板姓赵，是个天津人。

苏："乔燕堂"是专门接待日本兵吗？

陈：不是，也接待警察、中国有钱人，但来的日本兵很多。

苏：日本兵来时，给钱吗？

陈：只给老板，我们没有钱。我们只是吃三顿饭，一周改善一次伙食。

苏：可以自由外出吗？

陈：不行，连洗澡也是由老板领着，怕我们逃跑。还有我们没有居民证，这个居民证是伪政权发的，居民证被老板扣押着。

苏：是不是要检查身体？

陈：要，一般每个星期一次，到朝鲜人开的医院去检查。

苏：如果有性病，还可以接待日本兵吗？

陈：不可以。

苏：你们住的房子是怎样的？

陈：每人一间屋子，不大，房子像旅店，有走廊。有专人烧炕，还有大师傅烧饭。

苏：大娘，是不是有女孩死亡的？

陈：我们这个地方还好，只有姑娘生病死的。有个姓宋的老板很厉害，常常打人，打死的姑娘，就半夜里把尸体从后窗偷偷地运走。

苏：老板平时打你们吧？

陈：我们那个老板倒还好，但老板娘很坏，要打人。最初我很是想家，请求人家写信到上海去，告诉父母。被老板娘知道后，就被打了一顿，信也没有寄送出去。

苏：老板是不是给你们吃药，以防止怀孕。

陈：这倒没有，正因为这样，所以我在绥阳大约半年之后就怀孕了。

苏：那怎么办呢？

陈：有个本地商店的老板姓张，比我大20多岁，比较喜欢我，常来，所以看我可怜，就花了1000元，将我赎了出来。

苏：这1000元是什么钱币？

陈：大约是伪满的货币吧？我们叫绵羊票。

苏：终于脱离了苦海了。

陈：是的。后来的日子还算好。

苏：那么是不是生下了孩子？

陈：生下了个姑娘，但几个月就死了。以后我们自己有了2个儿女。但后来张老头死了。我与粮库的姓李的工人结了婚。我们又生了2个儿女，所以现在我有4个儿女。

苏：那张军人照片是谁？

陈：就是我后来的丈夫，他解放后还参加了志愿军，到朝鲜去打美国鬼子呢！

苏：大娘，您现在一个人住？

陈：是的，就一个人住，儿女有的在东宁。我的房子快要倒塌了。

苏：您想念上海吧？

陈：想啊。早些年，我去过一次。到我弟弟家去住了几天。上海真是变了样子了。我连上海话也不会说了，只会说一句：谢谢侬。

苏：大娘，您对日本政府有什么要求啊？

陈：我也不会说话。反正那时真是很苦的，一个人最好的时光就这样被消耗掉了。我的命苦啊！

（苏智良2001年8月11日采访。）

（3）朝鲜"慰安妇"在石门子"慰安所"

苏智良：李大娘，您好。

李光子：你好。大老远来，真过意不去。

苏：大娘，您是哪年生的？今年高寿？

李：这是我的身份证，是1928年8月13日出生的，今年73岁。

苏：身份证上写着朝鲜族。大娘您到中国来的时候，还很小吧？

李：是的。

苏：您出生在什么地方？

李：我生在日本，因为父亲在一家日本的公司干活，所以一家都在日本。在我6岁的时候，父亲就去世了。父亲去世以后，当时家中有我的妈妈、我和妹妹3个人。生活非常艰难。后来母亲也得病了，最后眼看不行了，我的叔叔在朝鲜知道了这个情况后，就到日本把我们娘儿仨接回朝鲜釜山。

苏：回到釜山是否好一些了？

李：我妈妈就在一家工厂里上班做衣服，到我7岁时候，妈妈说，这样也不行啊，还是没法过，要我也去干点活，于是我就到一家小旅馆当了服务员，给旅馆老板做一些杂活和零活。9岁时，换了一家旅馆，做的事情更多了。

苏：干活有多少工钱？

李：没有的，老板只管饭，说是一年给一套衣服，结果一套也没给过。在我15岁那年，妹妹来旅馆找我，我俩抱头痛哭，我在外面干活8年几乎没有见过妈妈的面。我就带着妹妹回了。我妈也心疼我，就不让我回旅馆去了。后来我叔叔介绍我，到一家工厂去学织布。有一天，我家来了一个朝鲜女人，是一个酒店的老板，她对我妈说，中国有个纺织厂挺大的，到那儿能挣好多钱，还能吃大米饭，何必在这里受罪呢？

苏：您就被她骗来了？

李：虽然这个老板说得那么好，我还是考虑妈妈和我的妹妹，我走后她们怎么办？所以我没有答应。到了第二天，那个老板又上我在的工厂找我。她说的挺好，看你在这里挺遭罪的，去吧去吧，还是去中国吧。听我的，中国大米有的是，工厂也多，还能挣钱。因为生活所迫，妈妈有病又没钱治，我对老板说，你给我妈点钱我就去。那个老板就答应了我的要求。

苏：给了多少钱？

李：那时候人小，就没有问。钱给了后，说三天内必须走。我妈妈把她的衣服改了一下给我穿上，因为我个子小。

苏：有多少人一起走？

李：是酒店的女老板领我一个人走的。从釜山坐火车，三天到了牡丹江，记得是从图们那个线过来的。在牡丹江她给我办了入境手续，从牡丹江又坐火车到了东宁，在东宁一下火车，就看见三辆带篷的军用车在那里停着，车上都是日本军人，军人还带着枪，然后就让我上车，这时候吓得我就不敢上车了，他们就硬拉我上了军车。

苏：然后到了哪里？

李：就到了石门子。下了车已是半夜了，他们给我安排了一个小破屋。到了第二天早晨起来一看，到处都是日本军人，还有很多妇女。

苏：那个女老板还在吗？

李：在，她对我说，你这个小丫头蛋子，这里不是工厂。你今天也看明白了，就在这地方哭也没有用。后来我才知道这个老板就是石门子慰安所的老板。

苏：那个场景对您的心理冲击一定很大吧？

李：是的，我一直在哭，为什么我要到这里来，本来在家，总还有妈妈和妹妹，现在什么亲人都无法看见了（哭）。

苏：老板一定马上要您接待日本兵了？

李：老板一开始倒没让我接客，而是叫我干点杂活，在干杂活时，还在房里放上些零钱，观察我拿不拿。考验完了之后，大约第 10 天安排了一个小屋让我接客。我怎么求老板都不行，那年我才 16 岁。

苏：那个慰安所有没有名字。

李：叫"伊藤所"，男老板是个日本人。

苏：第一次，您一定反抗了？

李：我做出了拼命的反抗，反抗也不行，那个日本兵拿着一把刀摁住我，扒了我的衣服，我年龄小，也抗争不过他呀。

苏：一天差不多要接待多少人？

李：老板规定，每完一个要交给老板一个小票，一天如果达不到 15 个小票就得挨打，下跪，打耳光，还不给饭吃。开始，我一直对抗，达不到数，所以我天天挨打。老板喊叫着，这个小丫头蛋子给我往死里打。后来实在是没有辙了，只好认命了。

苏：在慰安所吃什么？

李：这事提起来就没法说了，吃的是高粱米饭，冬天吃的菜是冻萝卜煮咸盐水，夏天吃的是咸盐水和大葱，就吃这个。吃不饱也得干那个活。

苏：来慰安所的都是日本军人吧？

李：是的，白天来的是小兵，到了晚上来的是军官，没有节假日，没有星期日，来了例假也不行，怎么说也是不行。老板要你自己擦洗干净，叫日本人感到很干净才行。

苏：一年里天天如此。

李：四季都是这样，在那里是一点自由也没有。

苏：日军几时来？

李：上午9点多钟来，下午2点多钟走，3点以后能休息一个多小时，然后大官就来了。

苏：那日子可真苦了。

李：就这样，钱也没有挣到，没钱也回不去，就一天一天地忍着盼着。

苏：您在"伊藤所"待了几年？

李：有3年吧。

苏：里面都是朝鲜人吧？

李：是的，都是朝鲜女子。有好多，40多个吧。有两个姐妹生了病，老板也不给治，也不给饭吃，眼看着就死去了。死后就用她平时盖的被子裹着，扔到荒郊野外去了。

（苏智良2001年8月采访于东宁。）

16. 兴 京

日军强征"慰安妇"

散在东北各城镇的寇军，几年来竟习以为常地命令四乡村长供给少女，以满足其兽欲。有时寇军及日本浪人，更自己出马，去寻找妇女。例如有一次，兴京县的某村长，受寇军的命令，供应少女二十名，该村长不忍全村少女被蹂躏，乃透出消息使年轻妇女逃避，另找二十名老妇塞责，以致引起寇军的愤怒，竟把村长枪决！

（关梦觉：《日寇在东北的烧杀淫掠》，《反攻》第2卷第4期，1938年6月6日。）

17．中苏边境上的慰安所

中苏边境上，1937 到 1944 年有日军的筑城部队驻扎。他们也曾建造慰安所。用木板建造，一个房间只有 3 个榻榻米大，士兵进入的使用费为 1 日元 50 钱。"慰安妇"每天接待 50 人左右，因为人很多，每人只有 3 分钟。星期日士兵更多。因此，经营者希望士兵在其他的时间来。一次，有个 13 岁的"慰安妇"被送入陆军医院，因为性器官红肿。"慰安妇"们没有人身自由，如想逃出去，这里人烟稀少，会遭遇狼熊的袭击而死去。我难以忘怀的死亡了的"慰安妇"，死尸会被扔出去，让狼吃掉。因为冬天太冷无法挖开冻土。有个哨兵晚上站岗，看到狼在吃人的臀部，次日休息去慰安所，听人说一个慰安妇死了。他一想到昨夜见到的正是这个朝鲜"慰安妇"的尸体啊！

（[日]"从军慰安妇 110 番"编辑委员会编：《从军慰安妇 110 番》，第 40 页。）

18．朝鲜"慰安妇"在东北

（1）17 岁少女在"慰安所"

1937 年的冬天，17 岁的吴娱穆被从家乡全罗北道诱骗到中国东北，那是个周围有山还有河的地方，她和其他 4 个朝鲜女孩一起被领入日军驻地旁边的帐篷村，那里已经有 30 多个朝鲜女子，她的名字被改成了金正子。慰安所的管理者中有日本人，也有朝鲜人，他们命令"慰安妇"：某某，今天到某地去！到了驻地，一般一天要接待五六个日本军人，多的时候有十多个。那种房间很小，一般只能铺榻榻米，房间的数量倒很多。

最初被军人强暴时，吴娱穆等哭得厉害，有的军人也会说："真可怜！"但他们照样还是要强暴。吴娱穆因为不懂日语，曾因听不懂日军的命令而被毒打。"在这种情况下，只有顺从军人为所欲为才能活下去，因此我们对军人们的打骂也没有反抗。"慰安所里还有与军人生孩子的事情发生。日军进入慰安所，须使用避孕套。"慰安妇"们每周去一次城内的医院接受性病检查，一旦患有性病就要吃许多药，还要注射 606 针。

（［韩］韩国挺身队问题对策协议会、韩国挺身队研究会编，金镇烈、黄一兵译：中国文史出版社 2000 年版，《被掠往侵略战场的慰安妇》，第 50 页。）

（2）文必瑃记忆中的恐怖往事

出身于庆尚南道的文必瑃 9 岁时被诱骗到中国东北，她与同车的许多人一样被分配到东北各地的慰安所去。她所去的慰安所坐落在何处，她不知道。慰安所里有大约 30 名"慰安妇"，她们都是朝鲜人，多来自北方地区。文必瑃的日本名字为美代子。在慰安所的周围，日军派出哨兵轮流站岗监视。还有两名朝鲜男子专门负责监视"慰安妇"。有个矮小的军务员经常虐待"慰安妇"，动辄就拿鞭子抽打"慰安妇"。

慰安所是一幢日本式的房子，它的周围驻扎着日军，其建筑样式呈 L 形状，共两层，都是慰安所。门口有块牌子，周边有围墙。二楼是"慰安妇"的房间，每个房间的面积大约只有一张半榻榻米大小。房间里是可以烤火，"慰安妇"一人一间房，房间里配发有被子、衣挂和化妆品等。一般每人一天要接待 10 名军人。在星期六和星期天，军人们从早晨 8 点钟就不断地涌入慰安所，也只有这两天，"慰安妇"才能吃上三顿饭。除了吃饭外，"慰安妇"必须连续不断地接待军人。晚上 7 点后军官们又来了，他们直到第二天早晨才离去。那两天最起码也要每天接待 30—40 人。军人们来到慰安所要在门外排队，然后按顺序进入，有时会为了争着先进来而互相争吵。军人们在"慰安妇"房间里的停留时间是士兵 30 分钟，军官一小时。"慰安妇"接待一名军人后，可以到楼下的澡堂里用消毒水洗阴部，消毒液放在澡堂里。

早晨日本军人还要"慰安妇"们做防空演习，"慰安妇"们还需要集中在院子里，背诵效忠日本的皇国臣民誓词，唱日本军歌。避孕套是紧张的战略物资，使用过的还要反复使用。日本军人命令"慰安妇"洗避孕套，这些避孕套都是军人们用过丢下的，"慰安妇"要将它们彻底洗干净，然后消毒，上药再使用。每个"慰安妇"都要准备 40 到 50 个避孕套。避孕套一般用过三次就扔掉了。

文必瑃记忆中曾经多次面临死亡。一些军人因为她不顺从，不肯按照军人的命令任其随心所欲地摆布，军人喝了酒后便拔出军刀闹事。还有的军人醉醺醺地闯入房间，先将军刀插在榻榻米上，然后强奸她，满足他的各种要求，如果反抗的话，就用刀砍人。

（[韩]韩国挺身队问题对策协议会、韩国挺身队研究会编，金镇烈、黄一兵译：中国文史出版社2000年版，《被掳往侵略战场的慰安妇》，第70—76页。）

（3）日兵使劲打我的屁股

说明：朝鲜姑娘李顺玉（化名）于1938年被诱骗到中国东北，当时她只有17岁。李顺玉被军车运到东北，驾驶员也是日本人。她回忆：

下了车，风飕飕地刮着，吹得人发冷。这里有一栋红砖二层的楼房，从外面看，门很高而且大，但进去一看，人哪，东西呀什么也没有，是一处原来中国人住的空房子。楼房里有几个同样大小的房间，房前的胡同里用木板搭起栅栏，隔壁正好可以看到日军部队。附近，没有什么中国人，也见不到日本女人，全是军人。我们都进了房里。

有个全罗道出身的朝鲜女人，50多岁的年纪，胖胖的，是从日本久居以后回来的。她让我们注意，要经常保持清洁。我们管她叫姥姥。

到达后的第一天，我们在房间里休息。第二天老板让我们洗澡。那天，军阶很高的军官们来了。睡了一个晚上。第一次遇到这种事，我讨厌得很，大哭了一场。我接的第一个军官30来岁，后来，他常来，还让我注意身体，说"一定要使用避孕套"。他疼我，甚至给我戒指。做"慰安妇"的时候，我戴着。后来回家时，我想戒指又有什么用，就把它扔到海里去了。

来慰安所的人主要是日军士兵，职务高的军人几乎不光顾这里。一天要接待25人左右，周六和周日，从早上九时开始，来的军人就更多了。我们在一楼大厅里等待军人，客人一旦进入大厅，就从中挑选一个进入房间。

房间里放着一个装着随身物品的箱子，有一处用水泥砌成的脱放鞋子的地方。我的房间在二楼，有三平方米大小，地上装着地板，地板上铺着席子。由于装修得很差，踩上去地板吱扭吱扭地响。席子上铺着褥子，垫着毯子。毯子有四床，两床铺着，两床盖着。门上贴着我的名字和照片，门前还钉着白布做的门帘，客人进来时，就把门帘放下。

这种事得不到报酬，有的时候军人给一些零钱。我没有欠债，但喝酒的姐妹们欠了姥姥不少的酒钱。宪兵经常环视慰安所，同姥姥谈话。姥姥在自己的房间里放着刀和手枪。后来，她还带着军帽出出进进。女人们如果不听话，就要遭到毒打，我的下身也被打了许多次。如果被子脏了或拒绝接客的时候，姥姥就把被子扔到外面去。

军人中有的在腰间的水壶里装上酒来慰安所，喝醉了就闹事。来到东北不久，我的大腿就被这样的军人用刀刺伤了。他扑向我好几次，但遭到我的拒绝。他就用刀刺我的大腿，我大声喊叫着，慰安所里的女人和军人们惊讶地跑到我的房间。我被送到军人医院，一面接受治疗，一面还要继续接客。

在我的腿伤好不容易好了的时候，这次，是另一个军人嫌我不高兴，便使劲打我的屁股，结果我的小腹肿胀起来，最后作了手术。在医院住了一个星期左右，说是床位不够，就让我出院休息。这是一家小医院，只有两名军医和三四张床位。出院后，我坐着黄包车去医院继续治疗。其后的一段时间里，在我的房门上贴着不能接客的标记。在不接客养伤期间，吃不到热饭，只给一些凉饭和萝卜咸菜。

一楼有木制的长条式餐桌和椅子，大家都在这里就餐。吃的是安南米，常配有萝卜咸菜。接客特别多的时候，老板给一点配给的猪肠子罐头，这就算特殊伙食了。屋里没有暖气设备，天气实在冷的时候，加一个炭火包，就是这个也只有听姥姥话多接客的人才能得到。

稍大一点的房间，改成两间。这个慰安所里只有朝鲜女人，20名左右。中国女人干一些清扫、做饭、洗刷、护理、洗衣服等活计。我们穿的衣服是发的，黄色的内衣，长袖的藏青色连衣裙等，紧口裤子也是配给的。后来还发给了外套和短和服。衣服挂在房间里。我们常常梳短发，是姥姥给剪的。一周去一次军人医院接受性病检查，避孕套和月经带用棉是主人在清晨给装在箱子里。来月经时，要用消毒水洗净后，把棉花放到阴道里去照样接客。

三年后，我与姥姥等一道去了新加坡。

([韩]韩国挺身队问题对策协议会、韩国挺身队研究会编，《证言集——
被强征的韩国随军慰安妇》，第169—180页，尹传学译。)

（五）内蒙古

1．海拉尔

日本见证者口中的海拉尔"慰安所"

海拉尔驻扎着日军第 891 部队，市内有 10 多家慰安所，每家有 14—15 名女子，朝鲜人居多。这些都是日军控制的。还有民间的慰安所，里面有白俄女人、中国女人。当时我只有 19 岁，但听说有的"慰安妇"比我还年轻。士兵进入每次 2 日元，朝鲜女子一天接待 7 到 8 人。战败后，我被捕了，在回国途中又看到很多"慰安妇"。

（[日]"从军慰安妇 110 番"编辑委员会编，苏智良译：《从军慰安妇 110 番》，明石书店 1992 年版，第 33 页。）

2．阿尔山

日本军官口中的阿尔山日军"慰安所"

渡边健一是 1945 年作为见习士官到中苏边境的阿尔山去的。这里十分偏僻。令他吃惊的是，就是在这样偏僻的地方竟然也有日军慰安所："在这样荒僻的地方，也安排有妓女（'慰安妇'）。在阿尔山和伊尔设有妓院，朝鲜人和满洲人，一次五角到一元钱。日本妇女专接待下士官以上的军官，一次五块钱。士兵的薪金，每月才十一元五角。要说日本妇女贵，那可真贵。"

（[日]森山康平：《南京大屠杀与三光作战》，四川教育出版社 1984 年版，第 109 页。）

3．赤 峰

（1）逼迫东北朝鲜"慰安妇"到赤峰

1933 年 3 月，日军侵略热河时，曾征用日本和朝鲜的妇女充当"慰安妇"。根据日军混成第 14 旅团司令部的《卫生业务旬报》记载，军方严禁士兵进入中国妓院，为解决性问题，一面运来 15528 个避孕套，一面指令朝鲜的老鸨带来 38 名朝鲜"慰安妇"，充当"慰安妇"。[①]驻在东北红山、赤峰的日本士兵一直盼望着"慰安妇"的来临。于是，有 20 名日本"慰安妇"，由锦县乘汽车到朝阳，再换乘马车来到赤峰，开始对日军"慰安"。当"慰安妇"们到达的前夜，守备队长对全体士兵训话道："这些纤弱的女子们为我赤峰城里的驻军，冒着风沙前来我们这广袤无际的原野僻壤。这些女子不仅是妓女和供玩耍的女人，这些不用说你们也都知道。为了这些在南满原野上的爱怜的大和抚子（意指日本妇女），明天我们要去城门外三呼万岁，热情地迎接她们。"[②]

（苏智良写于 2001 年。）

（2）赤峰的"慰安所"

日寇的随军妓院，随着侵华的深入，也来到了赤峰。这些妓院设在二道街，布置较整齐、干净。妓女多年轻、美貌。据说她们十六、七岁时被征入伍，服务三年后回国。此外，还有一部分日本军人的遗孀被迫充当军妓。日本妓院只供日寇军官享用，中国"富人"只有与日方熟悉，才可进去玩乐，每次付款达十余元。日本妓院里除了妓女外，还有表演歌舞弹奏的"艺妓"。

在赤峰的三道街以东，还有"高丽窑子"，有朝鲜女子二十几人，由老妇人主管，专门接待日寇官兵。

（政协赤峰市红山区委员会编：《红山文史》内蒙古文化出版社 1987 年
版，第 2 辑。）

---

① 混成第 14 旅团司令部：《卫生业务旬报》，转引自[日]吉见义明、林博史主编：《共同研究 日本军慰安妇》，日本东京三一书房 1995 年版，第 72 页。
② [日]伊藤桂一：《战争与女人》，载《周刊参考》1971 年 10 月 4 日。

4. 绥 西

绥西的中国"慰安妇"

1940年3月15日,日军驻绥西的警备联队,从山西秘密运来54名中国随军"慰安妇"。有一天,皇协军王福森见8个日本兵在轮番糟蹋一个只有15岁的中国"慰安妇",少女见到他向他磕头求救。日本小队长见状,给了王福森两个耳光,随即当着他的面调来一个班的士兵,继续作恶。最后,用刺刀挑开已奄奄一息的少女的腹部。这54名"慰安妇",在日军败退撤出五原时,被推入一口井中,然后用炸药炸塌井口,以掩盖罪证。

(江浩著:《昭示:中国慰安妇》,作家出版社1993年版,第45页。)

5. 包 头

包头的军官"慰安所"

1942年,日军装甲第3师团在此(包头)设立了军官专用慰安所。
(新京陆军经理学校第5期生纪念文集编集委员会:《追忆》上卷,1985年3月私家版,千代田区。)

6. 铁路沿线的"慰安所"

内蒙古的生活条件比较艰苦,为了"慰安"驻屯在草原上的士兵,日军自1940年起,先后在铁路沿线地区建立了若干个慰安所。这些慰安所与其他地区慰安所的区别是,这里几乎全部使用中国籍"慰安妇",只有极少数是朝鲜女人。中国"慰安妇"中不少人是女战俘和被掳掠的当地妇女,数量极少的日本"慰安妇"仅供军官们使用。其价格是朝鲜"慰安妇"2 日元,中国"慰安妇"1.5 日元。这里的慰安所的设施极其简陋,多是利用中国居民的土房子改建而成,又冷又湿。中国妇女被整天关在破屋子里,终日不见阳光,再加上营养不良,很多"慰安妇"患病死亡。

住在日本大宫市的小平喜一回忆当年在内蒙古的经历道:"从昭和十四年(1939 年)起,我在驻蒙古的一个中队里待了大约 3 年零 7 个月。昭和十五年至十六年左右,在铁道沿线地区开始设立慰安所,那里总是满员。……在一般士兵用的慰安所里,有许多中国人'慰安妇'。朝鲜人'慰安妇'比中国人'慰安妇'少,主要给士官们使用。另外有少量的日本人'慰安妇',主要是给将校军官们使用。……从价格上来说,当时上等兵每月的薪饷是每人每月 10 元 24 钱,朝鲜人'慰安妇'的价钱是每次大约 2 元,中国人'慰安妇'每人每次约 1 元 30 钱。……慰安所多是利用中国人的房屋临时改造的,士兵们就脱了裤子在外边排队等着。当然,他们手里都攥着'突击一号'和许可证。我是基督徒,不去慰安所。……当时日本的大部队都带着'慰安妇'一起行动,'慰安妇'们的食粮也是由部队供给的。当时,日本在海外的军人有 100 多万,现在这些人都对'慰安妇'问题闭口不言,我认为这是很奇怪的。特别是那些军医们,应该积极地站出来讲话。"[1]

从这则史料来看,日军在内蒙古的铁路沿线设立了大量的慰安所,由于地处偏僻,"慰安妇"大多是中国妇女。这些慰安所自 1940 年建立起,尽管其设施、条件与上海、南京的高级慰安所不能相比,但营业依旧十分兴隆,"那里总是满员"[2]。

(苏智良写于 2001 年。)

---

[1] 日朝协会琦玉县联合会编:《随军慰安妇——日本旧军人の证言》。
[2] 日朝协会琦玉县联合会编:《随军慰安妇——日本旧军人の证言》。

（六）天津

1．日本士兵口中的天津日军“慰安所”

我第一次在天津参加了战斗，慰安所是个只有 3 个榻榻米的房间，门口有 20 到 30 个士兵排着队，时间是每人只有 2—3 分钟。因此，士兵们在排队时为了尽量抓紧时间，已将短裤脱下来了。“慰安妇”初穿着土黄色的军服，后来穿中国衣服的女子增加了。中国的“慰安妇”只有 10 多岁，她们每人一天要接待 100 人。“慰安妇”们稍稍化了妆。最后我们直接把军票交给了“慰安妇”。

（［日］“从军慰安妇 110 番”编辑委员会编：《从军慰安妇 110 番》，第 26 页。）

2．中国见证者口中的城关镇“慰安所”

在蓟县（今属天津市）的城关镇的西大街东侧，有一木屋，门口挂着一个小木牌，上书“犒军馆”三字，这里日本兵进进出出，穿着上衣下裙的日本、朝鲜的女子迎来送往。晚上，常可听到女人的哭声。在西大街的西头路南，住着一个曹姓的日军翻译官，在他家的东边有一幢房子，里面住着一群中国妇女，每天晚上这些中国妇女被迫花枝招展地去对面路北的日本宪兵队“慰安”，直到第二天的早晨才从宪兵队回去。翻译官经常站在大街中央指挥。

（《全国爱国卫生委员会离休干部郑幼德给苏智良的来信》，1997 年 6 月 15 日。）

3．日军强征妓女充当性奴隶

日军在天津征用中国妓女充当"慰安妇"，延续了很长一段时间。

1995 年 7 月 4 日，北京市档案馆曾公布了一份档案载：1944 年 5 月，日军天津防卫司令部强行命令天津妓业联合会（即天津乐户联合会）征集 150 名体格健壮、年轻美貌的妓女前往河南开封一带慰劳日军。一时人心惶惶，全市妓女罢业，日军见状大怒，派伪警察到妓女家中强征，结果抓捕 80 名中国妓女，然后将其押送到河南前线去慰问日军，其中之痛苦不可名状。直到 2 个月后才放回，回到天津后，这些妓女不堪回首，从此不再涉足娼业。1946 年国民政府曾对此事立案调查。①

是年 7 月，日军又命令天津选送"慰安妇"，为此，天津警察局保安科第五股股长于是月 31 日就此事向局长报告说："29 日例假之便，在乐户总会召集总分会长某某某等 16 人，商研劝集办法，并将军方待遇一一说明。当以本市妓女全数为 2763 人，以每一百人饬选一人，共计 25 人。续又于 30 日上午时，偕同乐户代表某某某，应防卫司令部高森副官召赴听训，略谓：此次选派妓女赴鲁慰军，系为协力大东亚圣战成功，不能拘于某一地区，希望速办等语。乐户分会方面预拟每一妓女之家族特别津贴仍照前例，每月给予 5 万元，三个月共计 15 万元。"这 25 名妓女在 8 月 1 日体检后被立即送到山东省吕县的日军第 1437 部队，"慰安"的时间是 8 月 1 日到 10 月底，共计 3 个月。从上述文件中的"选派"、"劝集"等字眼可见，这些妓女的"慰军"活动绝非出于自愿，而是被日军和伪政权强迫的。

1945 年 5 月，伪天津市警察局向伪市长报告日军选派妓女的情形：4 月 11

---

① 根据天津市乐户联合会提供的名单，这 80 名被征慰安妇是：李凤琴、赵艳芬、陈珠姬、王嫣娥、侯淑芬、何美容、虞娟娟、张凤楼、周俪俪、高姗姗、唐霞君、王素琪、安秀雯、冯苔芳、杜芷芸、赵淑娃、季凤仙、贺小兰、马凤兰、蒋艳茹、华翠花、郑贵花、李筱红、夏贵兰、尤爱霞、苗彩霞、蒲凤喜、庞红宝、朱素琴、葛翠娥、魏雅茹、吕贵卿、张金宝、刘芳茹、霍双喜、翟凤霞、崔爱卿、佟爱乔、林小兰、薛荷花、杨桂花、韩素兰、阎爱茹、白雅琴、左小青、毛秀琴、罗宝卿、曹红喜、刘淑芬、赵红霞、许小龄、姜雅乔、石俊卿、武秀贞、谢春兰、陆宝红、谭秀霞、宋淑卿、陈小茹、张贵仙、金翠乔、徐贵芬、贾兰花、冀翠莲、常小凤、张俊霞、米贵珍、冯艳红、秦小卿、史玉花、沈爱卿、孔红宝、魏秀云、孙美容、高艳霞、陶月仙、窦玉芳、乔友琴、陈月樵、于宝龄等。（《日军强征慰安妇史料一件》，《北京档案史料》1995 年第 2 期。）

日，日军天津防卫司令部命令伪政府"选派妓女一百名，交由军医验选二十名，集合第二区槐荫里一号军人俱乐部，担任慰劳工作"，实际就是充当"慰安妇"。接到命令后，伪警察局"当即饬令第一、六、七、八、十一、十二等分局，转饬各乐户分会，负责选派妓女一百名，定于四月二十日送往警察医院，作初次检验"。4月25日又作第二次检查，在93名妓女中，有梁树梅等34人合格。于是，这34名妇女在28日又作第3次检验，然后日方的德本文官和警察将20名妇女押至天津第二区槐荫里1号的军人俱乐部，开始她们的"慰安妇"生涯。据日方说，每月的8日和20日是这些"慰安妇"的"公休日"，其待遇是每人"每月由军部发给白面2袋；有家族者，每月另给小米4斤。"这样低廉的待遇自然引起"慰安妇"们的抗议，此后，增加了一些津贴，但这增加的份额是由天津妓女均摊的。在呈文的后面还附有选派慰安妓女名簿和各乐户分会应摊款项数目表。计二等妓女每名应摊200元，三等妓女每名应摊100元，三等以下妓女每名应摊70元。又因为南市地区的二等妓女太少，三等妓女较多，故三等者每人应摊114元。共计有妓女2904人，摊款为400208元。

日军在天津的最高军事机关防卫司令部也设有慰安所，它由当地臭名昭著的大恶霸王士海（原为脚行把头，被日军委为陆军少将，1952年被人民政府枪决。）统率的武装别动队负责抢劫、绑架年轻妇女，定期献纳给日本防卫司令部，充当"慰安妇"。每批约20—30人，以3个星期为期，实行轮换。1944年7月3日，伪天津市政府警察局特务科核发的情报上记载：驻天津日军防卫司令部慰安所"迩来办理征集妓女献纳于盟邦驻津军队，每批二三十名，以三星期为期。于征集之际，流弊百出"，"近更变本加厉，在南市一带有良家妇女被迫征发情事。致社会舆论哗然，一般良民忐忑不安"。

（李秦：《新发现的日军强征中国妇女充当军妓史料析》，中国社会科学院近代史研究所编：《近代史资料》第85辑。）

4. 朝鲜"慰安妇"在天津日军"慰安所"

（1）女孩们被折磨得痛哭

据韩国女作家韩云史调查，许多女孩被送至第一线，配备到各日军小队，称为"天皇赐品"，被当作天津福岛街慰安所内的朝鲜雏妓，每天要为四十至五十名士兵提供性服务，她们到第五天经受不住摧残便放声大哭，而发泄兽欲的日军却以为这些雏妓是兴奋得哭了。

（平涛据国内外资料汇编，南京市地方志编纂委员会编：《南京史志》1993年印行，1、2期合刊。）

（2）士兵打坏了吕福实的胳膊

1939年朝鲜女子吕福实和15名朝鲜妇女被押到天津。在火车站，她们看到另外有15到20名朝鲜女子。而戴着印有黄色金星帽子的日军官兵们正坐在3辆卡车上等着她们的到来。然后日军将出现的女性们分成8人或者10人一组，分别上了那3辆卡车。就在吕福实上车时，她看到了日军蹂躏中国妇女的一幕。

她回忆说，那些中国女人缠着脚，她们艰难地迈着碎步想逃走，可是日本军人却端着枪威胁她们，她们无法逃走，最后就在大庭广众面前，遭到了日军的强暴。

吕福实等坐着的卡车离开了火车站，当天傍晚到达了目的地，她们来到了一个小城市，城墙很低，站在屋子里透过窗户就能看到附近部队的营房。那边到处是帐篷，再向远处瞭望就是平原了。军官们住的均是中国人为了躲避战乱而废弃的房子。住在附近的还有日军的骑兵部队。

日军将一幢空房做慰安所。朝鲜女性住的地方像个货栈，但没有招牌，屋顶是用芦苇盖着的，房间里有一个地方放着煤炭。整套房子有四五间。日军用草袋将房间重新分割，于是，8个女子便一人有了一间屋子。每间房间的大小正好够两个人躺下。房间里有日军放着的卫生纸。最初还没有洗脸盆，日军相继取来了脸盆、衣服和被子。这些衣服和被子等看颜色就知道，都是当地中国人逃难后被日军抢来的。日军还拿来了高锰酸钾。

在朝鲜女子刚到达的那个晚上，就有几个日军进了慰安所，朝鲜女子都被强奸了。

后来军医告诉朝鲜女子，得了梅毒是件非常糟糕的事，所以一定要军人使用避孕套。每天下午1时起到晚上9时，"慰安妇"接待日军士兵，从晚上9时到12时接待军官。每个"慰安妇"的房间有两个门，军人从一个门脱鞋进来，干完事情后，从另一个门出去。军官还常常叫勤务兵带"慰安妇"到他们驻地去。来了月经时也要接待日军。每天一个人要对付20至30个日本兵。到了周末，日军就更多了。只有日军外出作战后，来慰安所的人才少一些。

在 8 个女子中，有 2 个来自平壤，叫广子和松子，一个 19 岁，一个还只有 16 岁；其他来自全罗道。只有吕福实等 3 人长相较好，于是她们 3 人就被指定来接待军官。吕福实的新名字是静子，她们接待军官，就会得到很多的避孕套和毛巾。

在慰安所的外边，有士兵放哨。慰安所里则没有另外的管理人员。士兵们到慰安所来时，首先到想要的那个"慰安妇"的房间门前去排队，然后一个一个地进去。有一次，一个正在外边放哨的士兵突然闯进了吕福实的房间里，吕拼命反抗，结果被士兵的枪托打坏了左胳膊，直到现在还抬不高。还有一次，一个士兵不愿意使用避孕套，吕好言相劝，竟也被那个军人用刺刀刺伤了右胯，现在还留着二三厘米的疤痕。

刚开始时，是士兵将饭菜送到慰安所里来，后来又抓来 3 个从罗州来的女人，年龄比较大，都有孩子了。日军就要她们负责烧饭。"慰安妇"们终于能吃到 3 顿饭了。

到慰安所来时，日军士兵都自己带着避孕套来，慰安所里也有准备着的。接待完日本兵后，"慰安妇"便去洗身子。每个星期要到医院去检查性病。检查出性病的人要住院。

"慰安妇"的非人生活使一些女子完全失去了生活的信念。一个来自全罗道的女人，叫美津子，因患了病，忍受不了痛苦，便在房间里用绳子自杀了。

（[韩] 韩国挺身队问题对策协议会、韩国挺身队研究会编，金镇烈、黄一兵译：中国文史出版社 2000 年版，《被掠往侵略战场的慰安妇》，第 424—433 页。）

（3）我的名子被改成了"雪子"

我出生于南浦市后包洞，七岁时丧失双亲，成为孤儿，不久被送到别人家做小保姆，后又被卖到一个日本人家作佣人，跟随他们去了大阪。在那里，我终日受到歧视和虐待，过着非人的生活。最后被转送到天津的从军慰安所。

当时，驻地已有数百名 20 岁左右的朝鲜女孩。慰安所是很破旧的单层建筑物，周围类似的平房有好几座，在这个地方，16 岁的我被迫开始了"从军慰安妇"的生活。

在那里，我的名字文福被日本名字"雪子"代替，但平常不用，而是跟犯人一样，叫房间号"30 号"。当时，许多年龄较大的女孩子无法忍受日军的野蛮罪行和侮辱，或出逃或自杀。在我来从军慰安所没几天，有一天，日军把我们赶到了前院子，当着我们的面，砍下 10 多个朝鲜妇女的头，她们都是逃走时被抓回来的。

那天晚上，我们整个晚上都无法入眠，很多女孩为自己不幸的命运感到悲观绝望而自寻短见。我熟悉的一个叫朴学实的女孩就上吊自杀了。

就这样，充满阴郁、度日如年的生活一天又一天的重复着。1944 年，我们被押送到船上，准备前往新加坡。

（朝鲜《劳动新闻》1992 年 8 月 19 日，李梅花译。）

（4）吕宝实终于逃亡了

1938 年，当吕宝实 17 岁的时候，她在家中被日本官员抓住，而后被赶上了一辆卡车。她生病的父亲企图保护她免遭劫持，但是挨了痛苦的一击。村里的姑娘四散而逃，但是在路上，还是有 40 名姑娘被抓住了。和其他在全罗南道的罗州市被警察抓住的姑娘一起，她们被赶上了一列由 10 名士兵看守的货物列车。她们遭受了"罪犯一样的对待"，谁想逃跑，就会挨一顿揍。

在旅行了 3 天以后，她们到了天津。在那里大约有 1000 名穿朝鲜民族服装的朝鲜妇女，每 15 人一组，分派到了各个方向。吕宝实的那一组中有一半人伴随着部队开进，而她们的这一半则驻在一座有多个 5 平方米大小房间的中国房子里，泥土地上铺着灯芯草垫子。各房间由草席子隔开。她们就在这席子后边为士兵们提供服务。

和其他处女一样，吕宝实竭尽全力进行反抗，但还是被强暴。她带着血结束了一切，四壁传来了哭叫声。在这一恐怖之夜结束后，全组一起讨论自杀，其中两人在房间里上吊死去了。其他人，包括吕宝实则把自己交给了命运。

每周都有医疗检查。食品和用品都从附近被遗弃的中国房子中找来，妇女们则在陆军的食堂里用餐。她们每天必须要向 30—40 名男人提供服务。最忙的时候是在星期天，这时候，男人们不再值勤。偶尔，士兵们还会深夜偷偷溜进来。慰安所靠近战斗区域，有一次，吕宝实的腿部被一块爆炸的弹片所击伤。她用了 6 个月才养好了这一腿伤，但是从第 4 个月开始，她就被迫开始工作了。

她从来没有放弃逃跑的希望。但这样做的机会很少，因为自从自杀事件发生后，日本人对她们的看守更加严密了。到了战争的后期，一名朝鲜翻译和一名军事警察一起帮助她和另外两名妇女逃了出去，他身着警服陪伴着她们，安全地乘火车通过了检查。她们到了平壤。到了那里，战争也结束了。

从 34 岁开始，吕宝实和一个男人同居了 3 年，但是她觉得无法对他隐瞒自己过去的经历，而且她也不能生孩子。于是，她给他找了一位新人而后离开了他。近年来，她主要依靠微薄的福利费生活。她觉得如果她在战争中死掉了也许更好些。她想不通为什么日本人不征召日本妇女做相同的服务？如果他们的女人被别国所抓获，他们会有什么感觉？

（[澳]乔治·希克斯，滕建群译：《慰安妇》，新华出版社 2002 年版，第 40 页。）

（七）河北

1．石家庄

（1）有士兵持枪站岗的石家庄"慰安所"

1938 年 1 月，日军占领张家口后，即开设慰安所。在石家庄的慰安所前，通常有士兵持枪站岗。

（日本の戦争責任資料センター编印：《战争责任研究》第 3 辑，第 64 页。）

（2）海东馆和明月"慰安所"

（石家庄）有两个日军慰安所，名字叫"海东馆"和"明月"，里面有日本"慰安妇"、朝鲜人"慰安妇"和中国人"慰安妇"。

（日本の戦争責任資料センター编印：《战争责任研究》第 3 辑，第 64 页。）

（3）中国见证者口中的石家庄"慰安所"

1951 年，我在石家庄高级步兵学校附属的军政干部学校学习。当时在石家庄老动物园墙外，有一片小平房，整齐、狭小，那里是高级步校的家属招待所。当时部队传说"这是日本鬼子的海军俱乐部，是随军妓院"。此事到总参谋部问一下孙毅将军，就知道。当时他是高级步校的校长。

（曹家骧致苏智良的信，2001 年 12 月 25 日。）

附记　曹家骧先生 1935 年生，他看了 2001 年 12 月 25 日央视《时空连线》采访我关于海牙法庭审判日本政府实施性奴隶制度罪行的节目后，十分激动，当天便给我来信，他指出："慰安妇确实应抓紧调查，迅速摸底，人还在，机不可失。这些人要人人写控诉，要求赔偿，要签名，按手纹，这至少是'活生生的材料'。查清这些材料，整理成册，展之于世界人民面前，这是中国人有志气的表示。不能叫人家杀了个乱七八糟，人家不承认，我们自己也不据实力争。这太没出息了，太可悲了！""要索赔。德国赔了。日本为何不赔？看人家韩国举国上下对日本多么齐心！以色列对当初战犯锲而不舍，到处追捕，我们这么个受日本侵略之苦至深的 13 亿人的大国却少有人站出来讨个公道。您的勇敢使我十分敬重。"当然，这不是一个人的力量办得到的。政府也要抽出人来办才能成大事。

（4）日本士兵口中的石家庄"慰安所"

说明：三井泰治，1914 年 1 月生。2000 年 6 月采访。

在石家庄时有慰安所，老板是朝鲜人，把女人十二三个一批乘卡车运送。慰安所分为士兵用和军官用，我曾见过他们拿来那种票子。……现在因为"慰安妇"的问题，日本政府受到各种各样的指责。我认为这是当然的事。毫无疑问是日军干的。现在常在电视中看到，当年的"慰安妇"都成了老婆婆了，她们的样子真是很可怜。

（[日]松冈环著，新内如、全美英、李建云译:《南京战·寻找被封闭的记忆——侵华日军原士兵 102 人的证言》，上海辞书出版社 2002 年版，第138 页。）

2.乐　亭

中国见证者口中的乐亭日军"慰安所"

乐亭县是李大钊的故乡，原属直隶，现为河北省。我 1925 年出生该县。1937年日本军队占领乐亭，1940 年，我到县城上中学，从初中到高中的几年都是在县城度过的。记得在县城的西北部，有日军的营房，当时在县城的日军就只有一个小队。在营房的边上日军占领中国人的民居，设立了个慰安所，里面是高丽女人，穿什么衣服已忘了。"慰安妇"人数并不多，好像没有中国妇女。在路边走过时，时常看到日军官兵进进出出。那个慰安所也许从日军占领时就有了，我记得在我初一到高一期间，一直存在着。

（王桧林教授自述，苏智良 2001 年 9 月 16、17 日采访于京华九华山庄。）

3. 唐　山

日本军官口中的唐山日军"慰安所"

说明：原日本第 13 军第 15 师团 67 联队联队长铃木启久回忆推行"慰安妇"制度。

在唐山市，驻有陆军航空兵第 17327 部队（1943—1945 年）。这支部队拥有慰安所，有个被称作"稗子院慰安所"的，建在中国人的民居里，约有 15 个朝鲜人，进去要支付储备券或军票，但是如果没有钱，递上 2 支香烟也可以。

按照日本侵略军的惯例，我下令在我联队盘踞的 5 个地方（丰润、沙河镇及另外 3 个地方）建立了慰安所，并抓来 60 名中国妇女充当"慰安妇"。

（[日]铃木启久，袁秋白、杨瑰珍编译：《新中国对日本战犯的历史审判》，
解放军出版社 2001 年版，第 35 页。）

4. 邯　郸

日本士兵口中的邯郸日军"慰安所"

在邯郸驻扎的日军士兵们，最向往的事情就是去慰安所，一有空闲，他们就会互相发问："怎么样？去 P 屋吧？""好的，去！"一个老兵回忆道：1939 年 5 月，（青岛）登陆后的我们，结伙去慰安所。那是一处像医院般的大房子。一条走廊横在中间，左右都遮着门帘，里面是窄小的床，大约 50 张吧，女人们横卧在上面。士兵们排列在门帘前。有的门帘上印有红色的标记，表明里面的女人有病。每人可用 15、16 分钟的时间，稍有超过，帘外就喊"还干哪！"也有老兵为了寻找自己喜好的女人，而到处掀帘窥视。

（[日]水野靖夫：《与日本军作战的日本兵》，白石书店 1974 年版。）

5．平泉、山海关

平泉、山海关的"慰安所"

日本混成第 14 旅团的《卫生业务旬报》刊载了大量的"慰安妇"的体格检查报告。这些慰安所有的在平泉县，有的在山海关。

（日本の戦争责任资料センター编印：《战争责任研究》创刊号，第 69 页。）

6．承　德

在石德线沿线来回运输"慰安妇"

在承德的第 16 师团的大野部队驻地，也有慰安所。

在石（家庄）（承）德线沿线，日军驻扎着不少部队，为了给沿线部队提供性奴隶，日军将朝鲜人"慰安妇"装上装甲列车，在铁路沿线来回运输。

（日本の戦争责任资料センター编印：《战争责任研究》第 3 辑，第 64 页。）

7．顺　德

性奴隶是朝鲜人

日军在顺德设立慰安所，里面的性奴隶是朝鲜人。

（日本の戦争责任资料センター编印：《战争责任研究》第 3 辑，第 64 页。）

8. 阜　城

阜城"慰安所"

在阜城，日军也设有慰安所。

（日本の戦争责任资料センター编印：《战争责任研究》第 3 辑，第 64 页。）

9. 鹿　泉

获鹿日军"慰安所"

石家庄市以西 16 公里的获鹿县（今为鹿泉市），1940—1942 年间，县城十字街头北街的东西向有一小白平房，外表翻修成日本样式，经常有油头粉面的女人送日本兵出屋。屋外还挂着"慰劳屋"的牌子。这些女人穿着和服，说着日语。

（东代毅于 1999 年 4 月 19 日。）

10. 新　镇

强逼各村出 15—25 岁女子 10 名

日军占领了河北新镇县等地后，与汉奸政权狼狈为奸，强掳民女进行侮辱。据《抗敌报》1938 年 1 月 13 日报道，日伪强逼各村出 15—25 岁女子 10 名。

（北京市档案馆编：《日本侵华罪行实证》，人民出版社 1995 年版，第573 页。）

11．保　定

保定"慰安所"

在保定，日军第 110 师团控制区也设有各种慰安所，"慰安妇"按照国籍分开。朝鲜人的慰安所通常有 20—30 人，大多是很年轻的女孩子，还配备了翻译。慰安所由野战医院进行管理。有些设在农村，条件简陋，没有电器、没有自来水。

（［日］《性と侵略——84 力慰安所え日本兵の証言》，第 81—84 页。）

12．蔚　县

日军强制蔚县少女为性奴隶

1938 年 1 月 4 日，在蔚县里，非常艳丽的中国少女约 400 人被汽车运往张家口，此外，日军还要求当地每个村庄交出 15—25 岁的处女 10 名。此完全是有组织的强制征集。

（《抗敌报》1938 年 1 月 13 日。）

13．日本士兵口中的河北"慰安所"和"慰安妇"

说明：现住行田市的 78 岁的老人田口新吉 1942 年 9 月入伍，被编入第 14 师团，直到战败，一直驻扎在河北，他回忆过两件有关"慰安妇"的事情，一件是日军设有巡回"慰安妇"。以下是他的回忆。

我是 1942 年 9 月 27 日被征入伍的，作为第二国民兵，在千叶县的柏字第十四师团（宇都宫）步兵第二补充队担任春要员（华北派遣军独立混成第八旅团人员通称春部队要员）。入伍不到一周，便被派送到驻扎在当时称为华北的中国河北省钜鹿县的华北派遣军独立混成第八旅团三十二大队（春2982部队，简称春2部队）。从我在那里接受完新兵教育起，直到1945年8月15日日本战败，我参加了各种战斗，转战中国各地……我想谈一谈我在那段时间里所见到的朝鲜人"慰安妇"、中国人"慰安妇"和日本人"慰安妇"的情况，以便让大家更进一步了解现在正越来越受到重视的随军"慰安妇"问题的真实状况。

（1）巡回"慰安妇"

当时，各中队都至少要向前线地区的两个地点派出分遣队。第二中队也向大黄河镇和双望镇派出了分遣队。大黄河镇分遣队的队长是望月少尉，辅助官是大平均曹，分遣队一共23人。

1944年12月中旬，中队本部来电话说，要给大黄河镇分遣队送一名"慰安妇"来，要他们做好准备。分遣队长立刻向下属队员发出这样一个紧急通告："'慰安妇'的房间设在炮楼的一层，凡希望者，今晚6时，从值班站岗者开始，每人值班站岗30分钟，下岗后，立即脱去军装，进入'慰安妇'之房间，至少要在下一岗哨兵下哨后10分钟前完事，走出'慰安妇'房间。"也就是说，一个人才15分钟，真像是上阵冲锋一样。值班站岗虽然说是30分钟一换，但深更半夜的，在零下15—20度严寒的炮楼上站完岗后，一下岗就脱了军装缩着直打哆嗦的身子，钻到没有暖气设备的炮楼的冷屋子里去抱浑身冰凉的女人，那滋味也真够受的！

第二天，听到那个女人哆嗦着说：那天晚上一共接待了21人，这倒没有什么，可怕的是老得一个又一个抱那些冰冷的身子，真有点忍受不了。那真是一个残酷的性的地狱。而有的"慰安妇"就是要这样一个分遣队一个分遣队地进行巡回"慰安"。

（2）40元买来中国"慰安妇"

这是一件发生在第二中队双望镇分遣队的事情。这个分遣队一共有25个人，队长是坂田军曹。时间大概是在1945年的正月左右……一天，大队本部给这个分遣队送来一个看起来大约有40来岁的中国妇女，分遣队便拿出40元钱，将这个女人买了下来。

当时中国的通货膨胀很厉害，一盒大婴孩的中国香烟要10元钱，一盒大前门要15元，洋烟则高达20—25元一盒。但是就是在这种物价飞涨的情况下，这个女人才要40元，虽然她岁数大了一些，但40元这个价钱也太让人吃惊了。我感到这实际上是一种掠夺，出点钱只是为了掩人耳目。

那个女人被带来的那一天，我正好在大队的医务室里。军医说："你们中队要给双望镇分遣队送一个'慰安妇'去，要进行一下诊断检查，你来当我的助手。她被送到分遣队后，每月也还要进行两三次检查，那时就由你去检查了。"我一看，卫生兵室的里屋里蹲着一个穿棉衣的女人，她微微有些胖，就在医务室隔壁的屋子里给她进行了检查。检诊台是从慰安所里临时借来的……

（3）易县"慰安所"

1945年3月30日，第二中队从我们所属的春二部队中分出来，转移到了河北省的定兴县。在那里与从独立步兵第三十四大队、第七十九大队抽出来的两个中队共同改编成了独立警备步兵第三十九大队（至武第15697部队），这支新部队与第二十七师团进行了警备区域的换防。

至武的大队本部设在易县，我们第二中队改成了第一中队，驻在婶皇村东独栾。我在大队的医务室整顿好之前，继续留在易县。在这个大队的本部里有一位高桥大治郎伍长……负责慰安所的设立工作。他将在大队本部附近接收来的民房进行了内部改造，然后又接来了4名"慰安妇"。这些"慰安妇"都是朝鲜人，大都在20—25岁左右。这些人中，时间短的作过两年"慰安妇"，长的有作过五六年的。这样，酒保的全部商品和"慰安妇"就都准备好了。

综上所述，河北省的日本陆军慰安所，有日本、朝鲜、中国三个民族的"慰安妇"。日本人"慰安妇"主要供日军军官使用，朝鲜人和中国人"慰安妇"供给下士官和士兵使用。价钱上，以大坂屋为例，日本"慰安妇"大约是5—8元左右，因人而异。朝鲜"慰安妇"一律为一次2.5元，中国"慰安妇"为2元左右。

（4）暗室虏囚——中国"慰安妇"

对于这些人，能否叫她们"慰安妇"，我现在还有疑问。她们是被日本军队逮捕后，然后分配给前线各分遣队去的中国妇女。我在春二部队时尚未听到有关她们的情况，后来到了至武部队后，才从一个由别的部队转来的老卫生兵那里听了有关她们的消息。

在中国"慰安妇"中，我曾见过一些在日本军队的扫荡中因逃不掉而被日军强行抓来的妇女，她们在遭到强暴后，就作了日军的"慰安妇"。在双望镇时那个用40元钱买来的"慰安妇"就是她们当中的一个。不过，我这里所要说的却是另外一种情况，一种残酷得令人毛骨悚然的情况。这就是那些日军扫荡作战中，被以间谍的名义逮捕的中国妇女，以及那些八路军游击队和八路军正规军女兵们的遭遇。

日军在作战中，一抓到这些人后，立即就送到后方的大队本部去。在大队本部里，如果她们受了伤，就由医务室先给她们治伤。如果没有受伤，则由担任情报工作的军官对她们进行审讯，这是通例。但是，完了之后，这些中国女性就在不知不觉中消失了。虽然士兵中有时也偷偷传说：这些当官的家伙又干好事了，但谁也不会去追查这些中国女人的去向。

当时，日本军队中从来就没有建立过女俘虏收容所，那么这些女人被弄到哪里去了呢？我听到的一种说法是把她们弄去当"慰安妇"了。但是，那些有特务嫌疑的女人以及在八路军中受过教育的女兵，是不可能让她们进入一般的慰安所的，因为如果让她们进了慰安所，一是她们随时都会逃跑，二是她们可以与八路军的工作人员取得联系，这是很危险的，因此决不会把她们送到那种地方去。

那么，她们被送到哪里去了呢？都送到华北、华中一带最前线地区的两三千个分遣队据点里去了。那都是些日本或朝鲜"慰安妇"无法到达的情况恶劣的地区。这些据点四周都建有围墙，盖有炮楼，每个炮楼由一个小队左右的士兵进行守备。那些被俘虏来的妇女就是被送到这些据点里去了。

这些妇女被送到据点里之后，一般不让她们住在据点里面，怕有危险，多是在据点外面用土坯盖的仓库里开辟一个角落改造成慰安室，里面用在扫荡中抢来的衣服被子什么的垫一垫，然后就是让这些妇女不分昼夜地遭受大兵们的蹂躏了。

这种仓库往往只在靠近屋顶的地方有一个用来通空气的小窗户，那里的白天也像黑夜一样，刚刚能模模糊糊地看到对方的面孔。晚上虽然可以有油灯照明，但煤油供给很紧，干事时才许点一会儿，事一完就得赶紧吹灭，在黑暗中等待第二个士兵的到来。分遣队一般都没有配给卫生套，因此有很多妇女怀了孕。但是，只要还能受得住，怀了孕也还得被使用，实在使用不了了，便拉到壕沟外面去，绑在木桩上，作新兵练习突刺用的靶子。当这名"慰安妇"连同腹中那不知是哪个大兵的胎儿一同被杀死之后，马上就地埋掉。在长达 15 年的战争中，这两三千个据点里被暗中杀掉埋掉的中国妇女是数也数不清的，恐怕不下几万，乃至几十万人。

日本人"慰安妇"，从某种程度上来说，还是出自本人的意愿，是出去挣钱的，因此政府可以说没有什么责任。但那些朝鲜人、中国人"慰安妇"们呢？她们中的大部分是被无视本人意愿用暴力强迫作"慰安妇"的，作为加害国的日本，当然有责任，当然应该谢罪、赔偿。另外，我还想就此问一问国民党政府，对于那些被暗中杀死埋掉了的中国妇女，政府又打算如何赔偿呢？

（[日]日朝协会琦玉县联合会编：《随军慰安妇——日本旧军人の证言》，管宁译，何吉：《日军强逼中国妇女为"慰安妇"资料摘编》，中国社科院近代史研究所编：《抗日战争研究》1993年印行，第4期。）

14. 华北地区的日军"慰安妇"人数

日军自侵入中国华北后，也随即开设了大量的慰安所。1938年6月，华北方面军参谋长冈部直三郎向所属的几十万部队发出了设置慰安所的指示。[1]到1941年7月，关东军在司令官梅津美治郎、参谋长吉本贞一的领导下，制订征集2万名朝鲜"慰安妇"并运至满洲的计划，从此，日军慰安所更加普遍，几乎有日军驻扎的地方，就有慰安所，就可以看到"慰安妇"的身影。

日本华北警务部1939年7月1日曾作一大规模的调查，所得的华北地区和内蒙古的"艺妓、娼妓、酌妇"人数为：天津1204人，北京1185人，青岛910人，济南801人，石家庄734人，太原724人，张家口425人，临汾297人，大同267人，徐州235人，保定217人，包头193人，彰德170人，厚和149人，新浦145人，阳泉127人，山海关106人，塘沽105人，枣庄102人，沧州81人，秦皇岛68人，榆次65人，顺德59人，坊子56人，唐山53人，张店49人，丰台43人，定县40人，德州37人，芝罘33人，潍县30人，青州25人，宣化24人，通州、古北口各21人，南口18人，南苑17人，长辛店15人，马兰峪14人，兖州12人，龙口11人，威海卫、高密各10人，博山8人，廊房、康庄各4人，昌黎3人，滦州2人，胶州、淄州各1人，共计8931人。当然很难确认这8931人全部都是"慰安妇"，但相当多的数量为"慰安妇"是毫无疑义的，另外这一统计也没有包括中国人"慰安妇"。

（苏智良：《慰安妇研究》，上海书店出版社1997年版。）

---

[1] 外务省外交史料馆藏：《在外邦人职业别人口表一件》第15卷。

（八）北京

1．日本士兵口中的北平日军"慰安所"

据日本老兵永井荷风的 1938 年 8 月 8 日的日记记载，是年春天，在军部官员的劝诱下，在北平开设旅馆兼营饭店，并募集了 30 到 40 名"慰安妇"，当然其中的妙龄女子很少。

（［日］吉见义明、林博史主编：《共同研究 日本军慰安妇》，日本东京三一书房 1995 年版，第 81 页。苏智良译。）

2．日本士兵口中的长辛店日军"慰安所"

原日军卫生兵（69 岁）回忆，他原来是装甲列车部队的卫生兵，每月一次对"慰安妇"的检查是军医的例行公事。但那个坏军医常让我这个卫生兵来担任检查工作。当时的长辛店，有 10 来家慰安所，每家 3 到 4 人，管理者多是朝鲜头目。因此总共有 30 到 40 个"慰安妇"。这种检查并不用血液检测梅毒，而是用肉眼观察。严重性病有红、紫色，流白脓，出血，发出臭味，因此军医很讨厌。最初我干这个工作时，看一次会一、二天吃不下饭。于是戴上眼镜、口罩和很厚的橡胶手套检查。如发现有二期性病的"慰安妇"，就必须住院。大约有一成的"慰安妇"患有性病。但不是进入陆军医院，而是送往华北铁道医院。性病的种类约是梅毒和淋病各占其半。军队为了预防性病，使用避孕套和星秘膏，实际上并不太使用。检查结束后，我对洗净的人盖上准许外出的印章。患性病对士兵来说，不是名誉的事。"慰安妇"多是朝鲜人，在山西省时中国人很多，年龄在 20 岁左右。

"慰安妇"有些还参加战斗。

（［日］"从军慰安妇 110 番"编辑委员会编：《从军慰安妇 110 番》，第56 页，苏智良译。）

3．宣武门"人民俱乐部"

当然，北平的慰安所里更多的是被掠来的中国妇女。"每当夕阳西下，大街小巷，常可大见'皇军'在舍命地追逐着我们失掉保障的女性。在潘大局长统治下的徒手警察，目睹这种可耻可恨的情形，虽然义愤填膺，也是敢怒而不敢言。一般平民，也只有侧目而过，爱莫能助了。在白天，要是有服装入时的女子在街上走，也有被追逐的危险！黑夜，邻近兵营的住户，常被破门直入，口口声声要大姑娘。""宣武门内六部口人民俱乐部的成立，想起来这是进步的组织吧，那里有我们几百个姊妹，'快乐'地生活着，只有她们的皇军可以自由出入，去一次两角钱，但平均每人每日可以赚到十数元！"也就是说，中国妇女在这种"俱乐部"内每天要遭受数十个日军的蹂躏。

（胡释君：《沦陷后的平津》，《文摘》战时旬刊第 6 号，1937 年 11 月 18 日；朱未央：《铁蹄下故都妇女的哀啼》，独立出版社编：《日寇燃犀录》，汉口独立出版社 1938 年版。）

4．中国见证者口中的宣内大街"皇军慰安所"

据李鹏兆的回忆，七七事变后不久，在绒线胡同西侧的宣内大街上，有一座高台阶的洋房，门口挂着木牌"皇军俱乐部"，当时 12 岁的李鹏兆在绒线胡同的崇德中学上初一，每天路过这个慰安所，只见日本军人进进出出，十分热闹。晚上，经常有喝得醉醺醺的日军士兵到周围的中国居民家前打门，大喊"花姑娘的有？"在前门大街的繁华地带也有慰安所。

（根据《李鹏兆致苏智良的信》改写，1997 年 6 月 18 日。）

5. 北平的日本"妓院"

　　1937年7月30日，日军占领了古都北平，立即命令汉奸们让关闭的妓院重新开放，日侨还设立不少日本妓院。有史料指出："在北平，敌人开设了不少妓院，那妓女是在华作战阵亡士兵的妻女，被强暴的军阀征调出来，慰安在华作战受了辛劳的皇军。"[①]这就是说，这些日本妇女本身也是日本"慰安妇"制度的受害者。时人指出："在北平，敌人开设了不少的妓院，那妓女是在华作战阵亡士兵的妻女，被强暴的军阀征调出来，慰劳在华作战受了辛苦的'皇军'。在马路上，时常可以看到日妓的游行，军乐队在前面吹奏着动人的音乐，接着是一个旗上面写着：'某某妓馆，新从大阪运来美女数十名，欢迎华人，招待周到。'有的还写着价目：'一宿两元'。后面是打扮得似妖怪一样的'美女'，穿着华丽的衣服，坐在洋车上，手里拿着一个玲珑的小旗，上面写着'美女'的芳名。"[②]

（苏智良写于2002年。）

6. 中国见证者口中的古北口"慰安所"

　　1933年3月12日，日寇侵占了古北口，在古北口大量屯兵，有时驻满了河东、河西各家各户，也有时把一些大宅院、学校、旅店变成驻兵的地方。七七事变后，驻兵不那么多了，但在他们的兵营里，仍长期驻扎着上千或几千人。

　　古北口因为有日寇的长期驻军，自1938年春季开始，河东有了"大黑屋"、"山田"、"小田川"、"金钱馆"、"福岛"、"古北楼"、"南天门屋"、"大何"，河西有"松竹园"等所谓"酒吧"、"料理"、"饭店"，实际都是专为日本军人预备的"慰安妇"妓院。其中，金钱馆、古北楼、大何、松竹园，是专对日本军人"慰安"的，不挂什么"料理"、"酒吧"的假牌子，而挂着"料理"、"酒吧"、"饭店"牌子的，也是用那个行当掩盖"慰安妇"妓院的真实。所有的妓院，都有"慰安

---

① 华棠：《魔手下的北平》，《半月文摘》第3卷第4期，1939年2月15日。
②《大公报》1929年3月28日。

妇"10人左右，最多的16名，最少的6名。

古北口不是开始就有这么多家日本军人妓院的。来得最早的"大黑屋"设在南上坡，表面上是日本人来饮酒的"酒吧"。所说"大黑屋"，不是一间很大又十分黑暗的屋子，这只是一个日本的名称。实际是有两排很大、很长、很亮的房子，里面用木板隔成不足6平方米的小间。整个小间铺着叫作"榻榻米"的稻草垫子的床铺。士兵们在门外脱了鞋进屋。榻榻米上有一张小桌，两个人可以坐在桌旁饮酒、吃东西；"慰安妇"还用来放化妆品、修饰，余下的就是两个人"同床"的面积了。1938年春，大黑屋的主人黑屋义男说是召一些女人到军队里给士兵做饭、洗衣服。她们都是日本国内来的，起初只招募来10个人，以后又陆续增加到16人。在日本狂热地鼓吹军国主义，要人人都向天皇尽忠的口号下，有的日本妇女受毒害很深，愿意到中国为天皇效劳。

黑屋义男是个随军的商人，受所随军队的调遣。古北口日本兵营的长官，叫他回到日本国去招募妓女。他的军称是"领队"，但是不能公开身份，表面上只能是个商人。

古北口日寇的"慰安妇"妓院里都雇用着当地的男青年当勤杂工，称为"博役桑"（桑是先生的意思)。大黑屋的博役姓李叫李玉，他伺候"慰安妇"们，如打洗腿、修饰的用水，清理各屋，打扫床铺，等等。当博役日子多了，学得一口流利的日本生活用语。他曾和一些"慰安妇"们用日语交谈：

"你们从家里是怎么来的?"

"黑屋先生给了一千元，就随他来了。"

"说了怎样还这笔钱吗?"

"黑屋先生说是和兵们一起生活，不要钱，每月还挣钱。到了这里才知道，不但不能改变原来的行当，这笔钱也要从每天接客的收入里扣还。"

"你们接那么多的兵，一天不得闲，为什么还要修饰?"

"呀!不修饰，有的兵要打骂!"

"兵们一次给多少钱?有没有时间限制?"

兵们说，他们不发工资。二等兵每月津贴三点一八元，仅够买手纸、肥皂和邮信。上战场有战场津贴，每月可得12元，他们就是用这笔钱。

这些由日本国来的"慰安妇"，原来都是妓女，年岁也大，有的已够四十岁。她们都很会修饰，接客也不腼腆。

随着"大黑屋"的建立，因为古北口有时驻兵上万，就有其他名称的"慰安妇"妓院陆续开业。

福岛，原是朝鲜人，用日本人的名子，又娶的日本女人。他带来的是朝鲜姑娘。日本国内的妓女，能征召到的，都征召了。日本军方又不愿意把大量的良家姑娘召到前线去做妓女，就叫他们的"领队"到朝鲜去招募。一天，有一个矮个日本人来到一个贫穷的朝鲜农村。这个人就是福岛。他挨家劝说："有赚大钱的工作，工作也好玩儿，并且管饭。"朝鲜的每个村子都有派出所，驻着日本警官、警察，他们和"面长"（村长）一同帮助福岛从贫苦的农家招募十多名年轻未婚的姑娘，说是到日本内地的纺织厂和军服厂工作。朝鲜当时是日本的殖民地，村里的日本警官对农民有生杀大权。他们要征召谁家的姑娘，农民不敢不给。

福岛表面上不是军人，妓院也是私人营业。实际他招募的朝鲜姑娘，每人先给一千元，都是古北口驻军支付的。福岛在古北口大街石桥南路东开的"福岛洋行"，卖生活用品、文具。路西的门面是"福岛酒吧"，后院是不公开的"慰安妓院"。福岛的十多个朝鲜"慰安妇"，并不穿朝鲜服装，而是穿大和服。另外七八处妓院的"慰安妇"，不管你愿不愿意，也必须穿大和服。这是为了使日本军人见了有"亲切之感"。

古北口从 1938 年到 1945 年日寇投降，除了大黑屋、福岛这两处"慰安妇"妓院，还有山田，位于古北口大街中间的西侧，院内有楼，是饭店。楼上有十几个小间，每间内有一个双人床，一个小桌，两把椅子。1942 年以后，山田和他的"慰安妇"随军到别处去了。

南天门屋，只是它的名称，不是在南天门的屋里，是在石桥南路西的胡同里。领队的是日本人叫小川一郎。门面上是打点心、卖点心，后面是酒吧和"慰安妇"妓院。这里的"慰安妇"原来都是日本女人，后来有朝鲜的，最后又加上小川由北京的妓院里买来的有十人左右。

"大何家"都是日本女人，人数最少，只有六个"慰安妇"，在石桥北去东山的路旁。门口的牌子是"大何料理"。

小田川酒吧，紧靠在福岛酒吧的南边，有朝鲜人、"满洲"人十名左右"慰安妇"。

金钱馆在西横街西头路北，是当时日本宪兵队的南院，是不带其他行业的纯"慰安妇"妓院。

松竹园，也是纯"慰安妇"妓院，有六七个朝鲜女人，在河西东栅子大井南面的胡同里。

古北楼也是福岛开的，在石桥东一口井南边的角落里，不靠大街。怕日本兵找不到，就在上东山去的山路边，对着大街和石桥，修了一座砖砌又抹了白灰的碑，碑高1.5米，宽1米，上面画着一个日本美女，用手指着古北楼的地址。

这些"慰安妇"妓院，在主人的屋墙上，挂着有"慰安妇"名字的小木牌儿，木牌儿上圆下尖，尖头向上的表示这个女人正在被人占用。也有的妓院木牌儿不是尖的，翻过没有名字的背面，表示有人。

平时，日本兵白日可以到这些"慰安妇"妓院里嫖宿、饮酒，晚上必须归队，到了星期日、周末、放假三天的新年等，不论白日黑夜，都可以泡在妓院里。喝醉了或是假装喝醉了的日本兵乱跑乱窜，到处找"姑娘"。所以附近的百姓，事先把院墙垒高，压上棘针，昼夜关紧大门，有的人家锁了门，全家到别处去住。

"慰安妇"妓院里那些朝鲜的、中国东北的女人，被日本兵那沉重的胸膛压碎了心房。女人来月经，应该说是正常的，可是在她们身上，却是难得的稀奇。因为身体遭受过度的摧残，生理发生极大的变化，要几个月或是半年，才能有一次月经，到这时候，不能接待士兵了，但必须在客厅里陪着兵们饮酒。

一次，大何家的"慰安妇"和伺候她们的博役陈某用日语闲谈：

"你们总在接待士兵，觉得怎么样？"

"咳！每天少时要接待十几人，多时要几十人，最多七八十人；只来了三个月，就患了不感症，麻木了，也许比不麻木少些痛苦。"

"你们挣的钱呢？都给家里邮去了吗？"

"来时给的一千元，加上每天用的饭钱、香皂、化妆品钱、手纸钱等，还有利息，总也还不清，没有钱寄给贫穷的父母。"

"你们那时不会不来或逃跑吗？"

"那就会被村里的警官给戴手铐，捉去，忍受那没有日子的拘留。"

"你们不会早点结婚吗？"

"各家姑娘都忙着嫁人。四肢健全的男人全被征入部队或是去了煤矿、工厂，找不到对象呀！只剩下老弱病残，有的为了不被征召，也都嫁给这些人，可是这些人也不是很多呀！我姐姐因此逃到山林里去了。日本警官吊打我的父母。母亲又想姐姐，就死去了。"

妓院里的"慰安妇"们不许到外面去，怕她们逃跑。所以古北楼一个叫金樱子的朝鲜"慰安妇"，把一封家信交给博役赵辛到邮政局给付邮。赵辛在外面给偷看了，上面写的是：

"爸爸、妈妈，你们的身体好吗？我现在每天为士兵们洗衣服，做饭，很忙。我想从下个月就可以给您二位老人寄些钱了。请您们保重身体，别感冒，再见。"信里竟然没有流露半点实情。

据这女人说，如果不经博役或做饭人当作民间往来信件，是发不出去的。

日本侵略者在古北口开设的"慰安妇"妓院一直持续到 1945 年投降，在妓院中的日本、朝鲜和中国妇女人性被扭曲，身心被摧残，自由被剥夺，同样是日本侵华战争的受害者。

（白天：《古北口往事》，中国城市出版社 1997 年 10 月版。白天，姓张，字伯丞，北京密云县古北口人。1926 年生，是古北口长城抗战和日军侵华见证人之一。贾元良提供。）

7．从北平被掳走的朝鲜"慰安妇"

金学顺与其养父一起到北平后，在饭店里吃饭时被日军抓获，金学顺就此被迫充当"慰安妇"。她回忆如下：

到北平后，我们在一家饭店吃了午饭出来时，好几个日本军人叫住了养父。一个肩章上有两颗星的军官问养父："你们是朝鲜人吧？"养父回答说，我们是为了赚钱到中国来的朝鲜人。那位军官说，要赚钱就在你们国家赚嘛，为什么到中国来呢？他凶狠地说："你们是间谍吧！跟我走一趟吧！"就这样，他把养父带走了。姐姐和我则被其他军人带走了。

过了一个胡同，看见有一辆敞篷卡车停在那里，车上约有 40 至 50 名军人。那帮军人叫我们上车，我们当然拒绝。那帮军人不由分说，狠劲地把我们抬上了车。过了一会儿，带养父走的那位军官回来了，卡车就启动了。那位军官就坐在司机旁边。我们又惊又怕，蜷缩着坐在卡车的角落里，一直哭个不停。走了一段后，我抬头一看，后面还有一辆卡车跟着。

下午被抓上卡车后，卡车走了一夜，途中能听见枪声。……第二天天黑时，卡车上的人全都下来了，有几个军人将我们带进一个屋里。后来才知道那是中国人逃跑后，留下的空房。

天漆黑，又受了惊吓，我们根本猜测不出这到底是什么地方。姐姐和我互相看着对方的脸，谁也说不清会发生什么事。过了一会儿，带走养父的那位军官进屋，把我带到旁边挂帘子的屋里去。要离开姐姐，我害怕得要命，极力挣扎着不去，但是那军官硬是把我拉到那个旁边的房子里。进屋后，他一下子抱住我，动手脱我的衣服。我拼命反抗，不让脱。但是，最终衣服还是被他全部撕破了……

我的处女之身被那军官夺去了，当夜我被强奸了两次。

翌日拂晓前，那军官离开了房屋。我用被撕破的衣服勉强遮蔽身体，坐着哭。那军官离开时冷冷地说，以后在这里不能穿这样破旧的衣服。军官走后，我赶紧去找姐姐。走到了另一屋打开门帘一看，一个穿黄军服的人正躺在那里，姐姐也同样用被撕破的衣服遮盖着身子，坐在那里哭。我立刻放下帘子缩了回来。天亮后，军人走了，姐姐掀开门帘进来。我们俩悲痛欲绝，抱头痛哭。姐姐说她竭力反抗，结果遭到毒打。我没有听见姐姐的厮打声，因为那个时候，我也正与军官厮打着。

我和姐姐稍稍平静下来没有多久，就听见屋外女人们的说话声音，而且听得很真切，是说朝鲜话。紧接着，一个女子推门走了进来。她一看见我们就问："你们怎么来到这儿呢？"姐姐简单说了过程。她很无奈地摇摇头说："既然来了就没有办法了，想从这儿逃跑可不行。只能认自己的命了，就这么过下去吧！"

我们到达这里的当天，军人们就在这栋房用帘子隔开的两个房间里安置了木床，并且把我们俩分别安排到不同的房间里。这个时候，我才仔细地看了周围的环境。这栋房子还有两扇门，墙是红砖砌的，在屋子的旁边可以看见有驻军部队。后来，军人们告诉我们，这个地方叫铁壁镇，原来是中国人居住的一个村落，来日军后，村子里的中国人都跑了。

和我在同一个慰安所的还有其他 5 个女人。22 岁的静惠年纪最大，宫子和贞子是 19 岁。大家都熟悉之后，静惠给我和姐姐分别起了个日本名字，我叫爱子，姐姐叫惠美子。

粮食和副食品是军人们给我们送过来，由我们自己轮流做饭。因为我年纪最小，洗衣服和做饭的活我干得最多。有时，在我们的要求下，军人们也把他们自己吃的饭和汤送给我们，他们甚至还偷偷地送我们一些小干面包之类的食品。我们穿的衣服是军人们穿过不要的什么粗棉布内衣之类，偶尔军人们也拿来一些在那些人去楼空的中国人家里翻出来的衣服给我们穿。静惠日语说得很好，她通常只接待军官。宫子和贞子比我们来得早，她们总是把她们不愿意接待的粗鲁军人推给我和姐姐。我讨厌她们，我们都处于同样的境地，而她们却欺负我们，所以我不愿跟她们相处来往。听静惠说，她是从汉城来的。宫子和贞子，我没怎么与她们打交道，所以不知道她们是从哪里来的，怎么到这里来的。

后来我发现，这栋房子一共有 5 间房子，每个房间里都有铺着毯子的床，房间的门口放着洗脸盆。

不久，静惠给我们每个人发了一瓶有消毒水的瓶子。把消毒水倒在脸盆里，再加些水，就会呈红色。静惠告诉我们，这里规定，在接待完军人后，必须用这种消毒水洗洗。

那时，没有直接管理我们的人，但部队就驻在旁边，如果我们想要出门，哨兵就会过问、阻拦。实际上，我们哪儿也去不了，我们居住的这个村庄是什么样，我们一无所知。

军人们一来，就直接进他们愿意进的房间。大约过了一个月后，我发现，来这里的都是些比较固定的军人，看不见有新的军人进来，所以我们猜测，我们是专门接待这部分军人的。

军人们常常出去打仗，往往一周内有三四天晚上要有行动，拂晓才回来。战斗结束后，军人们列着队唱着歌开回营地。这个时候，我们就得起来等候他们。在一般情况下，军人们都下午来，但打仗回来后，从早晨开始，军人们就拥进来。这时，一天就得接待七八名军人。下午军人来时，一般时间比较短，每个人大约30分钟，结束后就走。晚上的情况就有些不一样，军人们都喝得酩酊大醉，晃晃悠悠地闯进来。他们常常叫我们唱歌、跳舞，令人非常厌烦。有时，我实在无法忍受，就去后院躲藏起来，但这种情况一旦被军人发现，他们会更加粗野地对待你。由于选择哪个女人完全由军人们自己来定，时间长了，就有了一些比较固定的对象。

军人进来做那种事情，有的人在30分钟内把我们折磨得半死，有的则比较温和，一会儿就离开了。军人虐待我的时候，硬是把我脑袋压在他们的胯下，叫我舔他们的生殖器。做完那种事情后，还让我用脸盆打水来给他们清洗，如果我拒绝按照他们的吩咐去做的话，他们会把我打得遍体鳞伤。

避孕套是军人们自己带来的，没有预先分配给我们。每周都由军医从后方带一名士兵，对我们进行一次身体检查。但如事情忙，隔周来一次。一听说军医来了，我们就用消毒药认真洗洗，因为军医检查时只要发现一点儿异常，就给打黄色的606号针。打针以后一打嗝，鼻孔里往外直冒臭味，使人非常恶心。

临近来月经时，我们就向军医要棉花，积攒起来备用。来月经时也得接待军人，即使不愿意也毫无办法。这个时候，我们只好把棉花卷起来插入身体的深处再去接待军人。为了避免经血渗出来，棉花往往尽量掏深些，这样多次接待军人后，有时棉花掏不出来，苦不堪言。如果积攒下来的棉花不够，就临时剪些布条卷小一点儿代用。

没有战事时，上午一般没有军人来，我们就洗衣服或者聚在中间房屋内聊天。我的性格比较内向，本来就不太随和，加上整天都在琢磨如何能逃出去，所以除了与惠美子姐姐外，和其他人不怎么来往，关系也不融洽。

我看得出来，好像必须得到部队的允许，军人们才能到我们这里来。起初，我不知道军人们来我们这里是否交钱，过了一段时间后才听静惠说，军人们每来一次，士兵得交纳 1 元 50 钱（指战时旧币或日军内部流通的代金券），军官们过夜得交 8 元。我问她，军人应该将钱交给谁？她说，我们应该收那些钱。可一直到我不再过"慰安妇"生活为止，也从来没有从军人手里拿到过一分钱。我不知道静惠到底知道些什么才那么说的。

　　有一天，正在吃早饭的时候，军人们匆匆跑进来，不由分说，命令我们迅速打好包裹。正在我们打包裹的时候，他们又赶着我们上车。慌慌张张中，我们离开了这座住了两个多月的地方。

　　（[韩]韩国挺身队问题对策协议会，韩国挺身队研究会编，全镇烈、黄一兵译：《被掠往侵略战场的慰安妇》，中国文史出版社 2001 年版，第 3—8 页。）

（九）河南

1. 郑　州

（1）郑州发现日本侵华力证　50"慰安妇"名单写满血和泪

原日本驻郑州领事馆旧址在进行修复时，工作人员在地板下发现了一些发黄的纸张。中国考古学会会员、河南博物院专家刘东亚老人，经过半年的修复和翻译，赫然发现这些材料竟是日本侵华战争的又一有力罪证。前日，刘老将这些重要史料送到原日本驻郑州领事馆旧址，其中有 50 名"慰安妇"名单和日本大举进攻中原的战争军报等。

据了解，原日本驻郑州领事馆旧址建于 1927 年，日军曾在这里盗取了大量政治、军事情报。今年 6 月，工作人员在修复 2 号楼时，在该楼地板中发现了一些纸张。经在现场的刘东亚专家初步估计，这些纸张可能是日本人在撤离时因来不及销毁，将其藏在地板木中的。在这些材料中，存有日军发动侵略中原战争的军报，上面的"同盟通讯社郑州支局"、"洛阳完全占领"等字迹清晰可见。刘老表示，在这些资料中最具价值的是一张"慰安妇"名单。名单共 11 户 50 人，年龄从 15 岁到 21 岁不等，其中 15 岁的有 4 人，通过姓名来看，有几对女孩是姐妹和亲属，纸张上清晰可见画押的红印。刘老表示，这是郑州首次发现完整的"慰安妇"名单和军报，是日本侵华战争的又一有力罪证，具有重要历史价值。

（《郑州晚报》2004 年 12 月 27 日。）

（2）日本"慰安妇"口中的郑州"慰安所"

说明：日本"慰安妇"20 岁的高岛惠子曾与她的 4 位同伴在郑州担任日军第 12 军司令部的专职"慰安妇"，她们在军官俱乐部。她回忆说：

我把战争中的耻辱说出来，让大家知道从军"慰安妇"的惨剧。我曾经在华北日军军官俱乐部工作，军官俱乐部从业人员名称虽然好听，但说穿了只是相当于"艺妓"一类下贱的人员，说明白一点是日本军官"慰安妇"。有时候士兵的"慰安妇"，是遭受日本虐待与屈辱的朝鲜女性。但是我们的职业不管是艺妓也好，

"慰安妇"也好，但从日本出门时叫"女子报国队"。昭和十八年（1943 年）由旧制女校毕业后，立刻动员应征到军需工厂。不久生病回故乡。但是日本政府不准没有工作的人，生病快好时，管区警员来说："身体好一点，就应该为国家做一点事。"暗示我要回军需工厂。接着管区警员劝我说："在工厂容易损害身体，如果去慰问日本军人，对身体可能好一点，待遇不错。"我被骗志愿加入"女子报国队"到中国大陆。

在中国石门，同行的女性分组，我和其他三个到郑州，带我们去的男性是慰安所的老板。后来我们称他为"爸爸"。

郑州有日本第 12 军司令部，军司令官是内山英太郎中将，我在高级军官酒宴中担任酌妇，就是"女子报国队"的工作。我是以国家之名，当管区的酒女。没有几天我被迫和带着师团参谋肩章的少校睡觉，为国，为我，尽一身同体之责。

我把参谋的话记得很清楚，因为他是第一次陪伴女人。接着要我"为国一身同体"的是参谋部的下级军官。就这样，我成为日本政策下被迫从事军官"慰安妇"这个下贱工作。带着威严的军官们，绝不对我透露他的名字，我被介绍给少校、参谋们，在河南会战时，各师团的大人物，都要从我身上送出去。

司令部的军官俱乐部的大建筑物的墙外（司令部后来把我们迁入墙内），士兵们在埋头工作，只有军官司令部过着"酒池肉林"的生活。军官俱乐部有 5 个女子报国队员，在"爸爸"的监督之下，每日和十几个军官性交，也为地方工人和小孩服务。

军官俱乐部，我们的房间是个别的，也作住所及叫欢场所。我因酒和男人，损坏了身体。但每次都要用药洗涤，因此没有生病，一个月有一次军医检诊，我们没有休息。我们就是过着这样的悲惨生活。

（日本《中央公论》，增刊《历史与人物》1948 年 11 号；转引自殷岸：《战争暴行——随军妇女回忆录》，新疆大学出版社 1997 年版，第 16—17 页。）

2. 洛　阳

（1）掠夺中国女子充当"慰安妇"

日军占领洛阳后即由师团的后方参谋主持将中国的民居改作慰安所，并掠夺中国女子充当"慰安妇"。

（［日］吉见义明、林博史主编：《共同研究 日本军慰安妇》，日本东京三一书房 1995 年版，第 84 页。）

（2）日本军官口中的郑州"慰安所"

说明：宫谷重雄原是日本战车第 3 师团经理部的见习士官，一天他接到上司的命令去征集"慰安妇"。

"见习士官，快给我们建造军官用的慰安所！"

我吃惊地听到这样的话语……

我也曾在洛阳作战。经过月余的战斗，洛阳终于陷落了。几天后，师团的后方参谋就来找我说："宫谷少尉，紧急命令，赶快将民宅改装成军队用的慰安所，正好洛阳女子已经集中来了。"那时已经是很杂乱了。从大学出来参军后，不知道是什么原因，现在要来负责造"屁屋"，还要征集女子。尽管没有任何兴趣与热情，但却是上司的命令。我要求军队聘用人员去建造慰安所，把盐堆放到卡车上，然后到洛阳去猎女人。后来，听说是因为在包头建造成功了慰安所的缘故。

（[日]宫谷重雄：《我的战记很是可耻》，见新京陆军经理学校第 5 期生纪念文集编辑委员会编：《追忆》私家版上卷，第 146 页，苏智良译。）

3. 许 昌

（1）关于许昌日军"慰安所"的调查

时间：2002 年 5 月 17 日；采访地点：清虚街 68 号；采访人：河南大学教授孙建国

采访对象：邢国钦，76 岁，男，住清虚街 68 号；唐乐中，82 岁，男，住八一路劳动东巷 2 号。

慰安所地址：日军慰安所的地址在清虚街 97 号，现为许昌市结核病防治所办公楼所在地　电话：0374-2180181。

（关于地址的调查已经为多人证实）

孙：慰安所的地址在哪儿，您还记得吗？

唐：记得。地址在清虚街南头十字路口有座楼（就是指现清虚街 97 号），日本人就住那里，因为有的时候我们也和日本人打招呼，有印象。究竟里面是不是全是日本人，因为没有接触过，所以不是太清楚。但是，就知道全是妓女。

孙：那里有没有中国妇女？

邢：里面有没有中国人不知道，但是知道有韩国人当妓女，她们住的地方就是现在的结核病医院那里。因为那时是小孩，我们不怕日本人。

孙：慰安所有没有名字？

唐：那时间名字叫洋面公司，具体的妓女人数不是太详细，但是有几十个人。房子有三、四间。日本鬼子也不是天天都去，是日本人下来的时候才去。日本人过军队的时候我们还和日本鬼子"打禅"（河南地方方言就是开玩笑的意思——访问者）。关于有没有强拉中国人做妓女的情况，没有听说过，但是做坏事、强奸中国女人的情况有。日本鬼子在乡下强奸女人的事情是有的。当时正东有个平等街，我在那里教学，教学的时候知道日本人和翻译一起做坏事情，强奸女人。

孙："慰安妇"平时穿什么还记得吗？

邢：日本鬼子带的妓女都是穿的木头板鞋（指木屐），后面背个大包。夏天吃水都是中国人给她们挑去，有时候她们也用水泼小孩子。

孙：那时，日军有没有强暴中国妇女的情况？

唐：要说坏，日本人路过时，也有猥亵中国女人的情况。

邢：日本鬼子有时候还强拉中国女人，做强奸女人的事情，中国女人就跑，就躲。在农村在大寒（地名，按发音）住的多，是个村。

唐：在上集住的多，那时我在庄村，日本鬼子夜里起来装赖（干坏事）。有件事情我比较清楚，有几个日本鬼子来到我们庄村那里到一个农民家里找女人，有时候夏天女人没有穿衣服，光着上身凉快，这时日本鬼子突然来到，没有防备。日本鬼子要找这个女人的时候，这个女人就叫，结果全村的人都过来撵日本鬼子，日本鬼子就跑了。所以有时候就把这个事情当成个笑话来谈。这是个实际的事情。日本鬼子在许昌有几个地方住，但是在许昌住妓女明显的就是这个地方。

孙：日军是不是也找中国妓女？

邢：日本鬼子有时候也找中国妓女，那时中国妓女一般集中在南关那一带，那时叫大同街，现在叫胜利街，日本鬼子也是去掏钱找妓女。是个生意，是一个商业的交易行为。

孙：今天谢谢两位大爷。

（2）中国见证者口中的许昌日军"慰安妇"

许昌沦陷期间，日本女到男澡堂里洗澡，这在我国的风俗习惯上还是件新鲜事儿。在日伪统治下，我作为一个普通澡堂的内务掌柜，不得不奉命开放，同时交代伙友们对这帮异国的女顾客要小心招待。我不懂日本语言，可从她们那种忧伤的表情和用大东亚话加手势比画的交谈中，得知她们都是日军的随营妓女（即"慰安妇"），而且生活十分痛苦。

有三位女顾客常到我们澡堂来"福禄"（洗澡），多次的接触，我们逐渐熟悉起来。

米兹苟（光子），是一位三十来岁的日本女人，高个头，长脸形，有雀斑，性格乖僻、悭吝。她头一次来澡堂洗澡时，就借口伙计打翻了她的妆盒而大发脾气，立即叫掌柜的说话。我们再三道歉，她仍喋喋不休，最后以拒付澡资了事。此后，她又来洗过几次澡，临走时老是这样说："掌柜的说话，我的，澡钱的没有。"可能是她真的没有洗澡的钱，每逢见到我时倒是面带愧色，有些腼腆不安。经过两次与她谈话，她用那啃啃巴巴的中国话说：家住加盘（日本）长崎，家有妈妈，小女孩。金票（钱）的寄回去。来支那（中国）两年了，在济南、开封待过，俺得吉来一得斯乃（面子长的不漂亮），年龄大，不能侍候太君（日本军官），只有小小的（指士兵）玩，金票的没有，福禄的行？（洗澡可以吧？）她道出自身的"贫"和"贱"，这可能是日军营妓普遍存在的一种真相。

一吉玛路（爱子），是一个十八九岁的朝鲜女郎，矮个子，瘦骨伶仃，乌黑的头发，常束两个爬角儿。她很爱打扮，浴后常用半个小时来进行化妆、擦水粉、描眉、施口红、束发等。常带她一起来福禄的是江岛翻译官。这个江岛不是日本人，是朝鲜人，名叫李世九。他是跟随日浪人面川、木乃勇来许昌办酒精厂的。他通晓日语，又说得一口流利的中国话。这人讲点义气，做事圆滑，与我们柜上打过多次交道。我和他有一面之识。他在与我闲谈时，说过一些关于爱子的身世和遭遇。爱子是南韩人，与李是同乡，她刚刚读完中学，就被日本人骗到中国来了，谁知竟落为营妓，干起了皮肉生涯，小小的年纪，已被糟蹋得不像样子了。如今，她身体很弱，神经上失常，少言寡语，睡梦还直叫妈妈。她侍候太君丢东忘西，礼貌不周，为此曾多次挨打。李之所以常带她来洗澡，是因他念及同乡之谊，可怜她，救济她，安慰她。他俩来洗澡时，并不坐在一个房间里，佯装并不相识，他们也害怕被太君发觉了要出祸事。李还不断为她取药看病，看来这个朝鲜人还算有点仁人之心。

给米苟（君子），朝鲜籍，二十来岁、中等身材、风姿绰约，洒脱标致，脾气古怪，身着黄色和服，足蹬木屐，是群妓中的佼佼者。她来澡堂洗浴，其华贵高人一等，所用各具化妆品，均属精品。浴后还要让下活儿修脚捶背，出手很大方，有小费赏钱。顺心时把大捧的糖块和炼羊羹一类日本糕点给伙计们分尝。若稍有侍候不周，她发起脾气又叽里呱啦地举手打人。据江岛（李世九）说："她是个应召女郎，不断到西大街宪兵队和天平街兰机关（特务机关）去侍宴，和许昌最高指导官志光打得火热，是个红人。"她还有点文化，能写中国字。有一次浴罢临走时，她来到我柜台边，由于语言不通，她要我拿出笔墨、水牌，在上边歪歪斜斜地写了两行大字："你的生意大大的好，我们的打英米。"这个女人不寻常，她已经日化了，我对她打了个问号。我一再交代伙计们要谨慎小心，对这种人要"敬鬼神而远之。"果然，后来她又来洗澡时，已换上了日本军服。

在一个偶尔的机会里，江岛带我到她们的住处去找柏苍军医，为我澡堂伙友治病，使我得以亲眼目睹这些营妓们生活的一斑。

许昌随军营妓的住地在南大街中段路西（今新华书店对过）的一个深胡同里，门口挂着一块日文的白木牌子。走到胡同尽头向北一拐，进入一个阴森森的大院（原是石固牛家住宅），院内棚下拴着两条日本大狼狗。西屋楼房已经加以改造，楼上下横七竖八地隔了许多房间。当我们找到西米苟（花子）的房间时，见到柏苍军医席地躺在一张榻榻米（用草垫做成的卧床，长七尺，高二寸）上，西米苟赤着上身就跪在他的旁边。外边虽是腊月天气，室内倒也温和，原来榻榻米上的两双夹被，盖在了脚头的一个木架上，架下放置一个炭炉，热气直透到被筒里。室内除有简单的衾具和饭盒外，别无长物。侧耳听去，楼上的各房间里时而发出马靴踏着地板的嘟嘟声，东洋刀佩链的哗啦声，日军的大笑声，营妓们的唱歌声，这副局面真使人毛发悚然不寒而栗了。

（张德禄）

4．安　阳

在街头劫走两车妇女充当"慰安妇"

1937 年 11 月 5 日，日军攻陷安阳，侵入河南，次年又攻占新乡以南地区。"河南作战"的主力是第 3 师团和第 5 独立旅团，他们部队的尾部都有一支"慰安妇"的队伍。"她们身着军服，跟在辎重队的后面，默默地走着。"[①] 如果缺少"慰安妇"，日军便纠合一小撮民族败类，掳掠中国女子。他们推行治安强化运动，在各个城市，均设立供日本人和军队玩乐的妓院，如安阳一个小小的县城内，仅

---

① ［日］金一勉著：《天皇的军队与朝鲜人慰安妇》，三一书房 1976 年版，第 118 页。

前街一条路上就有妓院 100 多家。①此外，日军在安阳街头还劫走两汽车的妇女，以充当"慰安妇"②，就这样，日军普遍设立了慰安所。

（苏智良）

5. 信 阳

信阳日军"慰安所"

日军到处抓捕中国妇女充当"慰安妇"。1938 年冬，日军侵占豫南重镇信阳。"日军每到一处，对未及逃走的妇女，除先行强奸外，还将青年女子带到县城内，开设了近 10 个'慰安所'、'花乃家'以供日军发泄兽欲。不仅县城里设有'慰安所'、'花乃家'，连日军占领的集镇上也设有'营妓'。"③曾是日军吕集团重炮兵队伍长的老兵回忆道，战时，他所属部队正在河南南部与国民党军队对峙，他因伤而到信阳休养，在信阳接受了"慰安妇"的"慰安"。"慰安妇"有日本人和朝鲜人，而中国人最多，在慰安所，付 1 元军票后就排队等候，进去后要赶快干，连说话的时间也没有，到 1941 年左右增加到 2 元。他们把慰安所称之谓"大众厕所"：需要时进去，"用"完出来便可，下一次需要了再进去就是了。

（［日］《性と侵略》，第 115—118 页，苏智良译。）

6. 虞 城

日本士兵口中的虞城"慰安所"

1942 年夏，日军第 59 师团驻守河南，当时，菊池义邦时任分队长，他们的部队驻在虞城、夏邑和永城等地，刚到虞城，中队长便打算到随军的日本处女"慰安妇"那儿去过一夜。这需要 70 元钱，因此中队长命令菊池等人去设法弄钱。

---

① 河南省地方史志编纂委员会、河南省地方史志协会编：《抗日战争时期的河南》，1985 年印行，第 322 页。

② 中共河南省委党史工作委员会编：《侵华日军在河南的暴行》，河南人民出版社 1989 年版，第 23 页。

③ 李秉新主编：《侵华日军暴行总录》，河北人民出版社 1995 年版，第 944 页。

于是，菊池冲进了一家中国肉店，抢了一头猪卖掉，完成了任务。菊池还回忆道："离虞城约 10 里（日里）地有个叫侯庙的村庄，那里派去一个十五人的分队。分配给这个分队一个'慰安妇'。不仅解决性欲问题，还帮助做饭、洗衣等家务劳动。不久，这个村庄遭到袭击。我们接到无线电报告后，立即前往增援⋯⋯但看到那个'慰安妇'蜷缩在旮旯里颤抖的时候，有一种奇异的感觉。"

（[日] 森山康平著，天津市政协编译委员会译：《南京大屠杀与三光作战》，四川教育出版社 1984 年版，第 54 页。）

7. 邓 县

邓县日军"慰安所"

1945 年 4 月，日军占领河南邓县县城后，在县城东河街设立一个慰安所，外面挂着一块牌子——"慰安团"。里面尽是被日军抓来的中国妇女。不仅如此，日军还任意在夜间到街上奸污妇女。仅 4 个月的时间里，日军在城关地区共奸污妇女达 500 多人，甚至连 50 多岁的老媪也不得幸免。

（中共河南省委党史工作委员会编：《侵华日军在河南的暴行》，河南人民出版社 1989 年版，第 253 页。）

8. 兰 考

日本士兵口中的"慰安妇"

三田和夫战时是第 117 师团的一个少尉，他的部队驻扎在河南的考城县（今属兰考县），部队设有规模很大的慰安所。各部队由上级指定日期到慰安所去，里面都是日本妇女。他回忆说："长期的驻屯生活中，和同一个'慰安妇'一起过日子，觉得就像是自己的老婆一样。士兵们也不再那么贪婪了。他们感到随时可以解决问题。她们因此也像成了驻屯部队的一员。还可以比作装饰品吧，而没有'慰安妇'的驻屯部队，就像没有点心的孩子似的不像样子，因此，士兵们都很珍视她们。"

（[日]千田夏光：《从军慰安妇》，双叶社 1973 年版，第 85 页。）

9．辉 县

中国见证者口中的获嘉县日军"慰安所"

我生于 1929 年，河南省辉县穆家营人。穆家营在 1959 年前属于获嘉县。1936 年因我父亲李连玺（字印甫）在获嘉县民众教育馆工作，伯父在获嘉县城关做生意，全家迁到获嘉县城里，在南门里租赁耿姓、刘姓的房屋居住。1937 年冬，日本侵略军的魔爪伸过来了，在慌乱中又逃回穆家营。第二年农历四月十八，穆家营遭土匪劫掠，情景极惨。无奈又迁到获嘉县南门里。这时的获嘉县已经处于日本侵略军的铁蹄之下。

当时，日本侵略军在获嘉县的驻军约有百来人，还有一些宪兵，军营扎在县城中心原民众教育馆。日本侵略军的军营在四个城门，都有日本侵略军的士兵站岗。中国人进出城门和从日本侵略军军营经过，都必须向站岗的日本兵深鞠躬，才能通过，否则就会遭到责骂和毒打。他们就是这样来侮辱我们中国人。日本侵略军在获嘉县城内设有一个宣抚班，由一两个日本军官负责，配有翻译馆。1939 年，宣抚班的日本军官姓吉田，翻译官姓程。宣抚班的主要工作是进行反动宣传，经常散发一些印刷品，宣传中日亲善，同文同种，共存共荣，宣传建立大东亚共荣圈，建立王道乐土。他们经常组织、吸引一些小学生去他们那里玩，利用孩子们的年幼无知，帮他们散发宣传品。我就是那些孩子中的一个。

1938 年秋，驻获嘉的日本侵略军到城南扫荡，一次就把一个大辛庄烧光了；回来时，押着被抓的青壮年农民，用绳子捆上每个人的一只胳臂，连成一串，大约有二三十人。我亲眼看到这些被抓的农民从我家门前走过。

1939 年冬，日本侵略军在新乡展开群众大会，附近各县都组织很多人去参加。我当时在获嘉县第一小学上 5 年级，还不到 11 岁，从来没有离开过家，也得背上个行李卷前去。大会是在旷野地里开的，人很多，风很大，黄沙飞扬，遮天蔽日。虽然架着高音喇叭日本军官和伪政府官员的讲话也很难听清楚。给我留下的印象，他们召开大会，就是要大造声势，宣传中日亲善，共存共荣，为他们野蛮侵略中国涂脂抹粉。

1939 年前后一段时间里，在获嘉县城里日本侵略军军营的两边，有五六个外国女人在路南的一个小院里住着，从服饰看，不像是日本人。她们是干什么的？

很可能是被强征来的"慰安妇"。

日本侵略军奸淫中国妇女，作战部队是随时随地疯狂进行的。他们号住房子，专挑家里有年轻妇女的住户。我家租住的院子里，就住过日本侵略军士兵。从我家出门上街，需穿过一个宽约3米、长只有3米多的过街棚子。棚子的南侧，有一条宽约20厘米的小水沟。雨水和日常生活废水都经过这条小水沟排出。当日本侵略军住在那里的时候，有一天，我发现那条小水沟中有两三个白色薄橡胶小袋子。当时不知道那是什么东西，也没有多想什么，但在我脑子中留下的记忆是很清楚的。直到解放以后，我才知道那是用过的避孕套。那些被丢弃在小水沟里的，显然是用过的避孕套，就是日本侵略军奸淫中国妇女的罪证！那时候，在当地的中国市场上，根本没有避孕套这类商品。日本侵略军所使用的避孕套是从哪里来的呢？只有一个可能，那就是来自日本侵略军的军需部门。这说明日本侵略军士兵这样肆意奸淫中国妇女不只是当时士兵的犯罪，而且是整个日本侵略军的罪行。在日本侵略军这样疯狂奸淫中国妇女的罪行中，有一件事更是想起来就令人发指。我奶奶曾告诉我说，有一天，她正在过街棚子里坐着，隔路对过那家的家门槛上坐着一个日本兵叫她过去。她过去后，那个日本兵拿了一个小橡皮布袋（即避孕套）叫她套到他的阴茎上。这头日本野兽疯狂到什么地步。要奸淫我们的年轻妇女时，竟还要侮辱、戏弄我们的老人！

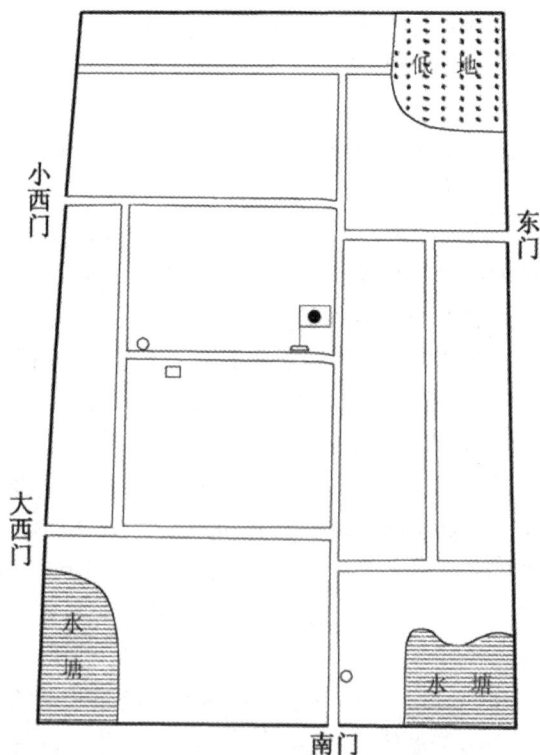

获嘉县城区简图,其中有太阳旗的是日军兵营,圆圈处为日军宣抚班所在地,长方形处为"慰安妇"受辱之所。

(《李钰山致苏智良的信》,2001 年 10 月 18 日。)

附记　李钰山,河南省社会科学院副研究员。2003 年 4 月 22 日,李先生再次将其文章誊写寄我,并在河南省郑州市文化路河南省社会科学院老干部处的通讯地址处按下大红的手印。

(苏智良写于2003 年 4 月 25 日。)

10．舞　钢

舞钢的中国"慰安妇"

舞钢市为平顶山市所辖之县级市,位于平顶山市区东南 80 多公里。出舞钢市东南 15 公里,有一尹集镇。该镇于 1945 年初被日军占领。1945 年 2 月 11 日凌晨,日军调集朱兰店、大石门、严集三个据点的 1000 多名日伪军,向驻守在唐寺沟、仓房等地的新四军发动进攻。经过激烈的战斗,新四军牺牲 11 名战士,终因寡不敌众而撤退。当日军对新四军根据地进行疯狂的血洗,尤以妇女为主要迫害对象,从而制造了一批强暴和性奴隶的惨案。现在这些受害者大多已含冤离开人世。经过初步调查,已发现 3 名幸存者。

苏明娃,1930 年生,今年 70 岁(2000 年),现居舞钢尹集镇娄房湾村。1945年 2 月 11 日,日军洗劫娄房湾,将当时年仅 15 岁的少女苏明娃抓走,在日军据点里,遭到 10 多名日本官兵的轮奸。日军的摧残使苏明娃几经昏死,险些丧命。经过一个时期,日军开始撤退,苏明娃才逃脱虎口,当家人把她抬回家后,经长期治疗休息,才逐渐康复。但留在心灵上的创伤,至今不能愈合。

刘玉花,尹集镇仓房村人,已去世。1915 年生(?)。儿子于雨,现在该村务农。1945 年 2 月 11 日,她也是被日军官兵抓走而遭受长期的侮辱。提起往事,她的家人至今仍悲愤万分。

柴珍,尹集镇唐寺沟人,已去世。1918 年生。1945 年柴珍嫁至唐寺沟刘海全为妻。2 月 11 日,她被日军抓走后,遭到数名日军的轮奸,这样,每日反复,她的身体受到极度摧残。当日军撤退后,家人将她接回家时,已重病缠身。尽管

139

家人千方百计请医抓药，但柴珍仍没有好转。一个多月后，柴珍便离开了人世。现在还有他婆家的哥哥刘全义一家，要求向日本讨回血债。

（张国通）

11．新　乡

日军在新乡强虏妇女充当"慰安妇"

1940 年 4 月 13 日，日军第 35 师团突袭新乡地区，抓走妇女 82 人，在遭受百般凌辱后，有 9 名妇女上吊自杀，19 名妇女在长时间蹂躏中，相继被虐杀，其余的 54 名妇女被押送到山西大同，关入"慰安营"，继续供日军发泄兽欲。

（江浩：《昭示：中国慰安妇》，作家出版社 1993 年版，第 29 页。）

12．朱　仙

日军在朱仙镇强虏妇女充当"慰安妇"

1941 年 12 月 13 日，日军队长小林率队夜袭朱仙镇的大律王庄，抢走男女青年 240 多名，运至开封，16 日，其中的部分美貌姑娘分配到"芙蓉队"即慰安所，供日军淫乐，其余再运往抚顺下井挖煤。

（政协开封县文史资料研究委员会编：《开封县文史资料》，1987 年印行，第 1 辑，第 40 页。）

13．鲁山、张良

日军在鲁山抓捕妇女组成"慰安队"

直到日军即将战败的 1945 年春夏之交，日军仍在鲁山县城、张良等地，抓捕青年妇女 10 余人，组成"慰安队"，供日军奸淫。

（鲁山县地方志编纂委员会编：《鲁山县志》，中州古籍出版社 1994 年版，第 303 页。）

14. 日军要各村选送青年女子

被占领村庄，每保勤派选送青年女子二十名，供敌轮奸，缺少一名，即逼令折缴一百二十元，以作罚金，并令住户妇女，不准逃走，昼间头戴鲜花，在家裸体操作，任其调笑轮奸；夜间不准闭门，以供随时泄其兽欲。乡间树上，时发现有因受辱自缢之妇女尸体。

（《敌在豫东尉氏烹食儿童轮奸妇女》，《新华日报》1938 年 7 月 18 日。）

（十）山西

1. 太　原

（1）"察院后"日军"慰安所"

太原城最繁华的钟楼街背后，是一条狭长的小巷。巷后"察院后"，全长约300米，错落连贯着三四十幢院子。民国时期，这里曾云集省内外会馆，建筑较之一般民房，不论大门、宅院，都显得气派些。如今，虽然岁月蒙尘，风雨剥蚀，39号院的安徽会馆，32号院的大同会馆，18号院、19号院的长治会馆，13号的两江（浙江、江苏）会馆，仍依稀看得出当年的风华。

1937年秋，日本侵略军的铁蹄踏进山西，11月8日太原失陷。过了年，当逃难的市民返回城里时，看到汾河冰面上冻僵着罹难的生灵。而市中心的"察院后"，也不再有昔日的风采。联通四方、纵论南北的会馆，已作鸟兽散。巷子里的住户，胆小的不敢再回家；几家胆大点的，陆续回来做自己的营生，有的摆小摊，有的当裁缝。后来，这里就作了为日军提供性服务的慰安所。"察院后"的记忆深处，斑斑驳驳刻下了女性的血泪，民族的耻辱。

灯红酒绿中，慰安所的服务女在精神和肉体上遭受着异族的践踏。她们像上班一样，有纪律有任务，这个馆子的不许到那个馆子去。有时一天得接待十几个日本兵。通常下午四五点钟，服务女们对着水银镜子，搽脂抹粉打扮起来。一到天黑日本人就来了，洋刀皮靴，提哩哐啷响，见了人唔唔叫。有时喝得酒醉醺醺，争风斗殴，放恣兽欲。巷子里的住家户，门插得紧紧的，没人敢出来。就是白天，"不是这条街上的中国男人，也不让进来。过路的只能直行，住户不许乱走动，否则就打死你"。

住在"察院后"的老人们说，日本人到这里，通常是三种服务、三个价码。一曰"拉铺"，即脱衣服上铺，付一元左右。二曰"上盘子"，三四个人请客，叫来服务女猥亵侮慢，交七毛八毛。三曰"关门儿"，关起门来，用十分八分时间提供性服务，只花两三毛钱。

驻山西的日本派遣军第一军，为了保证侵略军的战斗力，十分重视慰安所性病的检查。39 号院当时是一所大馆子，院内的房子被改造成一个个小间，木格格拉门，里边是"榻榻米"。"慰安女"从院门被带进来，要先到一间紧靠门洞的屋子检查身体。以后每星期检查一次，发现性病立即停止接待，否则追究老鸨的责任。

1945 年 8 日，中国抗日战争和世界反法西斯战争胜利。按照《波茨坦公告》，日军必须立即解除武装，驱逐出中国国土。但是在山西，却有万数日军和其他身份的日人有组织地"残留"下来，帮助军阀阎锡山对抗中国人民解放战争，图谋军国主义东山再起。"残留"期间，日军继续保留了"慰安妇"制度，并留下原始档案记录。档案中记载的这处慰安所设在旧城街，但亦可印证察院后慰安所的管理办法和管理制度。档案原文如下：

通　　知

接六大队下述通报，特予转达：

现由保安第六大队经营之特殊慰安所，从 25 日起面向日人开放，望周知。

1. 场所：旧城街四道巷老牌十四号。

2. 游乐时间：平时——17：00 时始；周六——12：00 时始；休息日——10：00 时始

3. 游乐费：闲间——7000 元（丙）；开盘子——10000 元；一小时——10000 元（乙）；明花——30000 元（甲）　茶水费为 10%

4. 方法

（1）凭票游乐，票分甲、乙、丙三种。

（2）从日籍管理人处买票，游乐时交于接待妇。

（3）接待妇每周进行两次检查，但仅为肉眼检查，即便合格也并非绝对安全，请予以严防。

（4）奉劝自我约束，勿因醉酒而受中方警宪盘查训斥。

（5）所内配备物品如有破坏损失，应照时价足额付资。

（6）不可对接待妇直接委以金钱。

街道和巷子应该是有记忆的，它是一座城市的历史。半个世纪过去了，人们在钟楼街繁华闹市中购物，熙熙攘攘。关于"察院后"的记忆，似乎已经模糊起来，只残存在小巷深处。只是有一年，这里曾回来个女子，一进巷子就呜呜痛哭。她 14 岁被卖到"察院后"，遭受日本兵恣意凌辱。所有的苦痛、愤懑和不堪回首，都融进滂沱泪水中。女人哭红了双眼走了，消失在不知所去中。但是，对于日军占领期间"察院后"的这段往事，不能在中国人的记忆中消失……

（孔繁芝　赵永强）

（2）战后日军在太原的"慰安所"

2001年8月，笔者在查阅山西省档案馆所藏残留日军档案过程中，偶然发现一份题为"连络"的日文材料（内容同前），虽仅有一纸数百余字，但内容却涉及罪恶的日军"慰安妇"制度，说明即使是在第二次世界大战结束之后秘密残留山西的日军部队中，"慰安妇"制度仍然顽固存在。这一份材料的发现，对于日军"慰安妇"制度和残留山西活动的研究，都具有很大的价值。

① 对成文时间与责任者的判定

上述史料为日文手写稿，没有署明形成时间和发文者。这与文体类型有关。"连络"是旧日本军队中通用的一种较为平常和随意的文体，仅起"通知"作用而已。但从档案内容、载体形制方面，完全可以判定这是残留日军指挥机关山西保安总司令部在1946年6月至1947年3月间下发所属日军的通知材料。日本军队战后残留山西，先后以铁路护路总队、特务团、山西省铁路公路修复工程总队、山西保安总司令部、山西野战军司令部、陆军暂编独立第十总队、太原绥靖公署教导总队、炮兵团的名称延续存在。称"保安大队"时期正是1946年6月至1947年3月间，当时残留日本武装被集中改编为第一至第六保安大队和一个通讯队、一个工兵队，归属赵承绶为司令的山西报安总司令部，元泉馨、岩田清一等残留要人实际负责。文中特殊慰安所的经营部队"保安第六大队"是元泉馨（原日军独立步兵第十四旅团少将旅团长）的嫡系部队，当时驻扎在太原城南大营盘，大队长为布川直平（中文化名傅直平，1948年晋中战役中被毙），是残留死硬分子，1945年日军投降时任元泉馨十四旅团第244大队大尉大队长，曾以投降为名引诱解放军一个连进入沁县城受降，然后闭城歼灭，犯有血债。

档案载体为八开"东京·丸山纳"日本陆军用纸。题名为"连络"下加盖"袁雄文印"篆体私人方戳，袁雄文本名远谷文雄，是当时保安司令部涉外科科长，负责日军内部和对外事务的交涉。正文之上帖附收文签字条，分别有一大队、三至六大队及通讯队、小羽［根］队（小羽根健部队）等所属签字。五大队的收文签字从另一侧面说明该"连络"（联络）产生于1947年5月前，因为正是5月份解放军解放阳泉战斗中保安第五大队全部被歼，不复存在。

② 关于正文的说明

1）特殊慰安所所在的旧城街四道巷是解放前太原市的妓院集中地带，从前清末年到民国时期一直如此，人称"北京有八大胡同，太原有四道巷"，沿太原西南旧城墙（现在的迎泽大街）下南海子附近自东向西分别排列着南北向的头道巷、二道巷、三道巷、四道巷，都为妓院所占。在今天太原市南海街附近，还存在有头道巷的北半部分。1937 年日军占领太原后，外地会馆集中的察院后街被日军占领当局辟为日军慰安所集中地（会馆所有者逃亡一空，房舍好而又集中），当地土娼只能集中于四道巷一带。日军战败投降后，为稳定残留日兵军心，解决其性欲问题，残留主谋者曾想过许多方法。除鼓励与中国女性结婚、动员引进日本国内年轻女性来晋残留结婚外，开办只面向日人开放的特殊慰安所是其又一罪恶伎俩。

通知中指明场所地址为"四道巷老牌 14 号"，"老牌"指"老门牌"，之所以谓称"老门牌"主要是因为日占时期的门牌编号这时已有变化，在旧有建筑之间搭建起不少新的房舍，编为"甲字 14 号、乙字 14 号"，等等。

2）"限于日人开放"、"不可对接待妇直接委以金钱"的规定，说明残留日军的这种特殊慰安所完全继承了旧日本军慰安所的性质，而绝不同于一般性质的妓院。"奉劝自我约束，勿因醉酒而受中方警宪盘查训斥"，是因为四道巷从来即为是非之地，阎锡山军也有禁止嫖娼之规——1948 年元旦曾有人因在四道巷妓院嫖娼滋事，被公开于市中心桥头街以利斧斩头示众，引得全市震惊。

3）"闭间"、"开盘子"为太原嫖客行话。"闭间"又称"拉铺、拉铺盖"，是最低档次的嫖娼行为，一般直接入室，仅限十几分钟便有鸨头来赶，所以法币7000 元即可。但如果够一小时，便收费 10000 法币。"开盘子"略高一档，可以挑选妓女，但只限于喝茶嗑瓜子陪吃陪喝聊天，因为要端盘送碗服务，所以又称"端盘子"。"明花"一词既非日语又非当地惯用语，可能为汉语"开苞"转来的日汉结合语，日本汉字"开"和"明"都可以读作"阿开"，但"苞"的意思却是"草包"，而"花"的意思则与中文"苞"意相近，故以"明花"表达"开苞"的意思。因为接待妇为处女所以价格最高。另外，"游乐"一词在原稿中用日文"游兴"表达，意为狎妓饮酒，太原土语为"逛窑子"。

③ 这一史料发现之意义

关于旧日军"慰安妇"制度的研究，是对日本侵略战争性质揭露的一个重要课题。日本军队在二战期间胁迫众多善良女性实行性奴隶制度的历史事实，人证物证俱全，已为世人普遍认识。战后残留山西的日本军队明确提出以"复兴皇国、恢弘天业"为理念,完全继承着日本军队的军国主义性质和衣钵。残留日军开办慰安所史料的发现,扩展了这一史料的重要性是不言而喻的。然而,"慰安妇"研究又不仅仅是历史课题的探讨,它还具有很强的现实意义。战后日本政府一直故意回避历史事实,拒绝正面承认"慰安妇"制度的罪恶,拒绝中国和韩国受害"慰安妇"索要赔偿的正义诉求。这种"背着牛头不认赃"的无耻行为受到正义力量的极大谴责。2000 年 12 月 8 日至 10 日,国际上一些妇女民间团体和当年遭受过日军性迫害的"慰安妇",在日本东京设置女性国际战犯法庭,对第二次世界大战前及战争中日军实施的性奴隶制度及其他的对女性的性暴力犯罪者开庭模拟审判。指出"日本军队在亚洲太平洋战争(1931—1945 年)期间实施的性奴隶制度(即'慰安妇'制度)是本世纪(20 世纪)最大规模的战争性暴力。那些被害妇女们在 90 年代开始打破沉默,提出控诉,要求恢复正义和人权。但是,即使是在战争已过去半个世纪的现在,具有加害责任的人和国家,仍没有认罪的言论、谢罪并进行赔偿,而很多的受害妇女却已死亡"。

作为日本侵华战争重灾区的山西省,在省城太原及各地都发现当年有大量日军慰安所的存在。1995 年 8 月,四位山西盂县受害妇女在高龄之年勇敢地站了出来,向世人揭露那曾经发生的一幕幕人间惨剧。她们曾经出于羞耻而长期保持沉默,当她们进入人生暮年的时候终于鼓起勇气,拿起法律武器,起诉日本政府,要求承担侵害责任并且进行道歉和赔偿。2001 年 5 月 30 日,她们等来了出自日本东京地方裁判所的一份 96 页的判决书,尽管文字冗长,亦不否认起诉事实,但核心只有两个字"驳回"。其中的一个离奇理由竟然是"国家无答责",意思是日本国家不应当承担责任。如此诡辩,可谓荒谬,这也足以说明正义战胜邪恶的道路的漫长艰巨。进行历史研究、揭露事实真相的意义和责任也在于此。

(赵永强)

2. 运　城

日本见证者口中的运城日军"慰安所"

1937 年应召入伍的第 20 师团经理部的中村信,曾在华北作战,战后他曾担任共同通讯社的报道部长。他回忆了 1938 年第 1 军经理部管理"慰安妇"的事情:

激烈的战斗和在险峻道路上的强行军，就这样度过了一年。20 师团无论哪个部队几乎均还未设立慰安所。但在运城（山西）并没有遭遇到大战役，部队也较稳定时，经理部考虑开设慰安所。

有时我需要去太原出差，部队就让我来征集"慰安妇"，一次我与两个士兵去太原，火车竟多次遭到游击队的袭击。太原设有第 1 军司令部，日本的商社也堆积了很多的物资。从山西的山坳里来的我，看了之后竟有来到另外一个世界的感觉。在军的经理部遇到了准备开往前线的一些"慰安妇"。

朝鲜妇女一行，老板是日本内地人，一行共 30 人，决定去运城。但像这样团体地去前线是很费周折的，因此花了 3 天才搞好。

运城北面的角落的一个民居，设立了慰安所，是经理部的设营班找到的房子。里面排放了装罐头的空箱子，铺上被褥，就成了她们的房间和工作场所了。第一天早晨，运城慰安所便热闹地开张了。每个女人的房前排着 10 来个士兵，士兵完事后仍穿着鞋子、打着绑腿，静静地与下一个士兵交替。时而有女人打嗝似的声音。一天下来，每个女人要接待 30、40 人。

军官们在另一幢房屋里，有 5、6 个女人专门侍候。每人约使用 30 分钟时间，当然还不是非常从容的。

（[日] 中村信：《大草原》，日本青云社 1971 年版，第 29—32 页。）

3. 闻 喜

日本士兵口中的闻喜日军"慰安所"

1943 年 10 月到 11 月，在第 37 师团第 37 步兵兵团司令部情报室担任勤务兵长的 B（匿名），驻扎在山西闻喜横水镇。他们对共产党的根据地进行扫荡。对妇女的暴行至少有 40 件。其中有强奸罪，强奸已婚女子，强奸幼女，将国民党中央军的一个大队长的妻子拉来强奸，强奸共产党控制区的一般女性，对工作人员妻子的强奸等。在河底镇有慰安所，那里有"公娼 4 名，私娼 8 名，食堂劳动的女子 4 名"，进行侮辱。B 曾经在共产党根据地强奸女子 7 人，其中有抗日战士的妻子、工作人员的妹妹等。这些当然是报复性地侮辱。有时还将少女和已婚女子抓来，成为日军的专用性奴隶。据 B 所知，至少开设了 3 个慰安所。

（日本战争责任资料中心编：《战争责任研究》第 23 辑，苏智良译，第
22 页。）

4．交　城

征发十三至十七岁之幼女十五人

山西交城日寇自三十日开往瓷窑沟，沿途搜抢猪羊财物，并焚毁民房数十间。
城内敌军则向附近村庄征发十三至十七岁之幼女十五人，分为两班，轮流调换，
供其兽欲。

（著者无，左铭三序：《抗战第一期之日寇暴行录》，中央陆军军官学校
第二分校 1940 年版，第 19 页。）

5．曲　阳

将 472 名妇女运往东北

1941 年秋季，日军捕捉妇女运往东北。曲阳郑家庄，敌人用汽车抢走我 472
名妇女同胞，运往东北当妓女，作牛马。在灵寿运走者更多，而各地被捕之妇女
被奸后，凡稍具姿色亦被运走。

（《日寇奸杀中国妇女的暴行》，联合出版社，1943 年 4 月 3 日。）

6．盂　县

中国"慰安妇"在盂县"慰安所"

（1）刘面换受害自述

我生于 1927 年 6 月 28 日，住在山西盂县西潘乡羊泉村。幼年时与父母一起
生活，没有什么忧愁。

1943 年，那年我 16 岁。记得是 3 月，是采柳叶、榆树叶吃的时候，那天的
天气很好，我们一家早晨吃了早饭，妈妈在炕上，爸爸去地里干活了。这时一队
日本兵进了羊泉村，包围了村庄，日本兵让翻译官高叫着："开会"，"开会"，所

有的村民被日本兵赶到草堆边的空地上，全部蹲下。有个约30岁左右的军人，汉奸和日本兵叫他"毛队长"。然后日本兵就开始在里面寻找"花姑娘"。这个"毛队长"走到我面前，瞪眼看着我，让翻译对我说："你长得特别漂亮。"这样我被日本兵挑上，五花大绑地与刘二荷、冯壮香等其他女孩一起，被押上了路。路上我不停地反抗，遭到日本兵的毒打，结果左肩骨错位，至今变形，左臂活动不便。

大约走了三四个小时，我们被日本兵押到了进圭社村，关进了日军的据点。当天晚上，就有两名日本兵强奸了我。以后日本兵开始白天黑夜地轮奸我，每天至少有5—6名日本兵进来。"毛队长"每天晚上来强暴我，队长走了之后才轮到士兵。那时，我因为只有16岁，还没有月经，遭到日军的摧残后，下身糜烂，全身浮肿，子宫受到很大的伤害。坐不能坐，站不能站，只能在地上爬，连上厕所也只能爬着去，每日的生活如地狱。

我的房间门口由进圭社村的汉奸轮流看着，无法逃跑，我当时的身体状况也根本不可能逃跑。一天只能吃两顿，是由当地人送进来的，每顿只有一碗玉米粥。我曾经想死，又想念着爹娘而忍耐着。这时，进圭社村的亲戚知道了我的情况后，跑到羊泉村去告诉了我的父母。我父亲把家中仅有的一圈羊给卖了，得了100多银圆，便跑到进圭社村去，求日本兵，他趴在地上磕头，求他们开恩放了女儿，日本兵再三说，身子养好了，就送过来。

当时我已关押了40多天。日本兵看我身体确已不行了，已不能再做他们的发泄工具了，便收下了银圆。我父亲将无法走路的我放在驴背上，驮回了家。我一面在家养伤，一面还得提防日本兵又找来。于是，我父亲挖了个地窖，将我藏了进去。果然，在半年之中，日本兵来找过几次，因为我事先都躲到地窖里，才幸免于难。

日本人投降后，天下太平了些，但由于我遭受过日军的侵害，还是受到周围人的歧视，因此无法找到差不多年龄的男子。三年后，我19岁时，我父母做主，将我许配给了高姓农民，他比我大10岁，因为感情不好，我俩经常吵架，都是因为那痛苦的遭遇。现在有二女一儿。大女儿高爱凤，1952年十一月初七生。小女儿高爱琴，1965年正月十六生。儿子高爱寿，1949年生。

现在，我与儿子生活在一起。但日军摧残留下的病痛还时常折磨着我。我还有下腹疼痛的妇女病，头晕，身子也时常不舒服，还患有动脉硬化。因为遭受日军的暴行，我的精神受到极大刺激，至今还经常做噩梦，每回忆当年的苦难，便悲愤而不能自己，这种精神上的痛苦持续了60多年。

（苏智良、陈丽菲2000年8月记于盂县；2000年12月7—11日补充于东京。）

刘面换，1927年生，山西省盂县西潘乡羊泉村人。1943年被日军强行抓去充当"性奴隶"，后被赎回，今患有妇科疾病、头痛、高血压和旧伤骨痛。当我们来到老人的窑洞家时，老人正准备接受输液治疗，原来刘大娘最近由于心脏问题吃药致使胃出血。在一旁照顾老人的儿子对我们说，"我母亲这几年身体状况一直不太好，心脏病、高血压都来了，天天打针吃药"。

（陈克涛写于2006年6月29日。）

（2）赵润梅受害自述

我是1925年2月18日生，住在山西盂县西烟镇南村，我身份证的号码是140322250218092。我的父亲叫赵银孩，母亲叫赵存纪。从小三岁起跟随我的奶父母生活，奶父王转银，奶母陈富花。

我20岁出嫁到南村，前夫是王山清，后夫曹长城，有一养女。

1941年日军入侵盂县时，我只有17岁。日军入侵村庄时，我记得是阴历四月，那时正是种谷子的季节。日本兵进来逢人便杀，我的邻居柴银柱就惨死在日军的刺刀之下。

一个早上，日本兵突然冲进了我的家门，看到我后，两个日本鬼子便兽欲难抑，竟当着我父母的面，将我按在炕上强奸了，我不停地哭叫反抗，但都无济于事。我的母亲要来救我，被日本兵用东洋刀砍了四五刀，我父亲的脖子上也挨了两刀。然后日本鬼子又把我拉出家门，他们把我绑在一头毛驴上，驮到河东村的一个老百姓家，当晚又被拉到河东炮台（日军碉堡）的一个窑洞里。

到了炮台，我被押至一个下半是砖、上半是木板做的土窑洞，里面有木板做的床，床上有破被子。第一次是一个被叫作"木尔太君"的日本鬼子进来强暴的。从此，日军白天黑夜来糟蹋我。黑夜来的日本兵最多，常常有十几个。他们每每迫不及待地强奸，将我弄得痛苦不堪，那种痛苦和耻辱是不能用话来说的。吃饭每天一二三顿均有，都是米饭，是由人送进来的。我不能外出，没有自由，门口有汉奸看守。连上厕所也要叫人。从来没有衣服换，在炮楼的40多天里，我记得只有洗过一两次脸。

我父母在女儿被抓后，立即想方设法营救，卖房卖地又借了些钱，总共凑了200银圆去赎女儿。当时我已被摧残得不能走路，尤其是因日本兵每夜十几人的长时间的摧残，使得我左大腿的外侧被木板磨得皮开肉烂，又感染化脓，每日疼痛难忍。后来肉烂至骨，至今还留有一个大伤疤。

在那里，我共待了40多天。离开日军碉堡后不久，我亲爱的父母亲就不幸死去了。我靠奶姐姐（过继给别人家中的女性）服侍了半年，才恢复了健康。

由于有过被日军蹂躏的经历，我有些精神失常，我无法找到家境良好的小伙子，直到 20 岁时，家人才给我找了个比我大六七岁的男人王山青，这个男人看中了我，但人样人品并不好。丈夫家也是个穷人，兄弟五个都很穷。由于遭到日本鬼子的摧残，我无法生育，从而遭到丈夫的嫌弃，六年后离婚了。

我又回到了奶姐姐家中。但长久在姐姐家里也不是个办法。于是，一年后，我又成家了，丈夫姓曹，叫长城，是个二婚夫（已结过婚），但人品还是不错的。到 36 岁时，我领养了一个女孩，取名为曹金爱，是 1960 年二月初十生的，对我蛮孝顺的。

1998 年我曾去日本做证。日本人做了坏事，为什么不承认呢？

由于日军的摧残，回忆那痛苦不堪的往事，我真的时常不能控制自己，我患了精神病。尤其是遇到高温季节时，就会精神失常。我常常想，为什么这么苦的事，是落到我的头上呢？我这一辈子活得太不值了。要说原因，全是因为小日本。人穷点、苦点，没有关系，好好劳动，总会翻身的。但受了日本兵这么大的欺负，我一想起来，就会哭。

我还患有血压高，头晕，经常做噩梦。早年妇女病也相当严重。我时常说："为什么老天要让我受罪，还不让我死去！"

谁来为我申冤？

（苏智良、陈丽菲 2000 年 8 月记于盂县。）

2001 年 10 月，我再次来到盂县，给受害大娘送援助费。赵润梅老人看上去比前一年又老了不少。

（苏智良记于 2001 年 10 月。）

赵润梅，1925 年生，山西省盂县西烟镇南村人。1942 年农历四月初二，日军在西烟镇杀害我同胞 40 余人。赵的奶妈夫妇都被日军杀害，而且在其家中将赵强奸，后来赵被关在据点 20 多天，惨遭蹂躏，其父卖房卖地凑够 200 块大洋，才将其赎回。现与女儿女婿生活在一起，虽为养女养女婿但对老人关爱有加，照顾得无微不至，但已患有冠心病等多种疾病，去探望老人的时候，老人还在输液。

（陈克涛写于 2006 年 6 月 28 日。）

由于贫病交加，赵润梅时常会喘着气道："为什么老天还不让我死去？"
2008 年 1 月 18 日，老人含冤去世。

（苏智良记于 2008 年 3 月。）

7. 日军第36师团士兵出入朝鲜人"慰安所"

说明：1943年7月15日，日军第36师团司令部发出机密的《防犯资料》第6号，对数名擅自进入朝鲜人妓院、并感染上性病的士兵进行处罚。

防犯资料

发至中队

（前略）

惩罚：山炮兵第36联队陆军上等兵某某某

触犯行为概要　1943年2月11日，到沁县城内的朝鲜妓院登楼嫖妓，导致感染花柳病而懈怠军务。罚□目□轻营仓3日。　　　　1943年3月15日中队长

惩罚：步兵第222联队第1中队陆军上等兵某某某

触犯行为概要　1943年3月7日饮酒酩酊大醉后外出，到朝鲜妓院冶游，导致感染性病而松懈军务。罚□目□重营仓3日。　　　　1943年4月1日中队长

惩罚：步兵第222联队第4中队陆军上等兵某某某

触犯行为概要　同上，罚□目□重营仓3日。　　　　1943年4月1日中队长

惩罚：山炮兵第36联队第9中队陆军上等兵某某某

触犯行为概要　1943年3月31日到促马村朝鲜料理店嫖妓导致患上花柳病。罚□目□重营仓3日。　　　　1943年4月11日中队长

（[日] 吉见义明主编：《从军慰安妇资料集》，大月书店1992年版，第280—282页，苏智良译。）

8. 冀晋女同胞惨遭敌蹂躏

顷据前线回来某长官谈，敌军所到之处，骄横暴虐之行为，直出吾人想象之外。其在冀晋两省，征集我国之同胞妇女，一经征到，即闭处室内，令其脱去衣裤，敌军官兵，任情轮奸，我同胞妇女不愿受其奸淫者，每多乘间自杀；其有当面不遂敌军官兵兽欲者，敌必予以刺杀。但敌军开动时，又嫌此项妇女随带不便，均一律暗中处死，秘密掩埋。故敌军到处征集之我同胞妇女，无一放还者，盖恐

放还后，反暴扬其恶迹。前月敌军盘踞垣曲县政府，退走后，我军在县府内捡获我同胞妇女之衣裤六十余套，均系鲜血淋漓，惨不忍睹。敌之残暴至此，是视我同胞直猪犬之不如，我父老兄弟诸姑姐妹，倘闻此而不痛心，一致奋起，扑灭此种残暴仇敌，尚得谓有人心乎。

（《新华日报》1938 年 4 月 9 日。）

（十一）浙江

1. 杭　州

（1）"关门亭慰安所"

泗水新村位于杭州市上城区湖滨地区，南临人民路，北接国货路，西邻吴山路，东濒浣纱路，东、西、北三面与泗水坊相接。该处建筑为钢筋混凝土结构的假三层楼房，始建于1936年，现内有楼房两排四幢，呈左右对称分布。

由于经过50年的风雨沧桑，"关门亭"慰安所的遗迹已为数不多，个别住户的房门、窗户仍然是当年的原样。按照当地居民提供的线索，在泗水新村7号的西侧内墙上还保留有"慰安所"三字。虽然经过多次粉刷，但"慰安"两字仍依稀可辨。这可能是国内现存的少数几个慰安所标记之一。

据当时的目击证人王金山（男，80岁，1921年生，现住泗水坊8号）回忆，日军占领杭州后不久，泗水新村便被作为慰安所。慰安所的大门就是现今泗水新村的大门，朝南，门口悬挂太阳旗。尽管没有士兵站岗，但有类似门卫的人看门。泗水新村大门西侧一排靠墙而建的平房（现作为居民厨房）即为原慰安所的门房。当时"慰安妇"的数量约在20人以上，且每天都有日军官兵进出，络绎不绝，尤以下午和夜晚为最多。另据王金山老人反映，今泗水新村第二排东侧的建筑是抗战胜利后，仿造其他三幢房屋的式样建造的。其原址上曾是一排木屋，当时主要供慰安所的杂务工人居住。在这些杂务工中，大部分是中国人，主要为清洁工、厨师等。

在当地居民的热情协助下，我们找到了曾多次出入"关门亭"慰安所的目击证人徐宝娣老人〔女，72岁，1928年生，系杭州市饮食服务公司黎明水饺店退休职工，原住泗水坊桥（已拆）旁，现住大学路42幢114号601室〕。徐宝娣老人的父亲当时在泗水坊桥边开了一家杂货店，供应酒类、水果等，因邻近泗水新村，她曾多次为慰安所送货。据她的回忆，泗水新村的房产原属两浙银行老板所有（两浙银行即两浙商业银行，1935年4月由金润泉、俞佐宸等发起成立，董事长为金润泉，总经理为孙月楼，总行设于杭州。1937 年 11 月，因战事迁往绍兴，再迁至永康。徐宝娣老人所指的两浙银行老板可能是金润泉或孙月楼），用于出租，由银行职工定期上门收取房租。日军进占杭州后，征用了泗水新村的房屋作为慰安所。

当时的"慰安妇"分别来自中国、日本和朝鲜。中国"慰安妇"大多是杭州及附近萧山、绍兴、诸暨等地妇女，最小的只有十五六岁。她们因迫于生计，被诱拐至此，沦为日军性奴隶。中国"慰安妇"的人数约二三十人，由中国人（汉奸）管理，她们平时大多穿旗袍，也有少数穿和服，她们集中住在泗水新村第一排东侧楼房内。日本与朝鲜"慰安妇"均由日侨管理，总人数不少于 40 人，她们统一着和服。日本"慰安妇"住在第一排西侧楼房内，朝鲜"慰安妇"住在第二排西侧楼房内。每个"慰安妇"都有一个小房间，门上标有号码。房间内陈设简单，为一张床和一张桌子。日军官兵每天都进出慰安所，或成批而往，或分散前去。一般上午人数较少，从下午开始则逐渐增多，周六、周日是慰安所的营业高峰，通常军官可以过夜，而士兵则当天往返。在慰安所门口有专人收取费用，"慰安妇"有时也有小费。慰安所的卫生措施比较严格，"慰安妇"们每周都去指定的医院接受检查。一旦发现感染性病，则强制治疗。如果怀孕，必须打胎。

在日军投降前夕，泗水新村慰安所停止营业。此后，房产由原主收回。至杭州解放，泗水新村由杭州市委接管，作为机关宿舍。

根据调查情况，可以得出以下结论：1939—1945 年期间，日军强占泗水新村，并由日侨在此开设了"关门亭"慰安所，"慰安妇"来自中国、日本、朝鲜，总数在 60 人左右，其中以中国"慰安妇"居多。无论是从慰安所建筑的规模，还是从"慰安妇"的人数，泗水新村慰安所均是杭州地区较大的一处慰安所，是日军"慰安妇"制度暴行的罪证之一。

（张姚俊、胡海英、侯桂芳写于 2000 年。）

"二战期间，日军在杭州至少有 13 处慰安所，整个浙江至少有 150 多处慰安所。那些日本兵在那里胡作非为，糟蹋了许多中国和其他亚洲国家的妇女。"昨天上午，致力于研究日军侵华细菌战和"慰安妇"调查的浙江教育学院副教授高熊飞向记者提供了他十几年来调查所得的这一惊人结论。高教授说，尽管这是一段尘封的历史，许多老人都不愿再把内心的伤疤揭开，而且随着城市的变迁许多旧址已不复存在，调查取证难度很大，但这却是一段任何人都无法回避的历史，我们有责任将这些历史证据保存下来。

近日，在高教授的陪同下，记者冒雨找到了目前现存的杭州唯一一处慰安所旧址——即现在的人民路泗水新村，而其他的几处旧址却在拆迁中消失了。

记者沿西湖湖滨一带寻找高教授十几年前所查访过的慰安所旧址。据高教授介绍，现在浙江外文书店对面的湖畔居一带，在日军占领杭州后，是所谓的"大日本皇军驻浙江省特种高等技术课"，就是发放良民证、通行证的地方。当时驻浙江的一些日军高级军官住在靠西湖边有花园的房子里。高教授说，他十年前在湖滨 5 弄找了一名曾给日军作翻译的老人，据老人说有些"慰安妇"也住在这些房子里。如今这些房子都早已不存在了，湖滨 5 弄的门牌号也已变更过了，记者无法打探到那位老人的消息。

凭着记忆，高教授再到杭州人民大会堂附近寻找当时一处规模比较大的日军在杭慰安所旧址，终于在人民路的泗水新村找到了目前所知现存的惟一一处慰安所旧址。刚粉刷一新的泗水新村里有两幢建于 20 世纪 30 年代末的房子，很多房间的木板门还是长长的日本式样，门上还有一些特殊的铁框（据说是日本人领标，从此处递给"慰安妇"的），一些"井"字形的玻璃窗在当时镶嵌难度很高，也都是日本的式样。楼房大多仍保持原先风貌，围墙里的一排平房是当时看守的日本兵住的，还依稀能想象当年众多"慰安妇"在这里凄惨生活的情景。

据住在这里的居民说，这里以前是两层楼结构的，共有 48 套房间，现在已在原先平台的地方再加了一层。连一些年轻的住户也知道这里曾是日本人的"妓院"，一位住了四十多年的老人把记者带到大门口左边第一间房间前，指着门口台阶左侧墙壁说，"这里以前写有'慰安所'几个大字，现在被漆掉了"。高教授告诉记者，10 年前他到这拍了一些照片，其中有一张就是在这个房间门口拍的，还可以隐约看到一个"安"字和"慰"下面的"心"，现在这些字都没了。

十几年前，高教授从日本友人那儿得知，日本的一个二战侵华老兵曾回忆他那时到过杭州的一些慰安所，除了外文书店对面之外，其中有一处就是泗水新村。当时，高教授就赶紧找到泗水新村，看到这两幢明显是日式风格的建筑，还找到了隔壁泗水坊吴山路 8 号的一位王姓老人，印证了日本老兵的说法。他说，那位老人在抗日战争时一直住在泗水坊，后来日本人看中了泗水新村这块地方离西湖近，就从日本运来水泥和钢筋造了这个慰安所，当时造房子的劳工全都是中国人。后来，光顾这个慰安所的人很多，日本兵都是凭票才能出入的。晚上，一些寻欢作乐完了的日本军官肚子饿了，还叫人到吴山路上买夜宵从侧门送进去。

高教授曾有一位邻居叫俞来根，杭州被日本人占领时他是个黄包车夫。据俞来根回忆，当年平海路一带有许多慰安所，日本人经常叫他拉车去那些地方寻欢作乐，而且从来不给钱，一不高兴还会打他耳光。有一次，一个佩着指挥刀的日本军官叫俞来根把他拉到泗水新村的慰安所去，一路上还嫌车子太慢，到了门口时又担心里面生意太好买不到票，还让俞等在门口不能走。后来，俞来根就在门口等了整整一晚，因为他如果走掉的话，下次遇到那个很凶的日本人就会没命了。

除了泗水新村之外，高教授花了很长时间调查到，在杭州还有许多处慰安所，现在的胜利剧院附近和利星广场附近就有慰安所，除了日本人开的外，在平海路中山大酒店附近还有伪军办的3个慰安所。在查访过程中，高教授还曾在湖滨5弄里找到一位做过"清道夫"的老人，据老人说，日本兵在杭州作恶多端，当时小巷里都有垃圾箱，冬天时，他经常会在垃圾箱里发现"慰安妇"的尸体，有的是被强奸后扔掉的，有的则是被活活冻死的。

据高教授介绍，杭州拱宸桥一带也是当年日本人驻军较多的地方，所以那儿也有一定数量的慰安所。他说，当地人曾告诉过他一个故事，有个日本侨民在拱宸桥一带开了个慰安所，里面住的都是被日本人抓来的妇女，那年夏天，那个日本人的两个老婆因为天热在拱宸桥上纳凉，被当地几个老百姓抓起来当人质，用她们交换关在慰安所里的中国姑娘，日本人被迫最后关掉了慰安所，许多处在水深火热中的"慰安妇"终于见了天日。高教授在几年前还找到一位给日本军官做饭的伙夫，当年那个日本军官就住在现市二医院的一座洋房里，洋房的二楼也是一个慰安所。可惜，就在记者赶到拱宸桥时，沿运河的许多老房子都已经被拆掉了，市二医院也盖了新的门诊大楼，原先关过"慰安妇"的洋房也不见了踪影。

（林艳妮文，《都市快报》2002年1月18日。）

（2）中国见证者口中的凌家桥临时"慰安所"

杭州凌家桥，原设有难民收容所，住有杭州富阳及各处逃来之男女难民千余人。日寇拥至时，即将该收容所包围，其男子皆被派作挑夫，并将妇女二百一十余人脱去衣裤，堆积焚烧，意似防各妇女撕裂衣裤自缢及逃走，即在地上满铺稻草，于邻近搜集棉被若干，将被单被面拆去，令妇女裸卧稻草之上，盖以棉絮，至夜间各兽兵相率前来，轮流奸淫。

（中央陆军军官学校第二分校编印：《抗战第一期之日寇暴行录》，第21页。）

（3）日本士兵口中的杭州"慰安所"

日军18师团是最早占领杭州的日军部队，据该师团通讯队小队长田中笃（1993年时85岁）回忆：当他在1938年初到达杭州，这里已有一些慰安所了，"慰安妇"中日本人和朝鲜人各占一半，部队与慰安所的联络由副官负责。也有与日军合作的中国人开设的慰安所，日军官兵模仿中国人的说法称"野鸡"。日本"慰安妇"和日本来的演员都是提供给军官慰安所的。他佐证道：

"质量好的女人都给了司令部了。"

"怎样才算是质量好的呢？"

"首先她是日本人，如果是朝鲜人'慰安妇'就肯定分配到军队里去了。"

"是谁来决定这件事的呢？"

"当然是军队，慰安所到哪里去，都是由参谋部决定的。朝鲜人'慰安妇'的场合，参谋部就送往下属部队，而质量好的女人就留在了司令部了。"

"那么直接管理呢？"

"有联队副官进行联络，如选定慰安所的房屋等，一般使用适当的民居。包括'慰安妇'的人数也是由军队决定的。"

他所见到的杭州的慰安所是一对日本夫妇开设的，利用中国的民居改造而成，共有日本"慰安妇"30人，朝鲜"慰安妇"30人，每人有一间小房间，房间里只有一张床。白天是士兵们利用，到了晚上则来了军官。"当时我的军衔是少尉，与士兵不同，我能在慰安所里住夜。有一个晚上，在'朝鲜屄'的房间里住宿。她们一天要接待30个官兵，所以下部真够呛的。"

（［日］西野瑠美子：《从军慰安妇与十五年战争》，明石书店1993年版，第70页，苏智良译。）

（4）1939年在杭日本人经营"慰安所"统计

说明：1939年，日本杭州领事馆警察署再次对在杭日本人作了调查，题为《杭州日本人营业种类及投资一览表》，其中有3家慰安所的经营状况。

营业类别	资本金额	名称	营业主	营业场所	电话	备考
（中略）						
慰安所	35000	关门亭		慈幼路泗水新村		
慰安所	2000	长生楼		长生路湖边村8号		
慰安所	1500	鹤屋		长生路湖边村39号		
（后略）						

（［日］吉见义明主编：《从军慰安妇资料集》，大月书店1992年版，第264—265页，苏智良译。）

（5）萧山的"慰安所"

① 卡山的"慰安所"

日军刚开进长山时，不时有士兵强奸妇女的事件发生。后日军为了收买民心，以推行他们所谓的"大东亚共荣"和"建立皇道乐土"的侵略政策，同时也为了整军纪、稳军心，采取禁止士兵强奸中国妇女，以建立军妓院来满足兵士的兽欲。当时日军在夏家墙门开设了军妓院。每逢节假日，日军官兵便在妓院门口排起了长长的队伍，逐个在军妓身上发泄兽欲。也不知有几位，也不知是何地的妇女在严格控制下长期遭受日军的残酷蹂躏。

（王妙：《日军长山罪行录》，转引自中国共产党杭州市萧山区委党史研究室和杭州市萧山区地方志编纂委员会办公室合编：《抗日战争在萧山》，中共党史出版社 2005 年版，第 35 页。）

② 萧山城里的"慰安所"

在萧山城里，除了许多寡廉鲜耻的妇女，暗地操着皮肉生涯以外，伪自治会也在范家弄设了妓院一所，共有娼妓二十余人，供敌伪下级士兵泄欲的。敌伪的宪兵队也在城内火神庙附近设了一所妓院，妓女十余人，都是杭州招来的，她们是专门供给上级敌军恣乐的。现在的萧山城，被厚厚的黑色幕布遮罩着，能在何时再得重见青天啊！

（楼产：《魔影幢幢话萧山》，《东南日报》1940 年 6 月 6 日；转引自中国共产党杭州市萧山区委党史研究室和杭州市萧山区地方志编纂委员会办公室合编：《抗日战争在萧山》，中共党史出版社 2005 年版，第 108 页。）

（6）日军在杭州设多个"慰安所"

1937 年 1 月日军占领杭州后，即设立了慰安所。一个老兵回忆，有日本人、朝鲜人、中国人的慰安所。

（［日］佐佐木元胜著：现代史出版社 1973 年版，《野战邮便旗》。）

（7）朝鲜"慰安妇"口中的杭州日军"慰安所"

裴足间 1922 年出生于朝鲜全北长水郡蟠岩面。1938 年 17 岁那年，区长通知她家，她被选中去粗布工厂干活，结果和 10 个女孩一起被运送到杭州。据她回忆，当时的杭州有不少慰安所，有日本"慰安妇"的，也有中国"慰安妇"和朝鲜人的慰安所。裴足间等到达杭州后，便首先在医院里接受了身体检查，一切合格后，被带到一家慰安所。

那家慰安所是座两层楼的中国旅馆改建的，规模很大。整个慰安所里有 60 个被骗或被抢来的女人。因为没有人身自由，所以这个慰安所在什么路上裴足间根本无法知道。不知道什么原因，不久，上面的人说这个旅馆要派其他的用场，慰安所一定要搬往他处。

于是，裴足间等就来到了附近的一座三层建筑里，新的慰安所的房子比最初的那座建筑要小一些，战前也是个中国旅馆。门口有木牌，用汉字写着"慰安所"。慰安所的管理者是个朝鲜男子。"慰安妇"的人数在 40 人到 50 人之间。最小的"慰安妇"只有 12 岁，大部分是十七八岁，几乎没有 20 岁以上的女子。由于原来是旅馆因此每个房间里都放着床，日本军人给每个"慰安妇"发了毯子。因为屋子很冷，里面烧着炭，女孩们还用热水袋取暖。

慰安所里一天只吃两顿饭，日军配给大米、豆酱、白糖、鱿鱼干、白菜和黑糖等食物。

从早上 9 时到晚上 12 时，是"慰安妇"的"工作时间"。其中早上 9 时到下午 5 时接待士兵。按规定，士兵们在"慰安妇"的房间里只能待 10 分钟到 20 分钟，接着就换一个人。"慰安妇"每天要接待 30 到 40 个军人。一天下来，"慰安妇"的房间里堆满了用过的避孕套和手纸，并散发出一阵阵令人恶心的臭味。接待完士兵后，"慰安妇"须赶快打扫房间，吃晚饭，洗澡，然后再接待军人，晚上 9 时前，接待的是有一定地位的军务员。从晚上 9 时到晚上 12 时，接待军官，军官可以在慰安所里过夜。

管理者给每个房间编号，裴足间的号码是 33 号，还给取日本名字，裴足间的名字是春子。日本军人到房间里来时，带着避孕套和写着这个"慰安妇"号码的票子。"慰安妇"收下票子，集中起来后交给慰安所的管理者。管理者从来不给"慰安妇"任何报酬，"慰安妇"所得到的是偶尔有军人给的小费。据裴足间回忆，能够遇到愿意给小费的军人也不容易。日军规定，"慰安妇"接待军人时，必须穿日本式浴衣，平时则穿连衣裙。如果遇到日本的重大纪念日或出席重大活动时，"慰安妇"还要穿和服，带面具。和服和化妆品等是慰安所发给"慰安妇"的。

每个月必须接受一次身体检查，医院离慰安所有些距离，因此需要坐车去医院，医院规模不小，附近的"慰安妇"都是到那里去检查的。

裴足间在这个慰安所里待了两年左右。

（[韩]韩国挺身队问题对策协议会、韩国挺身队研究会编，金镇烈、黄一兵译：《被掠往侵略战场的慰安妇》，中国文史出版社 2000 年版，第 401 页。）

2. 湖 州

（1）钦古巷等地的日军"慰安所"

日军又在钦古巷、馆驿河头等地广设妓院，美其名曰"慰安所"，威胁利诱，迫使贫苦的良家妇女为娼，以充当日军营妓。

（凌以安：《湖州沦陷前后》，政协浙江省湖州市委员会文史资料研究委员会编：《湖州文史》第 3 辑（抗日战争史料专辑），1985 年印行。）

（2）中国见证者口中的湖州日军"慰安所"

① 衣裳街馆驿巷"慰安所"

1937 年 12 月 24 日，湖州沦陷。1938 年春，我们在长兴、安吉一带游击区进行敌后斗争。后受组织委派秘密入城，住在亲戚家，由于认识自己的人不多，所以出行常由亲戚陪伴，以防不测。

一天，亲戚一起逛马路，路过衣裳街馆驿巷口，看见一块牌子，上写着"慰安所" 3 个字，日本字与中国字相同。从一个小窗户往里看，一些日本兵正在排队登记，轮到则发一个签。当时，看到一个日本兵高兴地直跳，遂进入另一房间，即慰安所。问了亲戚，才知道在钦古巷、爱山街还有日军慰安所，由当时的驻湖州日军宪兵队办理此项事宜。

关于"慰安妇"，当时总共约 100 多人，分散多处，一处不过 10 多人。宪兵队先在城里抓妇女，再到城乡结合部、东门、南门外去抓。充当"慰安妇"的妇女要进行严格的身体检查，仅付给很少的报酬。

80 年代初，日本人来湖州旅游，一些人在王一品店待了一会儿就径直到不远处的爱山街，识内情的人称之为"故地重游"。

（凌以安：《湖州沦陷前后》，政协浙江省湖州市委员会文史资料研究委员会编：《湖州文史》第 3 辑（抗日战争史料专辑），1985 年印行。）

② 丁家花园、李家花园的"慰安所"

一些湖州老人回忆日军慰安所情况如下：

当时，湖州城内有两大日军军部，具体是丁家花园（湖州精神病院所在地）和李家花园（现湖州妇保院），这是日军随军"慰安妇"聚集地。随军"慰安妇"不长住，不挂牌，专供日本军人享受。日本人进来之前，湖州钦古巷一带是鸦片馆聚集地，有一家小妓院。而爱山街一带，特别是现在的湖州博物馆一带是一家大妓院。1937年12月，日军占领湖州，他们立即组织"维持会"等汉奸机构，并分派粮食等征集任务，这其中就包括强拉当地妇女为日军提供服务。后来，从湖州西门、南门、东门外的农村及城郊结合部陆续抓来一些妇女，被集中到裕德池（即现在湘江大楼），充当临时的日军慰安场所。由于这些在当时是秘密的，管理也较严格，极少有人知道内情。

（采访记录者：杨勇，2001年7月29日上午，地点：湖州红丰老年人服务中心。）

（3）日本军官口中的湖州日军"慰安所"

根据日军第10军参谋山崎正男少佐的日记，早在1937年12月18日，日军第10军就在湖州设立了慰安所。1937年12月8日，日军在湖州强拉当地妇女充当"慰安妇"，先遣的寺田中佐指导宪兵在湖州设置娱乐机关，最初虽只有4人，而今日已达7人。但是她们因有害怕心理而"服务"不良，因此，宪兵透露将保证生命安全，并付给报酬，希望征集100名中国妇女。……（慰安所）门口挂上标记，士兵们不知从何处听到传闻而云集于此……先遣的寺田中佐亲身进行了尝试，今日到达的大坂少佐、仙头大尉听后忍耐不住，与宪兵队长一起很早就奔赴（慰安所）去，约一个半小时而回。宪兵队长尤其对"慰安妇"的"服务"赞不绝口，一副完全满足的模样，并劝说我也一起去。这个负责建立慰安所的寺田中佐是第10军司令官柳川平助命令派遣的。

（[日]南京战史编集委员会编：《南京战史资料集》，东京偕行社1989年版，第411页，苏智良译。）

3. 长 兴

桃花园"慰安所"

日占时期，日军利用汉奸到处拐骗、胁迫、收买一些妇女，在长兴城内曾开设过一家名叫"桃花园"的慰安所，专供日军发泄兽欲，被胁迫来的妇女有不从的，就遭毒打，总计被迫自杀和被折磨致死的年轻妇女50多人。

（《日军在长兴的暴行》，中共浙江省党史研究室、中共湖州市委、浙江省新四军研究会、浙江省档案馆联合编著：《浙西抗日根据地》，浙江人民出版社1992年版。）

4. 富　阳

城隍庙内"慰安所"

1937 年 12 月 24 日，日军占领富阳县城后，便在县城中心的城隍庙设立慰安所，他们将数百名抓来的妇女押入，昼夜随时淫乐，不久有 9 名"慰安妇"被杀死。

（李秉新主编：《侵华日军暴行总录》，河北人民出版社 1995 年版，第768 页。）

5. 嘉　兴

王店镇"慰安所"

1938 年初，侵入嘉兴的日军在王店镇的徐家大房子里办起慰安所，抓年轻女子，专供日军蹂躏。

（嘉兴市政协学习和文史资料委员会编：《嘉兴文史资料》，1986 年印行，第 1 辑，第 58 页。）

6. 定　海

光裕里"慰安所"

日军自 1939 年侵入舟山，攻占定海后，便在城内的光裕里设立多个慰安所，强迫 100 多名妇女供其淫乐，这些慰安所存在了好多年。

（定海县志编纂委员会编：《定海县志》，浙江人民出版社 1994 年版，第634 页。）

7. 宁 波

中国见证者口中的宁波"慰安所"

交通大学退休教授陶裕民 1928 年生于宁波,他回忆在宁波东门的中山东路、新江桥交叉处,日军设有一个慰安所,临街的门口设有铁门,里面的女子穿着和服,脸上涂着白粉。每天日军军官川流不息。这个慰安所存在的时间在 1942—1945 年间。另外,在宁波甬江北岸的码头区,有个当时宁波最高级的饭店叫大同饭店,这里实际上也是日军军官的专用慰安所。

（苏智良:《陶裕民先生访问记录》,1997 年 7 月 10 日。）

8. 象 山

象山日军"慰安所"

1942 年 6 月,日军攻入象山县后,掳掠当地妇女设立"军妓院"、"行乐所"和"慰安所"。

（李秉新等主编:《侵华日军暴行总录》,河北人民出版社 1995 年版,第 791 页。）

9. 金 华

（1）金华日军"慰安所"

1942 年 6 月,日军第 62 旅团侵入金华后,立即设立了多处慰安所,如城内的雅堂街一条路上就有花月、菊水等 5 家。内有不少是当地妇女,她们日夜遭日军蹂躏,苦不堪言。

（李秉新等主编:《侵华日军暴行总录》,河北人民出版社 1995 年版,第 804 页。）

（2）金华的日军"慰安妇"

56 年前的今天，日本帝国主义的铁蹄踏过了卢沟桥，从此，中华大地陷进了深重的灾难之中。在笔者的故乡浙江金华，沦陷之后，日寇亦犯下了滔天罪行。笔者最近在翻阅一份昭和十九年（即 1944 年）的《金华鸡林会会则及名簿》的敌伪档案时，引起了注意。这个鸡林会（朝鲜同乡会）设总会、练成、厚生、妇女四个部，其中妇女部多达 134 个，实际上是"慰安妇"。她们年龄最小为 17 岁，个别为 64 岁，一般二十来岁，遍布金华各地。

我走访了金华城区的雅堂街，这儿被当地群众称为"皇军的花街"。一位老居民说，"慰安妇""都是日本人的打扮，身穿和服，脚拖木屐。每到日本官兵休息的日子，街的东西两头设警戒线，设有铁蒺藜路障。"

原雅堂街 20 号（今 49 号之一）为"菊水慰安所"，现改作窗子的临街青石门额上，"菊水"两个黑字还依稀可辨。据说这里的开办者是朝鲜海州的河钩焕，有朝鲜"慰安妇"17 人。

一直在这里的老住户、市仪表厂退休女工陈志贤（68 岁）说："沦陷时，这里的老屋被日本佬占用作婊子房。重光后，回迁的居民看到许多房子被拆掉了，四方桌脚也截短了，每个房间的门口都挂着打了结的草绳门帘。楼上的房间楼板，铺满了草席。"她说着，带笔者进入房子第二门口一块水泥地，"喏，这就是'日本婊子'洗浴的地方。"又指指浴池附近一块空地，说那是"慰安妇"们检查身体的医务室。

尽管在金华地区开了多处"慰安所"，但日本兵仍然到处奸淫妇女，连未成年的幼女和六旬老妪也不放过。汤店的老人们反映，那儿有一个日军军官，刺死了一名妇女的丈夫与儿子，长期霸占了她。有一位叫阿时的姑娘，才 16 岁，是城里一位医生的独生女。沦陷时逃回乡下躲避，结果被日寇抓入军营，人出来时，已奄奄一息，不久便丧生了。雅畈南干还发生了一次惨不忍睹的事件，鬼子从附近抓来 30 多名妇女，在南干祠堂进行集体大奸淫，其惨状实在不忍用文字来描述。据史料统计，金华、汤溪两县遭奸的妇女，到 1942 年底，金华有 1370 人，汤溪有 1805 人。

在抗战烽火遍地燃烧的情况下，慰安所内越来越不平静。雅安堂一家慰安所曾发生过一起定时炸弹爆炸事件，毁房屋一间，伤 2 人。原来是慰安所内炊事员放置的。老居民反映，那次爆炸后，引起火灾，日军上慰安所也提心吊胆了。

"慰安妇"既充当日军的性奴隶，也是受害者。如一些"慰安妇"在入会时要宣誓："忠诚君国"、"宣扬皇道"、"信爱协力"、"忍苦锻炼"，一些"慰安妇"在这种思想下心甘情愿为"圣战"、"奉献身心"，但是，战后，她们却无情地被抛弃，特别得了性病的，更是抛尸异国。有幸活下来的那些大都不会生儿育女，失去做一个正常人的机会。因此，许多隐名埋姓，不愿回国，随便找一个角落打发残生。

"慰安妇"何尝不渴望自由和美好生活？八咏小学退休教师方美仙告诉笔者一件事，她15岁那年初秋，在田畈割稻，看见一群"慰安妇"到水溪里洗衣服。她们舍近求远，为的是出来呼吸一点自由的空气。另一位退休教师申鸣说，"慰安妇"特别爱孩子。那时，慰安所不准外人进，但孩子例外，他有一位表弟，那时是个孩子，一次跑进里面去了。"慰安妇"们一见，惊喜地叫起来，纷纷过来要抱他，还给他吃糖果。唐桑梓老先生还说到一件事，在比佐古慰安所，有位叫边亚青的中国"慰安妇"，与一位日本士兵发生感情，相约逃走。由当时国民党浙保四区金义分组的人员带领，逃出了牢笼。

（黄子奇文，《羊城晚报》1993年7月7日。）

10. 翁 垟

中国见证者口中的翁垟"慰安所"

1944年8月13日（阴历），日军有100多人，一个中队，占领翁垟，1945年端午节撤走，不到一年时间内，留给翁垟人印象最深的是五件事。一是搞细菌研究（鼠疫），日军把翁垟镇九房村人做试验品。严格控制村人，定期打针，不准邻里交往，严禁出入，毒害很大，很多人死于鼠疫。二是占当地的盐税衙门，改为柔道场所，日军驻所在镇政府一南一北不到50米。三是办菜馆，叫东华菜馆，还有舞厅，日本人经常在这里跳舞（由"慰安妇"伴）。四是抓担夫，为日本人无偿劳动，筑工事，挑担，运军火，稍有怠懒，轻者殴打，重者刺死。五是慰安所，具体情况是：日军占领翁垟后，随军而来三个"慰安妇"，这三人都是温州人，其中最漂亮的叫阿香，又胖又大的叫阿兰（村人给取绰号叫盘菜），第三个女人名字已不记得了。据王宗汉老人推测：这三个人是温州妓女，是自愿被雇佣的。她们经常出来购买物品，当地人贬称她们为"头毛"，雅称为"日本飞机"（意思是跟日本人满天飞），日军把这三人安置在一所民房里，房东叫阿娟，这女人在当地声誉很差，善于赌博（当时叫挂花会），老公是个哑巴，非常老实，当地人都叫她为"哑人娟"，她家有五间楼房，一楼一底，里面是木质结构，外用青砖砌成，朝南坐北，中间正门有一副对联，依稀可见是："象峰西拥面龙川，蓬瑶东环□□□①"（翁垟东临东海，西是白象山峰），现在地址是府前路8号，西面一间已拆掉，剩四间老房。

当年西边两间租给三个"慰安妇"住，东面给自己住，中间是正厅，公用，日军专门雇用当地一个妇女给三个"慰安妇"洗衣，做饭，干杂活（这个妇女已去世），"哑人娟"也时常帮助干些零活。房子西北面不到50米处是镇政府（日军住所），西边不到10米处盐税所。"慰安妇"为日军提供性服务，不分白天晚上，日军从住所出来，手里都拿着一瓶消毒液（当地人不知，以为是酱油），从"哑人娟"房子正北面中间后门进入，"慰安妇"住在楼上，中间正厅楼上专设有洗浴消毒用水箱。"慰安妇"在性服务前都要消毒。其中最漂亮的阿香主要为中队长伊藤服务，平常也没见日军殴打，辱骂"慰安妇"。1945年端午节退走后，三个"慰安妇"不见踪影，以后再也没见过她们。

（蒋玉云采访王宗汉老人记录，2001年11月12日。）

11．诸　暨

韩国见证者口中的诸暨的朝鲜"慰安妇"

韩国晋州农科大学教授郑琪永先生（69岁），有着一段特殊的经历，使他现在也忘不了她的这个名字——金作幸子。

1944年1月，他正在东京帝国大学上学，当局以"学生特殊志愿兵"为名，强迫他在大邱步兵80团入伍。那是1945年7月部队开到中国（浙江省内）诸暨驻防时发生的事情。已成见习官的郑琪永第一次去慰安所。那是一幢有两层楼的漂亮房屋，里面有30位女子。为他服务的是一个22岁的名叫金作幸子的朝鲜女性。当她知道作为日本军人的郑也同她一样，出生于朝鲜庆尚南道时，同乡之情

---

① □内文字不清，下同。

油然而生。引发她讲述他的身世。……正好那个晚上，联队长也来到慰安所。虽然他知道她已经有了客人，但还是大声叫她的名字。

"因为我是见习官，不准到慰安所来。要是发现，就要以军法论处，遇到麻烦了。"这关系到郑的前途和命运。在这样危急关头，幸子决定，即使豁出命，也要保护他。于是，就把郑藏起来。就这样金作幸子"就成了我的救命恩人"。次年3月，已经退役的郑为了回国而来到上海。因为已经战败，在这里遇见几百个被日军遗弃的朝鲜人"慰安妇"。金作幸子和他同学的姐姐也都在这里。十多万民众争先恐后抢着回国。大家请他给美军特伊拉上尉写一个请愿书。郑照办了。书中写道："连话也说不出来的悲惨的女人们，如果不先让她们走恐怕她们就走不了啦！"

请愿生效了。3月6日，两条开往釜山的3000吨的军舰，其中有一条就是用来装运那些女子。

（日本《朝日新闻》1991年9月2日，陈锋译。）

12．温　州

中国见证人口中的温州瓯江"慰安所"

瓯江永中石浦村，陡门街36弄28号。

……

1944年的秋天，在日本鬼子一阵狂轰滥炸后，鼠疫这一传染病在温州传开来，于是人心惶惶，全城混乱，日本鬼子的侵略一次又一次地给中国人民带来灾难。在日寇最后一次侵占温州的10个月间，每晨都可以听到日本鬼子鬼哭狼嚎般的操练声，吆喝声。日寇到处欺压百姓，奸淫烧杀。

王阿銮老太清楚地记得那天早晨发生的事。大批日本兵包围了村庄，村民东躲西藏，四下逃散。当时20来岁的张庆木正在挑水，见了日本兵扛着"月光旗"（太阳旗）进了村，吓得扔了水桶就跑。不一会，三个身着黄军服的人来到他们家。患哮喘病的保长张大梅对他说，他家坐西朝东的这三间厢房，日本人征用了，张家须立即搬出。张庆木无奈，一家人只好搬到后边的旧屋居住。当时村里被征用的住宅有六七处。有作日本兵寝室的，有作司令部的。日本人把张家的墙壁捣开，开出窗户。带来五个中国妇女住进去，后来才知道是在办慰安所。

日本兵到村民家四处搜寻鸡蛋、南瓜等，村民是男人的怕被拉夫，是女人的怕被糟蹋，都躲得远远的。王阿銮老太说，当时一听到日本兵的皮靴声，就一溜烟钻到桌子底下去。

日本兵在村边围了铁丝网，限制村民进出。几个月骚扰下来，村子里肮脏不堪，疥疮流行。这年冬天居然下了多年未见的大雪，一下一个多月，村民家的木床家具便被日军拆劈，放在房内焚烧取暖。

慰安所的开设，使该地成为日军官兵的集散地，白天士兵上门，晚上军官留宿。村民逐渐胆子大了些，有些孩子透过门缝往里看日本人，日本人发了怒，一个络腮胡子的日本军官抽出军刀非要剖了一个怀孕的村妇不可，幸亏"慰安妇"阻拦才捡回了两条性命。

一个叫周昌梅的小伙子见一日本军官的胡子上翘，便骂他是"翘××"，日本人看他的神情觉得他说的肯定不是好话，拔出军刀便要砍死他，也是"慰安妇"好心救了他。

张庆木依稀还记得当年这些被日本兵强行抓来的 20 来岁的"慰安妇"的名字。一个从山北黄石来的女子叫翠妹，青田来的一个叫"梅棠来"，还有碧霞、凤英等。金华来的翻译被村民称为"苦列当"，那个日本军官叫什么太郎。他们吃饭是在巷弄对面的饭堂，这些"慰安妇"饱受蹂躏，胃口很差。

……

1945 年 8 月 15 日，日本宣布无条件投降。

日寇仓皇逃窜，也裹走了"慰安妇"们，张庆木一家见到了出头之日，愤恨之余，一家人把日寇及"慰安妇"留下的所有家什，一股脑儿扔到了村外，彻底涤荡日寇留下的耻辱。

日本鬼子在中国犯下的罪行磬竹难书。

百年老屋在默默诉说着侵华战争留下的奇耻大辱。我们又该怎样保存历史，记取耻辱？这无疑是一个沉重的话题。

有关人士认为，如旧址确需为大道"让路"，不妨在大道边上设立一座"耻辱碑"，镌刻半个世纪前瓯越大地曾经蒙受的灾难。

（金志敏：《历史，不可遗忘》，《温州日报》2001 年 7 月 6 日。）

附记 关于温州瓯海日军慰安所，2002 年 1 月，收到温州瓯海区贸易经济合作局干部张一棣的来信，全文如下："苏教授：1944 年日本人占领温州期间，强占了我叔叔张庆木的三间厢房开设慰安所，历时达 7 个多月。这幢木结构的厢房，虽然陈旧，但保存完整，我叔叔张庆木还能回忆当年'慰安妇'的姓名及日本人、汉奸的姓名绰号。为了使这一侵华日军的罪证能保存下来，我曾多次向有关部门、温州市负责人写信，但均没得到重视。我很希望自己在有生之年，能为保存日军的罪证做一点贡献，但毕竟作为一般干部，能力有限。今特向致信，对这一珍贵的历史物证，可否采取一些措施，予以保存。该处离温州机场仅二三公里，交通方便。我曾经投书温州日报。记者金志敏曾于 2001 年 7 月 6 日作过报道。今特将温州日报复印件寄给您，希望能得到您的支持。"

信是在 12 月 26 日写的。实事求是说，并非所有日军原慰安所都要保存，这是绝对没有必要的，但设立一个中国"慰安妇"纪念馆却是极为必要的。

我回信希望张一棣先生能惠寄一些关于这幢房屋的照片，但至今未收到。

（苏智良于 2002 年 3 月 6 日。）

2002 年 3 月 16 日收到张一棣先生的回信："苏教授：接到您 2 月 21 日的来信后，我即回老家，请我叔父（堂叔）拍了 3 张照片，今寄给您。《温州日报》2001 年 7 月 6 日报道中提到的 87 岁老人王阿銮已于前月逝世。我 78 岁的叔父张庆木健康状况也不好，这些当年的见证人、当年的物证消失之后，十分可惜。希望苏教授抢救这些资料。张一棣 2002 年 3 月 14 日。"

照片质量挺好，整个建筑完好，但墙上已有了用红字写明的 2132、2133 的拆除标志。看来不久这个慰安所的房屋也将不存了。

（苏智良于 2002 年 3 月 19 日。）

13．江　山

中国"慰安妇"在淤头"慰安所"

1999 年 3 月 15 日，星期一，我们在浙江江山县的淤头瞻仰一块石碑，这块碑是由原籍在此，而工作在省图书馆的一位先生出资竖立的。碑的内容竟记载着

"慰安妇"，我们不禁生出许多的好奇心，便依村寻去。约行两公里，到了石牌镇村，问了知情的乡民，竟找到了一位老人。

老人名字叫姜双梅，今年81岁，身材矮小，但肤色很是健康。姜大娘事先当然不知我们会来，经过我们反复向她说明，她才说了一些情况：

"我是1918年出生的。民国三十一年（1942年）四月底（阳历五、六月间），我当时24岁，已有一个7岁的儿子。日本兵到了淤头，驻扎在镇上，离村还有四五里路。他们时常到村上来抢东西，甚至还杀人。谁跑就放枪打谁。我当时带着小孩，跑不快，就被日本兵抓去了。和我一起被抓去的还有一位比我还年龄小的女青年。我们被押到日本兵的兵营里，日本兵命令我洗菜、洗衣服。过了没几天，日本兵要我把小孩给别人送回家去。而我被留了下来，我当时吓昏了，但又无法逃跑。那儿的日本兵估计有一个小队。那个女子住在了另外的地方，我已见不到她了。"

"我除了给日本兵做杂活外，日本军官还强逼我与他们性交。我怕得不得了，有点难以控制了。这时一个亲戚来劝我说：我们有什么办法呢，只有认命了。我也觉得没有什么办法。那据点有百把人，还养着战马。我与日本兵吃的东西并不一样。我只能自己做，他们杀了鸡（这鸡也是抢来的），就大块吃肉，只把鸡的内脏扔给我。为了活命，我便做起菜来。等做好后，日军官也来尝尝，还说好吃。"

"那时，我成了日本军官的专用的性工具。他们当官的，有很多的钱。但他们从来不给我一文钱。这支日军部队大约驻扎了一个多月，便转移了。这时才把我释放了。临走，有个当官的送了套旧衣服给我。我仍整日地害怕。亲戚经常来开导我，要我想开些。我想想就想通了。千样行业不如田，千样味道不如盐。种田人没有办法，只有认命了。"

说完，姜大娘已经泪流满面了。据碑上记载说，村里还有一位女性已去世了，也曾充当过"慰安妇"。当时的"慰安妇"直到阴部被弄烂了，才放回。

另外，村民们说，姜双梅回家后，曾一度神经失常。有时会恬不知耻地将裤子脱下。后来渐渐地才好了。

村民们回忆，日本兵还抓去了七八个十六七岁的姑娘，逼着她们排了队脱光衣裤，然后日本兵边看边笑，取乐。

（程绍蟾记于1999年3月15日。）

14. 日军在浙西诱骗良家妇女

最近在浙西各地发现暴敌汉奸的一种掳拐妇女手法，就是由汉奸冒充沪上某某大工厂招女工，于是一辈乡间贫苦无知妇女，为生活所迫，纷纷前往应募。敌先唆使汉奸择稍有姿色者录取，旋即用轮运往上海虹口，贩售于日鲜浪人所组织之妓寮为娼，从此永陷火坑，供敌泄欲。该乡女家属等因一去无音，因此起疑，始悉个中情形。而痛苦爱女不能生还，徒呼奈何！亦有家属因此自杀者。此种掳拐女子方法，最先发现于上海租界及苏州无锡一带，继则嘉兴、杭州、吴兴一带各地乡镇亦续有发现。其欺骗我国无知妇女手段之恶毒，使人切齿难忘。

（翁北溟：《血债》，《胜利》第 7 号，1938 年 12 月 24 日。）

（十二）海南

1. 日军的"慰安丽"

海南日军将慰安所称作"慰安丽"，每家"慰安丽"一般有 10 至 20 个"慰安妇"，勤杂人员 10 来个；"慰安丽"由日本籍退役的老"慰安妇"等指导打扮、装饰馆房、接待客人方法等事务。据 1941 年 11 月的档案资料统计，海口的日军慰安所有 2 个，"慰安妇"为 8 人；在三亚虽没有慰安所，但有 3 名"慰安妇"。实际上，三亚的慰安所有 11 家，"慰安妇"达 270 人以上。[①]而且，海南的慰安所远不限于海口、三亚两地。

随着日军对海南各地的占领，慰安所也在各处建立起来。从 1939 年 4 月日军入侵海南的第三个月起，已设立了最早的慰安所。到 1941 年后，其慰安所便已十分普遍，凡日军驻扎的县城、市镇、乡墟多有开设。

据海南省政协等单位所组织的调查，日军慰安所在崖县（今三亚市和乐东县部分辖地）有 15 个，海口市区 6 个，琼山县有 5 个，文昌县有 3 个，儋县有 7 个，临高县有 3 处，感恩县至少有 10 个，昌江县有 3 个，还有琼东、乐会、万宁、定安、澄迈、陵水、保亭等县，共计 63 所。

这些慰安所决非"民间所为"，而是日军在"要尽快设立性方面的慰安制度"的指示下筹划、设置的。例如在 1940 年秋，日军在琼西北建造舞鹤镇守府第一特别陆战队司令部，当时即在赵家园筹划那大慰安所。当那大市第一家慰安所开张后，日军每天用军用卡车接送所辖区域内的日军官兵，并派人在慰安所担任"值日官"，管理慰安所的日常事务。定期对"慰安妇"进行性病检查，有未按规定使用避孕套和清洁粉的登记在案，就禁止其一个月内的"慰安"享受资格。由于那大市只有一家慰安所，供不应求，各部队之间还为此而发生纠纷，于是，日军又增设李家大院慰安所，还在边远的墟、镇设置驻军慰安所。日军占领长流后，即在烈楼市的新街设立一家慰安所，供军官们享乐，其"慰安妇"多数来自临高

---

① 李秉新等主编：《侵华日军暴行总录》，河北人民出版社 1995 年版，第 1188 页。

县。日军还在新李村的学优公祠设立"慰安妇"的集散站，经常有新掳掠来的中国女子被运到此，然后再送往各慰安所。日军台湾混成旅团登陆后，首先做的就是设置五六家慰安所，"慰安妇"主要是海南岛本地、福州和南宁等地的中国女子以及朝鲜女子。

日军不仅在城镇、墟市重要的军事驻地专门设立慰安所，而且还为处于占领乡村僻地的日军营地、据点配置随军"慰安妇"，以解决小股日军官兵的"性问题"。这是日本军"慰安妇"制度不可忽视的重要组成部分。

1940年后，日军占领了海南岛的大部分县城和乡镇，并在交通要道、重要村庄建立起军事营地和军事据点。到1941年全琼共有据点360余处。以后为对付抗日军民，实行蚕食、扫荡，据点更多，侵琼日军增加。在这些星罗棋布的营地、据点中，大多配备"慰安妇"，并美其名曰"战地后勤服务"，而"慰安妇"的人数则根据日军人数众寡而定。如陵水县咮号乡三十笠、廖次峒、群英乡抚黎村据点，保亭县的什玲、加茂、番雅、南林据点，琼中县碑碣岭、登高岭据点，乐会县阳江市据点等。太平洋战争爆发后，海南岛的日军急剧减少，"陆军慰安所处于饱和状态"[1]。一名士兵后来回忆道："我看见卫生兵的桌子上的每位'慰安妇'名字上面，都写有'将校用'、'士兵用'、'军队附属人员用'的标记，便问：'这是为什么？''啊，这个吗？将校用日本人，士兵用朝鲜人，附属人员用台湾人嘛！'那位卫生兵平和地回答说。……'慰安妇'中，有将校军官用的，被称为'海南庄'的豪华建筑。而士兵们用的则是用木板临时盖的简陋的房子，用布帘相互隔离开来。"[2]

海南的"慰安妇"有本地征集的，也有外地乃至海外运来的，其中有不少是朝鲜人。如在欧家园慰安所的52名"慰安妇"中，朝鲜妇女占了一半。八所市的中级慰安所里，主要是朝鲜和日本的女子。在三亚、榆林的军官慰安所里，几乎全是日本女子。还有不少台湾的汉族和山地民族的女性。1939年3月1日，在三亚的台湾"慰安妇"就有50人，她们是从高雄被征用到海南三亚的。[3]而在崖县红沙市欧家园慰安所，还有26名台湾妇女。当然，最多的是中国内地的女同胞。日军采用各种手段掳掠中国女子充当"慰安妇"。海南的一些黎族的风俗，未婚前的姐妹在一起同房同床住宿，男青年经常去夜游，说情谈恋，日军为了便利随意发泄性欲，戏弄妇女，便禁止青年夜游。当地妇女为逃避抓捕而被迫

① [日]铃木卓四郎：《宪兵余录》，图书出版社1983年版。
② [日]医疗文艺集团编：《白色墓碑铭》，东邦出版社1968年版。
③ 日本の戦争責任資料センター编印：《战争责任研究》第3辑，第66页。

女扮男装，当时海南流传这样的民谣："明明是死鱼（却）变成虾，明明是炸媌（妇女）（却）变公爹。"①

日军在海南的"慰安妇"数量颇多。每个慰安所的"慰安妇"少的10人，一般为30多人，而规模大的有100多人。如黄流日军机场军人"乐园"慰安所有21人，多的如红沙市欧家园慰安所有52人，崖县所辖的14个慰安所中共有400多名"慰安妇"。在鼎盛时期，那大市有"慰安妇"150人（赵家园45人，李家院105人）。感恩县八所市的"慰安妇"有200多人，昌江县3个慰安所有400多人。在日军占领的16个县、1个建制市中，仅上述4县、地就有"慰安妇"1300多人。估计日军在占领海南期间，先后逼迫当地妇女数千人充当"慰安妇"，加上大陆、台湾地区来的中国"慰安妇"，人数应在万人以上。她们大部分死于非命，幸存下来的而至今尚健在的只有几十人。这些历经沧桑、受尽折磨的妇女们，带着身体和精神的双重创伤，艰难而苦涩地生活着。

（苏智良）

2. 三　亚

（1）崖县的"慰安所"

1939年2月14日，日本侵略军占领崖县（今三亚市），到处烧杀劫掠，强奸妇女，暴行累累，罪恶滔天。据崖城被征抽去建设桥梁、公路的民工揭发，在建古桥梁和建金鸡水库这段公路时，黎族的女青年民工每天都有十几人被拉进山里强奸，有的女青年被剥光衣服赤身裸体施行强奸后，日军还用照相机拍下镜头，冲洗照片出售。真是卑鄙至极。

1941年以后，为供官兵性欲发泄，侵崖日军从各地抓来、抽派来大批青年妇女，设立随军"慰安所"（即随军妓院）。日本兵在"慰安所"中污辱、摧残女性的行为十分残暴。据调查，崖县当时日军设立的随军"慰安所"（日本人叫"慰安寓"）11间，抓来的"慰安妇"都是从朝鲜、台湾、日本抓来的女青年，其中也有不少是从海南各县抓来的。现健在的有从临高县抓来的某某某（现随夫在榆亚盐场），从乐东县黄流市抓来的某某某（现随夫在乐东县羊栏村）等。

---

① 符和积主编：《侵琼日军慰安妇实录》，《抗日战争研究》1996年第4期。

这些"慰安所"随日军侵略军分布在崖县各个据点：

崖城有二处：①占用尊道一村陈家民房设长官专用"慰安所"一间，称"华南庄"，"慰安妇"有30人左右。②占用林家民房设士兵"慰安所"一间，称"崖泉庄"，"慰安妇"有30多人。黄流日军占用林葆兴家宅设"慰安所"一间，称"南恩光"，"慰安妇"有30多人，内分设长官级的"桃庄"和士兵级的"梅庄"两个房间。黄流飞机场建设时，设"营队"、"西松"两个"慰安所"。在铺村飞机场十三基地设工兵"慰安所"一间，"慰安妇"有30多人。九所日军在分遣队部旁边设"慰安所"一间（名称不详），"慰安妇"有30人左右。三亚港设长官"慰安妇"一间，地址在日军背后新建的浮脚屋里（现三亚市文化宫后）名称不详，"慰安妇"有30人左右。此外，还在榕根村附近（现在交通宾馆后）设工兵"慰安所"一间，名称叫"中岛慰安寓"，"慰安妇"有20多人。榆林设长官"慰安所"一间，在现在的榆林小学里（名称不详），"慰安妇"有30人左右。红沙欧家园设士兵"慰安所"一间，（现在的三亚市盲残院里），"慰安妇"52人，台湾、朝鲜妇女各占一半。藤桥日军占用龚家在藤桥市中街民房设"慰安所"一间，（名称不详），"慰安妇"有20人左右。

侵琼日军在崖县一处，就设立了数以十计的"慰安所"，强迫数以百计的良家妇女充当"军妓"，其糟蹋人性的法西斯罪行，给人类文明史上留下了最可耻的一页。

（羊杰臣文，符和积主编：《铁蹄下的腥风血雨——日军侵琼暴行实录》（下），海南出版社1995年版，第410—411。）

（2）日本见证者口中的三亚日军"慰安妇"

据原日本海军护士（66岁）回忆：1944年12月到1947年5月，她在三亚的海军医院当护士。记得战时三亚有两个医院：三亚陆军医院和三亚海军医院，内有80名护士。"慰安妇"们每月一次坐着汽车到医院来接受检查，一般有三四辆汽车。"慰安妇"中有中国大陆的女性，也有台湾来的，还有朝鲜人。有的还有妊娠，遇到这种情况便在陆军医院动手术。三亚也有日本"慰安妇"的军官慰安所、朝鲜人"慰安妇"的士兵慰安所，以及台湾"慰安妇"的军队附属人员（日语称军属）的慰安所。军官慰安所的房子很好，是两层的，约有20个房间。而士兵、军队附属人员的慰安所是用椰子树盖的。"慰安妇"们可以从军队那里得到250日元，护士的月薪是90日元。根据日本"慰安妇"的说法，她们是作为特别护士征召的，已预支了1000日元。日本女子多是东北、九州、四国的农村女子。野战医院卫生兵晚上 6 时不到 5 分钟，便会有 5、6 人集合去慰安所。避孕套是军队提供的。尽管如此，患性病的士兵仍很多。

（［日］"从军慰安妇 110 番"编辑委员会编：《从军慰安妇 110 番》，苏智良译，第 32 页。）

（3）中国见证者口中的三亚日军"慰安所"

说明：见证人：林金福，2000 年 75 岁 1926 年生，现住临高县临城镇干部新村第七行 10 号。

在我被日本人抓到海南之前，我家是住在台北市前宫前听 25 番地。当时父母已经双亡，我跟着姑母住，并在一家汽车修理厂当修理工。

1943 年，也就是我 18 岁的那年。日本人命令台北市役所（相当于区政府）到当地征收修理汽车的技术工，我免不了就成了他们征用的对象。记得当时有一张通知书其实也是命令书寄到姑母的家里。

在征用劳工的时候，日本人说是征到南方去工作，直到 1943 年 11 月 11 日我们一行人到海南的三亚港登陆，看到海军警备司令部，才知道自己被日本人骗了。日本人原来是有目的地征用一些汽车修理工，到海南帮助他们修理军用汽车，好让他们继续在海南岛进行侵略。记得当时日本人是借用海军军属的名义，把我们运到三亚。

在为日本人修理汽车的期间，每个月他们发给我们 150 元钱的工资。但这 150 元，并不是全部发到我们劳工的手中，其中 80 元由日本人替我们寄回老家，再有 40 元由他们定期存入我们个人的账户，剩下的 30 元才发给我们作生活费。日本人给我们发的工资，都是用他们在海南岛强制发行的军票。因为我们每个人每月有 30 元的生活费，日本人允许我们到指定的范围内去喝茶、买东西，或买票去附近的慰安所。

战时，从海南岛的三亚港到三亚飞机场这一带海边的地方，全部由日本人占领。日军的海军警备司令部就设在三亚飞机场，我们也住在飞机场的附近。与此同时，在日军机场附近就有几家日军开设的慰安所，例如三亚港、榆林港都有。从慰安所接待的对象上看：有军官慰安所、有士兵慰安所还有劳工慰安所。我们这些从台湾征来的劳工，日军允许我们每个人花 1.5 元买一张票去慰安所里玩一次。因为当时劳工有几千人，仅我们一起坐船来的就有几百人，而"慰安妇"人数有限，所以劳工买票去慰安所也需要轮流，轮流的顺序由日军安排，大概每个人在一星期内可以轮到一次去慰安所的机会。这家慰安所离我们劳工住的地方有

1 公里左右的路。

就慰安所里的"慰安妇"来说，服务日本军官的都是来自日本的"慰安妇"；士兵慰安所里的"慰安妇"既有日本人、韩国人还有台湾人。劳工慰安所里也有日本和朝鲜"慰安妇"，但比较少。这些"慰安妇"基本上都是年轻人，有 20 多岁的，有 30 多岁的。为了防止有性病的出现和传染，日本人每周还会将这些"慰安妇"用车拉到他们设立的海军医院去检查身体。

那个时候我还小，所以不去慰安所。慰安所里面的具体情况我不太知道。

（胡海英 2001 年 1 月 8 日采访于临城镇干部新村林家。）

3. 陵　城

日军强迫黎族妇女充当"慰安妇"

1939 年 4 月间，日军在陵城后山街（旧称瓦灶街）石峒庙内开办慰安所，"慰安妇"是从日本、朝鲜、台湾及琼东、乐会等地抓来的年轻妇女。

1942 年农历四月间，田仔乡架马村 15 岁的加茂黎姑娘黄有良被日军抓到藤桥慰安所当"慰安妇"。

1942 年间，日军在祖关地区强迫当地 20 多名年轻貌美的加茂黎姑娘当"慰安妇"。

1943 年 3 月间，日军在群英乡抚黎村建立据点后，强迫年轻的加茂黎姑娘郑亚才和卓姑娘（均系光国村人）给日军军官一曹、二曹当"慰安妇"。

1941 年 7 月，日军强迫本号镇长埇村黎胞陈亚歉的妻子进入三十沥据点当"慰安妇"。

（潘先楀文，符和积主编：《铁蹄下的腥风血雨——日军侵琼暴行实录》（下），海南出版社 1995 年版，第 455—456 页。）

4. 金 江

中国见证者口中的金江日军"慰安所"

1939 年冬，侵琼日军十五警备司令部派遣两个警察中队入侵澄迈县，每个中队约 300 人。其中：一个驻在金江镇，中队长叫中觉，统领金江以北各据点的分遣队；一个驻在石浮乡的石浮岭，统领金江以南的各据点的分遣队。

日军所到之处，除了实行"三光政策"和强奸妇女之外，一发现稍有姿色的女青年都抓到军部里充当"慰安妇"，专供其玩乐。日军每个中队都设有一所"慰安所"。驻金江中队"慰安所"，设在今江乐善堂旁边陈国宗的家里，全所有"慰安妇"30 余人；陈国宗一家被驱逐到别家居住，楼上楼下几百平方米全部供"慰安妇"居住，四周用铁丝网团团围住，并设专人管理，关在里面的"慰安妇"是无法逃跑的，外人也无法进去；驻石浮中队的"慰安所"设在石浮岭的军部里。全所有"慰安妇"20 余人，也是用铁丝网围住，派专人看守和管理。

这些"慰安妇"都是被抓来的。如：山口乡一位姓叶的农民的妻子名叫黑姑，刚生孩子不久便被抓进"慰安所"服役，丢下孩子和丈夫留居故乡；直到日本投降后，一家人才得到团圆。文儒乡加炳村一位农民的妻子被抓进石浮"慰安所"后，受到日兵日夜轮奸，后来染上梅毒病，才被管理人员释放回家，回家后又传染给丈夫，夫妻两人抱头痛哭，被迫倾家荡产卖掉耕牛和生猪，拿钱请医诊治，才保住了生命。

在"慰安所"里的"慰安妇"常常受到非人道的压迫，有时受到十几人轮奸；如稍有反抗意识便被痛打，甚至连累家属，所以只好乖乖就范，任由侮辱。

有几名稍有姿色的妇女，被日军上曹、中曹军官看中意了，便另住别院，专供这几个军官玩乐，其余士兵不得染指。个别长相特别美的，被选进军部专供指挥官玩乐，如丰盈墟有个青年姑娘名叫塔井姐，就是供中觉玩乐的玩具。所里有一条特别的规定，就是非日籍日兵不得进所，违者从严处治。有一次，一位台籍日兵偷偷进所销魂，被发现后当场挨打直到昏了过去，然后抛出门外好久才苏醒过来。

我家恰好在金江"慰安所"的旁边，孩童时期我由于好奇心强，经常探头探脑偷看所里日兵的丑相。每到星期六的晚上和星期天，成群的日兵就大摇大摆地踏进"慰安所"的大门，去销魂。因"慰安妇"人数不多，往往一人要接几个甚至十几个日兵，虽然身体感到难受，但也无可奈何。这些日兵闹了一天两夜之后，星期一全部归队了，遭受强暴的妇女疲倦地躺在床上休息，院里才显得安静一些。我和附近几个男孩冒着挨打的危险，偷偷地穿过铁丝往院里钻，每人拾的几个空罐头瓶，拿到街上卖得几个铜板，买几个糖果润喉。

日军为了消除"慰安妇"怕失面子的思想顾虑，本地籍的"慰安妇"多数被调往外县"服役"而在澄迈"服役"的多数是外地人，面孔陌生者居多。由于她们与外人接触的机会特别少，所以外界人都不知道她们的籍贯和名字。

1945年日军投降后，这些受压迫在最底层的中国妇女才得到解放，释放回家同自己的亲人团聚。由于年深日久，她们多数人已离开了人世。即使个别还活着，但现在已不知其下落。

（朱永泽口述，雷丁华整理，符和积主编：《铁蹄下的腥风血雨——日军侵琼暴行实录》（续），海南出版社1996年版，第99—101页。）

5. 石 浮

石浮日军"慰安所"

石浮日军部队本已有一家慰安所，有从北海、临高抓来的八名"慰安妇"，但仍远不满足他们发泄兽欲，时常下村强奸妇女。在山心村强奸临高姊时，日军还强迫其夫、其兄的妹子遭日军轮奸致死；加丙村吴坤戴的妻子被日军抓到石浮，禁闭轮奸一个多月，致使身染病毒，后被释放回家，传染给丈夫，夫妻险些双双丧命。

（蔡有祥执笔：《日军在红花岭下的暴行纪略》，符和积主编：《铁蹄下的腥风血雨——日军侵琼暴行实录》（上），海南出版社1995年版，第277页。）

6. 临 高

（1）临高的日军"慰安所"

在临高县的加来、临城、新盈设立三个慰安所，被日军抓来强迫当"慰安妇"的妇女，数以百计，现今这些受害的妇女还有人健在。

（陈汉恩执笔：《日军侵略临高县的经过和暴行》，符和积主编：《铁蹄下的腥风血雨——日军侵琼暴行实录》（上），海南出版社1995年版，第332页。）

（2）将"慰安妇"轮奸后残杀

日军为了发泄他们的兽性，竟霸占加来墟的孙帮光家，并设了一个慰安所。他们把一批良家妇女抓到"慰安所"，强奸或轮奸之后即加以残杀。

（洪昭杰：《侵占日军在加来地区的暴行》，符和积主编：《铁蹄下的腥风血雨——日军侵琼暴行实录》（上），海南出版社1995年版，第342—343页。）

7. 黄 流

中国见证者口中的黄流机场"慰安所"

我是黄流西坊村人，现年73岁，抗日战争时期任过国民党152师情报参谋（营级），1945年冬，我从蟾县奉调到黄流机场与投降日军办接交手续，后留在机场任司书、特务长等职。对日军黄流机场"慰安所"的内情略知一二。

黄流机场日军慰安所称"军中乐园"，其实是随军妓院。设在黄流机场东门外围，有宿舍两间，分为两个"乐园"。第一"乐园"有"慰安妇"（即军妓）5人，第二"乐园"慰安所的"慰安妇"有16人。第一"乐园""慰安妇"专供空军军官玩乐，第二"乐园"供空军士兵享用。"慰安妇"大部分是从广州抓来的，我到黄流机场接收日军投降时仅存4人，我们给她们都安排了工作。其中一人名叫吴惠蓉（广州人），是 4 人当中最年轻也是最有姿色的一个，时值日军惶恐慌乱之时，她已和台湾籍日空军汽车队驾驶兵结了婚。有一天她和我谈军中（乐园）情况，泪水直下，诉说道：我 16 岁被日军抓来，同时被抓来的约 100 人左右，到黄流后只剩下 40 多人，其中留一部分在黄流派遣队（即黄流司令部）。我们是从中挑选出来送到黄流机场的，挑我们 5 人为军官"乐园""慰安妇"，余者为士兵"乐园""慰安妇"，任由日军轮班玩弄取乐。有时月经不调，或是因病不能满足他们的兽欲，就遭毒打，有的甚至被打成重伤，特别是日军喝酒后，我们更受不了，被污辱被折磨更甚。"乐园"有哨岗日夜看守，我们完全失去人身自由，如陷囹圄之中。我们日夜思念自己的父母、姊妹，泪水浸透枕头。黄流日军派遣队慰安所的姊妹们境况也是跟我们一样，异常悲惨。

吴惠容在海南解放前夕，随丈夫去了台湾。

（钟强文、符和积主编：《铁蹄下的腥风血雨——日军侵琼暴行实录》（下），海南出版社 1995 年版，第 646—647 页。）

8．那　大

中国见证者口中的那大日军"慰安所"

海南岛儋县那大市（今儋州市那大镇）被日本侵略军占领后，时因战祸避难，我和父亲从三亚市迁居那大不久，出于生计，我在那大市日军慰安所做杂工，时年 21 岁。慰安所"巴那个"（日语音译，俗称"龟公"即慰安所管事）差派我负责清洁卫生等杂务，有机会目睹了日军慰安所里鲜为人知的龌龊情景。"慰安妇"们不堪言状的非人遭遇和日军官兵恣意蹂躏妇女的残酷兽行，我记忆犹新，难以泯灭。

（1）赵家园慰安所的设立

1940 年秋，侵琼日军开始修建那大市日军"军部"（民间俗称，即驻军指挥机关营地，时为舞鹤第一特别陆战队司令部）。在军部即将建成时，日军当局为消除部队官兵性欲妄为造成战斗力下降的隐患，筹设那大市日军慰安所，首先强占赵家园（业主赵亚灵）三进十二间民房，设置赵家园慰安所（今那大镇大用商场址）。

1942 年 2 月，正值早春花开时节，第一批 21 名"慰安妇"被押送到赵家园慰安所。"慰安妇"年幼貌美，年龄在 16 至 18 岁，大多是毗邻的临高县新盈地区人，也有本岛东部的文昌县人，个别台湾人。驻扎儋县地区和临高县第五区（今儋州市和庆、兰洋、南丰等乡镇）的日军闻讯欢喜若狂，跃跃欲试。慰安所挂牌开张的头天，早有日军士兵通宵达旦的在门外等待。天刚拂晓，慰安所前已门庭若市，人头攒动，日军方用 7 辆大卡车接送日兵，人流不息。日兵熙熙攘攘，比肩接踵地排起长队，每人免费领到一个牌号和一个印有"突击一番"字样的卫生袋，袋内装有避孕套和清洁粉。按照"巴那个"的指挥，日兵手持牌号依次进入慰安所，彼出彼进，一批刚走，一批涌入，川流不息。原定日军每人"慰安"时间为 30 分钟，由于等候的日军人数太多，吵吵嚷嚷急不可待，结果缩减为 15 分钟。为了抓紧时间加快速度，进入慰安所的日军按照预先要求，自觉带上避孕套，完事出来自行脱下，连同卫生袋一起扔进大门侧角的大水桶里。由日军方派遣进行性卫生监督的日军"值日官"站在一旁逐个检查，若发现未按规定使用避孕套和清洁粉者，便上前盘问记录在案，上报所在部队长官，罚其一个月内停止"突击一番"，目的在于严防日军患上性病，造成部队战斗减员。开始 10 天，我每天挑出去倒掉的避孕套、卫生袋就有满满的 4 个大桶。平时，日军用过的避孕套、卫生袋也不少于两大桶。避孕套夹杂着黏黏糊糊的腥气精液盈桶欲溢，实在令人生畏恶心作呕。最初一段时间，我胸闷气憋呕吐难忍，连黄胆苦水从肚里翻涌出来，另有一个星期餐饮难咽。后来，日复一日闻多见惯，也就习以为常了。

在开始的 10 天里，赵家园慰安所先后接待日军 3000 多人次，"慰安妇"每人每天至少接客 20 人次。旷日持续的频繁接客，使"慰安妇"们精疲力竭、苦不堪受，每天都有十几个人因体力不支而休克，有的甚至一天数次昏倒，下阴大量出血。记得慰安所开张的那天，有位名叫阿娇的 16 岁台湾妹仔，被接踵而至的日军连续摧残，子宫破裂，血流如注当场昏死过去。糟蹋她的日兵出门时告诉值日官，是我们进去将她抬出来的。经过抢救打针止血苏醒后，仅过半小时，"巴那个"又惨无人性地强迫她继续接客。在后来正常的接客日子里，我们每天抬出一二个"慰安妇"进行急救，也是家常便饭、司空见惯的事。

赵家园慰安所除就地接客外，还要按照日军方的要求，定期或不定期的到日军据点"慰问"犒劳皇军。在"慰问"期间，"巴那个"把"慰安妇"分成几路，每路二至三人，用汽车送到日军各据点。"慰问"的路线一般是有远至近，有时亦由近至远进行沿途"慰问"。每个据点视日军人数多少，安排一天或半天或者一个夜晚。分派"慰问"的"慰安妇"比起在慰安所里所承受的折磨更是有加无减，她们日以继夜地接客，一天长达 12 个小时以上，每人每天接客多达 50 人次。

慰安所没有休假日，服务不分昼夜，日军随时到来，"慰安妇"随时接客；外出"慰问"则轮流摊派，概莫能辞。在日军人数众多的突击接客日和下据点"慰问"期间，"慰安妇"一律不准休息，月经来潮也不例外。因此，"慰安妇"的性病多由此起。

日军视"慰安妇"为泄欲工具，随心所欲，恣意糟蹋，"慰安妇"如有不从，便受到严厉的处罚。慰安所开张一个多月后的一天，有位名叫怀英的新盈妹仔，被日军接二连三地轮番蹂躏早已不堪承受，一日兵还要强人所难，逼迫她躬腰趴地接客，她无法顺从。"巴那个"听到报告后，恼羞成怒，派人揪住她的头发连拽带拖，将其捆绑在砖柱上，用抹污脏布堵住嘴巴，用辣椒盐狠狠地往她阴部抹搽。怀英妹仔痛不欲生拼命挣扎，欲喊不能，其惨状莫此为甚，令人目不忍睹。

（2）慰安所的概况

赵家园慰安所究竟有多少"慰安妇"？难以说准，时多时少，总的来讲人数不断增加，由开张时的 21 人增加到 39 人，后来多达 45 人。但人员变化无常很不稳定，有的来了一段时间，却突然销声匿迹，有的来了三五天后，便不见了踪影了。究其原因，慰安所为迎合日军官兵喜新厌旧心理，将"老"的"慰安妇"转送他处，以换旧补新；或日军方将身患性病、治疗无效或身虚体衰、无力支撑的残花败柳秘密处置，销尸灭迹。"慰安妇"们日复一日地遭受日军频繁的性折磨，敲骨吸髓的性摧残，实在非人承受难以为继，不少人死于非命。"慰安妇"时有失踪，不断补充，相当程度上缘出于此。有一位刚来不足一个星期的临高妹仔，名叫"报知"（临高方言，即阿四）圆圆的脸蛋，仅 17 岁。那天一下来了两卡车日兵，"巴那个"明知她月经来潮，身体不干净，却不顾死活地逼她接客，结果染上性病，痛如刀割。医生给她打了针，未见好转。第二天她病情恶化，下阴红肿，流淌脓血，疼痛得裤子难穿。她光着下身在铺板上翻来滚去，椎心泣血地呻吟了两天两夜，慰安所里的人无不心颤胆寒，顾影自怜。"巴那个"毫无怜悯之心，却烦她影响他人情绪，第三天深夜，伤天害理地用汽车把她拉出去，偷偷将其活埋了。"报知"妹仔是"巴那个"叫我拖上车的。像"报知"这样半夜三更用汽车拉出去活埋的，并非绝无仅有，在慰安所的第一个月里，我亲历亲见的还有两个。

赵家园慰安所的"慰安妇"来源，主要是日军从本岛各地强征应拽来的。从语言口音上分辨，以临高县新盈地区的占多数，还有各县的，台湾妹仔也有，但比较少。她们大多是十七八岁的未婚女子，也有部分十五六的无瑕少女，二十一二岁的大姑娘仅有少数。"慰安妇"人员经常变动,他们的名字我大多难以记清。

赵家园慰安所的"巴那个"是个半老徐娘的日本女人,身穿日本和服,风韵犹存。她对外毕恭毕敬礼节周全,对内则声色俱厉心狠手毒。平时,"巴那个"要求"慰安妇"们身着和服接客,以营造日本故国乡情气氛。但在突击接客日,慰安所一天要接数百名日军,为节时省事,加速进度,她则强迫"慰安妇"们整日赤身裸体,一丝不挂地躺在铺板上和"慰安椅"上,任由日军接连不断地发泄性欲。

慰安所里的设备非常简陋,房间里没有专人床铺,只有一层离地约40公分高的木板通铺;通铺既没有专门的隔房,也没有固定的间隔,仅仅拉根绳子挂上布幕或毯子草草应付。在突击接客日,慰安所里显得人多地狭,行动拥挤,"巴那个"干脆连布、毯隔帘都不用,嫌其挡风碍路。在大厅和露天的庭院里,则设置一排排的"慰安椅",以满足性猎奇的日兵欲望。慰安椅设制特别,"慰安妇"仰躺在椅上,臀高头低,手脚失去活动自由,任日兵变换花样地站着行淫。

慰安所里的伙食简单粗淡,一日三餐,都是大锅饭、菜。米饭粗糙,常掺有百分之三十的麦米;菜食匮乏,量少缺油。为了保持"慰安妇"的苗条体形,"巴那个"只给她们素食,难尝荤腥。慰安所实行分饭制,由我们按"慰安妇"人头分派。在突击接客日,常有一盒盒丝毫未动的饭食被倒掉喂猪。"巴那个"没有给持续不断接客的"慰安妇"安排专门歇息进餐的时间,而疲惫不堪的"慰安妇"们亦早已胃口全无,根本就吃不下饭。

慰安所的管理相当严厉。为了防止性病传染,保证日军的性安全,"慰安妇"定期检查身体,每星期一次。若发现有性病者,马上令其停止接客隔离处理,轻者在日军卫生所打针治疗,病愈后转送别处继续使用,经三五天短期治疗无效的重患者,则被悄悄处死销尸。慰安所还规定:不准"慰安妇"私容日兵在慰安所过夜;不准私陪日兵外出留宿;不准与所里工作人员眉来眼去,如有违反,则严加惩罚。赵家园慰安所在那大市日军兵营范围内,"慰安妇"不能私出营区,否则以擅自行动或有潜逃企图罪名处治。

(3)我所目睹的惨状

我在慰安所做工的那段时间里,尽管赵家园慰安所从开张时的21名"慰安妇"增加至45名,但还是供不应求,难以满足地区驻军日兵的性欲要求,日兵为此争抢打闹的事时有发生。第二年(1943年)初,日军当局将那大市日军慰安所扩大,强占那大市家大院三进二十间增设了李家院慰安所(今儋洲市第二招待所址）。李家园慰安所的"巴那个"（管事）名叫"我闯"（台湾土音，即吴生），是个好酒凶狠的台湾人，40岁出头。自此那大市日军慰安所分设两处，"慰安妇"人数增加到150人，大多为16岁至18岁的临高县新盈妹仔，也有当地的妇女。如周某某（隐去名字）原系中共琼总第四支队第一大队炊事员，下村筹粮运米被日军俘虏，1943年6月投入慰安所，直至日本投降后，才得以解脱。

李家园慰安所的情形和"慰安妇"的遭遇，与赵家园慰安所大同小异。

在此同时，县辖地的白马井、新州、新英、中和、光村等镇墟也相续设置日军慰安所，县北部地区驻军的日军有了新近发泄性欲的场所，那大市日军慰安所的紧张状况才稍有缓和。

我在那大市日军慰安所干了近两年，耳闻目睹"慰安妇"们忍辱纳垢、惨遭蹂躏的残忍状况，食不甘味、卧不安寝，心里异常难受。1943年底，我设法逃离了慰安所，流离转徙，浪迹四方。此后，我噩梦时现，"慰安妇"们遭受糟蹋蹂躏、摧残杀害的惨景，往往使我惊出一身冷汗。

日军对我擅自脱离大为恼怒，便父代子过，逮捕了我父亲吴亚老，将其押到那大市芋子顶活埋了。

（吴连生口述，林良材、梁春田、符和积整理，符和积主编：《铁蹄下的腥风血雨——日军侵琼暴行实录》（续），海南出版社1996年版，第272—279页。）

9. 定 安

中国见证者口中的安定日军"慰安所"

说明：知情人蒙齐日，1916年生，现住定安县定城镇城南中学。

日军占领定安后，在仙沟、龙门、居丁、翰林、龙塘等市镇均设有慰安所，在这些慰安所里的"慰安妇"大部分是中国人，每个慰安所里至少有"慰安妇"3—5个人。

当时在定安县还有一个巡回慰安队。这支慰安队是日本商人组建的，其目的是为了赚钱。慰安队里的"慰安妇"大部分是日本人、朝鲜妇女，还有从中国大陆、台湾等地抓来的。"慰安妇"平时穿的都是日本和服。

因为在当时，日军的每一个据点内都设有慰安所，所以巡回队每到一处，都会被安置在日军据点的慰安所里。当时，定安中学被日本人占领之后，建立了大本营，里面就有一个慰安所。巡回队到了定安之后，也就被安置在定安据点里，公开营业。这个巡回慰安队慰安的对象是当地的汉奸、日本商人、浪人、日军的高级军官、伪军的军官，一般的平民和日兵是不能去的。巡回慰安队被运到日军据点，每天营业。

当时，在日军据点里充当"慰安妇"的女子当中，到目前已无一个人健在。仙沟有一个"慰安妇"据说跟随一名日本仔去了日本。

这一类型的巡回慰安队，是日军和日本商人合作的卖淫机构，是日军据点里的一个附属机构，主要是慰安那些作战的日本官兵，它是一种战争的产物。巡回慰安队所赚得的钱，大部分归日商所有，极少数给"慰安妇"本人，有时"慰安妇"可以得一些小费。

（胡海英、侯桂芳 2000 年 12 月 21 日采访于定城镇，胡海英整理。）

10. 新　村

中国见证人口中的新村日军"慰安所"

说明：见证人：赵向仍，原名赵生，1920 年生，2001 年 82 岁，现住陵水县新村镇新建路 181 号，为陵水县新村镇人。1939 年日军侵占海南，他刚好 19 岁。被日本人指派担任日军新村治安维持会会长，直到 1945 年日本战败投降。在任职期间，先后曾两次因工作需要进入新村镇日军慰安所。

1939 年 2 月 10 日，日军从今海口的天尾港登陆开始了侵略海南的兽行。但新村镇的日军慰安所设置的时间比较晚，大约在 1944 年。这一年日本人打到陵水县的新村之后，便在今天的旅游码头西北方向约 500—600 米的地方建起了日军慰安所。慰安所是日本人强抓当地的民工建造而成的。

这家日军慰安所是木结构的房子。不仅地板和墙壁都是木头的，房顶也是由木板钉成的，只是为了防止漏雨水而在房顶的木板上又钉了一层铁皮。从总体上看，慰安所的房子排成一排，一共有 10 多间，每间的面积约有 10 平方米。这个慰安所里的地板不是紧贴地面铺就而成的，而是离地面有 70 公分左右的高度，这样的结构大概是为了防止潮湿。每个小房间便是"慰安妇"的住房，一个"慰安妇"住一小间。每一小间里只有一张床，两张凳子，一张桌子做梳妆台用。

慰安所在对外营业期间，是挂牌的，牌子上面写有这个慰安所的名称，叫××庄（具体名称已记不清了）。这家慰安所是日军自己直接设立的，设立慰安所的这支部队叫日军海军施设部。但营业期间，却没有看见有日军在门口站岗。

慰安所对外只接待日本人、韩国人、台湾人，主要的对象是日军的官兵，中国大陆的人不允许进入。至于这些来慰安所的日本官兵到底是哪个据点里的，我不太清楚。但从他们的着装上看，其中有日本的工兵、海军、海军特攻队。因为慰安所距离今天的旅游码头位置很近，所以有的日军来慰安所时还乘坐快艇。日本的军官和士兵来慰安所的时间是不同的。军官可以随时进慰安所销魂，士兵只能等到周末，而且是轮流分派。所以一到周末，来慰安所的日军最多，尤其是周日显得比往常更为繁忙。有的时候，因为日本兵多而"慰安妇"少，几个日军就会为了争一个"慰安妇"而相互打骂起来。通常这个时候由日本的宪兵队派人来调停，因为几乎所有的日本兵都害怕他们的宪兵队。日军进入慰安所时，需要在门口买票，票价每次2块，用的是日本的军票。卖票的是一个日本模样的女人。从时间上讲，慰安所一个星期几乎每天都营业。营业时间大约从早上8点钟开始一直到晚上，具体到几点结束是不固定。但每晚10点钟左右的时候，是慰安所的高峰点。人多的时候，来慰安所的日军还需要排队等候。每个人进入慰安所里"享受"的时间不等，有的是5分钟，有的是半小时，但一般都在10多分钟。

这里的"慰安妇"，共有十多人。他们当中有日本人、韩国人、台湾人、广东人和海南本地的。海南的女子有来自陵水县的、临高县的，等等。她们的年龄大都在19岁到20多岁之间，最大的也不超过30岁。平时，日本和韩国的"慰安妇"穿着日本和服，中国的"慰安妇"穿着自己的衣服，着装上没有明显的规定。日军给予她们的待遇很差，虽然每天三餐，但吃的都是米饭再加少量的青菜，如茄子和南瓜之类的东西，难得偶尔有一点点肉。

每个"慰安妇"接待的日军是有规定的，一般日本的和漂亮的"慰安妇"都用来服务日本军官，而其他的用来服务士兵。他们当中有一个临高县新盈镇的"慰安妇"，名叫王藤桂，长得十分漂亮，就一度被日军的军官独占。我就曾和她开玩笑说："你有福气，做日本人的太太，谁也不敢碰你。"她听了之后苦涩地说："您别笑话我了。"这些可怜的"慰安妇"，不仅做了日军发泄兽欲的工具，而且还经常遭受日军的毒打。特别是酗了酒的日军，便会借酒装疯，经常毒打这些"慰安妇"。轻则拳打脚踢，重则用军刀的刀背狠狠地拍打她们。有的时候，在慰安所的外面都能听到"慰安妇"挨打后的凄惨哭叫声。更惨的是，每个"慰安妇"每天少则遭到几个日军的蹂躏，多则遭到12—13个日军的轮奸。

日军还安排有军医给这些"慰安妇"固定检查身体，一般是一星期体检一次。虽说是检查，但也只是发一些避孕药和安全套。慰安所规定每个官兵在接受"慰安"时必须戴上安全套。但这一切也抵挡不了有性病的传播。患上了性病的"慰安妇"，就会被日本人赶走，根本得不到治疗。

对于这些"慰安妇"，日军每个月会发一定的工资，但工资不是固定的，要根据慰安所的生意和每个"慰安妇"接待日军的数量而定。有的"慰安妇"每个月只得到十多块钱，有的"慰安妇"每个月可拿到80块钱。王藤桂因为长得好，又是军官包下来的，她有一个月收到过80块钱。"慰安妇"的这些工资是用日本的军票来抵发的。在日本人占领期间，"慰安妇"可以拿着这些军票到街上去买东西。到日本战败投降时，日本人就拿他们在中国的物资从"慰安妇"和中国人那里换回军票，也许是害怕军票以后会成为他们侵略中国的一个罪证。

这家慰安所直到日军投降的时候才解散。解散后，这里的日本和韩国籍的"慰安妇"被集中在三亚的码头等待遣返回国，剩下的中国"慰安妇"都各奔东西，不知去向。

（胡海英、侯桂芳 2001 年 7 月 26 日采访于新村镇镇政府。）

11．东　方

（1）北黎日军"慰安所"

① "慰安所"分等级

昌感县北黎市（今东方县新街镇北黎墟）是日军在琼西的重要屯兵之地，日军侵琼时是日军混旅成团横四特司令部所在地。围绕着司令部，日军设立了一系列服务机构，如岛田公司、三锐公司、三井洋行、西松组和南洋公司等，不久还特别配套成龙地办起"慰安所"，就是人们常说的"妓女院"。

北黎日军"慰安所"共有三处，分上中下三等，都以横四特司令部为轴心而设在边缘村庄或地带。上等"慰安所"设在北黎市里两间平楼里，系深庭大院，装修豪华舒适。"慰安妇"七八人，均为日本籍女人。她们年轻貌美，经过严格的培训，专门接待日本军官，外人不得染指。她们着和服，抹浓妆，四时有美食冷饮，定期检查体格，发病给予治疗，每天下午2时开始接客，晚上六七时为止。星期天休息日，是时"慰安妇"更加繁忙，日本军官集队而来，一来一队就是十几人。这队出，那队进。军官们按规定一周可以轮到一次，特殊情况者例外。这些慰安所尽管待遇优厚，按部就班，但作为一种专供发泄兽性的活工具，她们也感到屈辱、惶恐和疲惫。她们还要时常俯首帖耳听受"为大东亚圣战服务"的宣教，这种宣教由日籍的特工人员——鸨母担任，管教森严，谁也逃不了。这里灯红酒绿，靡靡轻音，日本军官们寻欢作乐，醉生梦死之后，又出去为"大东亚圣战"效命。

中等"慰安所"设在日军七营队驻地附近不远的两幢白色的平房里。"慰安妇"有十几人，来自台湾、朝鲜等地，专门接待日本士兵。不许接触外人。人品略输于日本籍"慰安妇"，待遇也相应低逊些。服务情况与前者大同小异，故不需详细述。

下等"慰安所"设在北黎市西一片小树林间的几间简易平房里。内有"慰安妇"20人左右，都是被诱骗而来的中国内陆姑娘。日本派特务乔装公司职员到上海、广州、香港等地招聘游说："海南岛开办许多大医院，招聘大批姑娘去学习当护士和护理，薪水高，到那里去做工有吃有穿，还有大钱寄回家"等，并且给应聘者当场发放半年薪水作为安家费。那些在饥饿线上挣扎的良家姑娘为养家活口，就这样上当受骗而来，统统被打进"慰安所"，陷进了暗无天日的人间"魔窟"。这是专为日军司令部属下各公司职员服务的，一律收钱挂号而入，谁有钱谁先进，不分职位高低身价贵贱，甚至民工也可问津。"慰安妇"完全被剥夺了人身自由，且食物差，待遇低。她们被迫一天24小时接客，随叫随到，不得有误。嫖客人多，她们应接不暇，一个"慰安妇"一天有时最多要接客二十多人。鸨母是从台湾或朝鲜挑选而来的泼妇，手辣心狠，往往强迫"慰安妇"抱病接客，不达到规定的人数就不给吃饭休息。因而有的"慰安妇"，竟被活活折磨至死；有的不堪受辱而逃走，若被抓回便严刑拷打，或致残或打死均没人过问；有的实在过不了这非人的生活而上吊、服毒，只好用死来摆脱这个人间"魔窟"。对于这些死于非命者，日军仅用一张草席裹尸挖一个土穴埋掉了事。可怜这些抱着养家的愿望跑来海南岛的求职者，竟化作抛骨他乡的孤魂。至今北黎市的旷野上还有十几座无主孤坟，无声地控诉着日军惨设"慰安所"的罪行！

北黎日军"慰安所"如今已经被历史的风暴荡涤无存了。当地的人民在废墟上建起了北黎小学,让一代文明之花,盛开在这一片曾经被日军洗劫过的土地上!

（牛泊文、符和积主编:《铁蹄下的腥风血雨——日军侵琼暴行实录》

（下）,海南出版社1995年版,第711—713页。）

② "慰安所"的内幕

说明:见证人:戴泽运,1919年生,2001年83岁,接受采访时住东方市八所镇东海路八巷101号（三角公园东）。

一个小小的昌感县北黎市即现在的东方市新街镇北黎居委会竟有两家相距不远的日军慰安所。开设这两家慰安所的是日本横四特海军陆战队北黎司令部（全称横须贺镇守府第四特别陆战队）。1939年2月10日,日本的军队开始了践踏海南这片净土,同年的7—8月,日本随之进犯了北黎市。仅接着就在8月份,日军北黎司令部建立。横四特海军陆战队北黎司令部,就设在原北黎市。日本进犯到此,就从本地强行抓来许多民工为他们修建司令部。司令部是用钢筋水泥建构而成的。每排房子大约40—50米长,5—6米宽。每排房子的内部是根据日军自己的所需用木板隔成大约20多个小间,而这样的房子共有十多排。这个司令部里驻扎的日本兵大约有500—600人。横四特海军陆战队北黎司令部建成之后的2—3个月,日军又开始筹建慰安所以满足自己兽欲的需要。

日军在北黎市开设的这两家慰安所,均是占据当地的民房改建成的,原来的房主分别是杨广香和颜成利,颜家在杨家北面约20—30米处的地方。当时杨广香家和颜成利家都是生意人,因而家里的房产也十分气派,在当时的北黎可以算得上是豪宅。杨广香家是两楼洋房,当时杨家是制作各式月饼的,其做的月饼品种有中秋饼、四头饼（四个饼一包装——笔者）、腰子饼,等等。为了方便做生意,杨家将一楼的前面大厅作制月饼的工厂,后面的大厅作家人的住房,楼上全用作仓库。日军占据之后,将房子进行了改建。楼上和楼下的房顶都装上隔热层,而且用木板将上下的大厅分别隔成一个个小间。因为日军不允许有中国人入内,所以这样的小房间具体有多少以及每间房里都有哪些家俱,外人就不知道了。颜成利当时做的是盐生意,他将海南东方盐厂（现位于新街镇西、墩头镇东）的盐贩卖到广东、广西两省。生意利润颇丰,所以也盖起了两楼十分气派的豪宅。日军占领之后,也同样将颜家房产的上下楼分别隔成众多的小间。

杨广香和颜成利家的日军慰安所属于中等以上的档次,所以只有司令部里中等以上的军官才有资格入内销魂。慰安所对外挂牌营业,牌子上清楚地写有"军官慰安所",平时门口也有日兵站岗。管理慰安所的是日本兵,主要负责买票和发放给安全套。那些军官如果想进入慰安所,必须用军票从管理日兵的手中买票。这两家慰安所一般一周营业六天,星期日允许休息一天,而这一天通常安排军医为"慰安妇"检查身体。军医在检查之后,就会发给每个"慰安妇"一些消炎药,但这些都阻止不了慰安所里有性病的发生。如果有的"慰安妇"患有梅毒之类的疾病,管理者就会让其挂牌休息,吃药治疗,防止疾病染上他人。

因为这两家慰安所都是中等以上档次的军官慰安所,所以里面的"慰安妇"都来自日本和朝鲜。她们当中年龄在 20 多岁的比较多。"慰安妇"们平时穿有和服。管理者允许她们有一定的行动自由,例如可以外出玩玩,上街购物。因为她们说的话本地人听不懂,所以日军也不用担心"慰安妇"泄露什么秘密。平时这些"慰安妇"的生活待遇很好,一日吃三餐,吃的有面包和大米,早餐还有牛奶和咖啡。她们吃的菜也比较多,如番茄、白菜、豆角、豆腐以及牛、猪、羊、鸭等肉类食品。但这些"慰安妇"也免不了被毒打的厄运。

在"慰安"的时候,日军虽然戴有安全套,但也仍有少些"慰安妇"怀孕的现象。每当有人怀孕,便会被遣送回国。据有消息说,怀孕的"慰安妇"在回国之后如果生下了小孩,日本政府便会给予她们奖励。日军一旦将怀孕的"慰安妇"送回国之后,他们又会在本国拐骗另外一批女子来中国填补空缺。

昌感县北黎市的这两家日军慰安所,一直经营到日军战败投降。慰安所解散之后,日军便把这些"慰安妇"集中在东方八所港等待船只遣返回国。

（胡海英、侯桂芳 2001 年 8 月 2 日采访于八所镇。）

（2）新街日军"慰安所"

说明:见证人:戴泽运,1919 年生,2001 年 83 岁,接受采访时住东方市八所镇东海路八巷 101（三角公园东）。戴泽运在抗战期间参加了琼崖纵队,担任的是中国共产党地下情报站站长及中共特别支部委员会征收员等职,专门收集日军在海南的秘密情报。为掩护起见,戴泽运在新街镇上开了一个茶店,名为新华茶店。日本人侵占新街后,强行将茶店改名为日华茶店。戴老的茶店就设在新街日军慰安所北面约 500 米的地方。茶店自 1940 年 2 月开始营业到 1942 年 9 月关闭。在此期间,进入慰安所里销魂的那些人有时命令戴老送茶到慰安所里供他们享用,有时他们也直接到日华茶店去喝茶。通过亲眼所见和亲耳所闻,戴老对于新街慰安所的内幕可以说是知之甚详。

这家慰安所位于昌感县新街市，也就是现在的东方市新街镇。慰安所原来的房主是林卖参。林家是做百货生意的，因而在当地算得上较为富裕。林卖参家的房产是个两层楼的洋瓦房。房子坐东面西，楼上楼下都有一个很宽敞的大厅。一楼的大厅排满货架，架上摆设着各色的百货小商品，东北角的几间房供家人居住。二楼的大厅作接待宾客用。林家的房产，在当时的新街，看起来已经很是气派。1939年2月10日，日本的海陆空军分别登陆海南之后，昌感县的新街在几个月之后不久也遭到劫难，日军派飞机轰炸新街。为了活命，林家全家逃到新街市那等村东、抱板村东南的石板山上。同年7—8月左右，日军进犯新街，见林家的房产比较气派，就强占下来开设慰安所。新街慰安所是日军占领后直接开设的，它所属的日本军部是驻扎在新街镇的横四特海军陆战队（全称横须贺镇守府第四特别陆战队）北黎司令部。

日军占据林家之后，便对林家的房产进行改建。首先将二楼的楼顶装上了隔热层，然后又将林家楼上楼下的大厅用木板分别隔成10个小间。一楼原先的货架全部被拆除。隔成的每个小间里除了放置一张简易的木板床之外，再无他物。

新街慰安所在正式营业之时，对外挂有带"新街慰安所"字样的牌子。慰安所门口总有朝鲜兵站岗，有时两个，有时一个。慰安所虽然是日本军方直接开设的，但由于档次不高，所以来这里的日本兵很少，更多的是朝鲜兵，台湾翻译，朝鲜、台湾、海南籍的工头以及一些日本的商人。这些日本商人多数是新街镇上三井洋行、三菱公司、西松组等公司的老板。三井洋行就位于新街慰安所北面约100多米处，做的是布、糖、面粉、酱酒等百货之类的生意。西松组是距离慰安所西10多米的地方，做的是木材、锯木等生意。解放之后，西松组被改为新街人民公社新街大队第一食堂。

新街慰安所是日军开设的，但管理者却是朝鲜人，一般是2个男的，1个女的。他们的年龄大约在30—40岁之间。来慰安所的人都要从朝鲜人那儿买票，买票的钱用的是日本军票，具体多少钱买一张票，我就不知道了。慰安所在一周内天天营业，也不分昼夜。但白天的生意较少，一般主要是在晚上。每天晚上从8点钟左右开始，到10点钟左右的时候是高峰期，那个时候来的人最多。

上下共20余间的小房间里，住着有30—40左右的"慰安妇"。因为有的房间住着一个"慰安妇"，有的房间住着两个。这些"慰安妇"都是从海南各地抓来或骗来的女子。有陵水县的、文昌县的、临高县的、还有昌感县本地的，这当中数临高县人最多。"慰安妇"平时穿着各色的衣服，有的穿旗袍，有的穿和服、有的穿着海南本地的衣服。但在"慰安"时间，她们是被迫脱光身子的。每个"慰安妇"每次至少要接待2—3人，最多时是6—7人，一般都到不能应付为止。但如此苦难的日子，她们还经常遭受那些管理者以及来慰安所淫乐者的毒打。其中朝鲜人和日本人打"慰安妇"比较多，也比较狠。他们有时用棍子打，有时用拳头揍，有时用脚踢。在日常生活上，这些"慰安妇"每天只能吃两餐，有时候吃馒头，有时候吃大米，菜只是一些青菜，偶尔才会有一些肉花。慰安所里的"慰安妇"，虽然有军医来为她们检查身体，但次数很少。从1940年2月到1942年9月这两年多的时间里，她们只被检查过两三次。检查的时候，即使有些"慰安妇"有病，军医也不会发药的，所以检查只是个形式而以。对于这些"慰安妇"来说，唯一的一个保险就是由管理者发给她们安全套。安全套在使用之后，就会作为垃圾被倒出来。我茶店里的工人不知道安全套是什么东西，就把它拿来吹泡泡。

在慰安时间，虽然使用了安全套，避免了有"慰安妇"怀孕的现象，但还是免不了有"慰安妇"得病。"慰安妇"在得病之后，不仅得不到治疗，仍然要被迫接客。如果不愿意接客，就会被拉到现在新街镇东方盐厂墩头工区附近的地方被活埋，或者是被活活烧死。之后，日军又会从别的地方抓来女的进行补充，他们总是将"慰安妇"的人数保持在30—40人左右。

在非"慰安"的时间，管理慰安所的朝鲜人不允许任何"慰安妇"外出，更不许她们跟附近的老百姓说话，只许她们在慰安所的门口或院子里走走。

新街慰安所一直到日军战败投降之后才解散，大约是在1945年8月。慰安所解散后，管理慰安所的朝鲜人被遣返回国了，"慰安妇"就各自逃命回家。其中琼海嘉积市（现为嘉积镇）的一个"慰安妇"，外号叫"嘉积母"，在慰安所解散之后，她死里逃生，然后走上了革命之路。就生病的"慰安妇"被活埋或者被烧死一事，就是她说出来的。

（胡海英、侯桂芳2001年8月1日采访于八所镇。）

（十三）山东

1. 济 南

（1）济南日军"慰安所"

日军占领济南后，经常侵入民宅，以检查为名，侮辱妇女。日军还指使汉奸为其提供"慰安妇"。原济南澡堂业公会会长魏寿山等为献媚于日本主子，搜罗妓女供日军泄欲。在日伪的"合作"下，济南的慰安所也日益增多。据史料记载："群魔乱舞的济南，有几条广阔的大街，昼夜一样繁嚣，那里有咖啡馆、妓女馆，这区域是不让中国人到的，每个门前拥坐十数个花枝招展的神女，专供寇兵兽欲的发泄，这种神女听说比从前增加三、四。"[①]魏寿山等汉奸在经二路小纬六路设"皇军招待所"，强迫中国妇女轮流值勤，供敌奸淫。[②]原日军老兵回忆道："我所体验的'慰安妇'中，只有一次朝鲜人妓女是付了 2 日元的，其他全部是中国人的，都是 1 日元。""原来中国人的妓院也分甲（每次 2 日元）、乙（1 日元）两等。甲等的妓院，建在地上，在商业街。有着瓜子脸的年轻好看的女人。一般只有 16 到 18 岁。当然也有些年长的混在里面。"[③]在三太马路纬八路一带有不少中国慰安所，甲等的 2 日元，乙等的 1 日元，建筑是平房结构的四合院，上面盖着黑色的瓦片。也有大街旁商业街样式的，这种样式往往一楼是商店，而二楼才是慰安所，楼梯在里面，是木梯，一级有七八公分高。济南有两家很大的慰安所，"慰安妇"的房间达 50 个，"慰安妇"人数达 100 人左右。最低的是丙等，日军官兵内流传，丙等的妇女有病，不能去。

1940、1941 年时，有家名"星俱乐部"的慰安所。为两层建筑，"慰安妇"全部是中国人。日军士兵来此，可以自由选择自己所喜欢的"慰安妇"。

在日军主要驻扎地之一的济南，慰安所充斥各处。拥有朝鲜女子的慰安所就

---

① 抗争：《群魔乱舞的济南》，《半月文摘》第 3 卷第 4 期，1939 年 2 月 15 日。

② 苗兰亭口述，王昭建记：《抗战时期我在济南伪商会的经历与见闻》，政协山东省文史资料委员会编：《文史资料选辑》（山东）第 4 辑，1982 年印行，第 90 页。

③ [日]铃木博雄：《体验的慰安妇的生态》，全貌社平成 9 年版，第 15、17 页。

有好几家，每家人数在 20—30 人之间。

（苏智良）

（2）"慰安所"分军官、下士、士兵三等

在济南，还有军官专用的慰安所，里面是日本"慰安妇"。下士官使用的是朝鲜人的慰安所，而士兵只能去中国人"慰安妇"的慰安所。

（［日］"从军慰安妇 110 番"编辑委员会编：《从军慰安妇 110 番》，第 42 页。）

（3）日本军官口中的济南日军"慰安所"

1942 年 4 月到 1945 年 3 月我担任日本陆军第 59 师团高级参谋。

1944 年 4 月上旬，日本陆军第 12 军出动进行"河南作战"的时候，军司令部的副官传达命令，要我接手负责监督军用后方设施中的"军人会馆"、"星俱乐部"、"樱花饭店"等设施的经营业务。

"军人会馆"是为日军官兵开设的服务机构，这里有电影厅、饭店、茶座、酒吧、理发店、浴室、小卖店等设施，对日军官兵服务价格低廉。这个会馆里有大约 120 名日本人当店员（其中有一半是女的），还有 60 名中国人当店员。日本人的工资、住房条件很好，而中国人的工资很低，住房条件极差，表现出极端的民族歧视。

"星俱乐部"实际上是日军官兵专用的中国人妓院。妓院的经营者是济南市中国妓院同业总会的会长，妓院的楼房是日军占领济南后从中国人手中强占的一座建筑物，经过内部装修之后才开业。妓院的粮食、烟酒、日用品都是由日军供应的，医疗也是由日军的医院负责的。这里的中国妓女有 30 多人，都是 17 岁到 20 岁的年轻妇女，被迫成为日本侵略军的泄欲工具。每名妓女一天要接客 20—30 人，无论心灵还是身体都遭到严重的摧残，有的由于疾病缠身而悲惨地死去。

1944 年 6 月，到河南作战的日军第 12 军司令部又传来命令，要求我把妓女送到前线去。我与济南的日本人饭店同业总会联系，他们说，现在日本妓女的数字大大减少了，恐怕难以满足需要。我没有办法，便与济南的朝鲜人单点同业总会联系，他们要求在派出妓女之后允许他们自由地加以补充。我答应了他们的要求，他们便把 30 余名朝鲜"妓女"送到河南郑州附近的前线上去。这些"妓女"在那里"服务"了大约 3 个月。以上这些，是我在强迫中国妇女、朝鲜妇女为日本侵略军充当"慰安妇"方面犯下的滔天罪行，我必须低头认罪。

（［日］广濑三郎文，袁秋白、杨瑰珍编译：《新中国对日本战犯的历史审判》，解放军出版社 2001 年版，第 142 页。）

（4）日本见证者口中的济南日军“慰安妇”

①“慰安所”里都是中国女性

1943年，济南有慰安所，妇女均是中国人。瞧见她们脸的时候，所看到的完全是小孩子的脸，问了几次话，她们都没有回答。后来反复询问，终于有了以下的回答：“日军侵入我们村庄时，我的兄长和其他十四五个人全部被刺杀后埋起来了。我们家族出逃了一个月，总算战斗减弱下来了，于是我们就回了家。但一天日军军官敲开了我们的房门，抓了我的姐姐，父亲拼命地要阻止，结果被日军军官杀了。我的姐姐大叫着，那军官又把我姐姐也杀死了。”

（［日］久保二郎：《朝风——我们忘不了战争》，1988年2月私家版，第28—29页。）

② 济南有不少“慰安所”

中归联的成员山中盛之助回忆，在济南的纬八路与三太马路交界一带，当时妓院毗连。

不肯透露姓名的 D 指出，在济南有日军官兵专用的中国人妓院，如“星俱乐部”、“樱”等料亭。

（日本の戦争责任资料センター编：《战争责任研究》第23辑，第23—25页。）

2．泰 安

（1）日本士兵口中的宁阳日军“慰安所”

（宁阳）1939年有日军慰安所，里面主要是中国人“慰安妇”和朝鲜人“慰安妇”。

（搜三十二会：《黄尘——搜索第三十二连队第二中队史》，1978年9月私家版，千代田区。）

（2）日本军官口中的泰安日军“慰安妇”

日军第59师团疫给水班曹长证言，在泰安有中国“慰安妇”，年龄在20—25岁之间。还有朝鲜人“慰安妇”12人，年龄在18岁到30岁之间。

（［日］“从军慰安妇110番”编辑委员会编:（《从军慰安妇110番》，第25页。）

（3）日本"慰安妇"在泰安"慰安所"

武藤娟代是以"女子报国队"队员的身份投入战争的。16 岁的武藤娟代刚上高中，在多年的军国主义教育下，她的头脑中充满了美丽的幻想，尤其当她听到《军国之母》悲壮而哀婉的歌声："为了国家请勿挂念我们，祈望你光荣地为国捐躯……"和看到街上游行的人流在欢庆日军的胜利，或看到车站、码头父送子，妻送夫的场面，更是感动得热泪直流。

1939 年 2 月 18 日，武藤娟代不听父亲叫她读完高中的教诲，毅然报名参加了"女子报国队"。女子报国队先在日本本土集中训练，训练的内容是照料伤病员和一般的护士职能。但训练不到一个月时，武藤娟代和其他 19 名"表现"良好的"女子报国队"员被单独挑选出来，送去横须贺的军营接受"特别训练"。

被挑选出来的"女子报国队"员，大多是 15 岁到 18 岁的初中毕业到高中毕业的学生，她们单纯而善良，满脑子全被大日本的宏图伟业占满了，出来为国家和天皇而奉献一切，甚至生命，别的什么也不会想。去横须贺的车上，29 名姑娘像小黄莺般唱呀，笑的，根本就不明白是什么等待在面前。

到横须贺军营的第三天，开始了正式的训练，除了一般的射击和爆破训练外，又进行了收发报和速记、化妆等方面的训练，然而，更重要的，是再一次对他们进行了忠于天皇、忠于大日本的强化训练。

负责这次训练的，是一位日本陆军少佐浅沼一男。训练的第一节课就是背诵明治天皇颁布的《军人敕谕》和《战阵训》……

随着军事训练的深入，武藤娟代一行日本姑娘渐渐成了惟命是从的战争机器上的一颗小螺钉。但浅沼一男却认为她们还没有达到他的预期的目标，还得要进行最后一次测验……

武藤娟代永远不会忘记那天：1939 年 8 月 21 日，早操后，初升的太阳像蛋黄般在蛋青色的云鬓中冉动着，清新的夏露沾湿了军鞋和军裤，但她的心中却感到格外的舒坦，连紧张的军训也变轻松了。在她们旁边，还有日本海军陆战队的一个中队在受训。

这天早上的浅沼一男的脸绷得紧紧的，与那美丽早晨的气氛绝难吻合。口令也似乎干涩硬邦邦的，把 20 个姑娘的心都吆喝得突突乱跳。在这次军训中，她们都尝过浅沼一男的味道：训练完了温温柔柔、笑笑眯眯，见人总是一脸笑容；但在训练中却凶狠得像一头吃人不吐骨头的野兽。

"跑步跑——"

在浅沼一男的口令下，武藤娟代20名姑娘跑了一圈又一圈……一个个全张大了嘴在喘气，步伐乱了，步态趔趄，却只见到浅沼一男冰冷的脸。连一旁受训的日本海军陆战队的士兵也惊望着这20个快要倒下的女兵。

"立定——"浅沼一男终于开了恩。除了他的眼中闪动了一下赞许的光亮，连头也没点一下。

"向右看齐——"

转过脸对着他的女兵们很快地排成了一行。

"向右转，齐步走！"

女兵们前进的方向，正是海军陆战队的正面前。这是不允许的。但浅沼一男的口令不停，女兵们谁也不敢停下。

他们看见了日军中队长愤怒的脸，同时也看到了笔直站着的海军陆战队士兵对她们投过来的惊诧和贪婪的目光。

海军陆战队的中队长咆哮起来。但得到的回答仍是浅沼一男明晰而坚定的口令声。

正当海军陆战队的中队长目瞪口呆地望着20名女兵对着他们走到近前时，浅沼一男猛喝了一声："立定——"

"向左转！"

20名女兵刷地一下，将屁股朝向了中队长，浅沼一男却已健步走到20名女兵面前，声嘶力竭地命令："把衣服脱光！"

武藤娟代一行女兵你望望我，我望望你，又齐齐刷刷地将目光转向浅沼一男。连中队长听到这命令也惊呆地站在那儿。

"把衣服脱光！"

浅沼一男的命令更加威严。

女兵们像一只只被猎枪打惊了的野兔，有的手摸着了纽扣，望望别人又放下来；有的咬紧了下唇；有的双腿在摆动，在颤抖；有的只是呆呆地望着浅沼一男和他背后黑压压的男人的目光。"他是不是发疯了？"武藤娟代想。

不料，浅沼一男猛地拔出手枪，一梭子子弹就打在姑娘们的脚前，紧跟着又狂喊了一声："为了大日本，全部脱光！"而他的手枪已平端起来。

不服从命令的结果，姑娘们是清楚的。

整个操场上静悄悄的，除了剥脱衣服鞋袜的声音，仿佛连男人的喘息也静止了。直到现在，武藤娟代也说不清当时是感到屈辱还是委曲，或是羞愧。

海军陆战队把这事捅到军部去了，但浅沼一男不仅还是教官，而且从少佐升到了中佐。

直到武藤娟代一行训练结业时，都没有一个人失去童贞。但在那将近半小时的裸体立定中，她们已经受了众多男人目光的近似贪婪而又淫邪的吮吸和舔食。

结业时，充满忠君报国思想的"女子报国队"员们情绪激动，对未来充满了美丽的幻想，对大东亚圣战充满了胜利的信心。

在结业会上，武藤娟代唱起了《啊——军国》的歌曲，随着那悠扬而激越的旋律，她感到自己已到了前线，和士兵们一样冲锋陷阵，和靖国神社中多供奉的女英雄一样，将会受到日本人世世代代的崇敬。

但武藤娟代做梦也想不到，迎接她的命运那么屈辱、悲惨，甚至到死的时候也难以得到灵魂的安泰。

1939 年 4 月 13 日，武藤娟代一行女兵从横须贺港乘车去了福冈，然后乘船到了朝鲜釜山。经过两天休息后，就随同日军第 21 师团开赴中国。在泰安，她们 20 名女兵被分去了各个部队担任"女子报国队"的分内工作，但都得定期向浅沼一男汇报。实际上，她们直接向日本军部报告日军的动态、战绩、军心乃至日军军官的对战争的态度、执行态度的程度。但为达到此目的，她们就必须和日军官兵们"打成一片"。

武藤娟代和樱井美子被分到日军第十五军司令部所属的"军官俱乐部"，开始的工作是担任"酌妇"。所谓酌妇，就是在军官们来饮酒或来了客人时担任陪酒服务的工作。

她们到"军官俱乐部"的第 3 天，就接到司令部参谋的命令，要她们去"陪伴"从日本大本营来的军官。她们不服，打电话去问浅沼一男，不想，浅沼一男冷冰冰地说：军人的天职就是服从！

就在这天晚上，武藤娟代和樱井美子在陪酒后又伴宿。两名 40 多岁的日军大本营的军官在发觉她俩还是处女时，竟高兴得像两头贪婪的野兽。

武藤娟代的处女的血几乎浸透了被单和几层军毯，但她的眼泪却只敢往心里流。

（野草、雨生著：《铁蹄下的军妓》，长江文艺出版社 1993 年版，第 104—110 页。）

3. 汶 上

日本军官口中的汶上日军"慰安妇"

说明：佐藤猛夫，1910 年生于日本神奈川县横滨市。1939 年 5 月作为陆军中尉军医被派到中国。战时被八路军俘虏，后担任八路军野战医院副院长，战后回到日本，担任日本共产党中央顾问。他回忆了有关在山东"慰安妇"的事情。

（1939年5月）两天后，在青岛登陆。经济南到达驻屯地——山东省南部的济宁。在此宿营一晚，继续向西行军，进入汶上县城。我们与刚在徐州打过仗正在城内休整的部队进行换防，担任警戒。

汶上县城四周被各约800米长的城墙环绕，形成一个正方形。城内驻有我们约300人的部队，以及100人左右的归顺百姓。距县城大约1公里开外，驻扎着一百多人的中国保安队（八路军称之为伪军），并不时接受日军的训练。我和大队长、副官、少尉会计一起住在宽敞的大队部里，率领卫生下士负责队里的保健、卫生、医疗、水质检查和"慰安妇"的性病检查等工作。

"慰安妇"大概有六七个人，其中也有朝鲜妇女。每周一次，我们卫生班给她们体检，看是否染上梅毒、淋病等性病。尽管也同情这些"慰安妇"的悲惨处境，但我还是把它作为我的一项职责来履行。有一个"慰安妇"在临回国前说，承蒙关照了，然后留下了一张虎皮褥子。

（[日]佐藤猛夫：《幸运的人》，王德迅等译，中国社会科学文献出版社2001年版，第37—38页。）

4．单　县

台湾"慰安妇"

单县有朝鲜人和台湾人的慰安所。

（[日]朝风会：《朝风——我们忘不了战争》第13辑，1993年第13号。）

5．坊　子

（1）日本士兵口中的坊子"慰安所"

[京都消息]从3月28日—30日的3天内，京都市民团体所收到的有关"'从

军慰安妇'的热线电话"和寄来的材料，共达 132 件，而且在"热线电话"撤销之后，还有用信函方式寄来参考资料的。用电话报来的情况，大部分是京都等16 师团的有关人员，他们都同时证明旧日本军运营、管理慰安所的事实。

原混成第 5 旅独立步兵第 19 大队（大坂第 37 团）所属的原军人 F 某（现年80 岁），于 1939 年以后住在中国的坊子（青岛和济南之间）。他所目击到的事实如下："是在中国事变中，军队的'慰安妇'都是朝鲜人，大约有 10 人左右，用一间小房子。经营属于部队，也只能是属于部队。"

（日本《统一日报》1992 年 4 月 23 日，陈锋译。）

（2）军官找日本"慰安妇"，士兵找朝鲜"慰安妇"

在胶济铁路沿线的坊子，日军也设有慰安所，其建筑是 L 型的；军官付 1 日元 20 钱就可找日本"慰安妇"，而士兵找朝鲜"慰安妇"也要 1 日元 50 钱。

（[日]《性与侵略》，第 78 页。）

6. 青 岛

日本士兵口中的青岛"慰安所"

青岛一市的慰安所有多少虽不得而知，其中日军第 16 师团一部驻地附近就有 3 个慰安所，"慰安妇"计 60 人，其中朝鲜人 40 人，中国人和日本人各 10人。每天慰安所前排着长队，以致每个士兵的"慰安"时间只有 5 分钟。

（1939 年 5 月，青岛）登陆后的我们，结伙去慰安所。那是一处像医院般的大房子。一条走廊横在中间，左右都遮着门帘，里面是窄小的床，大约 50 张吧，女人们横卧在上面。士兵们排列在门帘前。有的门帘上印有红色的标记，表明里面的女人有病。每人可用十五六分钟的时间，稍有超过，帘外就喊："还干哪！"也有老兵为了寻找自己喜好的女人，而到处掀门帘窥视。

（[日]水野清夫：《与日军作战的日本兵——一个反战士兵的手记》，日本东京白石书房 1974 年版。）

7.曲　阜

每日必须提供100名妇女充当"慰安妇"

日军占领曲阜后，随即指使汉奸设立维持会，每日必须提供100名妇女充当"慰安妇"，而且还要逐日轮换。

（管雪斋编：《抗战一年》，汉口华北图书公司1938年版。）

8.兖　州

日本士兵口中的兖州"慰安所"

在兖州，日军设立过一个全部由朝鲜女子充当"慰安妇"的慰安所。老兵津山章作回忆说："一个朝鲜女子独坐在煤油灯昏暗的光线中，与日本女人的坐法不同，她们是伸开腿坐着，墙壁上贴着像是从杂志上剪下来的女电影演员的头像。隐约闻到一股大蒜的气味。'请进'，她说的日语带有特别的口音，脸部平板、圆眉、细眼，是一张典型的半岛人的脸。……'几年了？''两年。'她挪动了一下身子，在火盆旁边给我让出了一块我刚好可以坐下的地方。……"

（［日］金一勉著：《天皇的军队与朝鲜人慰安妇》，三一书房1976年版，第108页。）

9.招　远

北门外"慰安所"

在招远县城北门外，也有日军的慰安所，日军天天光顾那儿。

（［日］桑岛节郎：《华北战记》，东京图书出版社1978年版。）

10. 芝罘、龙口、博山

（1）即使在镇上也有为日军提供性服务的"P屋"

此外，日军还要求各级伪政权，在日军过境时，必须设立"皇军慰安所"和"皇军供应处"，向匆匆奔赴战场的日军提供"慰安妇"和粮草鸡鸭。[①]日军某部的第 19 大队由于高度分散，无法设立慰安所，因此其在芝罘、龙口驻防时，完全靠利用中国人的妓院来解决性问题，据老兵回忆，当时不仅在芝罘、龙口，即使在一些镇上，也有为日军提供性服务的"P屋"。由此想见，这种临时设置的慰安所的数量是十分惊人的。

（苏智良）

（2）从博山到芝罘的路上掳掠妇女充当"慰安妇"

从博山到芝罘的那天，有一个只有女孩残留的村庄，于是日军拉来 10 个女孩，这些女孩在副官的管辖之下。那天夜里，副官对士兵们叫道：去看看有趣的东西，于是士兵们急匆匆地打开了大门，只见在昏暗的灯光中，那些女孩全裸着……

（［日］吉见义明、林博史主编：《共同研究 日本军慰安妇》，第 87 页。）

11. 博 兴

日本见证者口中的朝鲜"慰安妇"

1944 年我曾经去过（博兴）慰安所，最初不知"慰安妇"为何物，以为是食堂。一天有朝鲜人的部队加入。朝鲜兵看到一个女人很熟悉："啊，松冈先生啊！"

[①] 安仆璋主编：《山东通史》现代卷上册，山东人民出版社 1994 年版，第 277 页。

原来是他姐姐的女校同年级的同学。问她为何来此？原来是被拉入了女子挺身队，说是被宪兵拉来的，她边说边哭。我于是便劝她逃走。她答："我们随时被监视，无法逃跑。"于是，我初次知道"慰安妇"的实态。后来部队去了济南，再也没有见到过那个朝鲜女子。

（［日］"从军慰安妇 110 番"编辑委员会编：《从军慰安妇 110 番》，第42 页，苏智良译。）

12．邹　县

邹县"慰安所"

1942 年，日军在邹县有慰安所，里面主要是朝鲜人"慰安妇"。

（［日］《紫色的绊》，1985 年私家版，町布市。）

13．枣　庄

枣庄"慰安所"

枣庄 1943 年、1945 年都有慰安所，里面有中国和朝鲜女子。

（［日］搜三十二会：《黄尘——搜索第三十二连队第二中队史》，私家版。）

14．禹　城

ふたば

1945 年时，禹县县城的中央有两家慰安所。一家叫"ふたば"，士兵铃木常去，他与名叫"ミサオ"的朝鲜"慰安妇"非常亲昵。

（［日］《战争责任研究》第 23 辑，第 24 页。）

15．临　清

临清日军"慰安所"

日军独立步兵第44大队有1300人，还有本部的500人。各部队驻扎在周围15—20公里的地方。当时设了3个慰安所。一个叫"太阳咖啡屋"，一个叫"叶隐居酒屋"，还有一个是军官专用的割烹屋，本部附近的慰安所常派"慰安妇"到下面去巡回"慰问"。一般要二三天时间。那种场合，第一天，多是中队长独占，第二天才准急吼吼的士兵使用。当时用两辆卡车为工具。士兵有时还强奸当地民女。

（〔日〕《战争责任研究》第23辑，苏智良译，第23页。）

16．淄州、高密、德州

日军在山东各地建"慰安所"、掳掠妇女

如青岛、曲阜、淄州、高密、德州等地均设有慰安所。日军进攻时一路掳掠中国妇女，据老兵浜崎富藏在《满身是泥的士兵》中的记载："一抓到年轻的女性，日军就让她伸开双手，看她的掌心。如果是农民或劳动者的手，就当场将她当作玩物，然后带到县城，卖作'慰安妇'、有钱人家的小妾或女佣。白手心的女人，就被怀疑为是八路军的人，交给宪兵。经过拷问后，大都被虐杀了。"

（〔日〕浜崎富藏：《满身是泥的士兵》，1970年私家版，转引自〔日〕矢野玲子著，大海译：《慰安妇问题研究》，辽宁古籍出版社1997年版，第109页。）

17．日本大分县知事栗屋仙吉与外务省美国局长吉泽清次郎关于前往济南及胶济铁路沿线人员的通信

（1）要募集慰安妇，需使馆及军部开证明

特旅第 82 号

昭和 13 年 4 月 25 日

大分县知事　　栗屋仙吉

外务省美国局长吉泽清次郎殿

关于济南及胶济铁路沿线的来往者，根据本年 2 月 8 日所付"米三机密第 580 号信函"的意见，必须具有所辖警察署长开具的身份证明书方可。最近在济南的逗留者们，已从当地总领事处得到为雇佣酌妇而回国的证明书。

同一方面军，要募集皇军慰安所的酌妇，需要日本在华使馆及军部开具的证明书。

（2）内务省给到中国去的慰安妇开证明

米三机密第 623 号

昭和 13 年 5 月 4 日

吉泽清次郎美国局长

栗屋仙吉县知事

本件四月二十五日附特旅第 82 号贵信收到，根据贵信记载之事例，本年 2 月 23 日附内务省发警第 5 号内务省警保局长发给到中国来的妇女的证明，来华没有障碍的人。

（[日]吉见义明主编：《从军慰安妇资料集》，大月书店 1992 年版，苏智良译，第 108—109 页。）

（十四）江苏

1. 南 京

（1）南京日军"慰安所"

1938 年，日军慰安所管理机构在发给部队的《南京指南》的小册子中就有南京慰安所的地点和引导图。该指南所载的陆军慰安所有（见下表）：

南京的部分日本陆军慰安所

	地 点	名 称
1	白下路 312 号	大华楼慰安所
2	桃源鸿 3 号	共乐馆慰安所
3	利济巷普爱新村	东云慰安所
4	中山东路	浪花慰安所
5	湖北路楼子巷	菊花馆慰安所
6	太平路白菜园	青南楼慰安所
7	相府营	满月慰安所
8	鼓楼饭店	鼓楼慰安所
9	贡院东街 2 号	人民慰安所

资料来源：伪行政院宣传局新闻训练所编辑：《南京指南》。

一个老兵回忆，在 1938 年 2 月初到南京时，就去了鼓楼慰安所，只见有十七八岁的可爱的姑娘在那儿烤火。[1]毫无疑问，南京城里实际存在的慰安所比这一数字还要多得多。据韩国《新东亚》杂志第 3 期介绍，南京还有故乡楼慰安所、浪速慰安所等。另在四条巷也有多家慰安所。[2]1938 年 7 月 13 日的汉口《大公报》刊登了某文化机关职员李克痕的文章，南京沦陷后李在陷都整整待了半年，其间耳闻目睹了大量日军暴行。他在《沦陷后之南京》一文中写道，日军进城后，最重要的事情就是奸淫妇女，"整群结队的'花姑娘'被捉到，有的送往上海'皇

---

[1] ［日］佐佐木元胜著：《野战邮便旗》，现代史出版社 1973 年版，第 247 页。
[2] ［日］《性と侵略》，第 142 页。

军娱乐所'，有的专供敌人长官以泄兽欲"①。此后，日军的慰安所日益增多。1938年7月汉口出版的《宇宙风》杂志第71期指出："在（南京）城中设立17个慰安所，到外面强迫美貌女同胞作日人的牺牲品。在这些慰安所中，不知道有几万女同胞被蹂躏牺牲了。"②日本人伊东圭一在《慰安妇与军队》一书中回忆说："我所住过的南京附近，有日本、朝鲜、中国三家慰安所，日本女性都在豪华的酒廊，以军官为服务对象。"直到1939年秋，南京"尚有25家名目繁多的妓院'桃花宫'、'绮红阁'、'浪花楼'、'共乐馆'、'蕊香院'、'秦淮别墅'，也供日军奸淫……微风送来，一阵浪人寇兵嬉笑的声音，夹着淫秽的歌声，震撼着整齐的马路……春楼阁还用日文和中文大写道：从苏杭弄来的'如花似玉之姑娘，殷勤招待'日本士兵发泄兽欲。"③

战时，日第15师团军医部曾对"慰安妇"进行了3次调查，在《卫生业务要报》中公布了检查的结果（见下表）。

第15师团对南京慰安妇的体检结果

年月	被检查人员				不合格人员		
	日本人	朝鲜人	中国人	总　计	日本人	朝鲜人	中国人
1942.12	749	50	612	1411	8		7
1943.1	1007	113	513	1633	13	2	12
1943.2	948	51	557	1556	17		15

资料来源：[日]吉见义明主编：《从军慰安妇资料集》，大月书店1992年版，第273—276页。

由上表我们可以得出以下之结论。

第一，在被检查的"慰安妇"中，按国籍区分，日本妇女有2704人次，占58.79%；朝鲜妇女有214人次，占4.65%，中国妇女为1682人次，占36.56%。

第二，被检查的"慰安妇"共4600人次，其中患性病的"慰安妇"只有74人次，患性病的比例只占1.6%，由此表明，日军在大城市，对慰安所的性病的预防还是比较有成效的。但是另一方面，"慰安妇"中的性病患者有缓慢增长的趋势。

第三，被检查出性病者，按国籍区分日本妇女有38人次，中国妇女为34人次，而朝鲜妇女只有两人。由此推断，日本"慰安妇"多是国内娼妓征召而来，由此患性病者较多。中国"慰安妇"中也有部分是娼妓被强征为"慰安妇"的，

① 李克痕：《沦陷后之南京》，汉口《大公报》1938年7月13日。
② 林娜：《血泪话金陵》，汉口《宇宙风》第71期，1938年7月。
③《南京魔窟实录》，《战地电讯》1939年10月1日。

因此，也有一些患有性病。只有朝鲜"慰安妇"多是良家少女，因此患性病者只有两人。同时，由上表还可见，南京的"慰安妇"人数是相当多的。

（苏智良写于 1997 年。）

（2）伪政府协助建立"慰安所"

1938 年 2 月 18 日，华中派遣军总司令官畑俊六大将到任，伪"中华民国维新政府"主席、大汉奸梁鸿志向畑俊六献媚献计：为了让驻宁"皇军"充分享受性服务，重新开放秦淮河、夫子庙的一些娼馆妓院，发给日军官兵"优待券"。同时，招募一些中国女学生、女职员作为"女子挺身队"去日军慰安所为"皇军"服务。畑俊六对梁鸿志大加赞赏，命他加紧处理，促进"日中亲善"。

于是，南京秦淮河、夫子庙一带又红灯高挂，"天香阁"、"宜春院"、"桂花楼"、"小桃红"、"金媚春院"、"雅田书坊"等妓院招牌如雨后春笋，纷纷展现。秦淮河画船灯航，招摇过市，日兵如云，淫语喧天。

由伪政府出面，广招女招待生、女服务员，为政府服务。他们打出征召"女子挺身队"旗号，欺骗了一大批女学生、女工、女职员，将她们送进了日军慰安所。

为了满足日军性需求，日军 5 个师团都设立营内慰安所，日本海军第三舰队在下关码头，空军和海航部队在明故宫设立慰安所。华中派遣军驻宁兵站司令部陆续从日本运来一批批"慰安妇"。1938 年 5 月来的一批，是仙台市的"女子挺身队"。其中有女学生、女职员、女工、家庭主妇和私娼，到达南京第三天，经过妇检后，230 多名"慰安妇"到中山东路励志社编队分组。

（郑寨：《日本"女子挺身队"，香消玉殒太平洋》，《民国档案》增刊号，第 46 页。）

（3）日本士兵口中的汉口路"慰安所"

第 18 师团的原田上川少尉回忆在南京汉口路的慰安所："（南京）慰安所内，有不少中国女人。日本'慰安妇'在南京攻克半年后才到。这些女人都是良家妇女，身体健康，年轻美貌。我去过汉口路慰安所多次，每次都找一个叫兰英的妇女，她 20 岁，半懂日本话。她说，这个慰安所有 50 多个中国女人，每天每人要接待 30 多个日本官兵，给她们吃糠糙米，喝冷水，每天被蹂躏得死去活来。她几次想死，均未成功，她要求我救救她。我表示无能为力，她绝望的脸上布满泪痕。"

"中国女人一进慰安所，就失去自由，进门便被剥去衣服，发一件睡衣式的日本和服，从上午开始，一睁眼，和服便被看守搜去，怕女人们逃跑。有的慰安所设在小学里，有的设在仓库、寺庙、饭馆里，用木板隔成许多小间，一块床板，一条席子，一条军毯，日本兵上慰安所要请假，时间有规定，拿到'红券'就跑到门口排队，15 分钟一个。时间一到，管理员便打铃开门，催人出去，让下一个进来。"

"染上性病的，就发给一包高锰酸钾，让其清洗。有的经过治疗后，又被逼做'慰安妇'。还有的患上性病根本不治，太严重的干脆拉到野外喂狗。"

（赵肃：《南京强奸血案》，中国第二历史档案馆编：《民国档案》增刊号，第 57 页。）

（4）中国见证者口中的利济巷"慰安所"

（浦口区调查）当时中央饭店对过的利济巷有鬼子的慰安所。日本鬼子打韩国、打东北时把韩国妇女掳来当妓女，就是"慰安妇"。这些女人曾经跟着日本人去了云南，回来后老了就落在南京了。……当时我也在四条巷住过几天，那地方开了几个窑子，有扬州人开的，也有日本人开的，从四条巷一直到常府街有好几处。（回访李景德）

安民时候看到不顺眼的也杀，大马路那边的大街上有妓女，妓院里面没有中国妓女。他们强奸妇女，农村妇女不敢走路，不敢到此地来，农村妇女一到此地来就被鬼子拉着嘤咕嘤咕（日语睡觉）。（葛照永口述）

日本人投降时，日本人就把一些随军妓女和家属装在一个大麻袋里，弄个绳子扎起来，使人从外面看不清楚，然后卖给当地人。当时新炭场的老潘曾经花了一个袁大头买了一个。后来他们俩生了一个儿子和一个女儿。（侯学英口述）

离我家不远有个高大房子巷，那时维持会搞了个妓院，就是慰安所，却是本地姑娘在里面，是鬼子来之后一年多。（张少堂口述）

（张生、吴凤照、费仲兴编：《南京大屠杀史料集39——幸存者调查口述续编（下）》，江苏人民出版社、凤凰出版传媒集团2007年版，第1264—1265、1308、1309、1442 页。）

（5）日本士兵口中的南京日军"慰安所"

① 东史郎记忆中的南京慰安所
1938 年……1 月份的一天，天正下着雨雪，非常冷，这时命令下来了，要

求想去慰安所的人提出申请。这个听来不太习惯的慰安所，就是有搽着红粉和白粉的娼妓的地方。几天后报上有消息说，日本人的随军妓女用五辆卡车拉着在市内进行游行，士兵们见了兴奋异常。

我觉得战场上出现这样的女人真是不可思议，而且是可叹的事情。这种商人的做法叫人不得不佩服，也叫人不胜寒心，尤其对于那些一直到达这里，到达支那内地的前线来卖身的日本女人的肤浅，我不禁感到不快。这些女人让人感到难堪。

这些女人的到来，我并不感到高兴，而是感到耻辱。本来，浓妆艳抹的女人都是些不惜出卖一切的人。

"喂！这家洋房里有 30 人。"

"支那 P（指中国妓女）也有。"

"还有朝鲜 P。"

士兵们兴奋地说着。

"兵哥哥！"传来了嗲声嗲气的声音。勇士们的心灵马上被俘虏了。

我们分队决定让仓桥后备兵去。虽然上面给我们每人都发了朝鲜银行券，但是只有去买 P 的人才发给印有龙的图案的军票。

一等兵仓桥……用铅笔在他的日记本上画下了他进去的那个妓女的房间。他画了斜斜的楼梯上的床，甚至认真地记下了花子的牌号，连花子睡觉的姿势都画了出来，然后说："……有 P 的房子，是支那人逃走后留下的空房，门口有宪兵，士兵多得很，都希望早些叫到自己的号，挤死了！所以根本没有时间全部脱光，也不能慢慢搞。不过也不错。我买的那个女的很年轻，感觉舒服极了。不好的是，各个房间没有完全密封，所以从外面可以偷窥的。不过谁都管不了那么多。"

（《东史郎日记》，王卫星编：《南京大屠杀史料集 8——日军官兵日记》，江苏人民出版社、凤凰出版社 2005 年版，第 465—466 页。）

② 一个女人供 15—20 个人玩弄

水户人田所耕三战时是日军第 114 师团的一等兵，他回忆说："女人是最大的受害者。不管是老的还是年轻的全都遭殃。从（南京）下关把女人装上煤车，送到村庄，然后分给士兵，一个女人供 15—20 个人玩弄。在仓库周围选个有阳光的好地方，弄点树叶之类铺好。士兵们拿着有中队长印章的纸，脱下兜裆布，等着轮到自己。"

（［日］太平洋战争研究所:《不寻常的最前线》,《朝日文艺》1971 年 1 月。）

③ 上慰安所就跟领配给品一样

说明：秋山源治，1915 年 1 月生。南京战时，第 16 师团步兵第 33 联队第 1 大队。2000 年 7 月、2001 年 10 月采访。

我们在难民区也发现了姑娘。姑娘的征发，刚开始是闯进房子里搜查，一旦发现女的就干了。

攻陷后过了 10 到 15 天，我去了难民区。到了那里，我就说"剩饭跟×交换"。当时我是连锅端着去的，所以就说跟这个交换。跟女人，你就说："饭、饭、性交。"或者"×，交换"。这么一来，女人就说把那剩饭给她。（很多人逃走了）房子哪里都空着，所以我说一声"走吧"，就干了。那时候局势已经稳定下来很多了。

攻陷的时候，我们抓住女人就干。

南京慰安所很多，我也去过，里头尽是中国人，也有朝鲜姑娘。我们付的是军票。慰安所在大马路上有很多。费用很便宜，所以我每个月起码去两三回。军营专用的慰安所在别的地方，那里是朝鲜女孩子。

人一住下来就要这里那里到处走。当时那场面就跟领配给品一样。慰安所排成了一大溜，然后士兵就在那儿排了一长排。我们完事了就说"交接、交接"。当时里头中国女孩子很多，都是城里的女孩子，南京的女孩子，当中也有形势稳定下来以后父母带她上慰安所来的。为了吃饭，没办法呀。

（［日］松冈环著，新内如、全美英、李建云译:《南京战·寻找被封闭的记忆——侵华日军原士兵 102 人的证言》,上海辞书出版社 2002 年版，第 106—107 页。）

④ 把女孩分配给士兵，让士兵付钱

说明：大泽一男，1916 年 12 月生。南京战时，第 16 师团步兵第 33 联队第 2 大队。2000 年 12 月采访。

听说士兵们进了南京女校（指金陵女子文理学院，现南京师范大学所在地——译者注），干了相当坏的事。驻屯后不到一星期就有了慰安所，韩国人来了。支那人另外有干那种买卖的人。在外面的慰安所开起来之前，部队抓来几个女孩带进来办了慰安所。驻屯中，不知从何时起，准尉动了个脑筋，把女孩分配给士兵，让士兵付钱。这是没有办法的。干了不好意思说的事。点火燃了藏有败兵的房子，在南京干了很多坏事。

（［日］松冈环著，新内如、全美英、李建云译：《南京战·寻找被封闭的记忆——侵华日军原士兵102人的证言》，上海辞书出版社2002年版，第146—147页。）

⑤ 军队干预"慰安所"创办

说明：植田成美，1914年生。南京战时，第16师团骑兵第20联队。2000年10月采访。

慰安所是有很多处。朝鲜的皮条客一样的人，打着像"爱国妇女"一类的幌子，从朝鲜把小姐带过来，说是"慰问"，让她们在慰安所一样的地方干活，然后自己从中获利。这件事，军队也干预了。这军队的干预，就是让她们向我军16师团申报什么的。假设现在人在津这个地方，下一步想去伊势，我们就派士兵把人送过去。我们大概派出一个中队或者一个小队的士兵，用汽车护送她们。为什么？因为她们会遭到那儿败兵的袭击。这种报告可能要上交到师团司令部，他们也要来拿慰安所的开设许可。转移时的警备，这事没错，我们确实执行过。替妇女检查性病的是军医，不这么做的话，士兵就会不行。我听说她们也来军医部检查过。

（［日］松冈环著，新内如、全美英、李建云译：《南京战·寻找被封闭的记忆——侵华日军原士兵102人的证言》，上海辞书出版社2002年版，第267页。）

⑥ 把女人抓到驻屯地，由分队养起来

说明：田所耕太，1916年3月生。南京战时，第16师团步兵第38联队第1大队。2000年6月采访。

到12月15日为止是进攻战，从16日到（次年）1月11日是在南京附近当警卫。南京郊外开始出现了慰安所。是用玉米皮编的小草屋，窄得只能放一张床。女孩子有十五六个人，都是朝鲜女孩。士兵都站在外边排队等着。我因为是下级军官，所以等士兵们（从女人那里）走了以后才去的。价格是日元50钱到2日元左右，是用军票支付的。日本的钱是一分钱也没有。在分队里训练的时候是把女人抓到驻屯地，分队养起来。待一星期或两星期就给放了，再去抓替补的过来。去寺庙里的话有很多，因为寺庙大，所以周围的女孩子都逃到寺庙里避难。去那里的话就有了。普通老百姓家里也有，只要毁坏二楼，就会发现藏在那里的女孩。

女孩藏在二楼的稻草堆里，由父母每天给她们送饭。

分队是在民宅驻屯下来的。带来3个左右的女孩子，供住供吃，玩腻了就给换掉。刚开始姑娘们只是哭。但是，只要带到分队给她们饭吃就没事了。行军时（在去南京的路上）只要发现就干。就是说把背囊放在旁边，就地给干了。有年轻的也有50岁左右的，都是农家妇女。父母没给藏起来，放东西的阁楼里和寺庙里藏得最多了。进军的时候自己心情会变得粗暴……干了50个人以上。现在想起来简直不是人干的事情。自己也不知道是死是活，成了真正的畜生。上司们不会注意你的，因为自己也在干。也没有宪兵来，在中国的时候一次也没有见过宪兵。至于干完了给杀掉的事情，我们是没有干过，而且也没有听说过。所以不知道有没有那种情况。但是，在上海和南京经常可以看见女人的尸体。在北支也见过，是裸着身子的。进攻南京和徐州的时候，因为忙于战斗，所以没有时间去干。那时候最要紧的是吃，每天只是拼命地去找鸡蛋和鸡偷了来。因为我忙于照顾队长，所以没怎么去偷。

（〔日〕松冈环著，新内如、全美英、李建云译：《南京战·寻找被封闭的记忆——侵华日军原士兵102人的证言》，上海辞书出版社2002年版，第306—307页。）

⑦ 南京的"慰安所"城内城外都有

说明：坂田贞一，1915年9月出生。南京战时，南京第二碇泊所司令部。1997年11月、1998年4月采访。

慰安所很早就有了。男人最初去的地方就是有女孩子的地方。下关有两处，城内有10处或12处。对岸的浦口也有三四处慰安所。因为没有专门照顾女孩子的机关，所以暴行更加严重。下关的慰安所里朝鲜人比较多，中国人从十二三岁到二十五六岁的都有。中国人有中国人待的房子，朝鲜人有朝鲜人待的房子。南京城内也有一处日本妇女的慰安所，听说有几个在日本做不到生意的40来岁的大婶。慰安所里的女人叫她们"×"。街道的胡同里也有很多没得到军队许可的暗地里搞的慰安所，站在胡同里的女孩子几乎都是卖春的。是日本人带着五个左右的女孩子干那种私下的买卖。使用避孕套当然好，但是不用的话，价钱虽然便宜，但很容易患上急性的淋病等性病，很危险。军队管理的慰安所是在门口买票，叫来自己喜欢的女孩子，把票递给女孩子后再玩。价钱是1日元50钱左右，挺贵的。如果每个星期日去找女孩玩的话，钱会立刻花光的。日本男人喜欢女孩子，第一个记住的是卖春和妓女屋。

（［日］松冈环著，新内如、全美英、李建云译：《南京战·寻找被封闭的记忆——侵华日军原士兵 102 人的证言》，上海辞书出版社 2002 年版，第 338—339 页。）

⑧ "慰安所"里士兵在排队等候

说明：林政义，1916 年 7 月出生。南京战时，第 16 师团步兵 33 联队第 1 大队。1999 年 1 月采访。

我原来是志愿当卫生兵，但中队长说"卫生兵不行"。

慰安所嘛，有的。就是把居民（中国人）的女儿集中起来，还有从朝鲜带来的"慰安妇"。具体的地点没有印象了，只记得朝鲜人的慰安所里还掺杂着日本人。从朝鲜带来的人是用号码称呼的，一号、二号、三号……在那里是不叫名字的。

目睹过年轻的士兵在慰安所排队等候的情景。我们所到之处都有慰安所。慰安所是用什么建筑物改造而成的。好像是一人一间，条件不是很好，（用布什么的）隔开的。

中国人的慰安所用的是中国人的房子。

跟朝鲜"慰安妇"说过话，也有会日语的女孩，是年轻的女孩子。

去慰安所有时间规定，士兵是中午左右，傍晚是下级军官。

现在（"慰安妇"问题）中国和韩国说得很严厉，说日本强制进行了什么的……确实是那样的，是日本干的。如果不设慰安所，一般的居民……在某种程度上，慰安所解决了一些问题。

对妇女的暴行是有的。是从部队的战友那里听说的。有过那样的事情。虽然嘴里不说，但还是干过的。

（［日］松冈环著，新内如、全美英、李建云译：《南京战·寻找被封闭的记忆——侵华日军原士兵 102 人的证言》，上海辞书出版社 2002 年版，第 341 页。）

⑨ "慰安所"里不用付钱

说明：佐藤五郎，1913 年 10 月出生。南京战时，第 16 师团步兵第 33 联队第 1 大队。2000 年 12 月采访。

也有人在去征发的时候，偷了食物还顺便抓姑娘过来。姑娘藏在家里，他们找到了就把人给带过来。这里那里的，败兵在城里到处转悠。我们去搜捕，就发现姑娘藏在房子里面，于是就把人抓住强奸了。我曾经见过分队里的战友的强奸场面，多数是在房子里面干的。这家的人再怎么喊"救命"，士兵还是硬把女孩子拉过来。女孩子当中有反抗的也有老实服从的。大体上是当场强奸的比较多。

女孩子哭个不停，很可怜啊。当中也有把脸给涂黑了的女孩子。尽管她看起来很脏，可我们知道那是年轻姑娘。军队里没事干，所以很多人都做坏事。

南京有慰安所，士兵们排成一溜儿等着轮到自己。慰安所里随你干，完事之后也不用管，也不用付钱。在城外，我们也经常趁着去征发的时候干这事。绝大部分的女孩子都很老实，不过也有吵闹个不停的，听说那时候偶尔也会杀人灭口。虽然我也跟着分队里的人一起去找过女人，但是独自一个人绝对不去。到时候我肯定会替人把风。自己在南京强奸过的女孩子人数记不清了，20 个左右吧。去找姑娘，说一声"走吧"，我们就以这个为主要目的出发了。但是，我们绝对不对日本女人这么干。因为是敌国女人，我们才那么干。也有人强奸老女人。小女孩大概十五六岁吧。虽说是小女孩，可挺看得开的，可能是害怕吧，也没哭，老老实实的，可以在她们身上发泄。

（［日］松冈环著，新内如、全美英、李建云译：《南京战·寻找被封闭的记忆——侵华日军原士兵 102 人的证言》，上海辞书出版社 2002 年版，第 360—361 页。）

⑩ 征集食品变成征集姑娘

说明：森田太郎，1915 年 1 月出生。南京作战时，第 9 师团步兵第 36 联队第 3 大队本部。2001 年 2 月采访。

征发姑娘我们也干了。农家的女孩子爬上天花板躲着。只要看一眼这家的家具，我们就能晓得里面有没有女孩子。说是去征集食品，其实就是食品跟姑娘一块儿找。可能是语言不通的缘故吧，我们也没遭到反抗。女孩子都浑身发抖。这种事是各分队独自行动的。也有的分队把女孩子拉过来私自设立了慰安所。基本上一个大队有 10 个左右的姑娘。姑娘们由军队管理。我不知道他们是从哪里把女孩子给拉来的。可我知道里面有很多朝鲜姑娘。在淳化镇，女孩子都是征发的时候抓来的，所以没有设过慰安所。在淳化镇，也发生过士兵去征发的时候强奸女孩子的事情。

（［日］松冈环著，新内如、全美英、李建云译：《南京战·寻找被封闭的记忆——侵华日军原士兵 102 人的证言》，上海辞书出版社 2002 年版，第 364—365 页。）

⑪ 我们也去过"慰安所"

说明：小川泰雄，1913 年 2 月出生。南京战时，第 16 师团步兵第 38 联队联队本部（辎重）。2001 年 3 月采访。

我们也去过慰安所。很难受，要排队候着。人们叫着："快点！快点！后面还有人等着!"就这副样子,心情、气氛,什么都不好。我们等了等,后来就比较空了。我看见脸盆里有块脏抹布,前头的人完事了,就当着别人的面洗那个部位。要是块干净的毛巾就好了,可那会儿是当着别人的面拿抹布洗。然后又有人喊:"下一个——"那样子就已经什么心情都没有了。所以都快轮到我了,我还是放弃了。"慰安妇"是朝鲜人,中国人没有。

也有人喜欢这个。他们在行军中去找难民。难民基本上都逃了,可也有藏起来的。年轻人精力旺,在蒸晚饭饭盒的时候,就有人说:"拜托了,我去找找(女人),很快回来。"那是上村里头找去了吧。说什么"饭就拜托你了,帮我蒸蒸吧"。不过这种人很少,我们不至于为了那事把自个儿吃的东西也托付给别人。随随便便就去,看得比饭还要紧。大伙儿都只问一句:"又去?"完全睁只眼闭只眼。

([日]松冈环著,新内如、全美英、李建云译:《南京战·寻找被封闭的记忆——侵华日军原士兵102人的证言》,上海辞书出版社2002年版,第367—368页。)

⑫ 把女人往那儿一放便做起生意了

由村里头面人物组成的治安维持会一成立,队长便急忙提出"需要姑娘"。维持会的代表说:"这个镇上没有妓女,要是良家姑娘也行的话,可以从附近村庄中找一些。"数日后,集中了十几名年轻姑娘为日军开设了慰安所。

慰安所也是临时凑合的。要了一些较大点的民房,在几个屋里放上床,把女人往那儿一放便做起生意了。由于部队不能管理慰安所,便由随军翻译来管理。

(《中国战线从军记者的证言》,《南京大屠杀史料集10——日军官兵与随军记者回忆》,江苏人民出版社、凤凰出版社2005年版,第515页。)

(6)日本官兵日记中关于建立"慰安所"的记载

① 这使我感到有必要设立"慰安所"

1937年12月4日,据说第十一师团辎重队将十二三岁的少女强行带走,并在行军途中加以凌辱。根据宪兵的报告,其他类似的事件很多,这使我感到有必要设立慰安所。

可是,嗜酒且品德不好的少将却毫无顾忌地当着我们的面说,既然是从满洲来,为什么不带女人来呢?与其带一些无聊的人过来慰问皇军,不如带女人来慰问。那边的小年轻是什么人?小小年纪竟然来慰问什么皇军?!少将说的小年轻是满洲铁路公司的武市氏,他一再为自己的行为辩解,站在一旁的我实在忍不住了，冲着佐佐木部队长说，你这是干什么？！我们是代表全满洲土木建筑界来慰问的，皇军经过苦战终于攻占了南京，对此我们是来表示深切慰问的，阁下的话是对我们的侮辱！

（《上海派遣军参谋西原一策大佐作战日志》，张宪文主编：《南京大屠杀史料集 32——日本军方文件与官兵日记》，江苏人民出版社、凤凰出版社 2005 年版，第 108 页。）

② 有关出入南京"慰安所"的记录

第九战区司令长官司令部参谋处代电谍字号第 1443 号，中华民国二十七年九月□日

汉口国际宣传处并转中央社及各报社本战区于北极峰（瑞昌东南）之役，检获敌第九师团第十九联队预备役陆军上等兵三和惣一之日记。由该日记简短记载中，可证明敌军之奸淫行为，与我军战斗力之坚强，并知敌第九师团调动频繁，疲于奔命也。兹检送摘译该日记一份请查照宣传为荷。第九战区司令长官司令部参谋处感午谍。附敌兵日记一份。

摘译第九师团第十九联队预备役陆军步兵上等兵三和惣一之日记。

……

五月廿九日——午前七时由蚌埠出发去南京。

卅一日——午后至慰安所与日本妓女交媾一次，去（除）一元五角。

六月一、二日——南京经常州去宜兴。

四日——在宜任镇警备队第二下士哨服务，热至九十度以上。

六日——午前十时警戒宜兴镇，闻枪声二十发。

七日——至慰安所，与日本女人交媾一次，去除二元五角。

九日——任宜兴警备队第二下士哨。闻在前方六里处有枪声四十发。

十日——至酒保慰安所，去费二元。

十二日——奸淫中国女人二次，中国女人不甘愿竟自杀。

十四日——任警备队卫兵三日。天雨正感困难。第九中队被夜袭，死二名，本部被焚，华军约六百名。

十五日——至慰安所与日本女人交媾一次，去费三元五角。

十六日——第三回奸淫中国女人。

十八日——午后二时第五回奸淫中国女人。三时赴酒保慰安所。

廿日——午前八时五十分，允许外出。至日本妓女处，去费一元五角。

廿一日——廿日夜，由宜兴出发，本日上午七时至管村镇。

廿三日——午前八时，出发至新葆镇午餐。午后一时半，往攻某小村，用山炮五六发。在杨港镇回营休息。因奸淫中国女人回营为迟。

廿五日——上午八时，由杨港镇出发，午后三时至管村镇。

廿六日——午前八时，自管村镇出发至宜兴。

七月四、五、六日——午前十时起受发烟筒之教育。

七日——事变一周年纪念日，静默一分钟，思不出为何而战。

十一日——午前九时，华军七八名在九百米前方，发现日军等候开枪六十发始退去。西岛大队熊田少尉等十五名担任警戒。

十五日——午后，第五大队出发攻击华军。

十八日——去慰安所一游，热至一百十五度。

十九日——午前演习手榴弹，及小队长之教育，午后至慰安所。

八月七日——午前五时起床，七时自宜兴出发。

（七月廿三日起八月五日止无日记）

（《国民党中央宣传部国际宣传处日本在华暴行录等文电》，中国第二历史档案馆藏档案，档案号：七一八（4），4805。）

（7）《拉贝日记》证实的日军"慰安所"和"慰安妇"

1938年1月25日下午，鼓楼医院收治了一名中国妇女，夫妇二人住在难民区圣经师资培训学校附近的一个草棚里。1937年12月13日，日本兵带走了她的丈夫，她被带至城南某处，并拘禁在那里。她每天被强奸7—10次之多，只有夜间才让她睡一会儿。可能因为她已患病，情况很糟，5天前被放回。她已身染3种性病：梅毒、白浊和下疳，这几种病非常厉害，极易传染，它在短时间内便患上这些疾病。她在获释之后立即回到了安全区。（威尔逊）

这位年轻妇女被日本兵从安全区的一个草棚中带走并拖至城南，在那里关押了38天。在此期间，她每天被强奸7—10次。由此她不仅患上了3种最严重的性病，而且引导大面积溃烂。这促使日本兵最后释放了她，因为她已经不能供他们发泄兽欲了。她于1938年1月26日被送进教会医院（鼓楼医院），此画面摄于几星期之后。

在她被日本兵带走的当天，她的丈夫（一名警察）也被日本人拖走，从此杳无音讯。可以断定，他和当时其他被带走的数千人一起遭到了杀害。

（[德]约翰·拉贝：《南京大屠杀史料集13——拉贝日记》，刘海宁、郑寿康、杨健明等译，江苏人民出版社、凤凰出版社2006年版，第449页。）

（8）日军"慰安妇"在南京

① 中国见证者口中的南京日军"慰安妇"

他们一下村便四处寻找花姑娘，强奸甚至轮奸妇女。那时候，鬼子兵通常带有随军"慰安妇"，这些"慰安妇"大多由韩国、朝鲜妇女组成，但这些"慰安妇"通常不在一个驻点停留太长时间。"慰安妇"一走，当地妇女们便遭殃了。所以那时的妇女只得剃光头，穿男人衣服，即使这样仍不能保证不被鬼子糟蹋，后来百姓出于无奈，便筹些钱请维持会会员到南京城雇妓女送给鬼子享用。（朱彭年口述）

日本人对妇女是抓到一个就轮奸。我当时和舅舅躲在江文女子中学旁的小楼上，看到几个日本人将两个老太和一个女孩轮奸。当时还从东北抓来女孩，建了慰安所。（李景德口述）

四象桥东边河边上是一个慰安所，当时的妇女都是中国人，都是被强迫在三层楼里，供日本兵（鬼子兵）寻欢作乐。曾经有一个姓名不详的女人，1938 年秋天从楼上跳到河里自杀，也没有人去捞，更谈不上救护，简直拿中国人生命不当回事。（李小萍口述）

（张连红、张生编：《南京大屠杀史料集25——幸存者调查口述（上）》，江苏人民出版社、凤凰出版社 2006 年版，第 270 页、315 页、350 页、352 页。）

② 中国"慰安妇"在南京日军"慰安所"

一位叫燕萍的 18 岁的"女子挺身队员"逃出魔窟后，向人们诉说她遭日军绑架，沦为"慰安妇"的悲惨遭遇。

燕萍家居北平，寄居在南京舅父家，攻读市立中学。1937 年 12 月 31 日，日军第 36 联队闯进金陵大学附院美国侨民住宅。美国医学教授赫金生博士与夫人齐娜和两个女儿住在一栋别墅里，正巧赫金生博士外出，日兵兽性勃发，当即强奸了齐娜夫人和两个分别为 16 岁和 18 岁的女儿。燕萍和 20 多位中国护士、3 个美国护士躲在楼上的阁楼里，被日军搜出，当即用军车全部运至中山门外孝陵卫附近的第 16 野战医院，将她们强征为"女子挺身队员"。24 人分别被禁闭两日，只给两顿豆腐渣吃。燕萍望着窗外莽莽山林和遍地铁丝网，只得和同囚一室的王梅小姐、谭庆龄小姐抱头痛哭。第三天晚上，外面大雨滂沱，来了 3 个日军中佐，他们命令士兵将 3 个女人分置 3 室，燕萍被拉到楼上一室内，室中仅有一草毡地铺，半个多月来，日军对她日夜裸体反复轮奸。

后来燕萍和十几名护士受尽地狱般摧残，乘日军第 16 野战医院换防时，守备疏忽，于夜间大逃亡，跳出了虎口。

（郑寨：《日本"女子挺身队"香消玉殒太平洋》，中国第二历史档案馆编：《民国档案》增刊，第47—48页。）

③ 中国"慰安妇"在汤山"慰安所"

汤山有个老奶奶，我不认得她，她对我说："高台坡那里有吃有喝，你进去看看，能做的事你就帮着做点。"我就跑进去了。那门口是有人站岗的，穿便衣，戴的帽子是两边耷下来的，像两只大耳朵，他不带枪，讲话听不懂，没拦我。哪知道这个地方是同日本人联络好的，小姑娘进去就出不来了。

高台坡那个地方是三间两厢的平房，我刚进去的时候不知道是婊子院，在里面洗洗碗扫扫地抹抹桌子，也替他们送过烧饼等吃的东西。有一间房间里面像杂货铺，有白糖，麻袋装的，专门送往部队去的，就我一个人睡在里头，地上铺的是灯草编的厚席子。年纪大一点的姑娘另外睡，他们要陪当兵的。一天，来了不少当兵的，我吓死了。那里面有一张大床，当兵的拖了姑娘就睡觉，那些姑娘在床上又喊又叫，当兵的跪在她们身上，我还以为在打架，不敢去拉。这些姑娘都是中国人，不知道是哪里抓来的。有的十三四岁，有的十七八岁，也有在乡下结过婚的。

头几个月，当兵的没有来找我。过了两三个月，鬼子来的人多，把我也拉去了。我不肯，拼命反抗，但弄不过他们，就"妈呀、妈呀"地喊，他们淌出来的脏东西弄得我身上全是。有一天，来了十几个人，连我在内只有五六个姑娘，对付不过来，弄得疼死了。他们又不放，一个下去了，又上来一个，命都没有了。有时把姑娘弄死了，就拖到"大楼"后头，放在柴堆上，浇上煤油烧，然后摔在一条沟里。这是后来我跟我老伴在那里捡柴时他告诉我的。

高台坡的婊子院是山本办的，他是做生意的，生意不行，快垮台了。他管的姑娘不多，最多的时候有十三四个……

后来，俱乐部里来了许多日本婆子，都是"天福鬼子"弄来的。我有个家门姐姐叫李广英，是李岗头人，在乡下结过婚的，在俱乐部里打工。她同俱乐部站岗的鬼子说了，我晚上去找她，站岗的不拦我。俱乐部里头，一到晚上鬼子就来了，星期六星期天人更多，当兵的人歹哩。接客的日本婆子站在桥上对他们喊："刺拉的——"我亲眼看到俱乐部里面是婊子堆，鬼子同日本婆子睡在床上，他们穿着裙子，大褂子，男的把腿搁在女的身上，女的把腿搁在男的身上，一起在床上打牌……（雷桂英口述）

在高台坡那里开慰安所的是"喜鹊"，他在袁广智家也开过，后来搬到指挥营里去了。白天，日本人去，晚上，有中国人去，管不住的。有些中国人没有老婆，也要去的。（11 月 10 日补充）天然温泉浴室不是慰安所，是旅店，日本商人住的，去的人不多。"喜鹊"在袁广智家开的是慰安所，日本人一来就开了。那时，我们常去"大楼"放牛，那里有一大片荒地的。（许长道口述）

过了两年，鬼子在汤山街上办起了慰安所，女人都是从附近农村弄过来的，有二三十个。这时已经安民了，发良民证了，鬼子不敢到下面乱搞了。当时我在汤山看见过的，有三间房子，不是楼房，有个老日本人管的，就靠近现在的汤山医院那一带。里面的女人有时会出来买点东西，鬼子不怕她跑，女人都是自愿去的，有钱拿。（朱世宽口述）

科巷那里全是窑子，那时叫慰安所。三条巷、四条巷、利济巷、文昌巷都有，有七八家呢，全是楼房。有日本窑子，也有中国窑子，墙上有牌子的。我那时有十七八岁了，中国窑子里全是中国姑娘，里头有照片、有编号的。你找一号，一号就来接你。没有中国人进的，只有翻译能进去。（高成明口述）

（蒋晓星、张连红、王瑞林等编：《南京大屠杀史料集 38——幸存者调查口述续编（中）》，江苏人民出版社、凤凰出版传媒集团 2007 年版，第 680、890、1066、1107－1109、1117、1118、1159、1213 页。）

④ 朝鲜"慰安妇"在南京日军"慰安所"

朝鲜妇女吴娱穆原在东北地区沦为"慰安妇"，后日军转移，她又被迫转移到南京，继续遭到蹂躏。她所在的慰安所，设在一户中国人的住宅内。慰安所门外有挂着一块牌子，但写着什么吴娱穆已记不清了。慰安所里有 5 个女性，除了她还有富木子、正子、文子等，后来活下来的只有吴娱穆和富木子两人。其他人均因患病无药可治而亡。军人进入，管理者一定要"慰安妇"用日语说："请吧！""欢迎！"等。房间里只有床和镜子。"慰安妇"还要接受训练，当时，"慰安妇"们要披着"国防妇人会"的绶带，戴着帽子，穿着黑色的日本式宽松裤接受军人的命令进行训练。日本籍的"慰安妇"也要接受训练。这个慰安所一直经营到战争结束。

（［韩］韩国挺身队问题对策协议会、韩国挺身队研究会编，金镇烈、黄一兵译：《被掠往侵略战场的慰安妇》，中国文史出版社 2000 年版，第 51 页。）

⑤ 朝鲜"慰安妇"在陈村"慰安所"

朝鲜女子裴足间与其姐妹原来在杭州被迫做性奴隶，1940 年左右，被安排回到上海，然后经过南京，到达陈村。陈村十分偏僻，前往陈村的路就很不好走，有时可以骑马，但更多的是步行。途中有日军照看。陈村慰安所与日军的营地相距不远，步行约 10 分钟。"慰安妇"有 30 多人。在裴足间进入陈村慰安所之后，亲眼见过又有大约 10 到 15 个女人被陆续送到这里来，她们的年纪都比较大。陈村慰安所的建筑也是日本人从中国人那里抢来的，是个两层建筑，比较简陋，房间里的地上铺着木板，没有床。后来有的日本兵偷偷地弄来一些木板，帮"慰安妇"做了能够睡觉的床。没有被褥，"慰安妇"们只能自己动手，将秸秆塞进棉袋里，做成褥子使用，有的日本兵给"慰安妇"送了黄绿色的毯子。而且也不是所有的"慰安妇"都有床板睡和毯子盖的。如果有哪个军人给某个"慰安妇"送来木板、毯子什么的，说明这个军人喜欢那个"慰安妇"。之所以会发生这样的事情，是因为驻扎在偏远的陈村周围的日军部队都很少转移，和"慰安妇"们相处长了，就产生了感情。

裴足间在陈村慰安所待了两年，她的编号是 5 号，日军官兵仍叫她春子。从早上 9 时到晚上 12 时，是"慰安妇"的"工作时间"。其中早上 9 时到下午 5 时接待士兵。按规定，士兵们在"慰安妇"的房间里只能待 10 分钟到 20 分钟，接着就换一个人。"慰安妇"每天要接待 30 到 40 个军人。一天下来，"慰安妇"的房间里堆满了用过的避孕套和手纸。

"慰安妇"必须一个月到医院去一次接受性病检查。医院就在日军部队里，因此步行就可以去。去医院之前，管理者先给"慰安妇"们每人发一个木牌，便于进去后使用。木牌上写着"慰安妇"的编号。"慰安妇"们也有日本领事馆颁发的慰安所居民证，这种居民证的形状很像后来的身份证，上面贴着照片，写着身份和年龄。只要带着这个证件，"慰安妇"在日军中乘车、看病都是免费的。

在陈村慰安所里，日本兵有时会给"慰安妇"一些小费。每个月"慰安妇"还可以休息一天，"慰安妇"如果有些钱，就在休息天到附近的中国人或日本人经营的饭馆里，买一碗乌龙面吃，或者喝些酒。酒是宣泄自己愤懑和怨气的唯一途径。所以裴足间有时也喝酒，借着酒劲把平时积累的对日本兵的不满、对故乡的思念发泄出来。有一次还与慰安所的管理者大吵了一场。每逢中秋和春节，"慰安妇"们因为想家和思念亲人而大哭不止。

陈村位于偏远的农村，日军不像大城市的军队那样频繁调动，军人的数量也不是太多，因此，每个"慰安妇"都有了几个很熟悉的日本兵，而且关系保持了很长时间。给裴足间影响最深的是石川，他曾经对裴足间许愿说，战争结束后，会帮助她结束"慰安妇"的生活，然后与她结婚。这成为裴足间在这个中国农村慰安所里得以支撑的精神支柱。但不幸是的石川后来被调往其他地方,石川给裴足间写过几封信,从此就杳无音信了。

有一次,一个日军士兵要求裴足间送他一张照片,裴足间身边没有照片,就将居住证上的照片撕下来给了那军人。然后再找了一张照片贴到居住证上。但在定期更换居住证时,发生了麻烦。日军认为照片上的印章不对,从而认定裴足间是个间谍,南京的日本领事馆也曾传唤裴足间和管理者,最后管理者还写了悔过书。

裴足间在陈村慰安所印象最深刻的一件事是,有一段时间,中国抗日部队突然冲了进来,把日本兵几乎全都杀了,"慰安妇"们害怕地跑到森林里躲避了起来。白天,日本的飞机飞临扫射轰炸,但到了晚上,"慰安妇"们都恐惧地抱头痛哭。后来情况才恢复了原状。

([韩]韩国挺身队问题对策协议会、韩国挺身队研究会编,金镇烈、黄一兵译:《被掠往侵略战场的慰安妇》,中国文史出版社 2000 年版,第 401—403 页。)

(9)日中文件中关于实施"慰安妇"制度的资料

① 申请南京上军"慰安所"开办

中华民国二十七年四月十二日

工商警务收文　字第 1023 号

工商课收字 198 号

呈为分设人民慰安所仰祈鉴核准予备案事:窃所顷奉南京特务机关委托,为繁荣夫子庙市面,振兴该区商业,调剂全市人民生活计,指定在夫子庙贡院街海洞春旅馆原址,及市府路永安汽车行原址暨永安里全部房屋,分设人民慰安所二处,业已修理,一俟工竣,即行开幕。除已分别呈报各主管机关外,理合备文呈报,仰乞鉴核,准予备案,并加保护,实为德便。

谨呈

南京市自治委员会会长 孙

上军慰安所主任　乔鸿年

中华民国二十七年四月十三日

(批:照准并派员前往察看　王承典)

(南京市档案馆馆藏档案,档案号:1002-19-56。)

呈为分设人民慰安所仰祈鉴核准予备案事:窃所顷奉南京特务机关委托,为繁荣夫子庙市面，振兴该区商业，调剂全市人民生活计，指定在夫子庙贡院街海洞春旅馆原址，及市府路永安汽车行原址暨永安里全部房屋，分设人民慰安所二处，业已修理，一俟工竣，即行开幕。除已分别呈报各主管机关外，理合备文呈报，仰乞鉴核，准予备案，并加保护，实为德便。

谨呈

    南京市自治委员会工商课长　王

                              上军慰安所主任　乔鸿年

                                  中华民国二十七年四月

      （南京市档案馆馆藏档案，档案号：1002-19-56。）

中华民国二十七年四月十六日

稿登 881 号　训令第 239 号

案由：成为分设人民慰安所仰祈鉴核准予备案即饬派员前往调查举报核办由

令警察厅

案据上军慰安所主任乔鸿年呈称：窃所顷奉南京特务机关委托，为繁荣夫子庙市面，振兴该区商业云云，仰乞鉴核，准予备案，并加保护等情。据此。合行令仰该厅长饬属派员前往调查，据报合办，此令。

                                  中华民国二十七年四月十三日

      （南京档案馆馆藏档案，档案号：1002-19-56。）

    （《南京大屠杀史料集 12——英美文书、安全区文书、自治委员会文书》，

江苏人民出版社、凤凰出版社 2006 年版，第 547、548 页。）

    ② 铁管巷房屋主人因房屋被征为"慰安所"而发的呈文

呈为恳请发给通行证或恩予救济事。

    窃民等因受新金记康号营造厂厂主康金宝之托，为新金记南京材产之保守人，现因厂主康金宝远在长沙，音信断绝。经理康达人遥居上海，无法接济。素有房租收入之中山路忠林坊、太平路忠义坊房屋已遭火毁，铁管巷瑞福里房屋又为大日本皇军征作（做）慰安部之用，因之生产全无，经济全绝，势将流作（做）饿殍，再四思维，用敢泣读钧会，请恩予救济或颁给自南京至上海之通行来回证明书一份，至上海分厂领取薪金以维生计。

                        具呈人　滕听涛、滕三葆等

                                1938 年 2 月 12 日

      （南京档案馆馆藏档案，档案号：1002-37。）

    ③ 领事馆参与慰安妇制度实施

日本驻南京总领事馆《在留邦人各种营业许可及取缔问题陆海军外三省关系者会同决定事项》（1938 年 4 月）载：陆海军专属的酒保及慰安所处于陆海军的直接经营监督下。

（［日］川田文子：《皇军慰安所的女人们》，第 218 页。）

④ 日军第 224 联队关于前往"慰安所"的命令

说明：1943 年 11 月 7 日日军"雪第 3525 部队"即日军第 24 联队在所发命令中，要求部队除了慰安所、电影院以外，不得外出。

雪第 3525 部队命令　　　　　　　　　　　　　11 月 7 日 15 时岔路口

（前略）

九、11 月 7 日以后，容许军官以下者外出。

各部队部队长须严守以下外出具体注意事项：

1. 军官、准士官、下士官等应以二、三人为一组行动，不准单独活动。

2. 士兵外出除电影院、慰安所外不准外出，使用结束后即返回部队。

3. 除军队经营或指定的饮食店外，一律不得进入。

4. 根据南京警备规定，松山部队外出日为每星期四。

5. 军官以下外出须特别注意：第一，防止间谍窃取部队行动等机密；第二，对暴力行为严加注意；第三，严守军纪风纪。

（［日］吉见义明主编：《从军慰安妇资料集》，大月书店 1992 年版，第 285—286 页，苏智良译。）

（10）纪录片中的日军暴行

① 一位姑娘被关了 38 天

这位年轻的姑娘被日本兵从安全区的一所小房子抓走，在城南关了 38 天，这期间她每天被强奸 7—10 次。她患了三种最常见的性病，而且阴道大面积溃烂，士兵无法再接近她了。后来她被释放，1 月 26 日被送到教会医院。（5 号影片）

② 有的姑娘被迫自杀

到了另一个地方，她苏醒过来，发现自己躺在地板上，在毫无知觉的情况下已被强奸。她发现她是在一栋楼房的二楼，这座房子现在是座兵营，有 200—300 名士兵。楼里有许多妓女，她们很自由，待遇也不错。也有许多像她这样的良家妇女，有的来自南京，有的来自芜湖或其他地方；她不知道这样的人究竟有多少，因为她们都像她一样被锁在房间里，而且她们的衣服也都被拿走。她认识的一个和她同时从芜湖抓来的女孩子自杀了，她还听说其他人也有自杀的。日本兵想强奸她，她拒绝了，因此挨了耳光。她每天要被强奸两到三次，这样一直持续了一个半月。当她病得很厉害时，日本兵就不靠近她了。她病了一个月，这期间她经常哭泣。一天，一位会讲中文的军官进了她房间问她为什么哭。她把她的遭遇告诉这位军官后，军官用汽车把她送到南京，在南门释放了她，并在一张纸上给她写了"金陵女子文理学院"几个字，这是一所著名的美国差会办的女子学院，在最危险的时期曾保护了 10000 名妇女。这个女孩子病得太厉害，第一天连金陵女子文理学院都去不了，途中在一家中国人的房子歇脚。第二天，她终于到了金陵女子文理学院，然后被带到了教会医院。（7 号影片）

（马吉关于影片《南京暴行纪实》的引言和解说词，章开沅编译：《南京大屠杀史料集 4——美国传教士的日记与书信》，江苏人民出版社、凤凰出版社 2005 年版，第 187、190 页。）

③ 日军华中派遣宪兵队《关于南京宪兵队辖区治安恢复状况的调查报告（通牒）》

此件档案系昭和十三年（1938 年）二月十九日日军华中派遣宪兵队司令官大木繁《关于南京宪兵队辖区治安恢复状况的调查报告（通牒）》，汇总了昭和十三年二月一日至十日南京及周边地区各市县军队"慰安设施"状况。其中包括南京、下关、句容、镇江、金坛、常州、丹阳、芜湖、宁国等各地日军数量、"慰安妇"人数、"慰安妇"一人所应对的士兵数、"慰安妇"构成、一旬内利用"慰安所"士兵人数等情况。档案记载，日军为侵略部队有比例配备"慰安妇"，南京当时驻扎日军 2.5 万人，"慰安妇"人数为 141 人，"慰安妇"一人所应对士兵数位 178 人。

日华中宪兵队档案中记录的各地慰安设施状况

芜湖	丹阳	常州	金坛	镇江	句容	下关	南京	地名
	1700	6440	1200			1200	25000	驻屯兵员概述
25		46	9	109		6	141	"慰安妇"数
		140	133			200	178	"慰安妇"一人应对的士兵数
不明				本旬中利用慰安所的士兵人数为 5734 名	无慰安所			摘要

在各驻军屯地内基本上都配置了慰安设施，本旬内将增设新的慰安设施。

总 计	沪 西	龙萃镇	常 熟	无 锡	场 所
7	2	2	1	2	新增数
60	不 明	28	10	22	娼妓数
	不 明	不 明	不 明	和上旬一样	兵 员
	0.35%	不 明	不 明	0.8%	比 率
		中国女八名日本女二十名	日本女人	预计近期要增加二十名	摘 要

（庄严主编：《铁证如山　吉林省新发掘日本侵华档案研究》，吉林出版集团 2014 年版，第 116—123 页。）

④ 日军华中派遣宪兵队《关于南京宪兵队辖区治安恢复状况的调查报告（通牒）》

此件档案系昭和十三年（1938 年）二月二十八日日军华中派遣宪兵队司令官大木繁《关于南京宪兵队辖区治安恢复状况的调查报告（通牒）》，报告共分 12 项内容，其中的第 11 项以表格形式汇总了南京宪兵队辖区各市县军队"慰安设施"状况，表中的项目与二月十九日所报表格基本相同。从表中可以看到，芜湖"慰安妇"人数一旬内增加 84 人，109 名"慰安妇"中中国人"慰安妇"有 25 人，朝鲜人"慰安妇"有 36 人，占芜湖"慰安妇"总数的二分之一还要多。镇江二月中旬日军进入"慰安所"人数为 8929 名，比上旬增加了 3195 名。档案还记载，丹阳二月中旬"慰安妇"一人所应对士兵数为 267 人，因"慰安妇"人数不足，要在当地招募"慰安妇"，强征的手段昭然若揭。

自（1938 年）二月十一日至二月二十日南京宪兵队地区治安恢复状况（旬报）

（11）军队的慰安设施状况

宁国	芜湖	丹阳	常州	金坛	镇江	句容	下关	南京	地名
		**	**	**	****		1200	25000	驻屯兵员概数
	109	6	46	9	109		17	141	"慰安妇"人数
		267	140	133	137		71	178	"慰安妇"一人应对的士兵人数
因交通中断，情况不明	内地人（日本人）48，朝鲜人36，中国人25	因人员不够，在当地招募"慰安妇"		本旬间利用慰安所的有338名	本旬间利用慰安所的将兵有8929名	未设慰安所	以前是6名，2月20日增加了11名	上记之外，另有17名艺者	摘要

（庄严主编:《铁证如山 吉林省新发掘日本侵华档案研究》,吉林出版集团 2014 年版,第 124—127 页。）

2. 苏 州

（1）中国见证者口中的苏州日军"慰安所"

1937 年 11 月 19 日,日军第 9 师团占领苏州后,便在街上横冲直撞,放火杀人,奸淫掳掠。中国国民政府军事委员会政治部主编的《日寇暴行纪略》一书中记载:"他们每到一处,无不庐舍为墟,死人累累,把繁华的闹市,化作废墟。这凄凉的景象,对于'远征'的'征人'未免太寂寞了,于是他们便想起了这以美人著称的名城的女人了。他们逼着维持会的汉奸,四出搜罗妇女,替他们'解除寂寞';丧心病狂的汉奸们,居然也于数日奔走之后,找来了 200 多个可怜的女同胞,关在一个大庙里,整天不能穿上衣裤,任凭川流不息的兽兵,作大规模的'集团奸淫'。这种耻辱和痛苦,自然是受不了的,于是每天就有自杀的事情发生了。自杀的增多,是说明着'慰安者'的减少。在兽兵们看来,饭到不妨少吃两顿,但慰安者却少不得一个。于是他们就用恐吓手段,禁止那些不堪蹂躏的女同胞们自杀。然而那深重的痛苦,不是恐吓所能减轻的,自杀的人,不但未因恐吓而减少,而且还一天比一天多！这可使'皇军'不耐烦了,他们就选了一个暗无天日的日子,把那些一息仅存的百多个可怜的女同胞,一齐押到虎丘山旁,用连珠一般的机枪,'痛快'地扫射,顷刻之间,那百余个被蹂躏的人们,全送了她们的性命。"

（国民政府军事委员会政治部:《日寇暴行纪略》,1938 年 6 月编印。）

（2）日本士兵口中的苏州"慰安所"

一个老兵回忆说:"南京陷落后不久去苏州时,听到这里也开设有慰安所。"[1]此外,日军还把掳掠来的中国妇女 2000 多人,送至上海等地的慰安所。[2]

苏州是去南方的部队补给物资的地点。米、豆酱、酱油、蔬菜、肉等食品不

---

[1] ［日］佐佐木元胜:《野战邮便旗》,日本现代史出版社 1973 年版。

[2] ［日］矢野玲子著,大海译:《慰安妇问题研究》,辽宁古籍出版社 1997 年版,第 51 页。

用说，还有煤、木材、炭等燃料，被服、防毒面具台子、椅子等办公物品、旗子等演习材料等，武器以外的几乎所有的物品全部都有调配。其中，当然有避孕套、杀虫剂等防疫材料。避孕套被称为"卫生套"，是在内地的一般街道里制作的。那上面还印着"突击一番"四个汉字，然后放在各种纸袋里，装入木箱，一个木箱大约有1万个避孕套吧？

（[日]西野瑠美子：《从军慰安妇——元兵士たちの证言》，明石书店1992年版，第85—86页。苏智良译）

（3）苏州日军"慰安所"地址

名称	地址
大东旅社	大马路
新苏台旅社	大马路
老苏台旅社	大马路
瀛洲旅社	石路口
中华旅社	上塘街
乐乡饭店	观前街
祥符旅社	祥符寺巷（房屋尚在）
第一旅社	鸭蛋桥浜
阊门饭店	阊门下塘
铁路旅社	丁家巷（时称"繁乃家"）

（《苏州日报》2000年12月18日。）

3．南　通

（1）南通日军"慰安所"

（1938年）第101师团一到这里警备，南通街上马上就赶来了朝鲜人"慰安妇"。部队把她们归纳到东门外的民家，供下士官兵使用。城内也设有一处慰安所，那是征用中国人的艺妓，为军官所用。

（[日]井上源吉：《战地宪兵》，图书出版社1980年版。）

（2）海门三厂"慰安所"

一九三八年，三厂镇沦陷后，日本侵略军常到大街小巷去乱闯，找寻"花姑娘"。那时，镇上的中青年妇女到处回避，有的躲到乡下的亲戚家去。一天，有三个日兵从小菜场向南拐进一条横弄，闯进××居民屋内，见了×的妻子，就强行拥抱不放，她拼命挣扎，但无法脱身，就此遭到轮奸。不久，镇上又有五个妇女被日军强奸。连有些伪方人员家属也难幸免。当地群众无不切齿痛恨。

一九三九年，汉奸吴启藩（浙江宁波人）由于深得日军石塚队长的信任，他认为背后有了靠山，发洋财的机会来了。于是就以安抚日军军心为名，建议开办"慰安所"。经日军同意后，吴奸就从江南一带以介绍进厂做工为名，骗来妇女二十多人，在大操场西边（现银行位置）开办了"慰安所"。这里除接待日军外，还接待兵痞、流氓等人，这批坏家伙整日花天酒地，所得不义之财绝大部分又被吴奸捞入腰包。在三厂"慰安所"开办不久，吴贼又从外地骗来十多位青年女子，变本加厉坑害人民。当地群众对这个无耻的汉奸恨之入骨。

一九四一年，这个万恶的汉奸，贪心不足，依仗日军的恶势力又在启东县开办"慰安所"。一天，吴奸从三厂起程往启东，途经二匡镇时，被我新四军捉住，这个恶贯满盈的汉奸被当场"开销"了。

（三厂镇编史组：《海门县文史资料》，1985年印行，第4辑。）

4. 镇 江

（1）镇江等地的"慰安所"和从业日本人

说明：以下材料摘自《昭和13年日本在南京总领事馆镇江警察分署事务状况》，是由该警察署长递交的。

昭和十三年（1938年）末日本人的职业

职业	镇江	扬州	丹阳	计
慰安所	8	1	1	10
酒店	9	1	1	11

（后略）

昭和十三年（1938年）12月末调查艺妓、酌妇及其他接客妇女统计

种类	人员
艺妓	1
酌妇	11
旅馆、料理店、饮食店女招待	4
计	16

（以下略）

（[日]吉见义明主编：《从军慰安妇资料集》，大月书店 1992 年版，第 190—192 页，苏智良译。）

（2）日本士兵口中的镇江日军"慰安妇"

士兵证言：我是 1937 年入伍的。大约 1943 年，当时在镇江，那里有慰安所。是在后方部队里，而不是第一线的部队。"慰安妇"是中国人。如果对区长（傀儡政权——引者注）一说，就会马上过来，或 5 个人，或 10 个人。我们是付钱的。有时还用卡车去接送。是中国人，穿着中国的服装。好像也有一二个朝鲜人。

（《性与侵略》，苏智良译，第 127 页。）

（3）日本士兵口中的镇江日军"慰安所"

1984 年，日本记者本多胜一在朝日新闻社出版的《JOURNAL》杂志上发表《进军南京的路上》一文，揭露日军在镇江掳掠中国妇女设立临时慰安所的罪行。"妇女是首当其冲的被害者，不管什么手段，即便是年老的，也无一幸免。从各村庄抢来的妇女一齐分给军队，一个女人供 15 至 20 人。在仓库周围，只要是太阳照着的合适场所，用带叶的树枝搭个场子，士兵们拿着盖有中队长图章的所谓的'红券'排好队，脱下兜裆裤……"

（李秉新等主编：《侵华日军暴行总录》，河北人民出版社 1995 年版，第 630 页。）

5. 无 锡

无锡日军"慰安所"

无锡，日军的慰安所里有中国人、日本人和"三国人"。

（[日]《静冈步兵第 34 联队第 6 中队志》，1979 年 6 月私家版。）

6. 徐 州

日本士兵口中的徐州"慰安所"

京都第16师团伏见联队步兵（84岁）证言：

在1938年，在徐州会战时，我们士兵和下士官一起去慰安所。要支付1日元50钱或2日元，支付现金，当时乘京都的电车也只需要6钱，因此我不太去。慰安所在特别警备地区。

（［日］《性和侵略》，第46—48页，苏智良译。）

7. 丹 阳

日本士兵口中的丹阳日军"慰安所"

说明：水谷清司，1916年7月生。南京战时，第3师团步兵第68联队第2大队。2001年5月采访。

去征发姑娘时，女人都藏了起来。掠夺，欺负，怎么说呢……女人用泥什么的涂着，扮成男性的脸，女人如果脸上不涂的话就更加遭殃。涂泥，剃光头，装扮起来的女人相当多。尽管如此，还是要遭殃。那样的事我没干，但有人是干的。在那里一开始遇到的是大娘或男人，日本人很坏，我的部队里有人与大娘干。已经超出常识了，在战争中。在分队中，大多数人干粗鲁的事。我也干了。强奸姑娘的人也不少。在暗处干，大庭广众的地方不干，悄悄地在能藏起来的地方干。那也是分散的。从后面到前面，在一点点空隙里干。一个人干有时会被杀掉，所以两三个人交替着干。一人监视，另一人强奸。相当多的。与现在不同，那是生与死的交界。

我们部队有入伍两年的兵，有入伍三年的兵，有的去了其他的部队，去过大陆的人很多。对强奸不当回事，非常大胆。新兵为了挣分数，轻易不干那样的事，干了那样的事马上就会吃苦头。新兵都有顾虑，看老兵的脸色。我也曾被招呼"跟着过来",让我拿东西。老兵有很多。战友都是老兵。征发、找姑娘那样的事老兵干过,但是新兵干不得这种事,还不到一年呢。

······

"慰安妇"是在很久以后才有的。有了慰安所,我也去过那地方。是在丹阳。女人多数是朝鲜人。

([日]松冈环著,新内如、全美英、李建云译:《南京战·寻找被封闭的记忆——侵华日军原士兵102人的证言》,上海辞书出版社2002年版,第204—205页。)

8. 扬 州

(1)步兵第6联队记录中的扬州日军"慰安妇"和"慰安所"

上级发来了指示:"为了发扬官兵的士气、保持严肃的军纪,我军将派遣'慰安妇'到你们部队来,希望按期尽快完成合适的慰安设施,特别是在征用当地'慰安妇'的场合要注意保持卫生。"随着命令的下达,后方送了数十名"慰安妇"到前线来。她们的管理由副官负责。······军队接收了扬州的银座(繁华街道的名称)的一个3层建筑的大饭店,并将它改造成了慰安所。计有当地的中国"慰安妇"60人,日本"慰安妇"30人,朝鲜人"慰安妇"20人,总数有110人,慰安所里呈现出昼夜服务的景象。

([日]名古屋第六会:《步兵第6联队历史追录 第2部》,1971年私家版,第97页。)

(2)皮市街"慰安所"

我是一个有50年党龄的人,国防大学的离休干部,一个中风后遗症患者,半身不遂。我向您提供一点点线索。

我是土生土长的扬州人,家住史市街,在左卫街实验小学上学,在皮市街口与实验小学之间,有一个大院子,那就是慰安所。我每天要经过那大院子的门口多次,每次都看到有些少女(20岁左右,看得出是乡下人)在门口对过的香烟摊子边,买烟吸烟,虽打扮得花枝招展,但一身土气,她们拼命吸烟,打闹嬉笑。初时还看到她们年轻,但是一天不如一天,如一朵花在一天天地凋谢、枯萎,最后则不见其踪迹，过几天又换了一批人。从日本鬼子进出那个大院子来看，当时年幼的我就只知那是一个供日本鬼子取乐的所在。当时我心里就十分难受。在解放战争时期，那个大院子成了扬州国民党三青团的总部，我进去看过，那个大院子的情形如下：

1—6 为房间，呈长方形，面积约 20 米。房间前是空地。2 为传达室。8 是大门口。9 是大门对面的小烟摊。10 是左卫街（解放后改什么名字，我不知道了）。

这个大院子紧挨着实验小学。

另，扬州运司街（这是老地名，解放后也改了）有个基督教堂。在教堂的后门处也是一个慰安所，情形与上述相仿。

扬州老人都知道这个地方（70 岁以上的人都应该知道）。

我所知道的，仅此而已。

（《国防大学干休所王年一致苏智良的来信》，2001 年 9 月 18 日。）

2002 年初，我将王年一先生的来信复印给了扬州大学历史系的罗英老师，希望她能派学生去作一调查。4 月 20 日，收到罗英老师和她的学生的来信。主要内容如下：一、关于左位街的慰安所。左卫街即为今天之广陵路（西段），为后来扩建。"实验小学"即"江苏省立实验小学"，今为"职业技术学校"（原市七中）也即"梅花书院"，因为皮市街拆迁，原皮市街口一带已基本拆光，皮市街口至梅花书院之间住户已搬迁，而梅花书院东面紧挨之大院，即信中所提之大院，解放后已重建为宿舍，原址无存。扬州国民党三青团总部，经查证，为今日梅花书院（即"职业技术学校"）院内，也即"实验小学"内（见《广陵区志》及公安局资料）。经人介绍找到一位曾于此地居住几十年后搬迁的离休老干部，经他回忆，此地解放前为三青团总部，抗战时期可能为日伪机构，是否慰安所，他说自己对于此事不太清楚。二、运司街处。运司街本为一小街，后扩建。即为今日之国庆南路（北段），信中所提基督教堂即今日萃园桥附近之基督教堂，教堂后面已全部拆除，现为扬州市建委，原址无存。

（苏智良写于 2002 年 4 月 23 日。）

9. 常　州

（1）日军独立攻城重炮兵第二大队的《"慰安所"使用规定》

说明：常州的日军驻屯部队慰安所早在 1938 年的 1 月 20 日就开设了日军直营的"慰安所"。日军独立攻城重炮兵第二大队在 1938 年 1 月 20 日的《状况报告》中向上级报告：在常州设立的"慰安所"，有兵站设立和军直属部队经营的两个地点，这里说到了两种，一种是日军兵站设立的"慰安所"；另一种是军队直辖部队经营的"慰安所"。最著名的一家设在日华会馆南侧的围墙里。日军独立攻城重炮兵第二大队于 1938 年 3 月制定了《常州驻屯时期内务规定》，十分详细，共 17 章。第九章为《"慰安所"使用规定》。

第九章　慰安所使用规定

第五十九　方针

为了缓和"慰安"的紧缺及整肃军纪。

第六十　设备

在日华会馆设立慰安所，分为日华会馆附属及下士官兵宿舍两幢建筑，下士官、士兵出入口为南侧大门。

各部队使用时间是：

星部队	星期日	栗岩部队	星期一、二
松村部队	星期三、四	成田部队	星期六
阿知波部队	星期五	村田部队	星期日

有关其他临时驻屯部队的使用，将另行规定。

第六十一　实施价格及时间

1. 下士官兵、营业时间从上午 9 时到下午 6 时。

2. 单价。

使用时间每人一小时为限。

中国慰安妇，每次 1 日元；

半岛慰安妇，每次 1.5 日元；

日本慰安妇，每次 2 日元。

以上为下士官、士兵的价格，军官（含准尉）翻一倍。

第六十二　检查

每周一、周五，其中周五为特定的检诊日。检诊时间从上午 8 时到上午 10 时。检查主任官由第四野战医院医官担任，兵站预备医院及各队医官协助。检查主任官须将结果通报。

第六十三　关于利用慰安所的注意事项

1. 慰安所内禁止饮酒；

2. 须支付金钱并遵守时间；

3. 请教别人；

4. 对营业者不得有粗暴行为；

5. 有酒气者严禁入内。

第六十四　杂项

1. 不得以中国人为顾客；

2. 营业者（即慰安妇）禁止酒肴茶果招待；

3. 营业者（即慰安妇），除得到特许外一律不得外出；

4. 营业者须持有检诊后的合格证。

第六十五　监督担任

担任监督的部队为宪兵分遣队。

第六十六　附加事项

1. 部队慰安日为周四，当天从各队所使用的时间里派干部巡查；

2. 到达慰安所后，各部率领分开；

3. 每月的 15 日为慰安所的公休日。

（第十章略）

（［日］吉见义明主编：《从军慰安妇资料集》，大月书店 1992 年版，第 204—208 页，苏智良译。）

（2）独立攻城重炮兵第二大队长的报告

（前略）

十一、慰安

慰安设备由兵站经营，以及军直部队经营，计有 2 所。定期由干部带领前往。一队给与的时间是一个小时。为进行卫生检查，事先约军医进行检诊。

1938 年 1 月 20 日

独立攻城重炮兵第二大队长　万波蔀

（［日］吉见义明主编：《从军慰安妇资料集》，大月书店 1992 年版，第

195—196 页，苏智良译。）

（3）独立攻城重炮兵第二大队第二中队阵中日记

说明：日军上海派遣军独立攻城重炮兵第二大队时在常州驻扎。

1938 年 2 月 1 日（星期二）　晴

（中略）

会报　四　中队会报

去娱乐所的日子决定并显示，去的时候必须携带外出通行证，发给预防性病的星秘膏，并绝对予以注意。

1938 年 2 月 24 日（星期四）　晴

（中略）

会报　四　中队会报

慰安所的使用时间变更，下士官自上午 10 时至上午 11 时，士兵下次从下午 3 时至下午 4 时。

1938 年 2 月 17 日（星期日）　晴

会报　三　中队会报

慰安所下士官去慰安所的时间确定，请注意。

1938 年 3 月 3 日（星期二）　阴小雨　　休息天

会报　下午 7 时会报　华中派遣军名称变更，上海畑部队本部，今后邮件使用"上海派遣万波部队松田队"。

在城内有强奸、抢掠各一件（卫戍地会报），须严加注意。

去慰安所的人持外出证明。

注意慰安所规定中必要事项如左：

1. 下士官、士兵的入口在南侧的东门；

2. 单价：中国人 1 日元，朝鲜人 1.5 日元，日本人 2 日元；

3. 必须支付金钱；

4. 时间须在一小时之内；

5. 注意防毒；

6. 严禁酗酒者出入。

1938 年 3 月 11 日（星期五）　阴

中队会报　一、下士官夜间去慰安所者昨日被宪兵队确认，还有其他部队去慰安所的日子也去慰安所者；

二、外出者不要违反而被巡察者、宪兵队抓获，特别是去慰安所一定要行动谨慎。

1938 年 3 月 14 日（星期一）　阴转晴

会报　去安所之行动须谨慎，严防暴行。

1938 年 3 月 16 日（星期三）　晴

会报　一、卫成地会报中有关重要事项：

1. 有不付钱而拿取物品者；

2. 有对城内外女子施暴者；

3. 有进入民间家庭窥探女子者；

4. 有进入中国经营的饮食店饮食者；

5. 有从送报员处抢夺报纸者。

必须严厉戒除。

二、以下物品遗忘在慰安所里，现由宪兵保管：

1. 绑带一束；

2. 有 19 日元 50 钱钞票的钱包；

（中略）

四、慰安所的公休日为每月的 15 日。

1938 年 3 月 23 日（星期三）　阴有时晴

会报　六　下午 7 时中队会报

（1—3 略）

4. 明天慰安所的使用时间为上午 11 时 30 分到下午 1 时，下士官从下午 5 时到 6 时。来去必须有下士官带领，携带外出证明。

（［日］吉见义明主编：《从军慰安妇资料集》，大月书店 1992 年版，第 197—203 页，苏智良译。）

10. 如 皋

把几家大民房改建为临时"慰安所"

日军占领如皋后，便立即设立了一批慰安所。日军把几家大民房改建为临时慰安所，从当地弄来七、八个良家妇女，由日军特务机关的翻译负责管理。

（［日］小俣行男：《日本随军记者见闻录》，世界知识出版社1985年版，第29页。）

11. 溧 阳

50多名妇女组成的临时"慰安所"

1938年2月19日，日军再度入侵溧阳县后，四出掳掠，并肆意蹂躏当地妇女。日军将抓到的50多名妇女轮奸后，带回驻地，裸体囚禁在空房内，形成一个临时慰安所，一到晚上，日军士兵蜂拥而入，强行奸宿。后来这些可怜的女子不是被奸杀，就是被日军溺毙而亡。

（《野兽在江南》，前线日报社1938年版，转引自章伯锋、庄建平主编：《抗日战争》第7卷，四川人民出版社1997年版，第180页。）

12. 盐 城

迎宾旅馆"慰安所"

1938年4月下旬，日军侵占盐城，即肆意侮辱妇女，略有姿色的年轻女子被抓走后，先是被蹂躏一番后，再关进城内的迎宾旅馆，这里成了慰安所，日军各部队昼夜来此宣淫。在入侵高淳县后，日军把一些当地妇女捕入驻地，然后逼令她们脱光衣服，赤身裸体地为其跳舞，寻欢作乐。

（江苏文史资料编辑部编：《腥风血雨——侵华日军江苏暴行录》，《江苏·文史资料》编辑部，1995年印行，第167页。）

13. 常 熟

中国见证者口中的常熟日军"慰安所"

中国人民大学教授、原中国史学会会长戴逸先生向笔者谈起，抗战爆发时，他 11 岁，家乡在常熟城，记得在城里的寺后街，就有日军慰安所，里面有中国"慰安妇"，也有日本"慰安妇"，日军官兵来时，与"慰安妇"一起洗澡。

（苏智良 1999 年 6 月 21 日下午采访于北京戴逸先生寓所。）

14. 沙 河

沙河"慰安所"

1939 年，日军一个中队在沙河开设了专用慰安所。
（[日]第二十一联队第十二中队志编集委员会：《步兵第二十一联队第十二中队》，1980 年 8 月私家版，出云市。）

15. 邳 县

中国见证者口中的邳县日军"慰安妇"

抗战前，父亲在邳县教育局任教委委员、督学等职，我在县城小学读书，当台儿庄大战时，全家搬回祖居地陆庄，该村在古邳东约 4 公里，中间经过王沟、孙钟英（徐州师范毕业，曾任古邳峄阳小学校长）和王统宇（黄埔六期骑科毕业，曾任第 12 军军长孙殿英骑兵营长）的家都在这里。东西邻庄，父亲和他们都很熟悉，因为这种关系，想到团部去玩。团部设在古邳镇东头小街子大地主魏樵仙家里，当时情况复杂，怕汉奸、坏人混入，所以戒备很严，门岗不让我进去，我向传达说了很多好话，要找孙钟英主任，又说他父亲是秀才，常教我念唐诗……传令兵进去约 5 分钟回来说："官长叫你进去。"孙问我有什么事？"我想到后花园挖一棵木香花带回家去栽。"花园旁小院子有几间瓦房，这两名军妓就住在里面，我在门前转来转去，忽然下起雨来，进去避雨坐在她们身边，中饭时间到了，团长、营长们的餐桌上，摆满了鸡鸭鱼肉、包子、馒头、面条、米饭，随便吃。勤务兵于瑞亭把同样的菜给她俩端来七八样，我大着胆子，硬起头皮坐在桌旁和她们共进午餐了。见到我这十三四岁小男孩也很奇怪、高兴。"小孩嘛，是哪个当官的儿子吧。"一次生二回熟，常来和她们一起吃饭。听翻译讲东讲西，对"慰安妇"的情况那当然知道不少了。她俩不是日本人，都是高丽人，金宝兰，24 岁，原在汉城妓院当妓女，是老板花 1000 元买来的。金春敖克，19 岁，平壤乡下人，当地灾年，父母给卖出来的。被俘时，非常害怕，天天哭泣，几天都不吃饭。把她们印有"慰"字、编有号码的衣服换下来，请余裁缝量身段，换上浅蓝色阴丹士林布旗袍，黑缎子布底鞋，衣着虽像中国人，但头发还是日本女人的"飞机膀"发型。邳县炮车的这个慰安所有二十多人，大部分是高丽人（今朝鲜、韩国），日本妓女较少。最小的 16 岁，最大的 31 岁。吃、穿、用都由经理（妓院的老板，多半是女的高丽人）管理。日兵来嫖妓先买票，士兵每人 2 元，淫乐限半小时，钞票是"大日本帝国政府军用手钞"。军票或老头票，票上印有老天皇的像，当时二等兵每月军饷是 8 元，除 3 元伙食外，每月只够嫖两次。发给一个保险套，就是现在的避孕套，老百姓称叫屌套子，用后到处丢。军官每次是 5 元，可以留宿过夜，士兵绝对不行，当晚要赶回营地。老板与军妓按四六分成，用水是当地人挑来卖的，都由老板开支，还设有一名军曹或少尉，在所内维持秩序，不准嫖客胡闹、违纪，否则不准再来淫乐，还要受罚。最早，军妓与日兵的人数比例是 1∶19。假若过路的日军，每人淫乐只限 15 分钟或更少，时间超过，军曹进入把他拉出来。这样每天就得被奸三四十次或更多。要是扫荡胜利归来，纯属慰劳，不能收钱卖票，每人淫乐只有 6 分钟，门外有执行队，不断喊"快点、快点"，有的时间到了，中途被拉下来。军官最高到大尉（相当上尉连长），和日本女人淫乐，看不起高丽人，只有士兵才是这样。联队定期派军医来给"慰安妇"检查身体，凡患性病的要打针、吃药，等病好了，再慰劳皇军。每天两次用高锰酸钾（灰锰氧）溶液冲洗阴道，颜色是紫红色，流到街上，行人都说是阴门里大出血啦。万一发现怀孕的，就得打胎，打不下的，等婴儿出生后就捏死，若存活下来的，产后数天，再行接客。抗战后，遣返"慰安妇"回国，有的小孩五六岁了，还不知他爹是谁，那时代更不会查 DNA。徐州市内的高级妓院，全是日本女人，年轻有知识，军官去得是少佐（少校）以上的职称。小孩们给他们编的歌谣："手拉手，上楼梯，大把谷（香烟），拿麻吉（火柴），大家见了笑嘻嘻，脱下木屐走上榻榻米（床），解开裤子塞姑、塞姑好来希"。倘若这支部队有调动，换防到其他地方，慰安所紧跟随后——随军妓女院了。

"慰安妇"的来源有五：一是从妓女院里买来；二是在贫穷农村买来；三是强行抓来；四是欺骗到支那做工来的；五是响应天皇号召，下定决心，把自己最宝贵的东西献给前线浴血圣战的士兵，为了建立大东亚共荣圈，才到"慰安妇"募集处登记来中国的，其中有中学生、护士、教员、职员等，她不要任何待遇，到中国战区后分到各地，才知道是什么一回事，写信回家，不敢说真实情况，只好说给大兵哥做饭洗衣服。

抗战中期，日军"慰安妇"人数显著不足，与官兵比例达 1：50，按 1941 年 4 月 5 日，经天皇批准下达的"关东军特别大演习"的"作战动员计划书"，其中记载着准备到苏联、西伯利亚去的"慰安妇"总数："动员为 70 万兵员，慰安使用的 2 万'慰安妇'从军。"制订计划的部队是关东军司令部参谋处第三科。把这些"慰安妇"按国籍称"朝鲜 P"、"中国 P"，"P"是英语 Piostitata（娼妓）词中的第一个字母。联队以上部队行文均称慰安营为"P"屋。慰安所内贴着的标语是"圣站大胜，勇士大欢迎"、"身心棒，大和抚子"，还贴有"慰安所规定"十条：

一、本慰安所限陆军军人、军方聘雇人员（不含军夫）入场，入场者应持"慰安所进出证"。

二、入场者应先于柜台购票，并领取避孕套一枚。

三、入场券收费，下士、士兵、军聘人员，每人每次 2 日元。

四、入场券限当日有效，进房前得换现金，一旦交给女侍，即不退还。

五、购票者应依指定房号入房，时间限 30 分钟。

六、进房应立即将入场券交给女侍。

七、房内禁酒。

八、完事应立即退出。

九、本所可令违规、犯纪者出场。

十、禁止未用避孕套者性交。

日军军国主义，对本国和朝鲜妇女的欺压、糟蹋、集体轮奸，"随军惩治"、"性报复行为"等等的兽性动作，实为可恨憎恶，对于中国"慰安妇"更是狠心残忍，很多人被奸污后，死于刺刀下，1940 年 4 月 10 日，日军 35 师团 23 联队攻打河南新乡，被掳去妇女 82 人，强迫充当"慰安妇"，9 名妇女不堪忍受耻辱上吊自杀，还有9人3天内被惨整死在木板上。其余者被秘密押往山西大同慰安营，供日兵集体享用。1938年4月9日，山东台儿庄大战失败逃走时掳走妇女××人，充当"慰安妇"。1940年3月15日，日军水川伊夫中将，指挥绥远西部军队攻占五原县城，从山西强行掠来45名中国妇女当作"慰安妇"。无数的中国良家妇女，成为侵华日军凌辱、蹂躏、兽性发泄的牺牲品。

（徐一鸣 2007 年寄给苏智良文。）

16．淮　阴

日军淮阴"慰安妇"梅毒检查成绩表

说明：这是由日军在淮阴的陆军检查医官于 1943 年 1 月和 4 月统计的。

淮阴艺妓、娼妓梅毒检查成绩表

1943 年 1 月 29 日

序号	妓院名称	娼妓艺名	年龄	成绩	摘要
1	喜乐	喜代治	32		休业
2	喜乐	しのぶ	24	合格	
3	喜乐	幸子	24	合格	
4	芙蓉	君子	19	合格	
5	芙蓉	新子	19		
6	芙蓉	花子	21	月经	
7	芙蓉	百合子	19	合格	
8	芙蓉	隆子	21	合格	
9	芙蓉	荣子	19		
10	湖月	湖一	23	合格	
11	湖月	照子	26	合格	
12	湖月	一二三	29	月经	
13					
14					
摘要	本表格中合格者也须实施预防措施。				
检查官　陆军军医中尉　中川　□男					

注释：表中第 5 人新子被删除。

淮阴艺妓、娼妓梅毒检查成绩表

序号	妓院名称	娼妓艺名	年龄	成绩	摘要
1	喜乐	しのぶ	24	合格	
2	喜乐	幸子	24	合格	
3	芙蓉	君子	19	合格	
4	芙蓉	花子	21	合格	
5	芙蓉	百合子	19		
6	芙蓉	隆子	21	合格	
7	芙蓉	荣子	19		
8	湖月	湖一	23	合格	
9	湖月	照子	26		
10	湖月	一二三	29	不合格	
11					
12					
13					
备考	本表格中合格者也须实施预防措施。				
1943 年 4 月　日		检查官陆军卫生部见习士官原彻			

注释：表中第 9 人照子被删除。

（［日］吉见义明主编：《从军慰安妇资料集》，大月书店 1992 年版，第
278—279 页，苏智良译。）

17．日军在江苏等地的"慰安妇"检诊记录

日军第 15 师团 1942 年的记录

台籍"慰安妇"的问题经过本报报道，已经引起日本各方的重视，本报记者
今天再次从获得的机密文件中，发现了"慰安妇"检诊资料中有中国籍妇女计
800 人以上的记载，更证实不仅有台籍"慰安妇"的存在，也有大陆妇女被征召
赴战场成了"慰安妇"。

这项发自昭和十七年（1942 年）的《师团卫生业务要报》的文件中，除了
登载部队行动概要、一般兵的保育、结核病的预防、卫生人员的表扬与惩罚外，

还写上特殊慰安检诊的记录，其中就有中国"慰安妇"820人接受检诊的状况表。

这个发自日本第15师团军医部的业务要报，明示驻屯地为南京，其中特殊"慰安妇"的检诊地区包括南京、芜湖、金坛、镇江等4个地方。

记录指出，南京地区检诊的"慰安妇"，内地人（日本人）有1007人，半岛人（朝鲜半岛）113人，中国人513人；芜湖地区的日本人88人，中国人129人，半岛人73人；金坛地区没有日本人，中国人54人，半岛人12人；镇江地区只有中国人124人。总计中国人的数目为820人。检诊结果中国人不合格者有55人，日本人有20人，半岛人有9人。

（台北《联合报》1992年2月23日。）

（5）日军第15师团1943年的记录

地区	检查次数	一天平均人员	检查对象				不合格者人数			
			内地人	半岛人	中国人	计	内地人	半岛人	中国人	计
南京	4	437	948	51	557	1556	17		15	32
芜湖	3—4	97	114	93	139	346	3	4	20	27
金坛	4	11		19	22	41		1	6	7
镇江	4	39	12		143	155	7		43	50
巢县	3	34		11	91	102		3	12	15
溧水	3	10			30	30			12	12
计	3—4	628	1074	174	982	2230	27	8	108	143

（［日］日军第15师团军医部《卫生业务要报》，1943年2月1日至28日，［日］吉见义明主编：《从军慰安妇资料集》，大月书店1992年版，第276—277页，苏智良译。）

（十五）安徽

1. 合　肥

（1）合肥市东"慰安所"

日军在合肥设有多家慰安所。1938 年 5 月，日军占领合肥后，立即指令汉奸袁琢斋、厉星樵等组织维持会，在市东（今江淮旅社旧址）设立慰安所，强迫中国妇女供其蹂躏取乐。

（汪其天、吴介五：《合肥沦陷目睹记》，省文史资料委员会编：《安徽文史资料选辑》，安徽出版局 1982 年版，第 3 辑。）

（2）合肥的三处日军"慰安所"

此外，还有隶属于日军宪兵队的东古楼巷（今中菜市内）的金海楼慰安所、日军警备司令部内的南城墙下的慰安所以及小东门附近汉奸开设的慰安所等。"慰安妇"的国籍除了少量的是日本和朝鲜的女子外，绝大多数是当地妇女。

（李秉新等主编：《侵华日军暴行总录》，河北人民出版社 1995 年版，第743 页。）

2. 宣　城

（1）掳劫百余妇女充当"慰安妇"

宣城失陷，迄今已五十七日，敌入城后，异常凶蛮跋扈……四乡被敌掳入城内之妇女，有二百余名，敌自广德退出时，沿途经过誓节渡十字铺洪桥等地，掳劫百余妇女，亦陷城内。现闻分别拘于城内西汀里天主教堂及沿头地、法院两处，供敌奸淫，每日有裸体女尸数具自水关冲出城外，见者无不发指。

（《新华日报》1938 年 2 月 4 日。）

（2）上海美人馆

根据《日本在华人名录》第 33 版（1942 年出版）记载，1942 年，在宣城县湾沚镇有一个名为"上海美人馆"的慰安所，经营者是来自日本高知县的狄野勇，地址为第八甲街。从其名字可以看出，其中的受害者来自上海。

（苏智良写于 2005 年。）

3. 巢　县

（1）日本军官口中的巢县慰安所

原日本陆军中将铃木启久在回忆担任步兵第 7 联队联队长的罪行时说："我曾命令副官堀尾少佐在巢县设立慰安所。内有中国妇女、朝鲜妇女共 20 人。"在回忆任第 27 步兵团长时的罪行时铃木说，在丰润、沙河镇等地也设立了慰安所，有中国女子 60 人左右。在任第 4 旅团长和第 117 师团长时，曾将中国和朝鲜的 60 名女性逼为"慰安妇"。

（［日］日本の戦争責任資料センター編印：《战争责任研究》第 23 辑，第 25 页。）

（2）巢县等地的朝鲜"慰安妇"

日军在巢县也设有慰安所。1943 年 2 月日第 15 师团，对安徽巢县的从军慰安所进行了检查，共有朝鲜"慰安妇"11 人，中国"慰安妇"91 人。韩国少女李天英从故乡庆尚北道甘浦被诱骗到安徽，充当"慰安妇"，战争结束后，李天英流落到皖北农村，由中国义子李少林赡养至今。1994 年 6 月，李天英老人曾回故乡探亲，10 天之后，她又回到安徽。

（苏智良）

4. 安　庆

（1）安庆旅馆"慰安所"

日军在中华照相馆设立了兵站司令部，兵站司令部把安庆旅馆改造成了慰安所，共有两家，都是由日本侨民来经营的。"慰安妇"有 10 个人，日本人和朝鲜人各半。越川军医担任"慰安妇"检查的任务。因为"慰安妇"不够，后来又从上海方面招来了一些。

（［日］长泽健一：《汉口慰安所》，图书出版社 1992 年版，第 18 页。）

（2）日支馆

1939 年的安庆已有不少慰安所，其中，日本人经营的慰安所约有 2、3 家，而朝鲜人经营的和中国人经营的慰安所也各有 2、3 家。中国"慰安妇"的价格是 1.5 日元，而日本和朝鲜"慰安妇"的价格是 1.7 日元。日军第 116 师团的司令部设在安庆，旁边就有个"日支馆"慰安所，由民间管理，里面有日本、朝鲜和中国的女子，而数中国女子最多。管理者和士兵们从来不叫"慰安妇"的名字，而直接叫号码。各部队按照顺序进出，师团司令部当然是星期日（去）。

（《性と侵略》，苏智良译，第 132—139 页。）

（3）日本"慰安妇"口中的安庆"慰安所"

日本妇女斋藤雾原来在日本四国的松山当过私娼，1939 年被日军劝诱当了日军四国兵团的"慰安妇"。她曾被送到安庆充当"慰安妇"。在回忆当时"慰安妇"的心理时，她说："当上'慰安妇'的时候，刚刚到战场时，心想'像我这样的身体的人，还能为国家劳动'啊。可是，第一线的慰安所时倒还好。后到了后方的兵站的慰安所之后，也可能是渐渐习惯了吧，有些感到疲劳起来。这是因为在第一线，和士兵们一块儿吃饭，觉得士兵也许明天就会死。我们也出于真心来安慰他们。军官们也是如此，一见就说：'你们辛苦了！'谁知到了后方，真是当作'公共厕所'一样啊！军官和士兵们当中，有的甚至当面也那样说。这是在安庆时候的事，我被一位路过部队的军官叫了去，只有那时候让上床，完了之后倨傲地说：'睡在地板上吧！'作为人来说，太没有礼貌了……我跟他这样说，挨了一顿踢。越是年轻人越纯情，完了之后大声说声'你辛苦了'之后才回去。"

"让人高兴的是，到底还是在那种情况下见到了四国的士兵，越是离故乡爱媛或松山近越高兴。士兵方面也恰如见到了骨肉亲人，不去搞性交，一道谈起了故乡的节日、山川。士兵们也以此为满足了。要是死就死好了……那时候下了决心……"说到这里，斋藤雾想了想，咕哝似的回答说，"到底是那么回事，那种生活，现在想起来，真是不死不活似的。"

日本"慰安妇"也大多患胸部疾病，特别是肺结核。手头没有准确的数字说不清，据说列于肺结核的占有相当的比例。虽说有军医的检诊，但那只是就性病，不作内科的诊察。都是诉说胸部的疾患，作为对象之外，也不给予治疗。当然，就是想治疗，当时也没有特效链霉素。摄取营养、安静地休息是治疗肺结核的方法，而这是"慰安妇"们所无法考虑的。于是，发低烧感到奇怪，就是咳嗽起来也悄悄地忍耐，只能一天天地一面欺骗着自己，一面继续出卖自己的肉体。咯血就是她们死的宣告。得了肺病的"慰安妇"，在慰安所的一个角落里蜷着身子躺着，脸色铁青地挣命。据说有 10 个"慰安妇"的慰安所里，就有一个结核患者。其他的疾病，例如传染病之类，由军队的卫生队严加管理且不必考虑，感冒和腹泻这种小病，据说由部队的卫生兵给药。虽然如此，像这样的稍医即愈的小病姑且不说，得了致命性疾病时没有救，对她们这些身在异乡的人来说，是悲惨的。当她们痛哭的时候，哀诉的时候，也没有一个骨肉至亲用手摸摸她们的额头，她们会怎么想呢？

斋藤雾回忆道："有一个人在临终的时候，从手提箱里拿出好衣服，一面说着'把它帮我穿上'，一面依偎着我死了。我想，到底她还是个女人哪！因为没有药，一个朝鲜人'慰安妇'跟我说：'把挤的大蒜汁帮我煮煮喝就好了。'我给她弄着喝下去了。那时的结核真可怕呀。"

战场上的"慰安妇"过的就是这样的生活。

（摘自殷岸著：《战争暴行——随军妇女回忆录》，新疆大学出版社 1997 年版，第 397—398 页。）

5．当　涂

当涂日军"慰安所"

1938 年的当涂的"街上，设立了日本人经营的食堂，慰安所也有日中两国人开设的，很久没有花钱的去处，这回有开销的地方了。""士兵们在门前高呼'万岁'，'万岁！'出去一看，原来身着各种颜色服装的娘子军们，分乘两台卡车驶了过去。"

（［日］赤星昂：《江南春远》，三田书房 1968 年版。）

6. 芜 湖

（1）芜湖日军"慰安所"

1937年12月10日，日军第18师团占领芜湖后，便大肆侮辱中国妇女，他们特别注意搜索女子，哪怕是见到白发苍苍的老媪也会一哄而上。当日军刚刚建立占领秩序后，便委托汉奸们组织"治安会"，日军交给该会最大的任务就是搜罗妇女。这项任务由"芜湖中央治安维持会"会长任凤昌负责。由于汉奸们人熟地熟，很快就搞到很多当地的年轻女子和由宜兴逃难至此的少女。日军把最年轻漂亮的姑娘集中起来，设立了俱乐部，供军官们侮辱；其余的则押送到兵营，让日军士兵泄欲，日军的整个兵营成了临时的巨大的慰安所。

芜湖第三区的汉奸崔一平指使地痞姬斌等搜罗妇女，丧尽天良的姬斌到处威胁居民，最后抓获16名年轻女子带入下二街凤宜楼旅社，这是日军在芜湖市建立的第一个公开的慰安所。不久增加到七八十人，最大的近40岁，而最小的只有14岁。为了防止中国妇女逃跑，日军昼夜站岗。凤宜楼慰安所于1938年1月营业，从每周一至每周五的上午8时至下午6时为日军士兵开放时间，每周六和周日则是日军官佐的开放时间。进所日军每人须持军用手票1元，购一块码牌，然后凭牌入室，时间为30分钟。所内的中国妇女每人每天至少被日军蹂躏达10余次。而且，晚上还要陪日军官佐过夜。此外，日军高级军官如需要年轻美貌的女子，则由姬斌等临时到外强征，然后再由姬亲自送往日军官佐住处。总计在该慰安所内被蹂躏的中国妇女达200人以上，连尼姑庵里的年轻尼姑也被抓入慰安所。慰安所里的妇女每月只能洗3次澡，每次去寺码头浴室洗澡，前后由日军士兵押送，犹如犯人。这些中国女子们受尽折磨，有一妇女不堪忍受这非人的摧残，从楼上跳楼自杀。

后来，慰安所越来越多。据日本的芜湖领事馆的1939年6月1日统计，城内的慰安所共计6家，其中4家为日本人开设，日本人"慰安妇"48人；朝鲜人的慰安所2家，朝鲜"慰安妇"22人。[①]平均每家慰安所有"慰安妇"16人。1941年，慰安所增加到9个，即中江塔旁原顺泰五金店，下二街58号、78号、76号，华盛街27号，公安街34号，藕香居7号，上二街54号和中二街133号。

---

① [日]吉见义明主编：《从军慰安妇资料集》，大月书店1992年版，第266页。

1942 年 12 月，日第 15 师团军医部统计该地有日本人"慰安妇"102 人，朝鲜"慰安妇"82 人，中国人最多，达 105 人；体检的结果是有 6 名日人、1 名朝鲜人和 10 名中国人患有性病。[①]这些慰安所设施十分简陋，如同日本医院的大病房一样，但是规模却不小。慰安所的中间有一通道，两边是简陋的房间，每边约有 50 张床，门口拉着一块布帘子，"慰安妇"就在里面接客了。士兵们在帘子前面排起了长队，每隔 10 分钟轮流进入；有的帘子上标着红色的记号，这表明这个"慰安妇"带有性病。日军还经常强迫当地妓女充当"慰安妇"。如日军的新田旅社慰安所，就经常派人到集益里头排或二排，点名要地方名妓去供日军蹂躏。[②]

（2）日军第 15 师团对芜湖等地"慰安妇"的检查报告

说明：1942、1943 年间，日军第 15 师团驻扎在南京、芜湖、镇江、金坛等地，该师团军医部先后数次对"特种慰安妇"进行检查，日本人称为"内地人"，朝鲜人被称为"半岛人"，检查的结果被视为机密材料。汇报的监制者为陆军军医大佐原田嘉元。

机密　　第 15 师团医庶第 28 号　　1942 年 12 月 1 日到 31 日卫生业务要报

地区	检查次数	平均一日现在人员	被检查人员				不合格人数			
			日本人	朝鲜人	中国人	计	日本人	朝鲜人	中国人	计
南京	5	433	749	50	612	1411	8		7	15
芜湖	3—4	76	102	82	105	289	6	1	10	17
金坛	4—5	30		27	90	117		6	15	21
镇江	4	29			114	114			18	18
计	3—5	568	851	159	921	1931	14	7	50	71

---

① ［日］吉见义明主编：《从军慰安妇资料集》，大月书店 1992 年版，第 274 页。

② 朱鼎元：《日本随军妓女的血泪》，政协安徽省芜湖市委员会文史资料研究委员会编：《芜湖文史资料》第 3 辑，第 127 页。

机密　　第 15 师团医庶第 65 号　　1943 年 1 月 1 日到 31 日卫生业务要报

地区	检查次数	平均一日现在人员	被检查人员				不合格人数			
			日本人	朝鲜人	中国人	计	日本人	朝鲜人	中国人	计
南京	4	413	1007	113	513	1633	13	2	12	27
芜湖	2—4	73	88	73	129	290	7	7	10	24
金坛	2—4	23		12	54	66			15	15
镇江	4	31			124	124			18	18

机密　　第 15 师团医庶第 95 号　　1943 年 2 月 1 日到 28 日卫生业务要报

地区	检查次数	平均一日现在人员	被检查人员				不合格人数			
			日本人	朝鲜人	中国人	计	日本人	朝鲜人	中国人	计
南京	4	437	948	51	557	1556	17		15	32
芜湖	3—4	97	114	93	139	346	3	4	20	27
金坛	4	11		19	22	41		1	6	7
镇江	4	39	12		143	155	7		43	50
巢县	3	34		11	91	102		3	12	15
溧水	3	10			30	30			12	12
计	3—4	628	1074	174	982	2230	27	8	108	143

（[日]吉见义明主编：《从军慰安妇资料集》，大月书店 1992 年版，第 273—277 页，苏智良译。）

7. 蚌　埠

（1）中山街"慰安所"

1938 年 1 月，日军第 13 师团的铁蹄踏进了蚌埠，烧杀掳掠，无恶不作。澡堂老板、汉奸赵瀛州等为讨好日军，在中山街头设立慰安所，强迫数 10 名中国妇女供日军蹂躏。这些妇女中有自幼被拐卖沦为娼妓的千岁红、出身书香门第的张女士等。她们中很多人不屈自杀或被糟蹋致死。

（范家骅、耕汉：《华昌街与烟花女》，政协安徽省委员会文史资料研究委员会编：《安徽文史资料》，安徽人民出版社 1983 年版，第 16 辑，第 164 页。）

（2）强迫 120 名中国妇女充当"慰安妇"

日方的资料表明，驻扎此地的第 13 师团第 26 旅团曾征集中国妇女充当"慰安妇"，约有 10 人。1938 年 2 月，日军侵占蚌埠后，立刻命令维持会在银行、仓库等处设立慰安所，强迫 120 名中国妇女充当"慰安妇"。日军还在这里设立了军官的高级慰安所。

（政协安徽省委员会文史资料研究委员会编：《安徽文史资料选辑》，1981 年印行，第 6 辑，第 36 页；[日]吉见义明、林博史主编：《共同研究　日本军慰安妇》，日本东京三一书房 1995 年版，第 78 页。）

（3）沦陷时期蚌埠的娼妓业和"慰安所"

开妓院的龟头老鸨，来源不一，有的原来就是吃娼门饭的从外地转来蚌埠的，有的原来是商人，因看娼妓业薄本巨利，于是改行专操淫业。或一边经商，一边做娼妓生意，为了吃稳娼门饭，妓院大都和日伪、宪警地方势力有勾结，有的妓院老板本身就是汉奸，如开慰安所的赵瀛州，就是一个典型例子。

赵瀛州，扬州人，早年来到蚌埠，曾和别人合伙开过二马路旁的春园浴池，后自己独自经营，改名蚌埠浴池。在中山街也有他两间门面的"和平印刷厂"，两个圆盘机，三四个师傅，带几个学徒，印刷些商标广告。赵还玩过古董，但他最大的生意还是娼妓业。

赵瀛州看到娼妓业是一个赚钱的行当，他就从扬州骗买了一些姑娘，带到成业里住，开起了妓院。他买的都是幼女，经过训练，长大都善弹会唱，红极一时，成业里有不少名妓女，而赵瀛州的妓女是当时最红的妓女。他后来还开过"一大"公司旅社，这个旅社冬有火炉，夏有风扇，内部装饰十分考究，里面妓女大都会唱京戏，这些妓女都给赵瀛州赚了大钱，赵也成了娼妓业的头面人物。

赵瀛州身体肥胖，一个眼珠混沌不清，混名"赵瞎子"，平时居家吃斋念佛，俨然是个善人居士。他是江苏同乡会邗江公所的头头，有时还做一些善事，他和公所的其他头头资助，开办了位于华昌街鼎余里的自修堂，这是一所临时病房，苏北来蚌埠谋生的伙计病倒了，就住在这个堂里，这些病人经常去吃饭的"一江村"面店，由于资金短缺和经营不善，快要关闭，他和别人出面，由旅业老板凑钱，使这个面店得以继续经营下去。

赵瀛州表面行善礼佛，实则心如蛇蝎。他做所谓善事的目的，不过是为了给自己减少麻烦，保住自己这个会所头头的脸面，同时拉拢人心，以掩人耳目，邀名揽誉。他不仅把自己家乡的不少姑娘推进火坑，而且在蚌埠沦陷以后，按照倪道炀的授意，搜索妇女多人，竟成立了"慰安所"，专供日本兽兵蹂躏。

1938年夏初，坐落在中山街北头的大观楼旅馆（现中山街10号一轻学校处）因为日寇入侵，这个楼无人居住，已成为一座空楼，这是一座坐东向西的二层楼的四合院，楼上楼下约由30多间房间，因为这条街道连着华昌街和二马路，虽居闹市，但地点适中，又很安静，同时附近就是富润里日本宪兵队，不远处，还有伪警察分局和便衣队，赵瀛州认为这里对日本兵来说很安全，于是把房间布置一新，并且按照日本人生活习惯，设置了"榻榻米"，还由慰安所的账房先生出面，在慰安所对面开设了"麦笼香"茶食店，供应日本嫖客点心。

赵瀛州然后纠结了一批龟头，每个龟头有一二个或三五个姑娘，同时，另有一部分是被拐骗、强抓进来的沦陷区的少女和良家妇女，如有一个妇女丈夫被伪军打死，本人也被抓进慰安所。总共有30个左右，多是扬州龟头带的姑娘，赵瀛州自己带有三四个姑娘。

慰安所里使用人员六七个，除了一个看门的外，其余都是赵找的亲戚或同乡，有专门卖牌子的账房先生（原来是个行商，后来改开妓院，也是个龟头），有做饭的，一个管吃不给钱干杂活的老头，还有两个专为日本兵服务的招待员和翻译，这个翻译原是一个剃头匠，去过日本，会讲几句日本话，赵把他找来充当翻译。白天由账房先生照管门面，赵瀛州晚上回来和账房先生算账收款，晚上大多睡在慰安所。强逼进慰安所的姑娘每人一个房间，每个房间编上号头，因为夜晚鬼子兵一般不许外出，接待的时间多是白天，鬼子兵来后到账房先生那里按号头买好牌子，两块钱军票一个小时，然后鬼子兵就拿着牌子到房间里去。这些姑娘每天都要把牌子交给她们的龟头，龟头凭牌子向账房先生算账，赵瀛州在收入中提取二到三成，龟头得七八成，姑娘们一子不拿，慰安所对她们十分刻薄，吃的饭是大锅饭菜，一菜一汤，只够勉强维持。赵瀛州和龟头为赚钱，强迫姑娘多接客，有的一天甚至被糟蹋十几次，鬼子兵还常常喝醉酒闹事，有时互相打架，有时无缘无故地打人耳光，砸东西，殴打姑娘，常常把人打得死去活来，更不知有多少姑娘不堪忍受侮辱，以死相抗和被糟蹋致死，冤沉海底。大把的军票却流进赵瀛州和龟头们的腰包。赵瀛州用出卖姑娘得来造孽钱，在成业里买地置房子，一下子盖了十几间，里面陈设十分讲究，还有不少男女仆人，赵瀛州自己还雇了车夫，置下了自己专用的黄包车，经常出入应酬，和不少日伪头头们常有往来，勾结甚紧。

赵瀛州开办慰安所，民愤极大，也为此而臭名远扬，据说西到西安，北到天津，水陆码头凡是吃娼门饭几乎没有不知道蚌埠有个赵瀛州和慰安所的，在本地更为老百姓切齿痛恨，以至于人们在打麻将牌时把"七条"（形状如龟头）称作"赵瀛州"。赵取媚日寇，开办慰安所，遭到人们唾骂，社会舆论反响十分强烈。因此，1945 年日本投降后，国民党当局在所谓惩办汉奸的时候，由于赵的名声太臭，同时也迫于舆论压力，把赵关进牢房。但赵在里面颇受优待，照样吃好喝好，同时托人在外面进行活动，一些国民党要人们也帮他说情，司法当局也知道赵是一块肥肉，也想趁机敲上一记竹杠，不久，据说花了一笔钱，赵就被放了出来，赵瀛州出来后，威风不减，照样在成业里开他的妓院。

（怀楠文，政协安徽省委员会文史资料委员会编：《文史资料选辑》总第 6 辑。）

8．临淮关

临淮关"慰安所"

第 23 师团的第 104 联队在占领临淮关后，于 3 月也建立了慰安所，其中除 10 人是日本"慰安妇"外，其他都是朝鲜"慰安妇"和掳掠来的当地妇女。

（［日］《步兵 104 物语》，［日］吉见义明、林博史主编：《共同研究　日本军慰安妇》，日本东京三一书房 1995 年版，第 78 页。）

9. 滁 县

(1) 瓢亭、酒保

1938 年 12 月底，日军第 13 师团侵占滁县，便逼迫设立慰安所，为军队服务，结果在南门大桥塽、北大街设立"瓢亭"、"酒保"慰安所，接着又准备强行掳掠中国当地妇女开设慰安所，在酝酿过程中，只有旅团长山田反对，结果慰安所仍如期建立了。

（[日]吉见义明、林博史主编：《共同研究　日本军慰安妇》，日本东京三一书房 1995 年版，第 78 页。）

(2) 过境日军频繁出入"慰安所"

从滁县过境的日军部队天天排队前往妓院和慰安所泄欲。

（政协安徽省委员会文史资料研究委员会编：《文史资料选辑》1982 年印行，第 10 辑，第 176 页。）

(3) 滁县"慰安所"中的大阪"慰安妇"

有个日本老兵回忆，滁县有两个慰安所，是随军的大阪女性，军队开拔时，她们也跟着走。

（[日]佐佐木元胜：《野战邮便旗》。现代史出版社 1973 年版，第 247 页。）

10. 凤 阳

连修道院的中国修女也被抓进"慰安所"

日军在皖的慰安所十分普遍。1938 年 2 月 1 日，日军侵占凤阳县城，在疯狂屠杀的同时，还掳掠大量当地妇女，强迫她们留在日军的慰安所里为日军提供性服务，"稍加反抗，就被残杀"。建立慰安所的工作由维持会负责，从寻觅房子到抓捕良家妇女。日伪不放过任何一个中国妇女，连修道院的一名中国修女也被抓进慰安所。沦为"慰安妇"的中国女子经常进行反抗，如府西街的张姓女子和韩姓女子，为脱离苦海，毅然跳入水井自杀。另一张姓姑娘与污辱她的日军士兵扭打，最后也跳入了慰安所的井中。经过筹建，日军在凤阳城内至少建立了 3 家慰安所。除了楼西街警察局的慰安所里是日军带来的随军"慰安妇"，其他两所均是强迫中国女子作性奴隶。据曾被日军抓来当炊事员的两位老人揭露，慰安所的门前出现了日军排队泄淫的现象。直到 1940 年凤阳日军减少了，慰安所才逐渐消失。

（李秉新等主编：《侵华日军暴行总录》，河北人民出版社 2005 年版，第710、734 页。）

11．繁　昌

桃花园

1940 年 4 月 27 日，日军占领繁昌县城后，也迫不及待地在下街和中街建立"桃花园"慰安所，内有不少中国妇女。

（政协繁昌县文史资料委员会编：《繁昌文史资料》1985 年印行，第 3 辑，第 140 页。）

12．淮　南

下塘集的日军"慰安所"

1940 年 5 月，日军盘踞淮南后，在下塘集开设"日军慰安所"，里面的"慰安妇"都是沦陷区被抓来的中国女子。

（政协安徽省委员会文史资料研究委员会编：《安徽文史资料》1983 年印行，第 10 辑，第 193 页。）

13．宿　州

帝国旅馆"慰安所"

1940 年 5 月，盘踞宿州的日军在城中设立一些慰安所，其中有一个设在帝国旅馆，里面多是抢夺来的中国良家妇女。

（政协安徽省宿州市委员会文史和学习委员会编：《宿州文史资料》2000
年印行，第 1 辑，第 86 页。）

14．桐　城

甚至 50 多岁的妇女也难以幸免

1940 年 6 月，日军第 6 师团的坂本支队侵占桐城县城，即将抓来的中国妇女送入慰安所，任日军亵侮、奸淫、杀害，甚至 50 多岁的妇女也难以幸免。日军便迫不及待地设立慰安所，把当地妇女抓入所里，供日军奸淫。

（政协安庆市文史资料研究委员会编：《安庆文史资料》1985 年印行，
第 12 辑，第 117 页；李秉新等主编：《侵华日军暴行总录》，河北人民
出版社 1995 年版，第 725 页。）

15．庐　江

盛桥"慰安所"

1941 年，日军又在庐江的盛桥开办慰安所，诱骗魏家坝一带的青年妇女充当"慰安妇"。

（政协泸江县委员会编著：《庐江文史资料》，1985 年印行，第 1 辑，第 79 页。）

16．全　椒

环清池浴室"慰安所"

1941年驻扎在全椒县城的日军为解决性问题，也在东门环清池浴室设立慰安所，强迫中国青年女子充当"慰安妇"，这样的慰安所在全椒存在了一年多。

（政协安徽省全椒县文史资料研究委员会编：《全椒文史资料》，1985年印行，第1辑，第105页。）

17．太　湖

西风洞庙"慰安所"

日军侵入太湖县后，在县城附近抓到18岁至40岁左右的妇女48名，并把她们关押在城北西风洞庙内，这里成了一个充满血腥味的慰安所。经日军的摧残，其中有9人最后被割去阴部和乳房，其余的后来也生死不明。

（李秉新等主编：《侵华日军暴行总录》，河北人民出版社1995年版，第741页。）

18．太　平

至少两处"慰安所"

日军占领太平县后，也开设了慰安所，而且至少有两个慰安所，一个是中国性奴隶的慰安所，一个是朝鲜人"慰安妇"的。

（［日］日本の戦争責任資料センター一编印：《战争责任研究》第9辑，苏智良译，第42页。）

（十六）湖南

1. 长 沙

（1）长沙"慰安所"

车开到满是青草的山丘，在一栋用木板围起来的房屋前停了下来。入口处有着一块木板，上面写着的"长沙慰安所"，在夕阳下闪闪发光。里面，因前线的激战，客人似乎很少。三个榻榻米大小的房间里放着被子。但风穿过木板吹进来，有点煞风景。一共有 5 个房间。对面则有事务室、男性厕所、女性厕所等并排着，而 5 个房间，现在只有两个在使用。

（[日]细川忠矩:《战场道中记》，私家版 1992 年，第 71—72 页，苏智良译。）

（2）"慰安妇"供不应求

长沙的慰安所数量似乎不多，显得供不应求，以致出现了一个"慰安妇"要面对一支小部队的所有官兵的场面。

（[韩]韩国挺身队问题对策协议会，韩国挺身队研史会编:《中国に连行された朝鲜人慰安妇》，三一书房 1996 年版，第 31 页。）

2. 岳 阳

（1）强迫年轻妇女当临时营妓

1938 年 11 月上旬，日军从湖北突袭岳阳，驻守岳阳的国民党军队虽经抵抗，终因敌众我寡而败退。11 日，岳阳失陷。当时，城内居民大多已南逃避难。日军占领岳阳后，连续掠抢两天，将居民的财产洗劫一空，然后，放火烧毁房屋，县城的先锋路、棚厂街、县门口、学坡岭、滨阳门、卫门口与西门正街，完全成了一片瓦砾。两天后，日军设立警备司令部，招诱居民回城，并且成立伪县政府和维持会。地主、汉奸、流氓为日军搜刮钱粮，强迫年轻妇女当临时营妓，供日军寻欢作乐。但日军并不以此为满足，仍然三五成群地劫掠财物，强奸妇女。当他们无所顾忌地施暴时，连60岁的老妇和十来岁的幼女也不放过，他们甚至逼令父奸其女，子奸其母，在旁取笑作乐，如有不从，当场刺杀，令人发指。1941年9月20日，5名日军在金沙乡上甘冲屋轮奸一少女后，不顾她已奄奄一息，又强逼邻居68岁的伍葵清去行奸，伍愤怒已极，痛骂日军的无耻暴行，并拳打日军，当场被日军活活打死。

（禹硕基、杨玉芝、邢安臣主编：《日本帝国主义在华暴行》，辽宁大学出版社1989年版，第252—253页。）

（2）吴胡驿日军"慰安所"

1939年秋末冬初，驻泉塘的日寇独立第十七纵队，就在吴胡驿（今五垸乡）附近的西边章屋场设立了慰安所，内有被掠夺的朝鲜妇女8人、湖北妇女2人、新墙妇女4人。日寇第十七纵队司令森林霸占了一个年轻妇女，规定其他日寇不得亲近，违者立即处死。纵队下属的中小队长和宣抚班长，都可以从慰安所内挑选一个妇女带到战壕或岗哨内供其长期奸污。其余妇女则供一个中队的100多名日寇士兵发泄兽欲。在这种惨无人道的摧残下，慰安所内的妇女，个个面黄肌瘦，形容枯槁。一次，日寇宣抚班长清永和一个日寇中队长为蹂躏一个姓李的妇女发生争执，闹翻了脸，清永借口仓库被盗，诬陷是姓李的妇女作案，欲置她于死地。李一再哭诉，清永充耳不闻强行脱光李的衣服，叫她赤身裸体站在禾场上，命令在场的老百姓去奸污，老百姓对日寇切齿愤恨，断然拒绝。清永见其报复企图未遂，便提来一桶冷水拨入李的口腔鼻腔，再用皮靴脚掌踩在李的身上，李被折磨得气息奄奄，可恶的清永又牵来两只军犬，将李咬得血肉模糊而死。

（曾介吾：《新墙人民的深重灾难》，田伏隆主编：《最悲惨的年代日寇侵湘暴行实录》，岳麓书社1997年版，第232页。）

（3）日本士兵口中的岳州"慰安所"

1938年，我们在岳州（岳阳）担任铁路警备。1938年10月，我们前往通山方面的南林桥，将无人的民居改造成了慰安所。我们的部队一直驻扎到1939年的4月，在离部队150米左右的一个小山上就有一个慰安所。土墙瓦顶，没有窗户，一个房只有3只榻榻米大小。内放有竹制的床，官兵进去使用军票，里面的"慰安妇"，有朝鲜人"慰安妇"，也有中国人"慰安妇"，但价格不一。"慰安妇"

们一般早晨 6 时起床，晚上 9 时以后才能就寝。去慰安所我们部队只有星期一，上午 8 时到下午 4 时，一人大约只有 5 到 6 分钟，士兵们排着队。一个"慰安妇"一天接待 20 人左右，士兵们脱下裤子兴奋地等待着，因此，"慰安妇"们连吃午饭的时间也没有，只能边干边抓枕边的饭团吃，我记得 15 岁到 18 岁的中国妇女有 5 人，超过 30 岁的朝鲜人有 3 个，中国"慰安妇"穿着中国服装，朝鲜人穿着和服。有叫"花子"等名字的。慰安所由部队管理，我去的时候，在入口由士兵给房间号码，军票则送入窗口里的会计兵。找中国"慰安妇"的场合，钱是给村长的。军官们在大街上还有专用的慰安所。

（［日］"从军慰安妇 110 番"编辑委员会编：《从军慰安妇 110 番》，明石书店 1992 年版，第 38 页，苏智良译。）

3. 华　容

（1）日军将妇女奸污、掳走

敌人此次进犯华容，（被略）暴行种种，有不忍卒述者，敌入城后，首对我妇女同胞加以蹂躏，自八九岁至七十岁妇女，多被奸淫，有女学生张瑞芝者，其母在城陷前，不忍丢弃其谷米衣服，死守在家，及敌入城，即被轮奸致死，而瑞芝本人于被污后又被敌掳走。城内天主堂住有老弱难民数百，其中妇女亦被敌奸污。

（《新华日报》1943 年 4 月 25 日。）

（2）将年轻妇女编号供他们日夜奸淫

驻北景港的日军还令维持会设立"筛沽洋行"，将抓来的一批年轻妇女编号供他们日夜奸淫，对其中有病者，日军士兵将她们一脚踢下楼去，共死伤 10 余人。

（田伏隆主编：《最悲惨的年代日寇侵湘暴行实录》，岳麓书社 1997 年版，第 49 页。）

（3）遍设据点和"慰安所"

1943 年 10 月，日军第 4 师团占领华容县后，在各地遍设据点，这些据点中，"都关押着不少青年妇女，供其淫乐"。

（李秉新等主编：《侵华日军暴行总录》，河北人民出版社 1995 年版，第 1006 页。）

（4）森川部队关于特种慰安业务规定

昭和十四年十一月十四日森川部队

第一　本规定为森川部队关于警备地区内特种慰安业务的规定。

第二　特种慰安所开设的宗旨是调节、缓和官兵的杀伐风气、帮助振作军纪。

第三　任命委员来实施警备地区内慰安业务，其出差及所承担之任务见附表一。

第四　警备队长负责监督和指导慰安业务。

第五　慰安所及食堂附近之警戒及军风纪管理等由华容镇及葛店警备队长担任。

第六　慰安所设在葛店及华容镇。

第七　特种慰安所之经费一切由经营者负担。且经营者须切实实施下记之诸项，如果违反设置的宗旨或不履行各项规定，将停止营业，或命令离开。

1. 只准指定的人员进入。

2. 严守营业时间。

3. 明确标示经费和所定时间。

4. 须收取连队发行的慰安许可证然后交付入场券和避孕套。

5. 要向巡查者报告利用者的情况。

6. 每周六从 12∶00 开业，同天须接受体检，另外，每月第一个、第三个星期六为公休日，其中第一个星期六接受健康检查。

7. 平时须保持慰安所内的清洁，禁止贩卖饮食物和酒肴。

8. 监督慰安妇经常打扫室内、保持身体的清洁、使用洗涤设备和使用避孕套。

9. 设立检查室，对体检不合格者须隔离收容，一般病者则在自己房间保养，但须在其房门上标示开来。

10. 经营者每天须制作营业表，并在每周的星期一经警备队长向联队本部报告。

11. 慰安妇之外出必须得到联队长的批准。

第八　利用慰安所的下士官以下之官兵必须严守以下之规定：

1. 须持有、并须将联队颁发的慰安许可证在购票时交付慰安所经营者，该票限一次使用。

2. 严禁酩酊大醉者入内。

3. 不准持入酒类等。

4. 在慰安所内不准喧哗。

5. 不准粗暴对待慰安妇。

6. 结束时必须洗涤。

7. 严守利用时间，而不妨碍他人。

8. 禁止进入附近的"支那街"。

第九　慰安所营业时间区分如下：

第一、第二、葛店警备队　　　新店警备队

第三、第四、华容镇警备队

利用时间：士兵　10：00—18：00　　　　　下士官　19：00—21：00

其中星期六从 12：00 开始营业

第十　利用的费用如下：

军官：1 小时 3 日元　下士官：30 分钟 1.2 日元　士兵：30 分钟 1 日元

避孕套由经营者支付。

第十一　停止营业时须在入口标明，严禁军人、军队聘用人员进入。

第十二　慰安所设置如附图一、附图二。

第十三　各队之利用日另外通知。

第十四　各队的食堂之利用日与慰安所之利用日相同。

第十五　各队食堂经营者须确实遵守第七条之第 2、第 3、第 5 项。

第十六　食堂营业时间之出售食品如下：

　　　　每天 10：00—21：00 止（但第一第三个星期六休息）点心及一般食品酒等。

森川部队特种慰安业务委员

任务	出差部队	官名
关于慰安业务的整体统制	连本	村上大尉
第一第二慰安所及食堂的经营指导		中岛少尉内田中尉原口准尉
第三第四慰安所及食堂的经营指导		古贺中尉福田中尉
慰安妇的检查及卫生设施的指导		军医各位

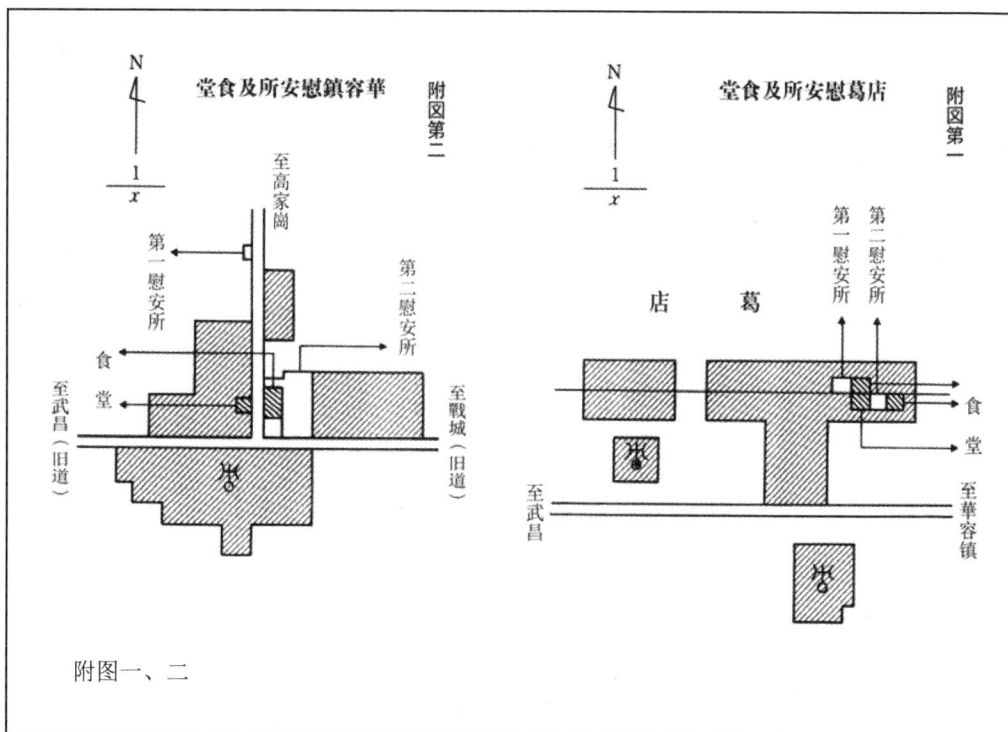

附图一、二

（［日］日本防卫研究所藏:《关于森川部队特种慰安所业务规定》,《战争责任研究》第 7 辑，苏智良译，第 87—89 页。）

4. 常 德

被掳妇女一百八十人

敌寇窜扰湘北的时候，奸淫掳掠样样都来：常德人民受祸特别惨烈，这笔血债总要算个清楚。

……对待妇女，尤其残酷，被掳后就叫妇女脱去衣服，供兽兵轮奸，旁观的鼓掌笑乐。常德县政府曾公布该县的损失状况，计：被奸妇女五千多人，被掳妇女一百八十人，奸死妇女一百六十人。

（《新华日报》1944 年 2 月 2 日。）

5. 靖 港

靖港"慰安所"

1945年2月，元晓第2957部队在靖港设立慰安所。

（［日］元晓第2957部队：《战祀》，1972年12月私家版。）

6. 衡 阳

日本士兵口中的衡阳"慰安所"

衡阳下游七八公里的村，第2957部队抓了两个十七八岁的姑娘，非常漂亮，服装也很美。两个姑娘被绑着押回，当日本兵把两个中国姑娘带回兵营时，一个一等兵兴奋地喊叫："今日开始开设慰安所啦，大家来玩啊！"于是，姑娘们被关进了防空洞，里面传来哭泣的声音。我想看个究竟就进去了，只见那个一等兵好像已把那两个姑娘的手指给弄折了，姑娘很可怜地用包带包着手。

（［日］元晓第2957部队：《战祀》，第366—367页。）

7. 宁 乡

关于翠星楼"慰安所"的调查

2001年6月26日，我与益阳的调查员姚彪及上海电视台3位记者一起，从益阳去烂泥湖采访当年日军"慰安妇"受害者谭玉华。烂泥湖原来是洞庭湖旁的一个小湖，当时那里有两个湖，一个是凤凰湖，一个是来仪湖，1974年因人口的压力，当地政府鼓励农民到这里建垸子，围湖造田。农民遂将"来仪湖"叫成了"烂泥湖"。

谭玉华的地址为赫山区欧江岔镇高平村姚家湾组。

第二天，我们再次来到烂泥湖，将谭玉华和她的孙女接上车，去寻找当年谭玉华被迫为"慰安妇"的地点，那是在她的故乡朱良桥镇。该镇在宁乡县，镇上至今尚存一座古桥，名姑娘桥。原来，也是以讹传讹，将姑娘桥叫成了朱良桥。在镇上，同去的谭玉华的孙女高英先找到了周星民，周虽是一个中年农民，但他知道慰安所的所在。我们驱车来到老街。谭玉华还记得那个慰安所名"翠星楼"。老街上古色的木屋和新建的新楼杂陈，问了几位居民，他们一听找翠星楼，便立即指点一座新楼说，这里就是翠星楼的遗址。

根据周云初（80多岁）、姜四娘（90岁）等老人的回忆，这翠星楼原来就是个妓院。为两层木结构房屋，规模不小。日军占领后，妓院主和妓女均四散逃去。日军便命令维持会去寻找花姑娘，于是，这里设立了慰安所。慰安所有日本兵站岗，门口还有军犬守护。中国人不敢靠近。翠星楼慰安所一直存在到日军投降。在1949年前，翠星楼一边的老屋失火，将翠星楼也化为了灰烬。

谭玉华看着老街左侧的房屋说，翠星楼就是这样的房子。

（苏智良于2001年6月28日。）

8. 益 阳

（1）关于沙头镇"慰安所"的调查

沙头镇地处益阳市资阳区。

日军占领沙头镇后，驻扎着一个大队的日军，并在此设立了日军慰安所。据知情人陈建辉（女，71岁）回忆，她家世居沙头镇，她祖父陈惠宾开药店并主持门诊，信奉耶稣教。日军占领沙头后的1944年4月，其祖父曾作诗一首，当年贴在墙上。诗曰："四月中旬进日军，家家户户乱纷纷。携老扶幼奔波跑，不分南北与西东。走到东来又奔西，谁知满目是疮痍。问君逃至何处好？"……诗做得并不高明，但却真实地反应了当年的情景。

日军到沙头时，全镇只有他一人未逃跑，日军驻扎在地主何达先家，维持会设在杨圣保家，距陈宅仅300米。伪乡长叫杨林，维持会长陈秋保（不到半年被汤海庭、陈笃清杀死）。

沙头镇慰安所设在沙头街上。这个慰安所的带班人叫连嫂，已去世，她的儿子陈桂清，据说还健在。原益阳贝雕厂业务股的陈连保提供线索说，原沙头饭店经理王艳芳知道详情，因为她家是做豆腐的，距日军驻地只有30米。"慰安妇"大约七八人，其中有一个是姚二嫂的女儿，当年只有十七八岁，可能还在世。

（苏智良于2001年6月30日。）

（2）中国"慰安妇"在茈湖口"慰安所"

① 刘秀英受害自述

我1921年5月27日（阴历四月二十）出生在湖南省湘乡县白田镇湾村。1934年8月与本村一个比我大10岁的农民章国良结婚，婚前张国良在沅江县乐民乡第一保即乐福垸石码头李家合子地主李某某家做长工。工资就是李家借给二亩田由章自己种不交粮租。这个地方就是现在益阳市资阳区茈湖镇石马村。结婚后，我随丈夫来到茈湖口。为了生活，经好人马青山介绍我到茈湖口街上雷打庙蔡立生家当女佣。蔡家两老人做油饼卖，他们不给我工资，只提供食宿。1935年6月底遭遇大洪水，堤垸溃决，我丈夫移到益阳县石笋乡马头村肖建仁家学锯匠，我和婆婆章肖氏外出讨饭。1936年那年大丰收，我们回到茈湖口马王村定居。我在家中，丈夫在街上两家木行打工。

1944年5月，日军占领茈湖口，沅江县城琼湖镇驻扎大量日军，他们在县里成立了维持总会，各保成立分会，县总会便要求各分会征集姑娘，以慰问日军。当时，乐民乡乡长石林（这个人有口吃）家住在一保，他指使一保保长钟寿山、分维持会长宋国章将外地来的我和曹玉春逮捕交差。我和曹玉春被押送到沅江县维持总会。

那时大约农历9月，我记得那时晚上要盖被子。我和曹玉春被押送到慰安所时，那里已经有13个女人，全部是中国人，大多和我们一样，是在沅江的外地妇女。慰安所是单独的一幢大房子，很大。地点记得叫新街尾。我们每个妇女有一间小房间，有专人烧饭和洗澡水。慰安所里有严格的制度，晚饭后才能外出一会儿。规定日军士兵只有星期天才能来慰安所。军官也有规定时间。炊事班的日本兵来的最多。一般每接一个日本兵，就收到一块纸片，上面盖有日军部队的印，一块纸片可以到日军的营业部去换半斤盐。星期天一天接待5个日本兵。

我第一次被抓去，大约在慰安所17天，一天下午我丈夫驾驶一只小船到了琼湖镇，我俩碰了头，约定了逃跑地点和时间，晚饭后黄昏时我逃出慰安所，然后坐上船离开，约过了一里多路，日本兵追来，他们对准我俩开枪，幸运的是没有被击中。但是，刚逃回家，第二天就被维持会长宋国章知道了，又派人将我抓住，痛打了我一顿。乡长石林还用手枪指着我，恶狠狠地说："下次再跑，一枪崩了你！"

然后，宋国章亲自押送我再次进了慰安所。第二次被关了15天，还是重复原先的苦难耻辱的生活。我不死心。到第15天，我丈夫又来悄悄地看我，我们说定了逃跑计划。晚饭后，我装作去买东西而逃跑了出来。当天晚上，我俩在益阳农村借宿，走了3天才回到湘乡老家。我们在那里住到日军投降。此后我们才重新回到了茈湖口。

1951年土改时，我们分到一间瓦房，7亩地，但我们没能生孩子。1954年我收养了一个女孩，叫章爱莲。1958年8月15日，丈夫章国良被派去"全民炼钢铁"，8月29日，因病死在回家的路上，地点记得在羊角乡。

我还要活下去，1959年经李玉林介绍，与沙头镇一居委合作商店的职工贺登科结婚，女孩改姓贺。女儿中学毕业后于1973年招工到益阳县微生物研究所当工人。后与县农科所的刘可云结婚。1985年我到益阳带外孙，1989年老伴贺登科病逝。我现在是五保户，每月由沙头镇一居委发救济金42元。

和我一同被抓到慰安所的曹玉春是个四川人，那时已结婚，丈夫叫侯小华，在茈湖口开粮食行。1944年春节过年后刚将妻子从外地带到茈湖口，因为也是外地人，也被抓去当了"慰安妇"。曹在慰安所的时间最长，她后来也没有能够生育儿女，生活一直很困难，约70年代病逝。

我要求日本政府赔偿我的名誉，我敢当着日本人的面控诉，我要出口气。如果我死了，希望我女儿也要把官司打下去。

（苏智良记录于2001年6月26日。）

② 关于刘秀英被抓为"慰安妇"的证言

我叫李爱真，住茈湖口镇，身份证上是益阳县公安局茈湖口墟场居委185号，1989年12月31日发，号码为432321290227908。刘秀英是我17岁前在娘家时做女儿时的邻居，她和她的丈夫均在我家做过零工。

刘秀英和曹玉春在1944年日军占领沅江县后，正因为她们是外乡人，被当时的维持会长宋国章等逮捕送到沅江县维持总会充当"慰安妇"。逮捕她俩的当天，轰动了茈湖口街上，可以说当时老幼皆知。我也是亲眼目睹了这一历史悲剧。她俩人号啕大哭，被五花大绑推上船后，由宋国章等人押走。到沅江县后，她们受尽日军的百般凌辱。现在一提起此段历史，仍然痛哭。

特此证明。

证明人：李爱真

2001年5月6日

③ 关于刘秀英被抓为"慰安妇"的证言

我叫彭杰夫，男，1924年11月5日出生于湖南沅江县乐民乡第一保茈湖口镇。我与刘秀英、曹玉春均不相识，到1944年日军占领沅江县成立维持会向各保分配姑娘任务，乡长石林指示保长钟寿山和维持会长宋国章逮捕外地来的两名妇女，一个胖的，一个个子矮又瘦。逮捕那天轰动了整个茈湖口。只见两名妇女均20多岁，五花大绑，哭哭啼啼，由宋国章等押上船送往沅江县维持总会。事后才知道胖的叫刘秀英，是从湘乡县搬来的，那个稍矮瘦一些的，年龄稍大两岁的叫曹玉春，是本街粮食行老板侯小华从外地带回茈湖口的。她的老家在四川。这一悲惨历史事件，我当时亲眼所见，完全属实，特此证明。

证明人：湖南益阳齿轮厂退休工人彭杰夫

9. 株 洲

株洲"慰安所"

1944年5月，日军第68师团占领株洲，在朱亭镇他们与维持会合作，设立了一个慰安所，抓得10多名当地妇女供其淫乐，后来有8名"慰安妇"丧生。

（李秉新等主编：《侵华日军暴行总录》，河北人民出版社1995年版，第1027页。）

10. 宝 庆

宝庆、安化的日军"慰安所"

1944年，日军进占宝庆城，日军第116师团后方主任参谋立即命令驻宝庆的宪兵队长山田定准尉寻找中国妇女，准备开设慰安所。山田定令日军曹长与汉奸合作，找来10多个中国女子，他把她们交给了后方主任参谋，不久，日军官兵祈盼的师团慰安所便开张了。在长沙和衡阳，日军的兵站自己经营着慰安所。在安化，日军野战医院管理着"特殊慰安街"。

（［日］《性与侵略》，苏智良译，第148、160页。）

11. 湘　潭

湘潭日军"慰安所"

日军在湘潭的谷河设立一个慰安所，内有中国和日本的"慰安妇"，日军官兵经常买票进去淫乐。

我在护送日军伤兵到湘潭易俗河时，看见过日军营妓。据说营妓中既有日本妓女，也有中国妇女。日本军官可以买票进去歇宿。

（政协湖南省株洲市委员会文史资料研究委员会编：《株洲文史》，1985年印行，第7辑，第154—155页。）

12. 临　湘

朝日屋、安卷屋

在临湘的火车站前，"出现了日本人开的两家店，其中的一家叫'朝日屋'的食堂，使用三四名姑娘，另一家是一对中年日本人夫妇开设的'安卷屋'。这样，在东西两侧都有了慰安所。一间是日本和中国女子的混合；另一间则是朝鲜女子，两个慰安所都十分热闹。"

（[日]榎本秋男：《私の中国战记》，1972年私家版。）

13. 宜　章

每日送10名姑娘充当"慰安妇"

1945年1月16日，日军第11军独立第88旅团侵入宜章，一路杀人放火，奸淫掳掠。占领全县后，强迫县内每日送100担大米和10名姑娘充当"慰安妇"。

（李秉新等主编：《侵华日军暴行总录》，河北人民出版社1995年版，第1058页。）

14. 芷　江

谭家垅"慰安所"

原日军大队长平原一男曾率部在芷江之两市塘驻扎,时因为日军警备队规模太小,无力经营慰安所,于是平原一男便要求当地的治安维持会会长余光南,合作协助建立慰安所。"慰安妇"当然是本地的中国妇女了。

第一大队本部在谭家垅集结,不久就有人提出了建立慰安所的意见。脱离芷江作战的死斗而生还的士兵,又遭遇到洪桥阵地像墓地一样的激战,有的希望能抓住今天而拼命享受的感觉。当时开设慰安所最大的问题是军票价值的猛跌,而士兵们每月得到的薪水是军票,这恐怕连"慰安妇"的一般生活也难以维持。于是,大队本部的经理室确立了给"慰安妇"们以同等军票价值的生活物资的制度。我记得经理室给"慰安妇"的主要是在当地征用的粮食、布匹。时士兵中还有个人掠夺来的中国的钱财纸币等,经理室也指示将这些给予"慰安妇"。

（［日］平原一男:《山炮の芷江作战》,1991年版,第384页。）

15. 邵　阳

中国见证者口中的陈家坊"慰安所"

据陈球揭露,他所居住的陈家坊的陈步青的院子里,曾经驻扎过日军。日军"开走后,发现两间屋里关满了中国妇女,均系行军途中一路掳来的。被当作'营妓'而遭轮奸,一个个被蹂躏得不成人样"。

（政协邵阳市委员会文史资料研究委员会编:《邵阳市文史资料》1984年印行,第3辑。）

16. 祁 阳

日军在祁阳抓捕妇女充当"慰安妇"

日军入据祁阳后，许多妇女惨遭日军野兽般的蹂躏，其中仅城内有名有姓的受害妇女就有 45 人。如城内西外街的于某之妻遭日军强奸，因其反抗，被用刺刀插入阴部致死；唐某之母年过 60，被强奸致死；还有西横街 16 岁的少女唐金莲遭 8 个日军轮奸，民生里唐某年仅 15 岁的孙女遭 3 个日军轮奸，驿马门唐某之女年 15 岁，在睦关头雅园冲遭 8 个日军轮奸，之后这些年轻的女孩均惨死在日军的暴力之下。另外还有中仓街 13 岁的徐某遭日军蹂躏后精神失常，不久死去；双桥周某之女因为年少，被日军用刺刀挑开阴部取乐，当即毙命；潇湘街向某之妻等 13 人被日军抓获后关在戴鼎甲的屋子里集体奸淫，每人每日要接待 10 多日军。驻洪桥的日军也曾趁人们赶圩之际，抓获妇女 100 多人，然后将她们关在武圣庙（今祁东县城关镇第一小学所在地）内进行集体轮奸。等等。

（见《祁阳县志》，陈先楚：《人道的颠覆——日军侵湘暴行研究》，社会科学文献出版社 2005 年版，第 470 页。）

17. 隆 回

拘禁瑶族妇女充当"慰安妇"

在小沙江的一个岩洞里，日军抓到几个躲兵的年轻瑶族妇女后，将其拖回屋内轮奸了两天两夜，之后将其赤条条地关在屋子里。为对其中一名反抗最烈的妇女进行惩罚，日军还将其赤身绑在一棵棕树上，割去两个乳房，并在其阴部塞进一根木棒。后来日军被守军包围消灭后，关在屋子里的妇女才被解救出来，而那位被割掉乳房的妇女则没能活过来。

（陈先楚：《人道的颠覆——日军侵湘暴行研究》，社会科学文献出版社 2005 年版，第 480 页。）

（十七）湖北

1. 武 汉

（1）武昌

① 斗级营日军"慰安所"

武昌蛇山下的狭小的路段的两侧也有慰安所。慰安所在从黄鹤楼下的道路向河边延伸的途中。这条路大约 400 米，大门口有士兵站岗。长泽健一说，在蛇山公园的脚下向右侧往蛇山的方向去的大路两边有 20 家以上的慰安所。经营者多为日本人，"慰安妇"则是日本人和朝鲜人，共 200 人左右。现在叫作大桥浴池旅社就是当时供日军和"慰安妇"洗澡的澡堂，至晚在 1942 年就已经开设了。门牌为户部巷 44 号、39 号和 29 号。这条路的尽头有三家纺织工厂，日军在 1938年起就占领，并在此驻军。

武昌的斗级营可以说是武昌慰安所最集中的地区。根据《支那在留邦人人名录》33 版（1942 年）上记载着以下 4 家慰安所：

名称	性质	经营者	经营者出身地	地址
大盛馆	慰安所	金炳鲁	朝鲜平安道	斗级营 47 号
梅崎楼	慰安所	梅崎早苗	日本福冈县	斗级营 18 号
大和馆	慰安所	黄河顺	朝鲜平南道	斗级营 96 号
菊水	慰安所	野口文伸	日本熊本县	斗级营 80 号

斗级营的"慰安妇"既有日本人、朝鲜人，也有中国人。在慰安所里，日军逼迫大批中国妇女充当"慰安妇"，每逢星期天，日军"成群结队来此发泄兽欲"[1]。有个士兵在战后回忆，1938 年 11 月"弓指君领着我去参观慰安所，转了二、三处，都是大满员的状态，心急如焚的士兵们排着队，轮到的人脸上露出笑容"[2]。朝鲜妇女朴娥姬，现名毛银梅的受害者，回忆当年受难之地便是武昌，且离黄鹤楼不远，很有可能便是在斗级营。

---

[1] 政协武汉市委员会文史资料研究委员会编：《武汉文史资料》，1988 年印行，第 32 辑，第 88 页。
[2] 浜崎富藏：《满身是泥的士兵》，私家版，1970 年版。

此外，武昌还有新八千代慰安所，为日本人青木ユキア经营，地址在西宫街7号。

（苏智良于 2002 年，2005 年补充。）

② 东山里日军"慰安所"

除了像积庆里这样军队的特殊慰安所外，日军部队也有开设属于自己部队慰安所的。如天谷支队为开设自己的慰安所，便从日本内地募集来 50 名日本"慰安妇"，并向汉口日本领事馆提出了"渡航"的申请。遇到这样的情况，汉口总领事要照会日军住武汉的最高机关。

东山里和武昌司门区也是与积庆里类似的特殊慰安所街。东山里在繁华地中山大道的旁边，门口有一个军人站岗，入口的两侧都是慰安所。有中国人回忆常看到涂着口红、穿着和服的 20 岁左右的"慰安妇"，表情忧郁。在东山里的周围，到处是慰安所扔出来的使用过的避孕套，小孩常常拾起来当气球吹。每家房间的窗户上还残流着当年的铁格子，"慰安妇"是无法爬出来的。1944 年，由于美军的炮击，在右侧的建筑上有破坏的痕迹。日本租界汉中街（现在称胜利路）的慰安所是红瓦连排的房屋，现在的门牌是 140 号，规模颇大，有日本、朝鲜和台湾的"慰安妇"，具体数字不详，是日本海军慰安所，从 1938 年起到战争结束。门口有士兵站岗，二小时轮换一次。窗上有铁格子，"慰安妇"无法逃跑。那里现在称永清街，在解放公园附近。在日租界的沿江地带还有慰安所，属于海军，海军军舰靠岸后，立即可以到这里游玩。这个称为俱乐部的地方，不仅有"慰安妇"，还有高尔夫、台球和酒吧等设施。这里的"慰安妇"与别处不同的是都穿西装。

（苏智良）

③ 武汉大学"慰安所"

现在武汉大学教师的老住宅，当年曾是日军慰安所。1938—1943 年，某某担任日军卫生兵，他的工作主要是负责伤病员的输送。当时，在武昌，武汉大学的中国人全部都逃走了，日军将大学改成了陆军医院，教室里设有 100—200 张病床，武汉地区的伤病员士兵集中于此，也有因患性病而入院的士兵。占领武汉仅半年，1939 年的春天，就建立了慰安所，在陆军医院周围的武汉大学教师宿舍，那里因空无一人，因此就在那里设立了慰安所。有一家是朝鲜人"慰安妇"。那样的慰安所至少有 3 到 4 家。士兵们去慰安所多是星期日，准备去的人须在 2、3 日前在部队本部领取慰安券，慰安券的形状好像 10 钱左右的纸币。钱是直接交给"慰安妇"的。每个士兵的利用时间只有 5—10 分钟，星期天一直有 20 个

· 277 ·

士兵排着队，等待进入"慰安妇"的房间。

以上摘自《从军慰安妇 110 番》，第 64 页。查《支那在留邦人人名录》33 版本（昭和 17 年即 1942 年出版），内载珞珈山的 395 号设有"松之屋"慰安所，经营者是朝鲜京畿道来的郑德善。

（苏智良于 2004 年。）

④ 日本士兵口中的纸坊"慰安所"

（1944 年，武昌附近的纸坊）各地的慰安所都是土坯子盖的脏破房子，门口遮着苇席、草帘子。尽管觉得脏，可还是有很多士兵一边自嘲着："去公共厕所"，一边仍去光顾。

（［日］星野博：《衡阳最前线》，丛文社 1986 年版。）

⑤ 朝鲜"慰安妇"在武昌"慰安所"

宋神道从朝鲜新义州来到天津，然后又到了武昌，那年是 1938 年，宋神道只有 16 岁。慰安所是在一幢 3 层的砖房里，墙壁上还有血迹，附近甚至还有尸体而没有人去收拾。

在军队的允许下，"世界馆"这个慰安所就开张了，当宋神道被拉到检查台上进行妇科检查时，她感到极其耻辱。士兵进入她的房间时，她只能在角落里哭泣。那个士兵见她这样，有些无奈，也不能立即动手。从账台上走过来的老板见了这情景，立即开打，还训斥道：为何不接待？如果讨厌的话，就把借款都拿来！这时，宋神道才知道大约有什么借款的事情。宋神道还是成为了遭受日军蹂躏的性工具。

武昌是个很大的兵站基地，通过的日本部队非常多，官兵们大批涌入慰安所。宋神道想着要尽快把借款还掉，能脱离苦海，因此只能忍受日军的欺凌。根据宋神道的自述，多的时候，一天接待过士兵 80 人。那个时候，下身就像是着了火一样。如果拒绝日本兵的话，就会遭到毒打。她反抗着，后来什么声音也听不见了，鼓膜被打坏了。宋神道的身上、腿上至今还有当年日军留下的伤痕。在宋神道所在慰安所的隔壁，有"慰安妇"喝消毒药水自杀的事情。在宋神道的左臂上有黑墨水纹刻的"金子"两个字，这是她在慰安所的耻辱的名字，战后，她曾经企图去掉它，但不管怎样弄，还是残存着。

约 3 年后，由于宋神道怀孕了，便转移到了汉口。在汉口她生下了孩子，然后又被迫进入了日本人经营的岳州的慰安所。后来，根据日军的命令，随军坐着卡车到过长安、应山、蒲圻等地，在各地的慰安所里继续苦难的日子。甚至随军队一直到前线去。当时在约 100 人的部队里，约有六七个"慰安妇"。有时，没有阵地，没有屋子，就在山坡上挖一个洞穴，那里就是临时慰安所。"慰安妇"的行动受到严密控制，驻地周围有哨兵看守。

宋神道过了 7 年的"慰安妇"的生活，期间曾数次怀孕、死胎、难产等，最后生育了 2 个孩子，其中的一个给了在武昌住的朝鲜女性，另一个给了中国人。从慰安所中出来这件事，到战争结束仍未能实现。而在慰安所里养育孩子更是不可能的了。

（苏智良记于 1998 年。）

（2）汉口

① 日军在汉口实施"慰安妇"制度

1938 年 10 月，日本华中方面军占领武汉，11 月 3 日第 2 军司令官东久迩宫的部队负责对汉口和汉阳的警卫。第 2 军立即实行慰安所制度。早在 9 月 28 日，上海代理总领事在致外务大臣的《汉口攻占后关于邦人进出的应急处理要纲》中写道："居留民以外的人来汉口，将根据输送能力和申请人的开业情况来考虑，但建立军队慰安所没有限制。"[1] 于是，军队慰安所在各方的紧密合作下，蓬勃发展起来。

12 月 10 日，第 2 军司令部在机密的军队状况中指出：为了发挥皇军本来的面目，军人除是前往慰安所之外，其他目的一律不得外出。[2] 时第 2 军人数达134000 人，为了"发挥皇军的本来面目"而设立的慰安所究竟有多少呢？

在汉口中山路的"石子铺的路上，中国人来来往往，纷杂中有一盲妇领着一个幼儿，发出可怜的乞求声在乞讨。载着姑娘的洋车飞快而过，里面的路边设有一家又一家的将校俱乐部（慰安所——原注）"。"汉口闹市的后面，有二十余家慰安所，形成一条花街，士兵们都聚集在这儿。房子的墙上涂有白颜色，宪兵们控制着出入口。"[3] 时任第 11 军司令官的冈村宁次在回忆该军的情况时也指出，在进攻武汉的部队中，几乎都有"慰安妇"团随行，像第 6 师团，尽管有"慰安妇"团同行，但是仍发生了强奸案。

1938 年 11 月 30 日，根据汉口日本领事馆的调查，仅汉口一地日本"慰安妇"150 人，武昌则为 245 人。[4] 实际的情况当然不止这些。1940 年，汉口的娼

---

① ［日］吉见义明主编：《从军慰安妇资料集》，大月书店 1992 年版，第 116 页。

② ［日］吉见义明主编：《从军慰安妇资料集》，大月书店 1992 年版，第 213 页。

③ ［日］佐佐木元胜：《续野战邮便旗》，现代出版会 1973 年版，转引自矢野玲子：《慰安妇问题研究》，第 109 页。

④ ［日］吉见义明主编：《从军慰安妇资料集》，大月书店 1992 年版，第 263 页。

妓登记人员为二百数十人，实际上有二三千人。其中多是"慰安妇"。

（苏智良）

② 积庆里特别"慰安所"

积庆里战前是中国人居住的街，一条街的两边共有 16 幢 68 套二层建筑的房屋。全部是砖墙相围，大门口有铁门。

根据武汉兵站司令部的慰安妇系长（股长）山田清吉的记载，积庆里的规模和地理位置，作为特殊慰安所相当理想，于是兵站司令部便在此建立了直接管理的慰安所。这里的慰安所是属于第 11 军的。他们接收了中山路附近的积庆里的 68 户住房，建立了一批慰安所，其密集程度为日军占领区所少有。根据何君子的回忆，入口靠左的是澡堂，入口右面的是诊疗所。里面有 12 家慰安所，其中有 2 家是日本"慰安妇"的，"慰安妇"都是来自大阪的松岛、飞田，神户的福原、广岛的羽田别墅的女子。后来有很多士兵回忆曾在那里玩乐。其他均是朝鲜人的慰安所，接待的士兵就更多了。

1938 年 11 月，已有 30 家慰安所，"慰安妇"人数达 300 人以上。其利用规则是士兵 30 分钟 2 日元，下士官 1.5 日元；将校和军队聘用人员 1 个小时 3 日元，并且将校可以住宿，价格是 10 日元。[①]1943 年 4 月后，如支付储备券时，100 元储备券相当于日币 18 元，当时，慰安所的价格是士兵储备券 30 元、下士官 50 元、将校 100 元。1943 年，积庆里有日本人经营的慰安所 9 家，朝鲜人经营的慰安所 11 家，其中积庆里 24 号是一家"大和馆"慰安所，老板是来自广岛的二鹿静香，电话为 21870。积庆里当年有日本人"慰安妇"130 人，朝鲜人"慰安妇"为 150 人。[②]

兵站司令部对积庆里慰安所负有管理"慰安妇"、监督慰安所运营等责任。积庆里慰安所的入口，有日本兵的步哨日夜站岗。管理慰安所的慰安系有将校 2 人，下士官 2 人，士兵 4 人，共 8 人组成。其职责范围除了管理陆军特殊慰安所外，还负责食堂、酒家、演剧、放电影、迎送慰问团等事情。各慰安所每日接待日军的人数、金额等须每天到慰安系报告。在积庆里外面的公园里，战时曾建有纪念病死的"慰安妇"的供养塔。现在在那里做体操的老人们还有记忆。

积庆里慰安所一直到日军战败才结束。当时在武汉周围地区的朝鲜人共 2100 人。

---

① ［日］长泽健一：《汉口慰安所》，图书出版社 1992 年版，第 54 页。

② ［日］山田清吉：《武汉兵站》，图书出版社 1978 年版，第 77 页。

积庆里的房屋在战后有所改造。受害者何君子大娘曾到积庆里故地重游，对所有的一切都非常痛恨，从心底里厌恶。1998 年，当我提出请大娘带我去寻访积庆里慰安所时，何君子大娘非常坚决地拒绝了，她说："这辈子我再也不想去了，积庆里 22 号，您自己去吧！"

（苏智良于 2000 年。）

③ 六合里（路）日军"慰安所"

当时，"敌军到了武汉，边将'随营娼妓'集合起来，指定区域居住，名为所谓'陆军公娼区'、'海军公娼区'，如老联保里、新联保里、生成里，以及特一区已烧去二分之一的六合里，现在都是公娼区。敌军在汉抢掠的我国女同胞，奸淫以后便送到公娼区里去卖笑，在这些淫窝中和那些魔窟中一样，是充满了黑暗、惨痛和残酷的景象"①。这些"慰安妇"来自日本大阪的松岛、飞田及神户的福原、广岛等地的妓院。武汉地区的慰安所一直开至日军战败，前后历 7 年。日本海军还专门设置"海军特殊慰安所"。

六合里地处日租界，当时已被日军炮火毁去一半，日军占领后，即在这剩余的房屋里设立了慰安所。此外，还有当地妓业主设立的供日军行乐的妓院。其名称有同怀、文明、新新、侠洲、武汉、陈公和、维新、龄鹤等，妓女有周菊英、王金花、陈寿弟等数十人。如秦晋荣设立的武汉旅馆内，竟有十五六岁的少女，他经常向日军士兵做宣传："我们这里弄来的全是些年轻水灵的。"②

（苏智良）

④ 日本士兵口中的汉口日军"慰安所"

据日军高炮 22 炮友会老兵的回忆，在汉口他们去的地方有不少慰安所，里面的女子有的是日本"慰安妇"，有的是朝鲜人，有的是中国妇女。

（［日］高炮 22 战友会：《高炮 22 战史》，1971 年 2 月私家版。）

在汉口的下游地区，有慰安所，里面有 5 个"慰安妇"，是日本人。

（［日］小平哲二：《战线随笔》，1973 年 8 月私家版。）

进入积庆里，两边有着"某某楼"和"某某馆"广告建筑并排着。进入店中马上就会看见贴着很多女性的照片。游玩的房间在 2 楼。根据战友们的话语，与日本内地的吉原的游廊相同。现在，这里以士兵为对象的女子多是本州等地南方

---

① 延安时事问题研究会编：《日本帝国主义在中国沦陷区》，上海人民出版社 1958 年版，第 279 页。

② 千田夏光：《从军慰安妇》，光文社 1981 年版，第 98—103 页。

出身的人，还有很多是半岛人。这里，晚上是军官专用的。另外，离开这里有些路的地方"六合里"，则是当地女子接待日军的地方。这里现在是当地领事馆管理的。

（［日］村上千之助：《野战预备医院：ある卫生兵の私记》，1992 年私家版，第 62 页，苏智良译。）

⑤ 日本文件中提到汉口"慰安所"

1938 年武汉战役中，9 月 28 日，日本驻上海总领事后藤味在致外务大臣宇垣一成的《对于汉口占领后邦人进出的应急处理要纲》中提出："军队慰安所开设而进出者不受限制。"1939 年 2 月 3 日，日本汉口总领事花轮义敬在致外务大臣有田的《关于取缔去汉口渡航者的文件》中称："军队慰安所已有 20 家（包括兵站、宪兵队和本馆批准的慰安所）。"

（转引自［日］川田文子：《皇军慰安所の女たち》，筑磨书房 1997 年版，第 222 页。）

⑥ 关于"慰安妇"前往汉口陆军天谷部队的文件
1）外务大臣野村致汉口花轮总领事
暗电送第 34890 号
昭和 14 年 12 月 23 日下午 7 时发

关于慰安妇前往汉口陆军天谷部队的文件

第 323 号
汉口花轮总领事

　　驻扎汉口的香川县天野部队为了开设军队慰安所，需要募集 50 名妇女。前往中国的许可证将由该部队与香川县有关方面联系斡旋。此事已通报内务省，并请贵领事馆谅解。妇女一行将于年内出发。期待贵方之回电。

野村大臣

2）汉口花轮总领事致外务大臣野村
昭和 14 年　四五五八五　暗　汉口　12 月 27 日发

本省　　　　　　27 日达

野村外务大臣
第 734 号

尊电第 323 号《关于慰安妇前往汉口陆军天谷部队的文件》收悉，并已与当地军队司令部联络。从内地招募慰安妇已采取许可制度。关于此次天野部队的慰安妇招募事，将履行正式手续。鉴于该部队办理招募事宜已成事实，本领事馆是否须予以追认？此前，本领事馆对此事毫无所知。如果军队欲招募慰安妇营业，本领事馆将予以监督，慰安妇来汉口时，本领事馆将出面引导（终）。

（［日］吉见义明主编：《从军慰安妇资料集》，大月书店 1992 年版，第121—122 页，苏智良译。）

⑦ 日军第一医院对汉口"慰安妇"体检的统计

说明：日军第一对华舰队第一医院院长松见茂雄大佐于 1940 年 12 月 10 日向上级申报《第一医院中国事变第八次功绩概览表》，编号是"一病机密第 5 号之 93"。现将其中有关对"慰安妇"进行健康诊断的统计翻译如下。

在汉口从 1940 年 4 月 29 日到 5 月 31 日间，"慰安妇"健康诊断 283 名，"慰安妇"入院治疗 4 名；

从 6 月 1 日到 6 月 30 日，慰安妇健康诊断 328 名，慰安妇入院治疗 10 名；

从 7 月 1 日到 7 月 31 日，慰安妇健康诊断 365 名，慰安妇入院治疗 14 名；

从 8 月 1 日到 8 月 31 日，慰安妇健康诊断 380 名，慰安妇入院治疗 9 名；

从 9 月 1 日到 9 月 30 日，慰安妇健康诊断 342 名，慰安妇入院治疗 6 名；

从 10 月 1 日到 10 月 31 日，慰安妇健康诊断 352 名，慰安妇入院治疗 10 名；

从 11 月 1 日到 11 月 30 日，"慰安妇"健康诊断 228 名，"慰安妇"入院治疗 2 名。

（［日］吉见义明编：《从军慰安妇资料集》，大月书店 1992 年版，第 248—252 页，苏智良译。）

（3）汉阳

日军第 2 军在汉口、汉阳驻扎期间对官兵前往"慰安所"的规定

说明：该文件是日第 2 军司令部 1938 年 12 月 10 日所写的《第二军状况概要》，其中第四部分为《汉口及汉阳之警备》，有关于"慰安所"的内容。

警备司令官要求严肃军纪风纪，防火、卫生、防疫、外出、慰安等方面与军队的内务严格区分，要求没有遗憾地显示我皇军的本来面目、发扬威信。

关于去慰安所，要确实了解从 11 月 25 日开始的购买制度，切忌混杂，维持皇军的面目，以达到目的。

（［日］吉见义明主编：《从军慰安妇资料集》，大月书店 1992 年版，第212—213 页，苏智良译。）

（4）汉口、武昌的"慰安妇"人数

说明：1938年（昭和13年）日本汉口总领事馆警察事务状况一文系该警察署长之报告，内有当年汉口、武昌两地的"慰安妇"人数（部分）。

昭和13年12月末日本人的职业

职业	汉口		武昌		计
	男	女	男	女	
料理店、慰安所	16		41	4	61
饮食店、食堂	136	15	4	13	168
咖啡屋、吃茶店	13	1			14
艺妓、酌妇		200		292	492
（中略）					

备考：在汉阳有13名军队慰安所的人员。

（[日]吉见义明主编：《从军慰安妇资料集》，大月书店1992年版，第193—194页，苏智良译。）

（5）朝鲜"慰安妇"在武汉"慰安所"

李得南（化名）1918年10月5日出生于朝鲜庆尚南道一农民家庭。1939年，22岁时听日本人说，在中国可以找到洗衣等活，便被诱骗到了东北，和她一起来中国的有8个女孩。日本人把她们带到武汉，然后交给了一名叫金山的朝鲜男子。金山30多岁，还有他的内弟协助他，他与日军的关系很密切。

慰安所设在一个原中国人的民居里，离日军驻地仅10多米远。里面共有20多个"慰安妇"，有妃贞子、朝子、澄子、正子、时子、梅子等，年龄最小的仅14岁。还有两个日本女人。

慰安所住的是木板拼成的床，"慰安妇"所吃的饭也是军队送过来的。军人来慰安所时，自己带着避孕套等，但"慰安妇"们自己也准备着。

慰安所规定，从上午9时到下午5时，接待士兵；下午5时到晚上8时，接待下士官；从晚上10时到12时，接待高级军官。军官也可以在慰安所里过夜。士兵的入场券为2元钱。每次军人入内，先给坐在慰安所入口处的金山付钱，然后拿着自己选中的"慰安妇"的房票进入房间。"慰安妇"每个星期做一次性病检查，每次检查都是在部队医院进行。

老板金山曾宣布，全部收入中的70%属于他所有，30%将给"慰安妇"，但只有在"慰安妇"离开慰安所时，才能支付。平时"慰安妇"所需均由他记账，如买衣服一次需 20 元左右，这笔钱便从账簿上扣除。金山偶尔会允许"慰安妇"到慰安所附近的商店去买东西。

1942 年应日本军方的要求，将慰安所迁往南洋苏门答腊。

（[韩]韩国挺身队问题对策协议会、韩国挺身队研究会编，金镇烈、黄一兵译：《被掠往侵略战场的慰安妇》，中国文史出版社 2000 年版，第152—156 页。）

2．宜　昌

（1）鸦鹊岭的三处"慰安所"

1940 年秋，日军占领宜昌时，一支警备部队驻扎在当阳的一个叫鸦鹊岭的山村。部队刚到，慰安所也准备就绪了。小小的村庄里竟开设了 3 家慰安所。一个叫"晓馆"的，备有日本和中国的"慰安妇"。其余两个名为"紫罗兰庄"和"五月庄"，里面均是朝鲜女子。作为这支部队长官的中佐黑田兵马自己拥有一名年轻美貌的专用"慰安妇"富子。

（[日]金一勉：《天皇的军队与朝鲜人慰安妇》，三一书房 1976 年版，第124 页。）

（2）关于宜昌市日华区"慰安所"的调查

中国慰安妇问题研究中心特邀研究员、原宜昌市档案局局长孙维玉在宜昌档案馆发现了原侵华日军《第 231 联队史》，作者是日军第 11 军 39 师团 231 联队长尾浦银次郎，他曾任驻宜昌日军警备司令官。

该书收录一幅详细的"宜昌市街地略图"，这幅当年侵华日军绘制的地图将占领后的宜昌城区划分为军事区、日华区（商业区）和难民区。在日华区中清楚标明了慰安所地址，并注明"慰安所"。

按照这张地图的标识，当年日军慰安所的地址位于今日宜昌城区二马路旁的平和里街。

孙维玉在这一带找到了当年目睹日军暴行的陈忠孝老人。陈忠孝生于 1926 年，当年曾在二马路一家餐馆打工。提起当年日军设立的慰安所，老人异常气愤。根据老人的回忆，当年侵华日军在平和里共设立了 4 个慰安所：一力馆、国际馆、阿也美馆和阿也美本馆。当年这里共有中国、朝鲜、日本三国"慰安妇" 30 多人，为驻扎宜昌的日军提供全天候服务，每个"慰安妇"一天要遭受 10 至 20 人疯狂蹂躏。日军设在宜昌的慰安所，历经 5 年之久，直到 1945 年日本无条件投降才宣告结束。

据孙维玉、陈忠孝两位老人介绍，曾经洒满"慰安妇"血泪的宜昌日军慰安所"一力馆"的房屋至今保存完好，这无疑是揭露侵华日军在中国设立慰安所、摧残妇女的又一铁证。而其他三个慰安所均已拆除了。

（中新社 2001 年 4 月 13 日电。）

附记 孙维玉先生原是宜昌市档案局局长，退休后，他立即给我来信，表示愿意加入义务调查日军慰安所的行列。此后我时有通信来往。2000 年 12 月 13 日，他在来信中说："日前曾寄有日军占宜期间的《宜昌市街地略图》收到否？近来从中国档案报和地方小报上看到东南亚地区控诉日军性暴行的罪行文，激起我的民族仇恨。在这份地图上日军标明有慰安所，我顺着图示到这个地方不知转了多少次，且现在居住的人群都不知晓六十年前的旧事。为进一步扩大寻访线索。我专门查访 70—80 岁的老人（抗战期间没逃出去的市民）。有几位男性老人只知晓慰安所设在日军事区内，其中一老人在华人小餐馆当堂倌经常到慰安所送菜饭及食品。他不顾高龄引我到慰安所查看，房屋有的已拆，其中一幢仍在；在不久旧城改造中也即将拆除，我准备请人把这幢建筑物拍照（待进一步考证）。数月来，找不到健在的受害女性。据这位老人讲，随军的女性大部分来自武汉地区，而我地妇女只承担洗衣、做饭等杂务事情。您来信称，在宜昌鸦雀岭处有几个慰安所，我已收集了一张照片是当时慰安所所在地。调查此事是最近几个月来的首要任务。我天天和退休在家的老伴总是到平和里周围所在地域查访老人，了解第一手材料和见证人，并作详细记录，以扩大线索，看日军在宜昌的性暴行罪恶能否更深一步进行伐讨控诉。"

2001 年 4 月，中国新闻社报道了孙维玉先生新的发现。我眼前，似乎浮现孙维玉夫妇翻山越岭，携手调查的景象。他们没有任何私人的目的，为了弄清一段我们民族历史的苦难，而不顾年老体衰。这样的老人，太值得歌颂了。

（苏智良于 2001 年 6 月。）

再记 2001 年 10 月 16 日，孙维玉先生给我来信，提到已经去世的日军性奴隶受害者，他说："陈忠孝老人回忆的两位女性在近三年内相继去世，我对此事的研究太晚了。陈忠孝老人说，陈尚女士在前几年还要求市政协代她向日本驻华大使馆写控告书，遗憾的是她已走了！听说她的儿女们还居住在宜昌，只知乳名，我也没有去查访。"

（苏智良于 2001 年 10 月。）

3．桂花树、羊楼岗、沙洋镇、通山

日军"慰安所"

浙河在城区的地图上标明设立慰安所。在湖北桂花树，1939 年有慰安所。羊楼岗，1940 年有日军慰安所。沙洋镇也有日军慰安所。通山，1939 年有朝鲜人慰安所。

（〔日〕日本の戦争责任资料センター编印：《战争责任研究》第 3 辑，第 65 页。）

4．浙　河

浙河"慰安所"

名古屋老兵战友会回忆，当时根据第 1 大队长的命令，在湖北浙河设立了慰安所。

（〔日〕名古屋第六会：《步兵第 6 联队历史追录》，1971 年私家版。）

5．当　阳

（1）日本军官口中的当阳"慰安所"

我 1944 年 12 月担任第 39 师团中将师长，1945 年 5 月，我师团在湖北省盘踞期间，当阳县城有一家日本人经营的为日军服务的慰安所，我师团支持了这家慰安所的经营活动。该所有 10 多名中国妇女都是被日军强逼着到那里当"慰安妇"的。当时，在宜昌和荆门也建立了同样的慰安所。这类的强逼中国妇女充当"慰安妇"供日本侵略军蹂躏的重大罪行都是按我的命令犯下的。其罪责也应当由我来负。

我师团在湖北省盘踞期间，在当阳县城有一家日本人经营的饭馆叫"春屋"。这个饭馆是我师团 1942 年从荆门迁移到当阳的。实际上，"春屋"已经成为我师团的慰安所了。该饭馆的老板已经成为我师团的御用商人。他可以狐假虎威地从中国人那里低价收购蔬菜等物资提供给部队，还可以通过部队低价买入鸦片再高价卖给中国人。我师团对这家饭馆的所作所为听之任之，因为它向我师团官兵收取的慰安费是很低廉的。实际上，这是日军通过"春屋"剥削中国人民。这一罪行也是由我批准的，其罪责应当由我来负。

（佐佐真之助文，袁秋白、杨瑰珍编译：《新中国对日本战犯的历史审判》，解放军出版社 2001 年版，第 63 页。）

（2）日本士兵口中的当阳"慰安所"

日本老兵藤井忠回忆当阳日军慰安所的状况。

1942 年，藤井忠时担任下士官，在湖北当阳的一个联队本部，负责部队生活方面的杂务。杂务有收取和分配信件，分发慰问品等，大约每两个月可以收到一批从日本国内邮来的信件和慰问品。

联队本部就设有慰安所，有十四五个"慰安妇"。藤井忠办完事后，就到慰安所去，因为在那里不仅有女人，还能喝到当地出产的酒。

联队约 2000 人，本部为防卫中心，四周各重要地点分别驻扎着下面的部队，距离本部有 40 公里。一个连队不到 200 人。为去慰安所，也不简单，一次要花 2.5 日元到 3.5 日元。当时士兵的津贴，上等兵一个月才 6 日元。所以尽管有慰安所，但士兵是难得上一次慰安所的。

慰安所上午是士兵，下午接待士官，下午 5 点以后接待军官。按照不同的部队，也许还有不同的规定。星期日是"慰安妇"们最忙的时候。平常一个人一天至少也得接待 20—30 人，星期天就更多了。

慰安所采用的旧的妓院制度，管理慰安所的人，多半是老板娘和她的丈夫。"慰安妇"都是日本人。平时"慰安妇"们的一切，大体都由老板娘夫妇一手包办。

藤井忠记得有个叫花子的姑娘，为纪念她来到慰安所一周年，举行了招待会。花子 18 岁被卖到妓院，就在她即将还清赎金的 28 岁，老板又将她送到中国前线的慰安所来，身体已破败了，她感叹没有什么前途了。

日军败战时兵败如山倒，有一天，"慰安妇"们遭到当地民众的袭击，被抢夺，有的"慰安妇"连短裤也被抢去了。我们把短裤脱下来，给她们穿上，并带回来了。"慰安妇"也是人，是些非常美丽的人。后来那些姑娘们怎样了，日本政府怎样处理"慰安妇"问题的，一切都没有听说。

（日本《朝日新闻》1991 年 7 月 15 日，陈锋译。）

6. 荆 门

（1）第 39 师团官兵经常出入"慰安所"

湖北荆门有不少慰安所，第 39 师团的官兵经常进入。"慰安妇"有中国人、朝鲜人和日本人。

（久保二郎：《朝风——忘不了我们的战争》，1988 年 2 月私家版。）

（2）日军司令部旁的"慰安所"

在荆门日军司令部的所在地，只隔两、三栋房子，就有一家慰安所，"'慰安妇'有朝鲜人和当地的女子共四、五十人。"

（［日］森金千秋：《恶兵》，丛文社 1978 年版。）

7. 应 山

（1）日本士兵日记中的应山"慰安所"

说明：日军独立炮兵第 3 联队的 1939 年 4 月《阵中日记》中，记述该部在应山驻扎时，前往慰安所的情况。

1939 年 4 月 23 日从汉口由汽车运输前进，前部联队约一半于本日 12：00 到达应山，在应山城内外待机中。

分发用一纸印制的特种慰安业务的规定。

联队的慰安所利用日为每周星期一。

但是，明 24 日变更至 26 日。

（［日］吉见义明主编：《从军慰安妇资料集》，大月书店 1992 年版，苏智良译，第 217—218 页。）

（2）这条街因为"慰安所"而被称为特慰街

估计湖北各地慰安所的数量是很多的。日军第3师团在武汉战役结束后，驻扎于应山，并开设了一个特殊慰安所，所内有十几个房间，里面有许多年轻漂亮的日本"慰安妇"。这些女人白天招待士兵，晚上陪军官们喝酒，半夜便和军官同床共眠。因为有了这个慰安所连这条街也被称之为特慰街。[1]1938年10月30日，日军侵占嘉鱼县鱼岳镇后，立即设立慰安所，掳掠当地及外地女子，供其蹂躏。

（政协湖北省嘉鱼县委员会文史资料研究委员会编：《嘉鱼文史资料》1986年印行，第1辑，第60页。）

（3）至少有10家"慰安所"

据日军第3师团老兵的回忆，在应山，至少有10家慰安所。

（［日］《第3师团通信队志》，1984年私家版；名古屋步六会：《步兵第6联队历史追录第2部》，1971年私家版；名古屋步六会：《步六之回顾》，1974年私家版。）

（4）广水的三处"慰安所"

日本侵略军为了笼络其官兵和"稳定"军心，在所侵占的地区开办了许多随军妓院。在应山县广水镇，就有退役的日本军人开办了三个妓院：一个叫"亚细亚"（位于老文化馆）；与"亚细亚"正对门的一个叫"太平洋"；另一个叫"黄鹤楼"（绞水井正对面）。它们都是为日本军人服务的。中国人，包括伪绥靖军、特务、职员等，一概不准入内。

每个妓院有二三十个妓女，除三五个是日本人或朝鲜高丽族人外，其余都是被日军抢或骗来的中国妇女。

日本军人对妓女的凌辱和妓院老板对妓女的剥削、虐待，狠毒至极。

姑娘来后，不准使用原名，一律按其相貌、身姿等特征和老板的兴趣随意取名，如×花、×子、×枝，等等，妄图从姓名上消除姑娘们对亲人的思念。这样，从取名这天起，姑娘就成了为日本老板挣钱的工具。

姑娘不准说本国语言，被逼迫说日语：叫老板"阿巴三"（父亲），叫老板娘"阿捏三"（母亲）；早上见面要说"孔机哇"（早安），晚上要说"孔板哇"（晚安）；

---

[1] 时事出版社编辑部选编：《悲愤·血泪——南京大屠杀亲历记》，时事出版社1988年版，第159页。

对来妓院的日本人，要两手摸着大腿骨，行九十度的鞠躬礼，并低三下四地说"个古罗三一马丝"（辛苦了）、"希那邪一马邪"（稀客）；日本人施点小费时要说"阿里阿多哥察一马丝"（谢谢）；日本人离开时要说"刹一答那"（再见）……目的是从思想上奴化、从人格上侮辱中国人。

在经济收入上，按"四、六"分成，即老板六成、妓女四成。伙食由老板包干"免费"，化妆、服装费由妓女自理。由于日本军人的非人蹂躏和老板的残酷剥削，妓女们普遍不满，有的公开反抗，有的伺机逃跑。逃跑的一旦被捉回，不是遭老板毒打，就是被送日军宪兵队用刑。酷刑也未能使姑娘们屈服，不断有人逃跑，人数一天天减少。为了维持妓院局面，一是改"四、六"分成为各分一半，企图以此稳住妓女们；二是不断到汉口等地以"高薪"为诱饵，以"合同"为外衣，骗来三五个姑娘作补充。有一个十六七岁的姑娘来后，发觉自己受骗上当，坚决不从。老板对其威逼利诱，经软硬兼施和两个多月的"劝说"，姑娘最后不得不同意当"小鬼"，做杂役。半年后，这个姑娘终于寻机跳出火坑。

白天，允许日军士兵进妓院。嫖妓的日本人一进门就看到窗口上的牌子，那上面写着本妓院所有妓女的名字，任其挑选。有时，由老板"推荐"；有时，到内室面选。当选定某一妓女后，将钱交给她到窗口"买牌"，一小时为一"次"，超过一小时为两"次"。老板根据"次"数给卫生用品和牌子，月终按牌子数与妓女结账。

夜间，军士及以下军衔的日本人不许进妓院，准尉以上军官才可到妓院过夜；其价钱相当白天四"次"。

星期六，是检查妓女有没有梅毒等性病的固定时间。日本军医借机猥亵、凌辱妓女，然后随意签"合格证"。如果妓女未使医生"如意"，就被签发"休息证"贴在房门上，使其一星期内不接客。不接客，就没有收入，而伙食照常供应，使老板心痛。老板即一面对军医谄媚奉承、溜须拍马，以求军医免开"休息证"，一面强迫妓女顺从军医，以求检查"合格"。

妓院有两个"苦力"，担负买菜、做饭、挑水等事。另有一个"小鬼"（十几岁的小孩），扫地、烧水、洗碗、跑腿。除吃饭外，每月给"苦力"30元"储备券"（汪伪政府发行的纸币），给"小鬼"的则是20元。吃不完的剩饭，"苦力"和"小鬼"可以均分拿回家去（于是他们就多下米，多做饭；这也是对老板的一种反抗）。他们既是"苦力"，又是奴隶：天不明就得起床，到天黑还不能"松缰"；稍不如意，就遭到老板斥责、辱骂、打耳光。为了"节约"开支，老板还强迫"小鬼"将用过的"卫生用品"洗净、烘干，以备重新使用。"小鬼"不愿干这样的下贱事，就一个接一个地走了。可是，不了解内情的"小鬼"受生活所迫，又一个接一个地被骗来。

进妓院的日本军人，除少数军官是为了寻欢作乐外，大部分官兵是因离乡日久，思念亲人，厌恶侵华战争，其苦闷、痛苦没地方发泄，才到妓院寻求刺激、"调整情绪"；特别是在前线打了败仗或受过军官打骂的士兵，怀着一肚子的怨气，一到妓院就发牢骚、讲怪话，甚至向妓女吐"私情"。他们一般喝得酩酊大醉，歪戴帽，斜穿衣，手拿酒瓶，边走边喝，借酒发疯。也有个别兵痞，凭借醉意，滋事寻衅。他们推翻桌凳，打破杯盘，甚至手持刺刀乱蹦乱舞，向妓女下身刺去。这些情况在星期天发生较多。日军士兵和下级军官在监狱似的军营不能自由流露怨恨，只有借星期天到妓院"自由自在"地发泄。因此，妓院既是日本军人"采花摘柳"、寻欢作乐的地方，也是日军士气低落的"显示仪"。

至于妓女们，甘愿出卖灵魂和肉体的也只是少数，大部分人对沦落风尘痛心疾首。从谈吐中得知，有的后悔受骗，有的抱怨"命不好"；行动上，有的装病拒客，有的抽签卜卦，测寻今后的"前程"，各人都有各人的隐私和打算。在痛苦、沉闷和情绪激动、不能自已的时候，有的妓女还大胆反抗，甚至私奔逃跑。她们利用中日语言不通的特点，骂老板和日军嫖客是"我的伢"、"我的孙娃子"，以求得报复心理的暂时满足。她们常唱的一首歌是："我的心内一大块，左推右推推不开。怕生病呀，偏偏又把病来害。无奈何，只好请个医生来……"①歌词虽然粗俗，但在情绪低落、苦不堪言的妓女们唱起来，一定程度上反映了她们的心境。

（王旭初文，政协湖北省广水市文史资料研究委员会编：《广水文史资料》，1988 年印行，第 3 辑。）

8．安陆、宣兴

"慰安妇"跟着部队行动

1940 年，日军第 4 师团在师团长山下奉文的率领下，在安陆、宣兴一带与中国军队作战，尽管战斗十分激烈，但随军"慰安妇"仍跟着部队行动。

（［日］《性と侵略》，第 121—122 页。）

---

① 据上年纪的人讲，此歌是当时的流行歌曲，并非妓院所独有。

9. 洪　湖

洪湖日军"慰安所"

1942年，日军占据洪湖新堤、峰口后，便设立专供日军军官淫乐的慰安所。他们把从四乡抢来的少女或青年妇女关押在慰安所内，随时供其奸淫、摧残，常常是六七个日军接连对付一个"慰安妇"，致使这些妇女求生不能，求死不得。日军军官还时常强令"慰安妇"不穿衣服，裸体摇摆、仰卧、爬行，稍不从令便是毒打。一个姓高的年轻寡妇，被日军抢来后，几天几夜没有穿裤子，遭日军肆意蹂躏，后虽经家人花巨款赎回，但从此卧床不起，两年后抱恨而死。王家洲的妇女不堪凌辱，咬死日军吉川后，被日军用汽油活活烧死。[①]可谓罪恶累累，罄竹难书。

（苏智良）

10. 葛　店

葛店第一、第二"慰安所"

葛店所驻的是独立步兵第3联队，该联队设立了第一、第二慰安所。全体官兵便兴高采烈地在那里得到了"慰安"。

（［日］不出法太等编：《如何教授日军慰安妇问题》，第122页。）

11. 日本士兵口中的湖北日军"慰安所"

久保田哲二，住在广岛吴市。1941年起的3年间，他在中国湖北当兵，为日军第39师团步兵第231联队下士官，在湖北各地作战，曾奉命日军命令管理慰安所。1999年，我到广岛进行演讲时，曾采访了久保田哲二。

---

① 李秉新等主编：《侵华日军暴行总录》，河北人民出版社1995年版，第1123页。洪湖市地方志编纂委员会编：《洪湖县志》，武汉大学出版社1992年版，第438页。

79 岁的久保田哲二指出，"慰安妇"确实是在日军的管理下从事性接待之事。

久保田哲二接触到的慰安所在荆门县的李家、杂树店、江陵县的沙市、宜昌县的白雀寺。其中的李家、杂树店的慰安所完全在日军的直接管理下。由"警备队本部庶务股"负责。

他说：1941 年初，我从事慰安所业务时，第一次得到《关于慰安所业务的规定》，这个规定写道："慰安所的设置的目的是，缓和官兵杀伐的风气，有助于军队保持纪律和战斗意志的高昂。""为慰安所业务的监督指导而任命警备队长"，这表明慰安所在军队直接管理下运行。还有"军队掌握业者的经营权"、"如不能履行规定将停止其营业或退出该业"等。这些表明慰安所的运营完全是根据"军队的命令"的。那么军队与慰安所的关系到底是怎样的呢？久保田哲二以他的亲身经历为例。

久保田哲二回忆道：1941 年，军队要求在李家建立慰安所，于是他们选择了独立的民间住房，那里四面都有其他部队驻扎，"慰安妇"既不可能逃亡，又不可能有人从外部进行袭击。李家慰安所除了"慰安妇"的房间外，还有管理人的房间，仓库、厨房、接待室、角落边有浴室和厕所。四周围有高高的栅栏。在广场进入慰安所的地方，不开放的时候，有障碍物。里面共有 5 名"慰安妇"。分别监禁在自己的房间里，在那里过着漫长的屈辱的生活。"慰安妇"是不准到栅栏以外的地方去的。我们把她们当作是性奴隶。里面的食物、燃料、日用品等都是从警备队（大队）部的经理委员那里购买来的，经理委员利用军队非常低廉的货源和当地高物价之间的价格差别而获得大量的好处。至于为什么不准"慰安妇"外出，与其说是为了防止间谍、逃跑或被拐骗之类的，还不如是为了不让中国社会了解到慰安所的实况。

当时，我们当兵的工资是用傀儡南京政府的储备券支付的。发行的时候，储备券尚可，但后来因经济状况日益恶化，到 1944 年已大大地贬值了。我当时的工资是 20 日元左右的储备券，如果到街道上的中国饭店去的话，这点钱还吃不到 6 碗面条。到战争结束时，储备券像纸片一样不值钱了。同样，"慰安妇"受害者也是以自己的辛苦，最后什么也没有了。

慰安所里是什么样子的呢，举个例子，1939 年 5 月，我们部队前往宜昌的南边进行作战，此前的一个星期，大家都在宜昌的白雀寺慰安所前，排队等待进去销魂，秩序混乱极了。慰安所的利用时间，士兵从上午 9 时到下午 5 时，下士官从 5 时到 7 时，晚上 7 时以后就是军官们的权利了，这样，"慰安妇"们一天要干 10 个小时以上的时间，她们成为了一天要接待十几个官兵的"性工具"。那天从 5 时起，我们下士官进入"慰安妇"的房间，我所看见的是一个非常疲惫的女人的脸，那是个朝鲜女人。尽管那女人如此的疲劳，但我还是干了。而且干的时候，突然想到也许我回不了故乡了吧，这时我的眼前浮现出恋人的身影。完了之后，我并没有给她什么小费之类的，因为当时的我认为"朝鲜民族是个劣等民族"。受害者们就这样一天天地屈辱地过着生活，直到日本战败。

久保田哲二 1919 年 3 月 29 日出生，1939 年 12 月 1 日入伍，加入广岛步兵第 11 联队补充队，次年 3 月 24 日，转至第 39 师团步兵第 231 联队第 1 机关枪中队，侵入湖北。当时为机关枪手。他参加了宜昌作战，曾进入随县、枣阳、陈家集、荆门、黄家集、姑牛岭等处。

战争结束时被苏联军队俘虏，在苏联关押达 6 年时间，此后于 1950 年到中国抚顺战犯管理所关押 6 年，然后免于起诉而释放，1956 年 6 月 22 日返回日本。现在是中国归还者联络会广岛支部的成员，致力于中日友好事业。他第一次见到我时，就诚恳地低头说：我是侵略过中国的老兵，我向中国人民表示道歉。我在抚顺从鬼变成了人。

（苏智良于 2000 年 1 月。）

12．日本军官口中的华中某地日军"慰安所"

日军军医某回忆，在华中某地，"慰安妇"中有被日军强行征集来的当地良家妇女。在 1940 年 8 月 11 日的日记中写道："（最初的性病检查时）一进行局部内诊，她就越发害羞，怎么也不肯脱裤子。翻译和（治安）维持会长怒骂起来，好不容易才解开。让她仰卧在床上，进行触诊时，又拼命地抓医生的手，哭了起来。离开房间后，好像还哭了一阵子。接着的一位姑娘也是这样，泪流满面。……保长和维持会长一再地劝说道：'这是为了村里的治安，怎么哭着来呢？'……"这个军医接着写道："这种工作，实在不是我的意愿，一种蹂躏人性的意识，难以离开我的脑际。"

（［日］矢野玲子著，大海译：《慰安妇问题研究》，辽宁古籍出版社 1997 年版，第 226 页。）

（十八）广东

1. 广　州

（1）日本士兵口中的中山大学、官窑山"慰安所"

根据时任日军18师团兵站军曹的野村武（1993年72岁）回忆，第18师团的兵站部队驻扎在中山大学附近，他们将民居改作慰安所。广州附近的官窑山就有一个慰安所，这个慰安所的特别之处是建立在窑洞里，有20个朝鲜妇女，最小的仅十四五岁。

（[日]吉见义明主编：《从军慰安妇资料集》，大月书店1992年版，第67页，苏智良译。）

（2）波头街日军"慰安所"

1942年，广州的波头街就有日军慰安所。同年的官塘墟也有5、6名"慰安妇"。此外在官窑、三水、九江、石龙和增城等地，日军都设有慰安所。

（[日]《战争责任研究》第3辑，第66页。）

（3）日本"慰安妇"在广州"慰安所"

1938年10月6日，日本"慰安妇"庆子随日军第18师团第124联队，从上海到达台湾西潮湖岛。不久，新编的第21军接到命令，从香港白耶士湾登陆。

194艘舰船起航了。战事迫在眉睫。"怎么回国呢？"朝鲜"慰安妇"们哭丧着脸找负责人石桥："我们怎么办呢？"石桥也只有哭丧着脸，无言以对。他只不过是军队中一名无足轻重的小卒呀。

晚上，船内流传着消息说，英国舰队有3艘巡洋舰驶离香港，破坏21军的行动。接战后，预计将损失五分之一的运输船。这时，庆子平时第一次体验活着是多么宝贵。

10月12日，124联队作为先锋强行登陆，随后攻入惠州，21军进入广州。

12 日，庆子她们接到命令，上岸后立即乘军用卡车追赶第一线战斗部队。

24 日占领广州后，124 联队在郊外白云山麓的中山大学设立指挥部，担任警备任务。25 日在中山大学附近接收民房，立即开办慰安所。部队刚驻下，慰安所的"开业公告"已挂出来了。

从战场上下来的士兵，已失去常人的理智。为了使他们从半疯狂状态中安静下来，在开业的头两天，18 名"慰安妇"各自每天接待六七十名士兵，从早一直"工作"到深夜，甚至忙得连吃饭的时间都没有。

庆子她们被军部当作"防波堤"，来阻止日军士兵奸淫当地妇女的浪潮，维持当地治安，以期永久占领，不仅平型关一仗、忻口镇一仗，人员死伤 7 千余名，师团官兵伤亡过半，军官大多战死，军纪混乱，士兵精神陷入崩溃的边缘，因此需要 124 联队庆子那样的"镇静剂"。于是，石桥这类的随军商人，火速从广岛、朝鲜征集了 180 多名活的"防波堤"，这些"慰安妇"被带到广东的第 5 师团里。

在广州白云山麓没住多久，124 联队调往他处，随后参加了一系列的军事，1940 年元旦转入"南宋作战"，3 月 6 日，再折回广东。

在军队转战期间，庆子她们随军辗转，疲于奔命，与士兵没有什么两样，不同之处则是士兵用青春的热血去点燃军国主义祭坛的香火，他们每天接待士兵，少则十几名，多则七八十名。这时，庆子才开始醒悟，不论怎样激励自己，还完了千元借款，自己仍然没有自由，军队不会放走自己，即使军队答应自己走，可是得到回日本的车、船票，比登天还难，总之，一句话，回不去。

（［日］千田夏光：《从军慰安妇·庆子》，光文社 1981 年版。）

（4）日本士兵口中的中国"慰安妇"

据第 1 师团水户联队的日本老兵回忆，他所见到的"慰安妇"中，70%是中国人，其年龄约在 18 至 23 岁之间。

（［日］《性と侵略》，第 173 页。）

2. 太 平

强征妇女随营应供娱乐

踞太平敌利用汉奸，强迫广水虎门附近村庄乡长保甲长，到太平开会，指派壮丁受训，并征集妇女随营应供娱乐，无恶不作。

（《粤太平敌掳女奸淫》，《新华日报》1939年1月19日。）

3．淡水、花县

淡水、花县的"慰安所"

淡水也有慰安所。慰安所的名称有"新町慰安所"、"东山慰安所"、"白云慰安所"和"河南慰安所"等。日军侵占花县后，即勾结维持会，强迫或诱拐农村青年妇女到特别设置的慰安所里充当"慰安妇"。

（政协花县委员会文史资料研究委员会编：《花县文史》，1987年印行，第10辑，第10页。）

4．钦　县

向钦县输送台湾"慰安妇"的文件

说明：以下一组档案的时间确认在1940年前后。日军在广东省钦县设有蓬莱慰安所，该慰安所由台湾人经营，隶属于日军盐田兵团林部队，为了征募台湾"慰安妇"，日军给予极大的方便。华南派遣军盐田兵团林部队长林义秀指出："慰安妇是为了给本部队慰安，这是非常必要的，其航行等事，请给予方便。"

关于台湾慰安妇前往广东的电报

甲号

高警高秘外第5692号

秘　昭和十五年八月二十三日

台湾总督府外事部长阁下

　　　关于确认前往对岸地域的航行者证明书等不能邮寄的文件

本籍：台北市某町某某某

住所：高雄市某町某某某

右上此人及其丈夫共同前往广东省钦县之华南派遣军盐田兵团林部队经营专属慰安所。目前，该军队在广西省南宁附近。为与酌妇同行之目的，持6月27日所发的改部队林部队部队长所发的证明书（别添第一号），及同日当地宪兵分遣队长所发航行证明书（右第二号），还有6月28日所附酌妇证明书（同第三号），回台湾。6名酌妇的航行证明书已付申请。关于前往中国的规定，根据今年5月13日所发的外号112号《前往中国日本人手续的文件》，一般人一律需要当地领事馆警察署的前往中国证明书。但是，本件之申请者因领事馆、警察署均远隔重洋，无法向该地领事馆进行调查，且短时间内也不可能取得所需证明书予以确认，决定发给所需的证明书。航行者的身份及航行目的均属实，决定根据所属部队长所辖的宪兵队长的证明书而同意放行，作以上实际处理。

高雄州知事　赤堀铁吉

第一号

证 明 书

照片

右为本部队附属慰安所经营者，这次为携带慰安妇而返回台湾。

慰安妇是为了给本部队慰安，这是非常必要的，其航行等事，请给予方便。

特此证明

昭和15年6月27日

华南派遣军盐田兵团林部队长林义秀

（林部队长之印）

第二号

航行证明书

本籍：台北州台北市某町某某某番地

现住所：广东省钦县奇灵圩蓬莱慰安所

职业：慰安所职业

一、航行目的地：台湾高雄

二、目的：招募慰安妇

三、时间：自昭和15年6月27日至昭和15年9月26日

四、出发地：钦县　出发时间：昭和15年6月30日

五、其他

为此航行特此证明

第三号

证　明

本籍：台北市（以下略）

住所：高雄市某某町某丁目某某某番地

职业：艺者

姓名：

（大正 11 年某月某某日生）

本籍：台中州（以下略）

住所：高雄市某某町某丁目某某某番地

职业：酌妇

姓名：

（大正 14 年某月某某日生）

本籍：台北州（以下略）

住所：高雄市某某町某丁目某某某番地

职业：艺者

姓名：

（大正 15 年某月某某日生）

本籍：台北州（以下略）

住所：高雄市某某町某丁目某某某番地

职业：酌妇

姓名：

（大正 13 年某月某某日生）

本籍：台中州（以下略）

住所：高雄市某某町某丁目某某某番地

职业：酌妇

姓名：

（大正 13 年某月某某日生）

本籍：台北市（以下略）

住所：高雄市某某町某丁目某某某番地

职业：酌妇

姓名：

（大正 14 年某月某某日生）

以上为军队慰安所之酌妇而特此证明

昭和 15 年 6 月 28 日

以上提出者本籍台北市某町某某某番地

现住所广东省钦县奇灵圩

职业蓬莱慰安所

姓名

22 岁

钦宪警第 468 号

昭和 15 年 6 月 28 日

钦州宪兵分遣队长足立茂一

（钦州宪兵分遣队长之印）

关于无法获取前往中国证明书等的函件

高雄州知事阁下

外一第 1、162 号

关于本件，今年 8 月 23 日附高警高秘外第 5692 号照会已知悉，关于这种航行者，本年 6 月 8 日附外 1 第 662 号有关慰安所从业员急需航行的贵件，林部队长发给证明等已说明身份、目的等属实，特此回复。

持有广东总领事馆发给的身份证明书再次航行的事宜，内地人需要更改证明书，而本岛人同馆发给的滞留证明书，与本次前往中国的证明书，具有同一效力。特作补充说明。

昭和 15 年 9 月 2 日

台湾总督府外事部长千叶蓁一

（［日］吉见义明主编：《从军慰安妇资料集》，大月书店 1992 年版，第 130—138 页，苏智良译。）

5．佛　山

佛山日军"慰安所"

在佛山也有 5 家日军慰安所，如"大门楼"慰安所内有 10 名中国"慰安妇"。1939 年 11 月，部队开拔作战时，朝鲜"慰安妇"被迫穿着和服列队欢送。此外，还有更多的民间妓院。

（［日］西野瑠美子：《从军慰安妇と十五年战争》，明石书店 1993 年版，第 63 页。）

6．舟山登

舟山登岛上的"慰安所"

有资料表明，日军在广东设置的慰安所十分普及，不仅在广州、佛山、中山等城市普遍建立，在农村驻军之处也有设置，而且在海岛上也树起了"慰安所"的木牌。海军方面在一个名为舟山登的岛上设置了慰安所，全部是朝鲜"慰安妇"，官兵出入全部免费。

（［日］《性と侵略》，第 175 页。）

7．阳　江

南鹏岛上的"慰安所"

在隶属阳江县的南鹏岛上，有日本三菱公司在掠夺钨矿砂，也有守备日军。日本人专门设立慰安所，"慰安妇"均由被其掳掠来的中国妇女充当，有 30 至 40 人，她们被编上了号码，轮番在慰安所挂牌接客。它与其他慰安所的唯一区别是，这里不仅有日军官兵登临，而且也允许一般日本人进出。做苦工的中国男子目睹惨景："妓女也是中华女儿，被迫卖淫，悲惨遭遇，往往是流泪眼看着流泪眼，无可奈何。"

（龚日泉：《日寇铁蹄下的南鹏岛》，政协广州市委员会文史资料研究委员会编：《广州文史资料选辑》，1980 年印行，第 21 辑，第 186 页。）

8. 东莞、沙河

东莞、沙河的"慰安所"

东莞的慰安所里，1942 年时，既有中国受害妇女，也有朝鲜人。沙河也有慰安所，1945 年 8 月日军战败后，日本、朝鲜"慰安妇"被收入收容所，而中国妇女就地解散了。

（［日］《战争责任研究》第 3 辑，第 66 页。）

9. 汕 头

"慰安妇"多患梅毒而死

汕头有不少"慰安妇"。1942 年 2 月，广东陆军特务机关的第 28 号月报刊载，在汕头市内，"慰安妇"检查出梅毒的达 150 名，在市立医院终了的患梅毒的妓女 549 人。潮安县在 1942 年 1 月对妓女检查了 4 次，其中合格的仅 40 名，不合格的达 21 名。

（［日］《战争责任研究》创刊号，第 69 页。）

10. 澄 海

《政务月报》中透露"慰安所"的存在

说明：日军远藤部队政务部在 1941 年 2 月的《政务月报》第 3 号中披露该部日军在澄海的慰安所，现摘要如下。

极秘

澄海县当面之敌人为伪县长李少如及游击队长洪之政指挥的 13 个中队兵力共约 1500 人，训练装备均不充分。

敌人在皇军的进击之下，在韩江之左岸构筑坚固之阵地，其行动日益退却。

冠山乡、龙田乡一北之民众，人心最恶，运输物资以帮助敌人。在金刚区蓬州乡、蛇浦方面便衣队出没。

民国二十九年十一月二十五日县政府成立当时有 4500 余人（受日军"保护"），民国三十年二月五日现在增至 65000 余人。

日本人在本县内居住者增加到 81 名，其职业分别为处理慰劳军队用品 19 人、慰安所 3 人、食堂 2 人、照相馆 2 人、医生 1 人。

（[日]吉见义明主编：《从军慰安妇资料集》，大月书店 1992 年版，第 253—255 页，苏智良译。）

11. 日本"慰安妇"进入广东人数

日本广东总领事馆辖内渡支"慰安妇"人数

年月	职业	广东	海口	香港	计
1941.4	军酒保慰安所	21	2	0	23
1941.5	同上	17	2	0	19
1941.6	同上	7	0	0	7
1941.7	同上	5	1	0	6
1941.8	同上	6	1	0	7
1941.11	同上	12	0	0	12
1942.3	同上	8	1	14	23
1942.4	同上	3	0	3	6
1942.6	同上	7	1	5	13

（《支那事变二际シ邦人ノ渡支制限并取缔关系　暂定处理要纲渡支邦人暂定处理二关スル统计报告》，[日]吉见义明编《从军慰安妇资料集》，大月书店 1992 年版，第 54 页。）

12. 朝鲜"慰安妇"在广东"慰安所"

金福东 1926 年出生在朝鲜庆南梁山，家中贫苦。1941 年她 15 岁时，日本人闯进家来，从父母手中夺过她，然后经长途运输，到了广东。在广东下船后，接着上了一辆有车篷的军用卡车。到了目的地，女孩们被送入一房间，一名 30 岁的日本男军医对她们做了体检。从此进入噩梦般的性奴隶生活，第一个强奸金福东的就是白天给她检查身体的日本军医。

慰安所在公路旁，周围有许多树，离当地百姓的村子比较远。周围的房屋人去楼空。与金福东一起来的朝鲜女孩有 20 人，加上原来就在的，"慰安妇"共 30 多人。其中只有一个是中国人。

慰安所的中间是走廊，两边长长地排列着房间，有 30 多间。每间房间门上都贴着号码。在号码的下面是"慰安妇"的名字。房间之间是用胶合板分隔的，所以隔壁的呼吸声也能听清楚。房间的水泥地上放着一张木板做的床，慰安所还有个浴室。慰安所里有个食堂，做饭和打扫卫生是由中国人来做的。"慰安妇"的生活均在慰安所里进行，不准外出。门口有日本人和朝鲜男子在监视着。实在要上街，就会由军人跟着。

慰安所位于日本兵营的旁边，只有日本军人才能入内。军人入内时首先在门口向管理员出示什么证书，然后拿着票和避孕套到"慰安妇"房间去。"慰安妇"把军人给她们的票集中起来，晚上再交给管理人，管理人是个朝鲜人。入内的票是黄色的纸片，很小。每个"慰安妇"每天大约接待 15 名军人左右。但星期六和星期日会来很多军人，外面排起了长队。平均每人要接待 50 个人。一般到下午 5 时，军人必须离开，这时会有宪兵来查看。"慰安妇"们常常被折磨得阴部红肿，这时军人们会把软膏涂在避孕套上强行糟蹋。

"慰安妇"每周进行性病检查，军医在慰安所里做了个用于检查的台子。不管有否性病，每人都要注射几次 606 针剂。军医对"慰安妇们"说，打这种针会促进血液循环，实际上注射后鼻子会冒出一种难闻的气味，并且头晕。如果阴部肿得实在不行了，可以停止活动四天。每个房间后边有扇门，门后有一根流水的管道，管道上面悬着吊针一样的水龙头，从水龙头里流出红色消毒水，"慰安妇"经常去那里接一些消毒水洗下身。可是，到了星期六、星期日军人们鱼贯而入，根本没有时间去洗，只能在晚上洗上一次。管理人给每个人发棉纱布做的月经带，一般用一次就扔掉。军人们不喜欢血，因此，来了月经，管理人就在她的门上贴上红色的标志。所以，月经期间，成为"慰安妇"最向往的时候。有时，"慰安妇"在还不知道时，来了月经，军人见到血，就会暴虐地抽打"慰安妇"的耳光。

"慰安妇"所需要的内衣、化妆品等是老板提供的。管理人经常诱惑"慰安妇"们说：战争结束后，会每人发一笔钱，足够买下大楼房。实际上根本就没发过钱。

一天早晨，军队开拔，"慰安妇"们全部上了卡车，然后前往香港。

（[韩]韩国挺身队问题对策协议会、韩国挺身队研究会编，金镇烈、黄一兵译：《被掠往侵略战场的慰安妇》，中国文史出版社 2000 年版，第 311—318 页。）

13. 日军第21军推行"慰安妇"制度

（1）第21军的"慰安所"

日军波集团即第21军占领广东后，即开始营建慰安所，他们通常指定在中国的民居里开设。根据该军的《战时旬报》记载，慰安所是在警备队队长及宪兵队监督之下，在警备地区为将校以下官兵而开设的，这表明军队直接监督着慰安所。1939年上半年，其所辖的"慰安妇"就有1000多人，其中由军队直接管理的有850人（见下表）。

日第21军所辖之慰安妇概况　　　　　1939年4月11—20日

区分	场所	人员	患病率（%）
军直部队	市内	159	28
久纳兵团	广东市东部	223	1
浜本兵团	广东市北部	129	10
兵站部队	河南	122	4
佛山支队	佛山	41	2
饭田支队	海口	180	
合　计		850	

（［日］吉见义明主编：《从军慰安妇资料集》，大月书店1992年版，第215—216页。）

（2）第21军司令部关于"慰安妇"制度的《战时旬报》

波集团司令部

1939年4月11—20日

慰安所状况

① 慰安所是在其所管警备队长及宪兵队监督下，为警备地区内将校以下军人而开设；

② 近来各种慰安设备（食堂、咖啡屋、料理屋等）增加，而军队慰安所有下降征兆；

③ 现在从业妇女总数大约在1000人左右，由军部统一管理者约有850人，各部队在其故里征召的推定为150名；

④ 慰安所的配置及卫生状况如下：

慰安所配置及卫生状况一览表

区分	场所	人员数量	患病率
军直属部队	市内	159	28%
久纳兵团	广东市东部	223	1%
浜本兵团	广东市北部	129	10%
兵站部队	河南	122	4%
佛山支队	佛山	41	2%
饭田支队	海口	180	
合　计		850	

备考：以上为宪兵驻屯地所作的统计，此外如三水、九江、官窑、增城、石龙等地的设置极少，情况不明。

（［日］吉见义明主编：《从军慰安妇资料集》，大月书店 1992 年版，第 214—216 页。）

14. 日军独立山炮兵第三联队的"慰安所"

说明：日军独立山炮兵第三联队的"慰安所"在 1941 年 4 月 9 日的《日日命令》中记有慰安所，但具体地点不详。

高森部队特殊"慰安所"业务规定中第 15、16 条如下：

第 15　利用慰安所每日时间为：

士兵　　　　从上午 9：00 到晚饭 1 小时前止；

下士官　　　从上午 9：00 到傍晚点名 30 分钟前止。

第 16　慰安所的使用费用如下：

士兵　　　　30 分钟　　　1 元，每增加 30 分钟增 1 元；

下士官　　　30 分钟　　　1 元 20 钱，每增加 30 分钟增 1 元；

将校（军官）1 小时 3 元，每增加 1 小时增 2 元，住宿 22 时以后为 8 元。

（［日］吉见义明主编：《从军慰安妇资料集》，大月书店 1992 年版，第 256—257 页。）

15．日军中山守备队《军人俱乐部利用规定》

说明：这是日军第23军独立步兵第13旅团中山警备队的《军人俱乐部的利用规定》，制定于1944年5月，共有20条。其第三条内容是，部队副官对军人俱乐部业务进行统辖监督指导；第四条为部队所属医官担任"慰安妇"卫生业务，以确保妇女及使用人的保健和调理等。第五条内容为，部队的主计官担任军人俱乐部的经理业务，这些表明，日军直接经营着"慰安所"。规定写道，食堂为第一军人俱乐部，而"慰安所"为第二军人俱乐部；部队的副官对俱乐部具有统辖、监督、指导之权；使用时的费用为士兵每30分钟为6元储备券，下士官9元，将校等11元；营业时间士兵到下午3时半，下士官从下午4时到8时，将校等从晚上8时到深夜。

第一章　总则

第一条　本规定，规定有关利用军人俱乐部之必要事项。

第二条　本规定中，将食堂称之为第一军人俱乐部；将慰安所称之为第二军人俱乐部。

第三条　部队副官统管、监督、指导军人俱乐部之业务，以期圆满切实经营之。

第四条　部队附属医官担任军人俱乐部之卫生设施极其实施状况，以及家属、职业妇女、用人之保健、烹饪、菜谱等与卫生有关业务。

第五条　部队所属主计官，担任军人俱乐部之有关会计、供应之业务。

第六条　第二军人俱乐部之利用划分以及价格表，规定如另件。

第二章　第一军人俱乐部

第七条　第一军人俱乐部之饮食物品，只限于营业主任所筹措以及"酒保"（即兵营内的小卖店）所供应者。

第八条　下列人员禁止利用军人俱乐部

1. 不着装规定之服饰者；

2. 携带第七条所规定以外之饮食物品者；

3. 有不良行为影响他人者。

第九条　计划在第一军人俱乐部举行宴会或会餐时，应在其前一日向副官通报，年并向营业主商定。

第十条　如有损坏第一军人俱乐部之器物者，应按价赔偿。

第十一条　不许从第一军人俱乐部向部队其他场所运出饮食物品以及要求女

服务员外出接待。但由于宴会或其他原因等特别需要时,必须事先经警备队长批准。

第十二条 第一军人俱乐部营业时间规定为上午十时到夜间二十四时。

第三章 第二军人俱乐部

第十三条 不准许在第二军人俱乐部内进行饮食活动。

第十四条 一切费用必须予付现金。

第十五条 原则上不准许妓女外出接待。

第十六条 下列人员禁止利用第二军人俱乐部

1. 企图在规定时间以外之利用者;

2. 不着用规定服装者;

3. 带有严重酒气者;

4. 不良行为可能影响他人者;

5. 第十七条所定以外人员及其同伴者。

第十七条 利用军人俱乐部只限于军人和军属(军队聘用人员),但第一军人俱乐部,在有将校陪同时,地方人士也可。

第四章 杂项

第十八条 利用俱乐部人员,必须时刻警惕、细心防谍。

第十九条 利用人员对营业主、妓女、设施及其他有关军人俱乐部任何不当情况有所发现时,应向部队副官通报之。

第二十条 对不遵守本规定之利用人员,应立刻禁止其利用,并禁止其此后的休假外出。

第二军人俱乐部利用时间表

名称	士兵	下士官 军属	将校 准士官
利用时间	自 9:00 至 15:00	自 16:00 至 20:00	20:30 以后 营业时间内

第二军人俱乐部价格表

级别	价 格						
将校 准士官 军属	30分钟	1 小时		后半夜		通宵	
	妓女	娼妓	妓女	娼妓	妓女	娼妓	妓女
	11.00		17.00		40.00	后半夜的价格再加到24时止的金额	
下士官	9.00		11.00				
士兵	6.00		9.00				

备考:本价格为储备券。

（［日］吉见义明主编：《从军慰安妇资料集》，大月书店 1992 年版，第 285—289 页，苏智良译。）

16．日军远山队《关于外出及军人俱乐部的规定》

说明：同属于独立步兵第 13 旅团的远山队于同年也制定了《关于外出及俱乐部的规定》，其内容与前者基本相同，只是增加了严禁士兵个人外出的规定，以及松月军人俱乐部即松月"慰安所"必须每天向部队报告：每个"慰安妇"的营业额，来所人员数量，避孕套的使用数等。

第一条　本规定是对斗门警备队外出及军人俱乐部之必要事项的规定。本规定以外之事项，可依据军队内务令中山驻扎规定及中山警备队军人俱乐部规定。

第二条　外出时须严整服装、姿态和态度，以体现皇军之自觉的行动。

第三条　外出日及时间如下：士兵　　星期日 12 时到 19 时。

下士官　　星期三 12 时到傍晚点名时。

外出区域为营地内及东西护沙队分哨止，正门前约 200 米桥梁。

营地里的活动，须两人以上同行，禁止单独行动。

第四条　每周士官外出日，为整肃军纪风纪而担任第二种巡察任务。

第五条　关于服装，士兵外出要着军装并戴外出臂章。

第六条　根据内务令而发放和回收外出臂章。

第七条　军人、军聘人员及下士官，在外出许可之日，外出利用军人俱乐部，着装根据第五条。

第八条　军人俱乐部金额为：士兵　　　　　　　1 小时　8 元

下士官　　　　　　1 小时　10 元

军营外者　　　　　1 小时　15 元

住宿在军营以外者　1 小时　40 元

第九条 外出之际，须严防间谍；在军人俱乐部要注意军纪风纪，严禁带酒类前往并酗酒。不要给他们带来麻烦。

第十条 军人俱乐部的经营者要在次日上午向警备队上报前一天经营日报，月报须在第二个月的第二天上报。

第十一条 庶务科的事务之一是监督军人俱乐部之业务。

第十二条 不能遵守本规定者严禁外出。

第十三条 关于俱乐部经营者的事项参见中山警备队军人俱乐部规定。

日报样式

昭和　　　年　　　月　　　日　松月军人俱乐部经营者

斗门警备队军人俱乐部股松本曹长阁下

本日经营情况报告如下

艺名	营业额	登楼人员				使用避孕套数量	摘要
		军官	下士官	士兵	计		
计							

月报样式

昭和　　　年　　　月　　　日　松月军人俱乐部经营者

斗门警备队军人俱乐部股松本曹长阁下

昭和　　　　　年　　　月分配区经营情况报告如下

艺名	金额	经营者收入	慰安妇收入	慰安妇营业天数	摘要
				日	
				日	
				日	
				日	

艺名	金额	经营者收入	慰安妇收入	慰安妇营业天数	摘要
				日	
				日	
				日	
				日	

（［日］吉见义明主编:《从军慰安妇资料集》，大月书店 1992 年版，第
290—294 页，苏智良译。）

（十九）广西

1. 南　宁

（1）日本军官口中的南宁日军"慰安所"

1939 年 11 月，日军攻克南宁，29 日举行了入城式。此后日军第 22 军司令部，该军便在广西各地设立了一批慰安所。根据原日军第 5 师团师团长今村的回忆，1940 年 2 月中旬时，有 15 个慰安所的业主，他们带着 150 个"慰安妇"到达南宁，驻屯该地的第 22 军的管理部长立即与第 5 师团长今村和近卫混成旅团旅团长樱田商谈，征用西式旅馆、学校、寺院和民屋，开设慰安所，并分配了"慰安妇"的名额。为了能让官兵都能进入慰安所，第 5 师团副官建议，向部队的每个官兵发一枚慰安所入场券。后来由于部队转移，这些慰安所又迁回了广东。日军台湾旅团在南宁设有大批的慰安所。

（[日]小俣行男：《战场与记者》，冬树社 1967 年版。）

（2）十八处"慰安所"、一百几十人

（1940 年 9 月）南宁的街头，有供日军使用的慰安所，是从广东迁来的，数目有十八处，中国人"慰安妇"一百几十人。由于陆军的移动，她们难以营业，便决定返回广东，但是却没有足够运载她们的卡车。

（[日]小俣行男：《战场与记者》，冬树社 1967 年版。）

2. 桂　林

（1）桂林日军"慰安所"

日军占领桂林后，即以设立工厂的名义招募女工，结果这些被招募来的女工全部被日军逼迫做了"慰安妇"。

1945 年 2 月，日军师团计划设立慰安所。在桂林，第 52 旅团的通讯队驻地附近，也有慰安所，里面朝鲜人多，日本"慰安妇"则很少。

（［日］《战争责任研究》第 3 辑，第 66 页。）

（2）以招聘女工之名诱骗妇女充当"慰安妇"

在敌军侵入我桂林的一年里，奸淫、捕获、掠夺。长绳大尉是日本福冈县人，担任复兴支部长，非常阴险毒辣。控制着伪组织人员设立的桂林市的伪报社等文化机构，对我民众进行怀柔和奴化教育。还唆使人员四处宣传，招聘女工，然后运至丽泽门外作为妓女供军队淫乐。长绳的秘书铃木华某（日本女性）协助其活动，他们在乐群路的李子园设立了宪兵队。

（远东审判《资料 7》PD2220/EX353《中国桂林》，军事委员会协助元犯罪证据调查小队《桂林市民控诉》其中之一，1946 年 5 月 27 日。）

3. 河　池

关押妇女供其淫乐

1944 年 11 月，日军攻入河池县城后，将一些妇女关押在林村，白天强迫她们洗衣、碾米，晚上则供其淫乐。

（李秉新等主编：《侵华日军暴行总录》，河北人民出版社 1995 年版，第1144 页。）

4. 日军在湖南、广西等地掳掠中国妇女

去年敌人向中原湘桂及黔桂路上进攻，这些省区的难胞特别是我们妇女们，更陷入空前的苦难之中，成千成万的妇孺流落在异乡，家破人亡。来不及或无法逃出的妇女们，被万恶的汉奸和敌寇，像奴隶般地一批批运到汉口、郑州等沦陷区去"慰劳皇军"，这样多的苦难是法西斯强盗日本侵略军"赐给"她们的。

（《新华日报》1945 年 3 月 8 日。）

5．广西桂林发现一名幸存的侵华日军"慰安妇"

广西桂林市荔浦县新坪镇桂东村小古告屯 88 岁的韦绍兰老人日前在接受记者采访时表示，她是当年侵华日军在中国桂林强征妇女充当随军的一名"慰安妇"。

日本政府 4 月 20 日在内阁会议上通过的一份答辩书中表示，日本政府接受远东国际军事法庭认定二战期间日军强征"慰安妇"的判决，对判决没有异议。远东国际军事法庭关于"慰安妇"的判决中包括对日军在中国桂林强征妇女充当随军"慰安妇"的部分。

此消息传到广西桂林后，立刻引起极大反响，许多市民纷纷愤怒声讨日军的侵略罪行，并向当地政府有关部门提供了被日军强征的"慰安妇"幸存者的一些线索。荔浦县韦绍兰老人因而"浮出水面"。

据韦绍兰老人回忆，1944 年冬的一天，日军对荔浦县新坪镇桂东村小古告屯实施抢夺，她背着周岁的孩子在躲跑途中被日军抓住，并被用汽车拉到一个陌生的地方，关进了一间狭小的泥土砖房。她的孩子因过度惊吓，不久便夭折。

和韦绍兰一起被关押的有五六名当地妇女。日军让她们换上日军装。每天都有日军进房来，向她们做一个脱衣的手势，逼她们就范。有时，日军还用汽车将她们拉到其他日军驻地，供日军蹂躏。老人说："我一天要被日军强暴五六次。"

两个多月后，韦绍兰发现自己怀孕了，便在一天黎明偷偷溜出日军据点，经过两天的步行终于回到了自己的家。第二年，韦绍兰生下个儿子，取名罗善学。忍辱负重的丈夫没有嫌弃她和罗善学。

罗善学回忆说，他三四岁的时候，村里人见了他都说他是"日本仔"，小孩子都不愿跟他玩。罗善学在孤独的世界里度过了童年和青年。到了婚娶的年龄，由于他的出身问题，没有一个姑娘愿意嫁给他，如今已花甲之年的罗善学仍是独身一人。

据《荔浦文史》中的《马岭的慰安所》一文记载，1945 年春，驻扎在马岭的日军命令马岭村的维持会会长陈秉喜征"花姑娘"数名，供他们玩乐。维持会以威胁利诱的手段，强征新洞村的三名妇女，初步成立慰安所，其中一人年仅 14 岁。

马岭村村民、现年 82 岁的陈治国告诉记者，他当年曾给日军抓去做挑夫，专门为驻扎在村里的日军据点挑水。他说："据点里总有七八名妇女被关在那里，供日军淫乐。"

（《桂林晚报》2007 年 5 月 24 日）

6．日本政府承认二战时在桂林强征"慰安妇"

　　日本政府在 20 日的内阁会议上通过的一份答辩书中表示，日本政府接受远东国际军事法庭认定日军在第二次世界大战中在中国桂林强征当地妇女充当从军"慰安妇"的判决，对此没有异议。

　　据日本共同社报道，政府的这份答辩书是针对社民党议员元清美提出的有关"慰安妇"问题的质询而作出的。此前，日本政府在今年 3 月 16 日的一份答辩书中称，从政府掌握的资料中找不到有关军方或官方曾参与强征"慰安妇"的直接记述。

　　　　　　　　　　　　　　　　　（新浪网，2007 年 4 月 21 日。）

（二十）江西

1. 南　昌

（1）南昌日军"慰安所"

根据日本九江领事馆警察署南昌分署的统计，1939 年 9 月 1 日时，南昌有特种慰安所 11 家，其中 3 家为日本人经营，内管理人员 8 人，日本人"慰安妇"11 人；还有 8 家为朝鲜人经营，管理人员有 50 人，而朝鲜"特种妇人"达 100 人。1940 年日军又建立了被统称为"乐户"的日军慰安所。

（［日］吉见义明主编：《从军慰安妇资料集》，大月书店 1992 年版，苏智良译。）

（2）日本士兵口中的南昌日军"慰安妇"

原日军卫生兵（79 岁）证言：1939 年我在南昌，春天时在小甚村，有日本人带来了"慰安妇"。当时在后方是日本"慰安妇"，而前线是朝鲜"慰安妇"。我因是卫生兵，所以协助体检，有一次，一个名叫"奥德玛尔"的"慰安妇"生了孩子。她的结果就不知了。

（［日］"从军慰安妇 110 番"编辑委员会编：《从军慰安妇 110 番》，第 75 页。）

2. 九　江

（1）九江日军"慰安所"

日军占领九江后，在该城设立慰安所 24 家，据 1938 年 11 月 1 日日本人的统计，有特种慰安所 15 家，内日本人的"特种妇女"也就是"慰安妇"107 人，朝鲜"慰安妇"143人，经营慰安所的人员中，有日本人69人（其中男子42人，女子26人，小孩1人）、朝鲜人37人（其中男子26人，女子8人，小孩3人）。12月，日本九江领事馆的调查表明，在该城的557名日本人、朝鲜人中，"慰安妇"达222人，占40%。次年的5月1日，日驻九江领事馆的调查，慰安所计11家，日本人"慰安妇"125人，朝鲜"慰安妇"有104人。九江附近还曾出现过十几家慰安所形成的慰安街。一个老兵回忆，1941年，"一路过（九江）甘棠湖畔的宪兵分队，就是鳞次栉比的慰安街。拥有日本、朝鲜和中国等各国'慰安妇'的十几家慰安所排成一列。再前面，是甘棠湖畔的军官俱乐部（军官慰安所——原注），日本人居住区一直延伸到日华庄料亭"。

（[日]吉见义明主编：《从军慰安妇资料集》，大月书店1992年版，第260—262、186页；井上源吉：《战地宪兵》，[日]矢野玲子著，大海译：《慰安妇问题研究》，辽宁古籍出版社1997年版，第108页。）

（2）日本文献中的九江"慰安所"记载

说明：这是日本《九江警察署沿革志》中关于1938年慰安所的记载。

12月1日，在九江的日本人为557名，其中大多是以军队为对象的饮食店、酒店、照相业和特种慰安所。

（[日]吉见义明主编：《从军慰安妇资料集》，大月书店1992年版，第186页，苏智良译。）

3. 余 干

余干临时"慰安所"

日军侵入江西省后，也曾设有各种慰安所。在余干县，日军将搜捕来的一批女子集中起来，组成临时慰安所。日军不准妇女们穿衣服，一律赤身裸体地供日军官兵淫乐。

（李秉新等主编：《侵华日军暴行总录》，河北人民出版社1995年版，第840页。）

4．安　义

每个村庄都要交出一个女人

南昌作战结束后，第 106 联队的一个日军中队侵入到安义县，中队长召集当地的村长，威胁他们说："每个村庄都要交出一个女人！"结果日军抢到 8 名中国女子开设了临时慰安所，40 岁的中队长自己挑选了一个最美的姑娘供自己专用。

（[日]前 106 联队一等兵熊本、小田亚纪夫语，《朝日艺能》1971 年 5 月 27 日。）

5．永　新

强抓永新县妇女充当"慰安妇"

1945 年 1 月 20 日，日军窜入永新县境内，将许多妇女抓去，充当"慰安妇"。

（政协永新县委员会文史资料研究委员会编：《永新文史资料》，1989 年印行，第 1 辑，第 156 页。）

6．日军第 11 军关于慰安所的规定

说明：日本第 11 军特务部在《吕集团特务部月报》中放映了"慰安所"的情况。该月报为通卷第 17 号，1940 年 4 月发表。

南昌特务班管理下的状况

乐户（游廊）公娼的设立

为维持风纪卫生和公安，制定乐户公娼之取缔及营业征税暂行规定，允许在特定地区第三时常附近之一处进行营业。现在获得许可的有 3 户。暂行规定如下：

南昌市政府筹备处乐户（游廊）公娼取缔及营业征税暂行规定

第一条　本处为改进社会，取缔公娼，凡属乐户公娼艺妓等须依据本规定，发给营业许可证从事营业。

第二条　希望开设乐户者，须到本处医务科申请登记，并领取许可证后方可营业。

第三条　乐户开设者须办理以下手续：

1. 户主的姓名、年龄、本籍、现在住所；

2. 乐户的房屋号；

3. 乐户的所在地；

4. 公娼的姓名和人数；

5. 乐户的等级；

6. 保证人。

第四条　乐户须每月交纳营业税，此外，营业许可证3个月更换，许可费及手续费等如下：

甲种：许可费2元，每月营业税17元；

乙种：许可费1元，每月营业税10元；

丙种：许可费50钱，每月营业税7元。

第五条　各种乐户公娼总数须80名以下。

第六条　乐户的屋号规定如下：

甲种为某某堂，乙种为某某班，丙种为某某居。

第七条　各种游廊须从本处警务科领取广告灯，挂在门前，以资识别（广告灯费3元）。

第八条　希望公娼登记以下数据：1. 姓名、年龄、本籍、现在住所；2. 本家的职业；3. 有无亲戚；4. 成为公娼理由；5. 志愿娼妓的种别；6. 保证人。

第九条　公娼分为一、二、三等。各种乐户交纳每月的营业税以外，还须领取许可证，且3个月交换。许可费及营业税如下：

一等：许可费1元每月营业税5元；

二等：许可费80钱每月营业税4元；

三等：许可费50钱每月营业税3元。

第十条　娼妓申请许可时，须交付四寸半照片2枚，其中一枚交警务科保存，另一枚贴在许可证上。每3个月许更换照片。

第十一条　艺妓每月须交纳营业税以外，还须每6个月更换许可证，其营业税及许可费为：许可费1元，每月营业税3元。

第十二条　各种娼妓的价格及出局（宴会应召）的规定如下：

一等一晚上 10 元，二等一晚上 8 元，三等一晚上 6 元，出局一次 1 元。

第十三条　乐户的公娼如果停止营业而出嫁者，须申请取消营业许可证。

第十四条　各种娼妓每周一次到医务所接受检查，如患疾病在治疗期间须停止营业。

第十五条　娼妓出局必须带好局票，局票一张须付 20 钱，从本处医务科购买。

第十六条　乐户如有以下事项，本处将予以处罚：

1. 故意修改乐户许可证者；

2. 收容年龄未满 16 岁或者即使满 16 岁但发育不良者；

3. 有原配偶而后悔成为娼妓者；

4. 引诱良家妇女者；

5. 隐瞒娼妓的人数者；

6. 不正确记载娼妓出局而故意修改者；

7. 娼妓打算出嫁而故意强留者；

8. 其他一切违反本规定者。

第十七条　娼妓如有以下事情者将受本处适当处罚：

1. 故意修改许可证者；

2. 与出局票所记之妓女姓名、时间、场合不相符合者；

3. 娼妓在乐户里私自营业者；

4. 隐瞒花柳病者；

5. 其他一切违反规定者。

第十八条　本规定可以由参事会随时修订。

第十九条　本规定自公布之日起施行。

（［日］吉见义明主编：《从军慰安妇资料集》，大月书店 1992 年版，第 240—247 页，苏智良译。）

（二十一）福建

1. 福　州

（1）福州日军"慰安所"

福州第一次沦陷时，日军曾在榕烧杀奸掠无恶不作，不少良家女子被抢进日军在榕兵营作"慰安妇"：南街利亚药房店东女儿，被敌捕入其司令部，后摧残致癫痫；东街某医生之女，被日骑兵抢进兵营蹂躏，后自尽；长乐某夫妇，夜里同睡床上，突遇寇兵破门而入，日寇将其夫杀死，并将其妻夺回营里，供群寇奸淫……据1941年5月20日的永安版《中央日报》报道，日军侵入福州四周来，惨遭蹂躏劫掳之妇女不下二三千人。

日军1941年4月22日占领福州后，即在城内设立了许多慰安所。他们还在仓前山等地抓到很多妇女，然后集中于烟台山乐群楼的外侨俱乐部，作为慰安所，供其随时糟蹋，大楼内不时传出被辱妇女的凄惨哭声。鼓楼区妙巷37号以及南街郎官巷的一家绸缎店也被日军强占为慰安所。为了预防性病，日军还在塔巷建立随军卫生检查所。[1]1941年4月至1945年5月间，日军占领连江县时，曾将县城花坪坊居民游学筠的家改作慰安所，日本军官西岗规定每周的3、5两日为"行乐日"。[2]6月，约4000日军由霞浦进入福鼎，一路上强行掳掠妇女随军，以便随时奸淫。[3]

（苏智良）

（2）将福州妇女送往台湾、海南岛充当"慰安妇"

暴敌入寇福州，搜捕市内良家女子一千余人，以汽车押至南台，分载五船，开往口外，转登敌舰，开往台湾海南岛，供敌军蹂躏。……兽军于饭店酒楼内酗酒取乐，各娼寮妓女及良家女子，遭其侮辱者不计其数。

---

① 李秉新等主编：《侵华日军暴行总录》，河北人民出版社1995年版，第892页；政协福州市文史资料研究委员会编：《鼓楼文史资料》第1辑，第14页。

② 李秉新等主编：《侵华日军暴行总录》，河北人民出版社1995年版，第890页。

③ 李秉新等主编：《侵华日军暴行总录》，河北人民出版社1995年版，第881页。

（《新华日报》1941 年 5 月 5 日。）

（3）被掳载出口之妇女儿童已达三千二百余人

敌在福州奸杀掳掠，日益加甚，两星期来，被掳载出口之妇女儿童已达三千二百余人，遭奸污者不计其数，良家妇女因而自刎或因拒奸而遭惨杀者各二三百人，其穷凶极恶，可以想见。

（《新华日报》1941 年 5 月 13 日。）

（4）榕城日军"慰安所"调查记

2001 年 5 月 13 日，我趁出席第十届华东地区历史系主任联席会议之际，到榕城作一调查。

据记载，老城南街为日军慰安所的集中之地。我决定先去南街一访。从我所住的鼓山出发，到中心城区尚有不少路。现在的南街称南后街，路面并不宽，从杨桥东路到道山路止，也不算太长。但这里却曾经是福建著名的文化街、上等地。福州人称此地为"三坊七巷"。南街人杰地灵，为昔时榕城的精华所在，为岭南读书人之根基。明清以来，每幢厚墙之内，均有名人辈出，如林则徐、沈宝桢、林纾、严复、冰心、陈衍、林觉民、邓拓等。但是，人们怎能想到，沦陷期间，日本侵略军曾将这一著名的书香之街变成军队的"花街"。

我从杨桥东路折入南后街，向南没走几步，便是郎官巷，巷口有一副对联：郎官古巷沐春风；南后大道迎朝晖。很显然，对联是后人加上去的，并无多少雅气。但巷子里不宽的石板路则保持着古韵。两边厚墙黑瓦显露出当年官宦人家的遗风。郎官巷 20 号为严复故居，深宅大院，福州市人民政府于 1991 年 10 月 20 日立碑，确定其为福州市名人故居，但今天仍作为普通民居，与其他的建筑相比，只是多了一块石碑，而无任何实质性的保护措施。据史料记载，就在严复故居的郎官巷里，日军曾将一家绸缎店作为慰安所。观官巷之建筑，多为官宦人家，不可能开店。问了几个居民均不知道此段事情。我推测，绸缎店即慰安所有可能是两处之中的一个。一是入巷之后第一家，为平房建筑。另一为郎官巷与南后街的转角处，两层的木质建筑十分古老，现在还是商店，地址为南后街 83 号。

出了郎官巷沿着南后街往南，数家门面之后便是塔巷。塔巷顾名思义，因塔建巷，抬头观望，果然巷子口有座宝塔。据记载，日军占领时期，在这里建立军队卫生检查所，以对附近的"慰安妇"进行体检。

妙巷也有慰安所，我估计，妙巷也许应在南后街周围，但询问了多名行人、店主，人们似都以警惕的目光对待询问人，大概是受"蒙汗药"报道的影响吧？后来一位40多岁的三轮车夫说他知道，条件自然是坐他的三轮车，开价倒不贵，3元。至少已有30年没有坐人力车的我，终于坐上了车。不过七八分钟，车子到了一个小巷，上有路牌"妙巷"。原来妙巷在市中心八一七北路以东，"八一七"为福州解放日，八一七路也是福州标志性的繁华道。但一路之隔的妙巷倒是寂静之处。进入妙巷即为2号，这里是省电力局宿舍，往巷子走去，不过百米，与贤南路相接。巷子的北侧已是新楼林立。妙巷37号曾是日军的慰安所，但我走了几遍，仍未能找到37号。

在妙巷与贤南路相交处有一小杂货店，主人是个30来岁的少妇，姓周，知我来意后，周女士倒很是热情，她是本地土生的，原住妙巷26号。我请她回忆37号的情景，她尚记得很清楚。这37号是妙巷最好的房屋，坐落在巷子的北侧，门朝南，是个独门独院的2层建筑，听老人说，这里曾有日本人居住，战争时候，这里非常热闹。小时候常到那里去玩，解放后住着一对东北人夫妇。那房屋十分豪华，全部是地板，还有不少装饰。可惜的是37号约在10年前被拆除了。现在整个一条妙巷，只留下入巷处的老屋了。

在福州老城调查之后，已是三时过了，天空中又飘起细雨，我赶快叫了一辆出租车往闽江南岸驶去。司机姓吴，35岁，巧的是他过去就住在仓山附近，正是我要去的地方。听我说到烟台山，他自然非常熟悉，少年时可以说每幢房屋都进去过了。他说那一带是外国人居住区，洋房很多。到了烟台山口，我告别了热情的司机，往山上赶去，到了烟台山公园入口处，我询问卖票小姐，烟台山上有座"乐群楼"在哪里？她马上回答，沿着山路一直往上走，到了山顶一问便知。看来这幢楼房还挺有知名度。

烟台山虽说是山，但海拔不过百余米，并不高耸。不一会儿，我便到了山顶。首先映入眼帘的是有着高大门楼的福州军区第7干修所，上书"红军园"三个大字。"红军园"的旁边有条小路，隔着一条小路有一幢两层建筑，大门的入口处有两根立柱，我估计应是这幢楼房了。一问居民果然是。乐群楼原来是英国领事馆的俱乐部，外侨们或晚上或周末到此喝酒取乐。乐群楼面积很大，现在里面住了10来户居民。楼房基本完好地保存了下来。居民们多知道这幢房屋的故事，战争时候，这里是日本人的俱乐部，军官们都到这里来玩弄性奴隶。现在也常有记者来采访这幢名楼。摄影后，我在干修所门前遇到两位老人，一位姓吴，一位姓卓，都是本地人，据他们说，这红军园本来是英国领事馆，里面有不少西洋式建筑，可惜都已被拆除，现在的庭院早已面目全非了。沿着山脊往西去，有神学院，还有石厝教堂，教堂已非常陈旧，门前的石碑说明，1992年11月福州市政府认定为著名建筑之一。但现在教堂早已关门，成了解放军三七五零部队的工厂。就在这神圣的教堂之侧，日军设立了"合法的强奸场所"，对妇女进行长期的蹂躏。

我重新折回乐群楼处，从楼边的小路下山，这条小路为石板古道，保存完整，名崇圣庵巷，但庵堂未见。当年日军官兵正是从这条道上山到慰安所去寻欢作乐的。下了山即是仓前路，临闽江。询问一位朱先生，据他说，这一带老屋要数安澜会馆，现在，会馆尚存，只是作了文化市场。不远处，有条佛寺巷，佛寺尚在否？几经周折，我寻觅到一间极小的庙堂。只有一佛像，一化缘箱，一跪拜的蒲团，堪称世上最小庙堂之一。且庙堂漆黑一团，看了半天，终于看清楚是天安寺的包爷殿，但天安寺早已被破坏了。这仓山一带，日军也曾设立过慰安所，是在安澜会馆还是他处。则已无法考证了。

（苏智良于2001年5月16日。）

2. 马 尾

马尾日军"慰安所"

1941年4月21日，日军在福建马尾罗星塔登岸，成立警备司令部，以兰井为宪兵队长，宪兵队实际上特务组织，他们到处奸淫、抢掠、屠杀、放火。

马尾沦陷才三天，奸杀便开始了，日兵看到马限菜馆老板三六九（诨号）的未婚儿媳，向前调戏，女子急忙回房躲避，日兵无耻闯进，要想强行非礼，女子抵抗中咬他手臂，日兵连声呼痛，强奸不从更惹怒了敌人，日兵霎时抽出马刀，割断女子喉部，血流如注，而气管和食管未断，极力挣扎，极端凄惨。家属即刻请来近在咫尺的圣教（马江）医院医生，束手无策，眼巴巴看她断了气。……四乡妇女遭日军蹂躏的不在少数，晚上，有些日兵即穿堂入室，大喊"花姑娘"，吓得妇女包括老太婆都跑的跑，躲的躲。有的剪短了发，改着男装，瞒过日兵。后来日军占领马尾，设立两个军妓院，一个属于海军，地址在旧道尾（后街）"意园"里，挂一块"常盘"的牌子；另一个属于陆军，址在万富里（进步里）周家，到星期六下午和星期日，日兵来这里白昼宣淫，不能满足他们的兽欲时，附近妇女又遭了殃。

（陈公远：《日本侵略军在马尾的暴行》，政协马尾区委员会编印：《马尾抗战史话》，1995 年印行，第 8 页。）

3. 厦　门

厦门日军"慰安所"

1938 年 5 月，日军侵入厦门，便很快在周厝巷等地设立了一批海军慰安所，名字有"鋭乃"、"安田"、"明月"等。艺妓由日本女子担任，还拐骗贫苦的中国女子担任女招待，受尽日军的侮辱蹂躏。[1]根据日本厦门领事馆是年 10 月 1 日的统计，城内的海军慰安所里有从业员（女性）4 人，"慰安妇"13 人，均为日本女子。[2]这一统计显然没有将中国的女招待计算在内。慰安所在厦门存在的时期是相当长的（见下表）。

日本厦门总领事馆管辖内渡支的慰安妇

年月	职业	厦门	职业	厦门
1941.7	慰安所	2	艺酌妇	13
1941.8	慰安所	2	艺酌妇	14
1941.12	慰安所	1	艺酌妇	3
1942.3	慰安所	2	艺酌妇	4
1942.4	慰安所	3	艺酌妇	5
1942.9	慰安所	2		

（《支那事变ニ际シ邦人ノ渡支制限并取缔关系　暂定处理要纲渡支邦人暂定处理ニ关スル统计报告》，摘自［日］吉见义明主编：《从军慰安妇资料集》，大月书店 1992 年版，第 54 页，苏智良译。）

---

① 政协福建省厦门市委员会文史资料研究委员会编：《厦门文史资料》，1983 年印行，第 4 辑。第 108 页。
② ［日］吉见义明主编：《从军慰安妇资料集》，大月书店 1992 年版，第 258—259 页。

4. 金 门

勒令保长按户轮流派送妇女

连驻扎在海岛上的日军也设立了慰安所，如金门岛。1945 年 10 月 14 日的《新华日报》以"金门人民控诉日寇暴行要求严惩战犯"为题，揭露说："日军在金门罪恶滔天。该地日军人数最多时达一万六千多，因之全县各乡都受蹂躏，市区设有慰安所三处，各乡则以驻有人数多少，分别设置，勒令保长按户轮流派送妇女。"

（苏智良）

5. 大陈岛

朝鲜"慰安妇"在大陈岛"慰安所"

朝鲜"慰安妇"裴足间约在 1942 年时，从南京被转移到福建大陈岛的一个慰安所，继续遭受蹂躏。"慰安妇"们住在一个村子里，房子是日军从当地居民手中抢来的，然后将其作为慰安所使用。这个慰安所的房间地上铺着木板，不过房间里可没有给"慰安妇"安置床铺，"慰安妇"只能睡在地板上。裴足间还被称作春子。编号是 1 号。有 30 至 40 个朝鲜"慰安妇"。后来还有不少"慰安妇"被送进来，当然也有被送出去的。后来进来的"慰安妇"们年纪都比较大。其中来自朝鲜大邱、统营等比较多。慰安所由一两个朝鲜男子管理，每天晚上都有两个日本军人在慰安所附近巡逻。士兵们进慰安所时，从负责发票的管理者那里领取票子，上面有"慰安妇"的号码，军人就按照号码找"慰安妇"。"慰安妇"接待军人前先收下票子。裴足间因为长得比较漂亮，因此被一位上了年纪的军官指定接待他，那个军官肩章上有四条金线。后来他打仗时，被枪打坏了胳膊，被允许回日本去，在临行之前，又将裴足间介绍给了他的继任者。

"慰安妇"来月经时，慰安所的管理者就给"慰安妇"发又小又圆的海绵，

327

让"慰安妇"把它放进身体去，避免经血流出，以便照常接待日本兵。

在慰安所里负责做饭的是一位大娘，每天吃两顿。粮食是大陈岛的日军发给的，品质很糟糕，都是腐烂的麦米和发霉的鱿鱼干。"慰安妇"们为此向管理者表示抗议。所以"慰安妇"们经常挨饿。忍受不住时，就拿着箩筐，到中国人耕耘的田里去，摘一些南瓜什么的回来吃。

裴足间在那个慰安所有三四年之久。一个月接受一次身体检查，都是去军队医院检查的。但日军官兵显然没有遵守上慰安所必须使用避孕套的规定，因此，"慰安妇"怀孕之事时有发生。有一个女子甚至还将孩子生了下来。可是不幸的是那孩子很快就死了。还有一个"慰安妇"在怀孕时又得了严重的肋膜炎，不得不开刀，在治疗过程中，胎儿也死去了。当时"慰安妇"们流传的经验是，在月经来的时候，拼命地吃盐，以减少月经量，据说月经量少的话，就不容易怀孕。

每天下午4时到5时，慰安所都要集合点名，像正规的军队一样。这个时候是管理人训话的时间，内容是传达当天发生的事情和注意事项等，并处罚"慰安妇"中的不听话的人。因为裴足间等级高，常被管理者派去处罚那些犯了错误的人。处罚"慰安妇"的方法常常是木棍毒打。为严肃纪律，日军还让"慰安妇"们去观看日军杀害有间谍嫌疑的中国人的场面。杀人时，日军先挖个坑，然后再砍头杀人。重刑犯还要戴上篓子，如"共产党"或马贼。最少时，日军一天也要杀死十几个人，最多的时候，一天要杀掉四五十人。"慰安妇"们并不愿意看这种血腥的场面，常常借口身体欠佳而不去。

在冬天时，"慰安妇"一个月可以休息一天。说是休息天，但在那天早晨，休息的"慰安妇"在日军士兵的带领下，须到日军官兵的墓地去割草、插香，为战死的士兵们祈祷。还要去清洗官兵那些沾满血迹的军服和被子，洗完后再晾干缝合。

每次部队上前线去打仗时，所有的"慰安妇"都要去送行，军人们打仗返回时，又要列队迎接。空闲之时，还要参加消防训练，戴着黑色的帽子，穿着黑色的宽松裤。还要进行刺杀训练，把草袋竖放在一边，用刺刀不停地捅。

为了提高"慰安妇"的"士气"，日军还在"慰安妇"中推行等级制度。最高等级是四条金线和四颗星星。裴足间获准佩戴的是红色底板上面印有三条金线和三颗星星的等级章，在大陈岛慰安所里，她的等级是最高的了，原因是她做"慰安妇"的时间最长，接待的军人最多。裴足间很得意，常将等级章戴在自己的连衣裙上。

大陈岛慰安所一直开到日军战败。

（[韩]韩国挺身队问题对策协议会、韩国挺身队研究会编，金镇烈、黄一兵译：《被掠往侵略战场的慰安妇》，中国文史出版社 2000 年版，第 405—408 页。）

（二十二）云南

1. 保　山

（1）禾木树村"慰安所"
—— 保山市潞江乡张正孝证言

我叫张正孝，今年 80 岁，属狗。家里四世同堂，儿子张家华是村保健站站长。我们村原来在高黎贡山的余脉上，原来名为"红木树寨"。解放后改名禾木树村。

1942 年日本人进了保山，在我们村设立了据点。驻有很多日本兵，大约有一个大队吧。这个大队属于 113 联队，队长人称"神谷太君"。当时是有汉奸带路到村寨的背后偷袭，才把中国军队打垮后冲进来的。日本鬼子进来就烧杀抢，我的大爹张士义，因为不肯将一坛好酒给日本兵，就被杀死了。禾木树村曾遭日军与中国中央军的反复争夺，但最后还是被日军占领了。

日本人实行三光政策，烧光、杀光、抢光，什么坏事都干。我亲眼见二三百人被日本兵活埋，有的活埋了未死，老鸦来啄，那人的头还会左右转动，以躲避啄食的老鸦。我的一个表兄弟，杨春勇，年龄与我相仿，在麻檬寺被日本鬼子活活剐了 36 刀，然后脖子一刀"大开门"，才死了。现在想起这些我仍非常气愤（流泪）。村里有一大富豪叫杨富春，那是著名的红眼睛绿眉毛，称"杨胡子"，平时想打想杀，没人敢说话，家里有一个大的四合院，可以养一百多牲口，此时家人逃散，院子就做了日本人的据点，神谷太君就住在院子里。院子里有本地被抓去的妇女，大多是汉族，押在房里供日本鬼子奸淫，被称为"花姑娘"。常有人从这里面逃出去，逃出去被抓回的就被打死，杀死的就丢在杨家大宅前的山洼地里，据我所知，30 个妇女只多不少。这个房里被关押的妇女，自愿去的统统的没有，也根本没有日本鬼子给她们钱粮这种事。

被抓来的妇女，还有活着的，可是我不能说，绝对不能说，这是不好的事，她们有了小辈呀，不能说！我们村里就有三个，一个前几年死了，一个小我一岁，

79 岁，做了奶奶了，另一个 82 岁，做了曾祖母了。你们不能去调查，一调查，她们就知道是我说的了。

（1944 年）松山战役前，这里的日军据点撤走了，（据点里的）妇女们也都不见了。[①]战后中央军来了，战火把整个寨子都烧光了，杨家大院也早烧没了。后来，村子也从山上迁到了坝上，老宅子的墙基还在，我们老户中还有三户还在山上，以前的房子还都认得出。

但我因今年身子不爽，不能老住山上，也搬下来了。

（苏智良、陈丽菲 2001 年 8 月 23 日下午采访于潞江乡政府。）

（2）保山市潞江乡彭文成的证言

我今年 71 岁，属马，原来当过腊勐公社、腊勐乡的党委书记。

记得日本鬼子是 1944 年到 1945 年来我们这里的，打了两年的仗[②]。1944 年 4 月的一天，下着大雨，日军扫荡我们寨子。大家都逃到山上去了。我父亲彭周明当时约 30 岁，他与同乡殷茂发从躲藏的地方出来看看情况，结果就被日军抓住带到营地。我父亲被杀了 5 刀，死了。殷茂发被杀了两刀，晕过去未死。后来，他偷偷跑出营地告诉了我们家，我们才知道父亲死了，只能含泪将父亲的遗体给埋了，所以父亲身上的刀伤是我亲眼看到的。当时我家租了 6 头黄牛，被日军打死了 5 头，另一头也被切去了下巴；骡子也被打死了两头。当时我们寨子被日军杀死的还有王俊德、小王山等人，有的名字记不得了，是在董家沟被害死的；我记得回形村的王有兴被日军活埋了，就是张正孝刚才说的被活埋后头还会动的那个。当时谁也不敢去解救，因为日本人还在。阮小三、芒招田（音，傣族）和阎老三也被杀。阎家有七兄弟，阎家有个兄弟还健在。

被日军强奸的妇女有郭老兴的妈妈，当时 20 来岁。那天，她在田里砍甘蔗，就在现在榨糖的地方，被日军士兵拖进去强奸的，这是我亲眼见到的；香果园村还有张云秀、赖贵秀、王石秀被日军强奸；贤孝德（音，傣族）的母亲被日军强奸后，甚至还被日军的猎狗强奸，结果瘫在床上半年，后来还是死了。香果园的张云秀当时十七八岁，当时被日本人抓去服侍"太君"。被日军扣了十几天。后因乡果园维持会长金茂文去求情，才被放回，但已受了重伤，不久就死去了。

你问我们有没有反抗的，不敢啊！当时，日本鬼子只要死一个，日本人打听

---

① 据陈祖梁的调查，都随军撤走了。

② 彭文成老人回忆的年份有误，日军占领当地应在 1942 年到 1944 年间。

到是哪个村子的人干的，就把这个村庄夷为平地。老百姓又恨又怕，不敢动手，所以日本鬼子一个两个都敢到处乱闯，嚣张得很。

（苏智良、陈丽菲 2001 年 8 月 23 日下午采访于潞江乡政府。）

2. 龙 陵

（1）白塔村"慰安所"

该慰安所由侵华日军第 15 集团军第 56 师团第 113 联队开办，开办时间由 1942 年 5 月至 1944 年 11 月。历时约两年多。慰安所的房屋系强占民房，时有"慰安妇"二三十人，有日本人、朝鲜及中国妇女。中国妇女不准到街上走动，年龄一般为十八九岁至二十三四岁。其他情况不明。

（陈祖梁）

2001 年 8 月 25 日，我们与陈祖梁、沙必璐等在龙陵县外办副主任赵其慧的引导下，寻访了白塔村的日军慰安所旧址。该房屋较完整地保存着。正屋两层，左右厢房，木结构，现由赵姓人氏居住。当地人忌讳讲此处过去为慰安所，门上还挂着道家红布符咒。据赵其慧、陈祖梁等分别调查过。

慰安所遗址对面，是白塔村小学，由过去侵略龙陵的日本老兵出资一半，当地政府出资一半建成。

（苏智良、陈丽菲于 2001 年 8 月 25 日下午。）

（2）腊勐日军"慰安所"

① 强迫"慰安妇"到壕沟里满足士兵性欲

腊勐，日本人称其为拉孟，在腊勐的日军慰安所里，有日本女子 4 人，朝鲜女子 10 人。[①]日军的腊勐守备队有 1300 人，自然也设有慰安所，主要有 5 名朝鲜"慰安妇"和 15 名日本"慰安妇"。在战斗激烈时，"慰安妇"们被强迫到壕沟里来满足士兵们的性欲。

据后来被俘的女子 K 的谈话记录："说来是非常遗憾的事情啊。那是 1943

---

① ［日］西野瑠美子：《从军慰安妇と十五年战争》，明石书店 1993 年版，第 128 页。

年的事情，我所在的慰安所里的女子们逐渐向各地转移，腊勐的日军处境困难，逐渐被中国军队所包围了。"这时 K 被命令到为军队服务的商人那里去"慰安"了。而其他的"慰安妇"全部跟着日军行动，最后下士官命令"慰安妇"们全部到壕沟里去，然后士兵们往壕沟里扔了手榴弹，于是这些"慰安妇"就这样惨死在日军的手榴弹之下。

这里的 1943 年肯定是 1944 年的误记。关于日军的手榴弹事情，中国军队在 9 月 6 日有一记录，说松山的"黄家水井"，有日军的尸体共 106 具，其中中佐 1 人，还有 6 具女尸。

（［日］西野留美子：《追寻日军慰安妇》，日本媒体情报中心 1995 年版，第 136 页。）

② 腊勐乡大垭口"慰安所"

1）中国"慰安妇"幸存者李连春受害的大垭口"慰安所"

该慰安所系由侵华日军第 15 集团军第 56 师团第 113 联队开办。开办时间由 1942 年 5 月至 1944 年 9 月，历时两年多。慰安所设在腊勐大垭口，系强占民房开办，房屋已毁于战火。该所有"慰安妇"二三十人，其中有日本、朝鲜、中国妇女，年龄大多为十八九岁至二十四五岁。还有被强迫抓去的当地青年妇女，其中有自泥塘村的一名十五六岁的少女李连春，某日与另几名姑娘结伴赶腊勐街，忽然被日军包围，几名姑娘先遭日军轮奸，然后被抓到慰安所充当"慰安妇"。李连春在慰安所内过了一年多非人的生活，因不堪虐待，伺机逃出了魔窟。逃进了深山，隐姓埋名 50 多年，直到 1998 年才诉说她不幸的遭遇。她告诉笔者，该慰安所由日军直接管理，有门岗，由日本妇人当领班，"慰安妇"不准外出，每个房间都有编号牌，日军凭票入内，对号入房，"慰安妇"们有时每人每天需接待日军 10 多人。中国"慰安妇"不准穿中国服装，不准说中国话，由日本人教说简单的日语，说中国话就要遭到毒打。同她一起被抓去的其他几名当地女青年，有的被折磨死了，有的下落不明，只有她逃出了虎口。

该所"慰安妇"，在中国远征军攻克松山时，有的死在战壕里，有的被俘，被俘者后来遣送到了昆明俘虏集中营。

（陈祖梁）

龙陵腊勐乡大垭口为当年日军松山阵地的一部。在山岙的西侧，日军在部队营房的旁边设立慰安所。该慰安所规模颇大，有日本、朝鲜和中国"慰安妇"数十人。1944 年，战争后期日军因战事紧张，还命令"慰安妇"到战壕中去接受

"慰安"。

慰安所现在为苞谷地。龙陵县政府于 1991 年 12 月在此立一石碑，上书："松山战役主战场遗迹　侵华日军慰安所（军妓院）遗址"。

这里就是李连春受难之地。

（苏智良、陈丽菲于 2001 年 8 月 25 日下午。）

2）李德旺的证言

我是松山村人，今年 71 岁，属羊。

当时在松山驻扎有二三千日本兵，有个大队部就驻在对面的寨子里，我们寨子里也有不少日本兵。日本军官叫佐田太君，个子不高，穿着黄色的军服，年龄约 40 岁。我们寨子当时有 42 户人家。后来几乎都被日本鬼子杀光了。我的父亲、哥哥都是被日本人杀了。

我的父亲李正声，当时 40 岁，我的哥哥叫李顺宝，当时 15 岁，我那时 11 岁。日本人来到我们寨子，抓着我要我带他们去找大姑娘，我不肯，他们就打我。当时，姑娘们都躲起来了，但还是被日本兵抓住了一些。如杨永娣、杨小俊、何六凤、张凤英等，都被日本鬼子强奸了。张凤英还被日军的狼狗强奸了，后来被打死了。日本鬼子都是当着丈夫的面强奸他的妻子的。有个日本兵要我的哥哥李顺宝强奸妇女，我哥不肯，就被刺了一刀。当时，我亲眼见到被枪毙的有 4 个人，是李某某、严老舍、郭某某等，这是在 1942 年农历 7 月和 9 月发生的事。我家共 8 口人，死了 4 口人。

日本鬼子常来抓姑娘，强奸完了就带到营房。我们寨子上被带到营房的有 3 位。这 3 位老太都很长寿的，分别在 96 岁、94 岁、92 岁时去世。其中有一位叫施换弟的，被日军拖去山上轮奸，她假意对日本鬼子说受了伤不能走路，央求鬼子去山下牵马来，说是愿意去营房。结果日本兵去牵马时，她赶快逃到潞江坝，后又逃回家了。这个人刚一个月前才病死。

3）杨家运的证言

我今年 75 岁，大齐树村人。

日本鬼子来时，我 14 岁，被日军抓去做工。日本兵给我起了个日本名字叫"三郎"。他们好像很喜欢我，每个月给我 15 元国币。有时还给我三五元的零花钱。他们有时会抱我、亲我、咬我。我每天给他们做两顿饭，我当时在日本兵的行政本部中干活，做了有一年多吧。所以会讲一些日本话。有时还帮日本人当当翻译。一般日本兵也会说一些中国话。我当时不肯留在那里，日本兵硬要留我，让我跟着部队开拔。我说我还要读书呢，就想办法走掉了。

腊勐乡这边的慰安所，有两座房子。四五十个妇女，周围有篱笆围着，屋子用石灰刷过，是这一带比较好的房子。每个妇女一小间，一张铺，一间房屋不超过 6 平方米，床是木床，由日本士兵做的，战后我们进去瞧过。我看到过 3 个朝鲜"慰安妇"赶街去，穿着短袖短袍裙，很漂亮的。慰安所里也有满洲姑娘，她们都穿着高跟鞋，一般年龄十七八岁到二十五六岁之间。这里 3 个月换"警兵"，即抓当地民夫，用来站岗放哨做杂活。

战争即将结束时，这些"慰安妇"老是赶着士兵叫"しせ哥哥，せこせこ"，她们害怕士兵将她们抛弃，很想找个靠山保护。后来她们有些被日本人杀死了，有的当了俘虏。当俘虏的都会说一些中国话，最后被遣送走了。

4）阎永宝的证言

我今年 75 岁，属羊，黄家水井村人。

我记得这一带有两个慰安所，一个在大垭口，即腊勐慰安所，另一个在大龙，即狼坝寨，也叫关山阵地。有些是拖当地妇女充当"慰安妇"的。

（苏智良、陈丽菲 2001 年 8 月 25 日采访于腊勐乡大垭口村公所。）

（3）龙山镇董家沟"慰安所"

① 董家沟 28 号"慰安所"

龙陵县城龙山镇董家沟 28 号慰安所，是一处豪宅，有砖木门楼，雕花砌栋，当然时过境迁，已显陈旧。主人姓董，为董元撰、董元良兄弟。时为富商，后到泰国发展。据说美国总统尼克松访华时，兄弟两人中有一人出任卫星转播总工程师随同来华。至今旧屋依然住着其妹妹。

董宅为二进，经长长的胡同入门楼。可惜主人外出，不能入内观其详。但隔着木门，仍可窥见门内有正房、格子窗、廊柱和左右厢房等。

（苏智良、陈丽菲于 2001 年 8 月 25 日下午。）

2001 年 11 月 4 日，我们再次来董家沟慰安所遗址调查，这次巧的是，遇见了房屋的主人。主人就住在这幢董家老房的旁边的 18 号，名董桂鹤。她 1930年生于缅甸。

董家为龙陵世族。董桂鹤的祖父一辈有 4 兄弟，经商致富，购置大量土地，以董家沟为界，前面是老大和老二的土地，后面是老三（董腾龙）和老四（董从龙）的地界。这幢老屋就是董桂鹤之三祖父和四祖父所建。房产证上写明土地使用者为董腾龙和董从龙，土地面积占 842.1 平方米，建筑占地 367.7 平方米。

董从龙早年在缅甸经商。先娶龙陵段家女子为妻，生有 4 个儿子。后又在芒市娶当地土司官之女儿傣族女子方氏为妻，生 5 子 3 女。董从龙后携方氏返缅甸胶脉。而段氏所生子女多在龙陵。

董桂鹤之母番世玉，父亲董良富。

董家老屋约建造于 20 世纪 20 年代。四合院式，中有院子，本地称四合院五天井。老屋上下两层，木结构，雕刻精细，镏金雕花，相当有艺术性，两层的客堂楼还有木对联等。共有 22 个房间，每个房间 20 多个平方。可惜，年久失修，且在"文化大革命"中遭到严重破坏。董桂鹤全家住到 1990 年造新屋，才移出。

估计该慰安所的规模是很大的，它从 1942 年一直延续到 1944 年日军败退，这一事实，当地人人所皆知。但由于我们没有访到进出慰安所者，而不得其详。

（苏智良、陈丽菲记于 2001 年 11 月 9 日。）

② 董家沟田家大院"慰安所"

该所系侵华日军第 15 集团军第 56 师团 113 联队开办。开办时间由 1942 年 6 月至 1944 年 11 月，历时两年半左右。慰安所房屋系强占董家沟田家大院开设，该民宅为木结构四合院。两层楼房，现仍保存完整。该所有"慰安妇"二三十人，有朝鲜人、中国东北人、日本人。"慰安妇"年龄一般在二十岁左右，每隔一段时间"慰安妇"就有些调换。慰安所由日军直接管理，每个房间都有号牌，有领班的"慰安妇"，日军凭票入内。该所"慰安妇"大部分死于战火中，少数被俘。

（陈祖梁）

（4）松山日军"慰安所"

腊勐近郊的松山，曾经是日军防线的中心阵地。在松山上有 24 名女子。她们除了要接受日本官兵的蹂躏以外，还要帮助士兵洗衣服、做饭菜、整理洞穴。她们没有收入。日军官兵经常对她们说，如果被中国军队抓住的话，肯定会遭受严厉的刑罚，所以她们都非常害怕。

在中国军队向松山发起进攻时，这些女子都到地下壕沟去避难，结果仍有 14 人在炮击中被炸死了。

1944 年 9 月 3 日，中国第 8 军的士兵俘虏了 5 名"慰安妇"。随军记者拍下了照片，照片上有一名士兵和 4 名妇女。这 4 名妇女穿着非常脏的衣服，其中 3 个是朝鲜人，只有一个是日本人。"慰安妇"的年龄在 24 岁到 27 岁之间，那个日本人年龄最大，为35岁，是管理"慰安妇"的。有一位还怀孕了。这位怀孕的妇女姓朴，叫朴永心，2000年曾作为朝鲜原告之一出席在东京举行的审判日本性奴隶制度的国际法庭。这张照片被美国华盛顿国会图书馆保存着，在台湾也有。而在云南腾冲也有保存。根据中国缅甸远征军司令官9月7日向蒋介石报告的记录，俘虏敌妇5人。原来照片下面的解释是：JAP COMFORT GIRLS。

但是，根据美军方面的记载，总数抓获了10名妇女，这也许是在9月3日以后陆续抓到的。

（陈祖梁）

（5）龙山卡"慰安所"

该所由侵华日军第15集团军第56师团第113联队开办。开办时间由1942年夏天至1944年秋天，历时两年多。慰安所设在龙山卡的一家民房内。有"慰安妇"二十多人，年龄大多在二十四五岁，也有十六七岁的，其中有日本妇女、朝鲜妇女、中国妇女，也有被抓去的当地女青年。一位不愿透露姓名的原中国籍当地人"慰安妇"告诉笔者，日军曾向龙陵县伪维持会要求派给600名花姑娘。维持会说，龙陵县小，没有这么多花姑娘，只给日军送去了十几名花姑娘。

该慰安所由日军直接管理，"慰安妇"每隔一段时间就有调换。中国远征军反攻滇西时，有的"慰安妇"死于战火中，有的被俘，有的下落不明。

（陈祖梁）

（6）有6名"慰安妇"的"慰安所"

龙陵的慰安所有6名"慰安妇"。

（［日］野中秀雄：《我的战争日记》1981年7月私家版。）

3. 腾　冲

（1）腾冲的日军"慰安所"

腾越（今腾冲）是日军的中心据点，因此日军早在1942年占领该地后，就设立了一批慰安所。日军行政班本部命令伪县长钟镜秋、维持会会长李子盛等强拉当地妇女包括汉族、傣族妇女等充当"慰安妇"。1944年2月3日的《新华日报》在"昆明通讯"一栏中报道："敌寇去岁屡次犯我腾北，遭到打击后，大部敌兵都感觉厌战。敌酋无法可想，只得以强拉民间妇女士兵娱乐来提高情绪。在腾城西华街设立俱乐部一所，由汉奸强拉我妇女同胞14人，凡敌兵入内取乐，每人每时收军票5元，战地负伤者免费。该妇女等不堪蹂躏，等忿而自尽。"[1]当时，腾越城内有个慰安所，有朝鲜女子十四五人，名字叫花子、梅子、竹子、松子、广子等。城外也有一个慰安所，有朝鲜女子8人，名字有明美、音丸等。在孟连的慰安所里有朝鲜女子四五人。[2]

1944年9月，中国远征军发动反攻，一举消灭守城日军第56师团的一部，夺回腾越。在最后的时刻，日军残酷地将日本、朝鲜和台湾的"慰安妇"集体屠杀。[3]9月15日拍摄的在腾冲城的城墙的角落，散乱着一批女尸，墙壁上有很多的弹痕，左侧的尸体，可以清晰地看出是火焰喷射器烧过的痕迹，尸体的大腿和腹部有明显的黑焦的颜色。

还有一张照片是3名中国士兵在对一些女尸进行掩埋，这时尸体已经开始腐烂，其中的一名中国士兵在鼻子上缠着块布，以抵挡难闻的气味。从照片看，已经看不见城内的景色，远处可以看到起伏的山坡的轮廓线。这张照片有可能是在日军的炮兵阵地来凤山周围拍摄的，来凤山在腾冲城的南边。在美军所加的照片说明中有"妇女多为朝鲜人"。来凤山是中国军队于7月27日攻克的。等到攻占腾冲城后，中国军队才有可能打扫战场，所以掩埋这些死尸，已经是40多天以后了。

尽管如此，最后仍有18名"慰安妇"被中国远征军生俘。[4]根据记录，其中有台湾来的"慰安妇"3人，朝鲜人2人，其余都是日本人。照片为中国军队第198师第592团团长陶达纲保存的。陶团长记录道："友军第53军各部勇敢地突入腾越城。25日下午，腾越城内的日军已完全消灭了。我军缴获了好多野炮、山炮、速射炮、轻重机枪、步枪、马枪等武器，在俘虏中有3个女性，年龄20多岁，梳着短发，狼狈不成人形。"[5]她们又紧张又饥饿，十分疲劳，交杂着日

---

① 《昆明通讯》，《新华日报》1944年2月3日。

② ［日］西野瑠美子：《从军慰安妇と十五年战争》，明石书店1993年版，第139页。

③ 腾冲县政协文史员科编辑委员会编：《腾冲文史资料》第1辑，1988年印行，第143页。

④ 腾冲县政协文史员科编辑委员会编：《腾冲文史资料》第1辑，1988年印行，第296页。

⑤ 陶达纲：《滇西抗日血战写实（民国33年—34年）》，"中华民国"国防部史政编译局1988年版。转引自日本女性亚洲和平国民基金"慰安妇"关系资料委员会编：《"慰安妇"问题调查报告1999》，第70页。

本语和台湾语作交谈。这些便是日军中的"营妓",这体现了日军的兽行。她们从洞穴中出来时,感到很可怜。被日军胁迫的台湾女同胞,也是十分憎恨日军的行为的。我们立即将她们送往后方。

照片是在25日下午拍摄的。陶团长关于25日俘获的记载,时间上有误,根据《中华民国重要史料初编——对日抗战时期第二编作战经过》一书所用的档案,在9月14日的战斗报告中就有"俘获军官3人,士兵52人,营妓18人"。[1]

在拉孟、龙陵和芒市即将失守之时,日本"慰安妇"或被日军杀死,或自杀;而朝鲜"慰安妇"多活了下来。[2]

（苏智良）

（2）西华街"慰安所"

敌寇去岁屡次犯我腾北,遭到打击后,大部敌兵都感觉厌战。敌酋无法可想,只得以强拉民间妇女供士兵娱乐来提高情绪。在腾城西华街设立俱乐部一所,由汉奸强拉我妇女同胞14人,凡敌兵入内取乐,每人每日收军票5元,战地负伤者免费。该妇女等不堪蹂躏,多忿而自尽。

（《昆明通讯》,《新华日报》1944年2月3日。）

（3）城关南门内左所街"慰安所"

该慰安所由侵华日军第15集团军第56师团第148联队开办。时间由1942年5月至1944年9月,历时两年多。慰安所房屋系强占左所街居民熊龙家的民宅,为中式四合院。该所有"慰安妇"二三十人,其中有日本人、朝鲜人、中国人,年龄多数在十八九岁至二十四五岁之间。其中有日军强迫征召的当地中国妇人,有一名叫许老焕的中国妇女就是腾冲县洞山乡人。中国妇女在慰安所内不准说中国话,说中国话就遭毒打,由日本领班教说一些极简单的接待用日语。"慰安妇"也不准出街。慰安所由日军直接管理,每个"慰安妇"的房门上都有编号牌,日军凭票进入慰安所,对号入房奸淫。"慰安妇"每人每天接待日军人数不等,少则数人,多则一二十人,开仗前夕或开仗之后接待日军人数最多,甚至规定每个日军进入房内不得超过30分钟,日军在门外排队等待。该所有一名做饭的日军,名叫傅立吉。

① 秦孝仪主编:《中华民国重要史料初编——对日抗战时期第二编作战经过》,台北1981年版,第507—508页。
② [日]千田夏光:《从军慰安妇》,光文社1981年版,第162页。

腾冲光复前夕，所内"慰安妇"全部进入战壕内，有的"慰安妇"被炸死在战壕内，有的被日军剖腹杀死，有的被日军强迫用手榴弹自杀，有的被日军发给毒药强迫服毒自杀，有 14 名被中国军队生俘，其中属日军籍、朝鲜籍的"慰安妇"被送往昆明俘虏集中营，属中国籍的"慰安妇"被解救送回原籍，洞山乡的许老焕也回了原籍。

（陈祖梁）

（4）南门外顺城街"慰安所"

该慰安所由日军 148 联队开设。开办时间由 1942 年 5 月至 1944 年 9 月，历时两年多。慰安所的房屋是强占县城南门外顺城街蔡某某家的民房。房屋建筑宏伟，为木结构四合院，有铁栅栏大门，原建筑保存完整。时有"慰安妇"10 来人，为日本、朝鲜、中国妇女，年龄均为 20 岁左右。该所由日本人直接管理，设由门岗。"慰安妇"的房门上有编号牌。该所"慰安妇"专供军官玩弄，不准士兵涉足，有军官长期居住在所内。滕冲光复前夕，有的"慰安妇"被日军发给毒药迫令服毒自杀，有的被强迫用手榴弹自杀，有的被剖腹而死，有的被俘。

（陈祖梁）

（5）明朗乡荷花池"慰安所"

荷花池慰安所，由侵华日军第 15 集团军第 56 师团第 148 联队第某大队（部队长江藤）开设。开办时间由 1942 年 10 月初至 1943 年 6 月底。前后历时约 9 个月。慰安所的房屋为木结构四合院，系强占前荷花池村民尹家令家的民房开办。时有"慰安妇"一二十人，都是 20 岁左右的青年妇女，有日本人、朝鲜人和中国人，其中有两名"慰安妇"尹某某和张某某是被日军胁迫进入慰安所的当地农村青年。该慰安所由日军直接管理，由一名年纪稍大的日本妇女当管事，每个"慰安妇"的房门上都有编号和姓名，"慰安妇"不得外出，亦不得讲中国话，中国"慰安妇"由日本人教简单日常会话。日军官兵凭票进入慰安所，对号入房泄欲。被胁迫的两名当地"慰安妇"，张某某不久就伺机逃跑了，尹某某在日军败退后亦逃离虎口去了缅甸。1943 年 6 月 30 日，该部日军撤退到县城，该慰安所随之撤退，房屋被日军烧毁。"慰安妇"随日军撤入县城，以后之遭遇不详。原房屋被烧毁后，屋主人尹家令又在原址重建了茅屋居住，后又改建为瓦屋，但其规模已不如原建筑。

（陈祖梁）

（6）界头乡朱家寨"慰安所"

由侵华日军第15集团军第56师团第148联队开设。开设时间由1942年秋至1944年夏秋之间，历时约两年左右。强占当地居民朱诚民家的民房开办慰安所，房屋为木结构四合院，原建筑至今尚存。时有"慰安妇"二三十人，多为日本、朝鲜、中国青年妇女，年龄大多为十七八岁至二十三四岁，由日军直接管理，设有门卫。"慰安妇"不得自由出入大门，其遭遇情况不详。

（陈祖梁）

（7）腾越镇光华路174—225号"慰安所"

1942年到1944年存在，以朝鲜妇女为主，"慰安妇"有20多人。原来的房主为蔡国柱的父亲蔡足昌，是一位华侨商人。慰安所为日军第148联队服务，对象大体上是军官，房内挂着日本画，女子穿着和服。"慰安妇"的门上挂着牌子，上面表明该妇女的身体检查日期与军医姓名。大门口有日本士兵站岗守卫。"慰安妇"们在腾冲的财神庙的战壕中被远征军俘虏。

（苏智良、陈丽菲采访于2001年8月26日。）

（8）腾越镇陈家宅"慰安所"

该房屋原来属陈国珍、陈国宝兄弟，他们在缅甸做生意。房屋结构为四合院，前后两院，还有两眼水井。"慰安妇"主要是朝鲜人，有30多个。日军在溃败前，将"慰安妇"投入水井中，陈家主人回来后，曾从水井中捞出尸体，都是穿裙子、拖鞋的。

（苏智良、陈丽菲采访于2001年8月26日。）

（9）文庙"慰安所"

腾冲县的文庙颇具规模，前有宽阔的广场、水塘、石桥，进大门后是雄伟的大殿，至今尚存。慰安所设在大殿的后面，是画梁翘檐的小殿，现在仍完好。
文庙现在是腾冲文物管理所。

（苏智良、陈丽菲采访于2001年8月26日。）

（10）"慰安妇"在腾冲日军"慰安所"

① 日本士兵口中的腾越日军"慰安妇"
说明：日军老兵吉野孝公1913年10月7日生于九州，战时担任卫生队本部

的上等兵。他在《腾越玉碎记》中讲述了他所亲历的腾冲战役，以及"慰安妇"的最后岁月。

腾越城内有个慰安所，有"慰安妇"花子、梅子、竹子、松子、广子等。

……在最后那些日子里，"慰安妇"承担了部队的炊事工作，饭做好就捏成饭团，冒着敌人的炮火送到战壕和地堡里，送到每一个把枪管打得通红的士兵手里，她们已经和部队结成一个整体了。

每个士兵的作用都必须得到发挥。如果让一名士兵去做饭，那么就有一支步枪打不响，它将直接影响"把腾越（即腾冲）确保，死守到十月"的师团命令，正因为如此，她们才向士兵提出："让我们来干吧，请您上前线去，务必好好向敌人瞄准"。

回想起来，当时那些士兵对她们的行动并没有感动，"谢谢"或者"啊，真过意不去"这样的话，完全是 30 年以后的今天才有的感情，或者叫作感叹吧。

在当时，女人的行动大家都觉得是应该的事。

战国时代（日本的战国时代）武将和武士在城陷之日与妻子同归于尽，是一种很常见的事。杀死儿子还有泪，但是让妻子自杀时却不会哭，因为是断了后嗣更让人觉得悲痛吧！

她们不只是做饭团子。东边缺少弹药就拖着沉重的弹药箱往东边去，西边手榴弹打完了她们又抬着手榴弹箱往西边去，总之哪里需要，她们就上哪里去。一只铁皮弹药箱有五六十公斤重，她们有时一个人拖住那么大家伙，咬紧牙关在地上爬；有时两人抬着一只，肩头和胳膊肘都磨出血来。有个叫君代子的姑娘，也是北九州人，平时很娇嫩的，连比茶碗重一些的东西也不曾端过。她和另一个女人合抬一只弹药箱，一颗子弹打中大腿，结果弹药箱砸下来，活活把她砸死了。

……战斗最激烈的时候，战场上已经没有男人女人之分了。女人和士兵穿一样的军装，头戴钢盔，她们不再是"慰安妇"，而是来自日本的战士。没有人退缩，也没有人哭泣，我想她们的心情一定变成了古代武将的妻子，随时准备同丈夫一道牺牲。我听许多当过士兵的人现在回忆说，长时间同她们在一个部队，越是远离日本，她们就越是变成士兵的一部分了。

后来，司令官令焚烧军旗，砸毁电台，全体官兵准备"玉碎"。有个叫爱子的千叶姑娘，平时对一个年轻的 A 少尉有感情。9 月 11 日敌人总攻击开始，爱子就脱下军装和钢盔，换上干净漂亮的和服，来到正在地堡里战斗的 A 少尉身边。她当着惊讶的士兵们对少尉说："求求您，请杀死我吧！"这就是"美丽的死"，即死在自己爱人的怀抱，也就是想象中的情死。

少尉面对跪在地上的爱子姑娘，一时间竟然畏缩不前。爱子急了，流着眼泪说："您要是不杀死我，我就留在您身边，直到敌人把我们一起杀死。"

所有的士兵都被爱子感动了，他们默默地望着 A 少尉，眼睛里流露了责备的意思。人与人的心理感应，恐怕只有在死的时候才能相通吧。A 少尉眼圈通红了，沙哑着嗓子说："爱子，我明白你的意思。你的决心好极了，我很快就跟着你去。"

说完，拔出手枪朝爱子的耳根开了一枪。爱子晃了晃，一头栽倒在地上。少尉连眼睛也没有眨，转过身又继续战斗。当天夜里，这座地堡被火焰喷射器摧毁，所有的尸体都烧焦了，无法辨认。

同一天，有 3 名日本"慰安妇"学着爱子的榜样，被自己爱恋的士兵杀死。

据说有个叫清子的静冈"慰安妇"，被所爱的人拒绝开枪，就绝望地爬出战壕，迎着敌人的枪弹走去，士兵们还没有来得及去拖住她，敌人的机关枪就把她的身体扫得好像马蜂窝……

士兵们全哭了，他们悲痛地喊着："你们为什么要被杀死？死有我们足够了！士兵就是为死而来的。你们是女人，不是士兵，请你们务必要活下去，活着回日本！"……

当天夜里，剩下 30 多个日本"慰安妇"，受军国主义的毒害实在是太深了，真是可悲。

（［日］西野留美子：《从军慰安妇と十五年战争》，明石书店 1993 年版，第 14、126、141 页。）

② 中国见证者口中的腾冲日军"慰安妇"

当腾冲城门尚未打开的时候，国军都知道城内尚有五六十个敌人随军营妓被包围在里面。果真我军登上南门城墙后，发现对面北门一条小巷里，常有三三两两的女人穿着花花绿绿的衣服，在那儿匆匆而过。后来小包围形成了，有时也会见到一两个营妓打扮得花枝招展从封锁口出入。国军士兵招手要她们过来，营妓却回头嫣然一笑，姗姗地走了。

营妓制度，在全世界军队里尚属稀有之事。于是在我军士兵的谈话中，都像神话一般传开了。

……一个十岁左右的中国小女孩，向来是替营妓们打洗脸水的。据她报告，当时她们全都躲在一个防空洞里，一天黎明的时候，忽然来了一个日本军官，用枪逐个结束了营妓们的生命，一共十三人。小女孩吓昏过去，捡了一条性命。

十四日上午，国军攻克腾冲最后一个据点。在一处墙缝里，发现十几具女尸，都穿和服，还有穿漂亮西服的。她们都被蒙上了眼睛，死得非常整齐。这些可怜的女人，生前为敌人泄欲，最后又被判处残忍的死刑，她们犯了什么罪呢？

打扫战场的时候，偶然发现了一群躲在稻田里的女人。她们有的穿便装，也有穿日本军装。营妓的被俘立刻轰动了全城。她们是哪国人？从哪儿来？以前是干什么的？长得漂亮吗？她们每天过得怎样的生活呢？……

一个女人能讲中国话。她告诉记者，她们都是朝鲜人，两年前从汉城、元山、仁川和平壤到中国来的。她们的到来，却不是强迫。日本军队创立营妓制度，派人到朝鲜招收女孩子到中国供应军队。因为营妓生活相当舒适，能赚很多钱，所以愿意做这种事情的女孩子亦不在少数。

日本营妓则是从日本国内自愿来为军队服务的。她们每星期检查一次身体，有病便加以治疗，平时管理极端严格，不许有丝毫的越轨行为。工作时间以外，营妓可以不受阻碍地外出游玩，军人则不允许私自带营妓出门，倘若违反纪律，无论官兵都要受到严厉惩处。

记者曾在腾冲城南参观了几座营妓公馆（亦即慰安所——引者注）。一个院子里有十几间房子。每间房门上贴有营妓的花名，以及卫生检查合格证。这种合格证每星期换一张，上面签有医官名字印章。房内陈设，有如日本式家庭，大约是想造成家乡的气氛，提高士兵的热情。……

有一件事非常值得我们警惕，就是那些多数来自日本的营妓。腾冲战役直到最后时刻，敌人并没有丝毫的淫乱行为，营妓的生活同士兵一样，每天两包饭团或者一包饼干。她们戴上钢盔，帮助士兵搬运弹药，甚至用机枪或步枪向国军射击。敌人崩溃的时候，把她们全部处决了，也有说法是自杀的。总之没有一个日本营妓活下来。但是国军士兵与敌人近在咫尺，竟没有人听见过女性呼救或者哭泣的声音。这说明日本营妓都有很坚强的意志。

当时，日军还抓获30余名中国姑娘做"慰安妇"，中国军队已从四面将腾越城围了个水泄不通。中队长太田号称有坚强的武士道精神，实际上早已丧失了信心。他唯一的兴趣就是每日晚上到"慰安妇"那里去过夜。这是一个只有19岁的傣族姑娘，名字叫王娅琼。她每日遭受这个日本魔鬼的折磨，已无法忍受了。就在太田再次用粗壮的身躯压迫她时，她带着满腔的仇恨和无尽的屈辱，出其不意地抓坏了太田的睾丸。这使得太田狂怒不已，挥刀挑开了王娅琼的胸膛。

（潘世徵文，中国国民党军事系统《扫荡报》1944年9月26日。）

③ 日军"慰安妇"的最后岁月

从云南省到北缅甸有一千数百名日军"慰安妇"，跟着日军过着相当悲惨的生活，金一勉的《最后的悲剧像》一书说："北缅甸的山岳阵地，九州出身的龙兵团，带去了'慰安妇'，那是九州的天草女和朝鲜姑娘，没有女人就不能提高士气，他们白天恶战苦斗，晚上带着血与土回来抱女人。"

配置北缅甸一带的日本军中的"慰安妇"，约有1300人，其中最拼命抵抗的三据点守备队……云南的拉孟、腾越、北缅甸的米托基那。拉孟有1300名士兵，在地下4公尺的仓库里放着弹药和粮食。13个阵地从地下连接起来，白天晚上可以自由来往。周围以铁丝网围着，也有三公里的水道，是一个要塞。这里有20个"慰安妇"（其中15个日本女人，5个朝鲜人）在壕沟里负责处理士兵的性欲。1944年春天，中国军队5万人包围了拉孟，一天射入数千发炮弹，空中也投下炸弹，硝烟与尘土风沙，前方都看不到。日本阵地内4个一组分七个班（一共28人）充当敢死队偷袭中国阵地，他们改穿中国军服，手持手榴弹及步枪，出去夜袭。这些敢死队出发前，都特别让他们搂抱"慰安妇"，日军到最后时刻还把战斗行为和性行为连在一起。阵营中生存的士兵，也有突然发生精神异常而逃出去的。

士兵减少了一半，20个"慰安妇"穿上死去士兵的军服，运输弹药，担任300名伤员的救护，在拉孟阵地只有等待死亡。拉孟全灭以前，在战斗中，"慰安妇"菅昭子和失明伤员户山下士要求金光队长准许他们结婚，当然日军原来是不准士兵和"慰安妇"结婚的。但事实上，"慰安妇"与士兵没有区分，军中的规定不能通用，全体只在死亡前一刻，队长查出内情，准许他们结婚。菅昭子想结束"慰安妇"的生涯，而以"人妻"的身份死去，满足作为一个女人最好的愿望。得到队长许可后，他们以土器当作交杯酒。

拉孟的日军与数万中国军队死斗一百余天，1944年9月7日，生存的人全部奔入死亡之地。"最可怜的是5个朝鲜姑娘，"据前缅甸军参谋辻政信说，"最后一天，日本姑娘突以和服化装后，吃下青酸卡里，十几个人抱成一团自杀。朝鲜姑娘生存着投降。"事实当然与这位参谋的说法有出入。

有的战地记者说朝鲜人"慰安妇"也是一起消失，不管如何，被带回国的，她们的命运也相当悲惨。

拉孟全灭7日后，在腾越的朝鲜人"慰安妇"死得更惨。日军建筑腾越阵地时，使用中国军队的俘虏，生不如死。

腾越市街由城壁包围，是中国通往缅甸的要冲，居民已避难而出。腾越有日本守备队一个营和 7 个朝鲜"慰安妇"。6 月底被中国军队包围，演成阵前白热战，包围腾越市街高 5 到 6 米、宽 2 米的城墙，奉命死守的守备队，以此为最后抵抗线——墓场。在腾越阵地描写朝鲜人"慰安妇"末路最鲜明的是中尉长尾唯一的《玉碎》："中国军队杀入城内，激战之后，日本兵被消灭了三分之一，重伤达 600 名，弹药、粮食都没有，一日三顿的粥也没有了。"

7 名朝鲜人"慰安妇"，临时做护士看护病人，军医和卫生兵都以手榴弹打仗的时候，她们给伤兵喂饭和大小便。但是中国兵入城后，白热战中，7 名"慰安妇"失神丧胆，蹲在壕底不动。激烈的手榴弹战后，壕内 200 米前，朝鲜女性知道了命运，空中落下了中国空军的劝降书："大家停止无益战争，你们被军部及财阀煽动，丧失贵重的生命，这是不值得的，把枪举起，以手巾摇跑出阵地，到中国军这边来。我们保证生命，厚加优待。本国有双亲、妻子等你们回国，不要流无益的血，持此传单立刻来。"

这传单不会被地下壕中的朝鲜"慰安妇"看到，她们如果捡到一定逃出死地，但逃出去后会被人从背后射杀。

日本兵不动，中国军 4000 人进城，在南城展开激烈白热战，结果死了 200 个日本兵，这时 27 岁的太田守备队长交代处置军旗及重要文件及武器，留下手榴弹 500 个做最后自决用，这时队长决定把女人们一起杀死。她们生存投降中国，日本军内情有泄密可能，这时女人们因恐怖与疲劳，在壕中睡觉。太田队长向中士说："这些女人只需两个手榴弹在壕中炸裂。"可怜这些朝鲜女人被骗出故乡在中国大陆辗转为日军性奴隶，供数千数万日本兵蹂躏，没有得到一点报酬，最后又被手榴弹炸得血肉横飞。

（［日］金一勉：《天皇の軍隊と朝鮮人慰安婦》，三一书店 1976 年版，第 237 页；殷岸：《战争暴行——随军妇女回忆录》，新疆大学出版社 1997 年版，第 145—147 页。）

4. 芒 市

（1）芒市"慰安所"

芒市也设有慰安所。

（［日］大黑巍：《我们青春在大陆》，1988 年 4 月私家版。）

（2）树包塔"慰安所"

该慰安所由侵华日军第15集团第56师团开设，开办时间为1942年5月至1944年冬。历时两年多。慰安所系强占树包塔佛寺开办，原建筑物已毁，现在原址重建为小学校。该慰安所有"慰安妇"二三十人，有日本、朝鲜、中国妇女，由日军直接管理。

另据芒市群众说，1942年8月某日，日军大部队突然包围了广母、等相、蛮黑等村子，一天之内抓走了两卡车傣族姑娘，大约有七八十人，后来听说是抓到别处去充当"慰安妇"。事后土司克广的儿子方化龙曾找日本人打听过这些姑娘的下落，也没有得到明确的答复。后来再也没有关于这些姑娘的任何消息了。

（陈祖梁）

（3）三棵树"慰安所"

该慰安所由侵华日军第15集团军第56师团开办。开办时间由1942年夏天至1944年冬天，历时约两年半左右，"慰安妇"人数不详，有日本妇女、朝鲜妇女、中国妇女。由日军直接管理，其他情况不详。

（陈祖梁）

5．滇　西

（1）遮放、畹町"慰安所"

在遮放、畹町均有慰安所。

（都筑赖满：《地狱的战车军团》，从文社1982年5月私家版。）

（2）日军在滇西的"慰安所"

1942年5月，日军第15集团军第56师团全部及第18师团一部进犯中国滇西，占领怒江以西之腾冲、龙陵、芒市、畹町、瑞丽、遮放、陇川、盈江、梁河等县市地区达两年零八个月之久。在此期间，凡日军之师团、联队、大队等驻地均开办有慰安所，日军在滇西的慰安所不下二三十个，均由日军直接管理，"慰安妇"有日本、朝鲜、中国妇女。中国远征军反攻滇西，歼灭日军22000人，日军"慰安妇"有的被日军杀害，有的死于战火，有的被生俘，有的下落不明。

关于侵华日军滇西慰安所的情况，迄今还没有进行过调查研究。近来，笔者到上述8个县市进行了一些调查，难度很大。一是慰安所的历史已被尘封了半个多世纪，至今还健在的知情人已经越来越少了；二是鉴于中国传统观念，原日军慰安所中的中国"慰安妇"多数不愿意重述那段历史而予以回避；三是在滇西沦陷区中有6个县市是少数民族地区，因语言习俗等一些因素，给调查访问增加了诸多困难；四是侵华日军滇西慰安所均由日军直接管理，当地人民不得入内，对其内情知道不多。因此，在我们调查访问中，有的县市根本寻访不到知情人；有的知情人只知道其一不知其二，语焉不详；还有些情况是甲乙各说一词，互有出入。总之，我们花了很多时间精力进行调查，结果还是没有完全搞清楚侵华日军滇西慰安所的情况。

（陈祖梁）

（3）朝鲜"慰安妇"在滇西

第二次世界大战期间，日军强征了20多万朝鲜妇女充当日军的性奴隶——"慰安妇"，其中有近200名朝鲜籍妇女被日军强迫到了中国滇西各地的日军慰安所里。近年笔者搜集到了不少当年在滇西的朝鲜籍"慰安妇"的照片，这是日军实行性奴隶制犯罪的铁证。

2000年12月8日，笔者在日本东京制裁日本军性奴隶制犯罪的女性国际战犯法庭上，见到一个曾经被日军强迫到过中国滇西的朝鲜籍"慰安妇"出庭作证。她说，她原名叫朴永心，出生于1917年。1938年当她21岁时，被日军强迫征为"从军慰安妇"，然后被从平壤运送到中国南京，再转运到缅甸。1942年，她又被拉上车送到中国滇西，先后辗转于芒市、遮放、龙陵、腾冲、松山等地的日军慰安所里供日军任意蹂躏。日军给她取名叫"君春"。

在东京女性国际战犯法庭听证会上，笔者听完了朴永心的证言，当即取出带在身边的一摞有关滇西"慰安妇"的历史照片请朴永心辨认，她逐一认真审视后，肯定其中一张在云南松山被俘"慰安妇"中怀孕妇女的照片和另外3张全裸体的"慰安妇"照片就是她和她的同伴。

说起这3张裸体照片，是一个已不知道姓名的侵华日军军官当年在腾冲拍摄的。拍照的时间大约是1944年春夏之间，拍照的地点是腾冲城内南门街熊家，当时熊家被日军强占为慰安所。照片上的"君春"和她的同伴，一副无可奈何任人摆布的姿势，神态麻木，有苦无处诉，欲诉无言。难怪有一个日本炮兵说，当他进入慰安所领取到印着"冲锋"二字的避孕套时，他觉得这些"慰安妇"已经没有丝毫做女人的尊严，她们只是日军的性奴隶，是日本官兵发泄性欲的工具。

这3张朝鲜籍"慰安妇"的裸体照片，是慰安所房主人熊维元在腾冲光复后收拾房屋时发现的。据说，当时有满满的一箱照片，房主人怕惹麻烦事，只留下这3张裸照，其余的统统烧毁了。最近，慰安所的房主人将这3张保存了半个世纪的"慰安妇"的照片提供给了《腾冲报》社的李根志，李根志得知笔者正在调查侵华日军性奴隶制犯罪的情况，又将照片提供给了笔者。这是日军性奴隶制度的真实写照。日军的罪恶行径令人发指。

意想不到的是时隔半个多世纪，照片的主人朴永心历尽劫难却还活着，笔者竟然有缘在日本东京女性国际战犯法庭上遇到了这位已经83岁的朝鲜老人，并听取了她的证言。

在日本东京"制裁日本军性奴隶制犯罪的女性国际战犯法庭"上，南北朝鲜联合向法庭起诉了日本政府。她们指出，在第二次世界大战期间，朝鲜作为日本的殖民地，有20万朝鲜妇女被日本军队强征为从军"慰安妇"。现在北朝鲜还有218名活着的原日军"慰安妇"，韩国还有198名原"慰安妇"幸存者，韩国、朝鲜共有108名原"慰安妇"公开站出来作证。

据笔者调查得知，日军进犯滇西后不久，就运来了120名朝鲜籍"慰安妇"，先后在芒市、遮放、龙陵县城、镇安、平嘎、腊勐、腾冲县城、前花、界头、勐连等日军驻地建立了慰安所，以后又陆续调运增加"慰安妇"人数，仅朝鲜籍"慰安妇"就有200多人，她们大部分是从汉城、元山、仁川、平壤等地强征来的。各地"慰安妇"经常被轮换调动，以满足日军官兵喜新厌旧的欲求。这些朝鲜籍"慰安妇"除供日军泄欲外，有时还被迫为日军洗衣做饭。所有的朝鲜籍"慰安妇"都被取了日本名字，如：君春、朱美、音丸、良子、昭子、花子、信子、松子、弘子等，她们都很年轻，多数只有十七八岁，年纪最大的也不过二十四五岁。领班经常要求她们学唱一些日本歌曲。她们频繁辗转于滇西各地的慰安所，大多数人都在滇西待了两年多一点的时间，有的还在滇西生了孩子。

1944年5月，中国远征军开始滇西大反攻，盘踞滇西的日军末日来临。到了战争的最后时日，日军先是把这些"慰安妇"转移到了战壕里，然后分别进行"处理"，有的被集中起来引爆手榴弹杀害，有的被集体枪杀，有的被强迫服用升汞片毒杀，有的被投进深井溺死，大部分朝鲜"慰安妇"就这样命丧滇西。

有一部分朝鲜籍"慰安妇"在最后生死关头，勇敢地抗拒日军残酷的"自杀处理"，吼着"要当俘房"。有的勇敢地跳出日军战壕，拼命逃往中国远征军的前沿阵地，被中国军队收容而获得解放；有的躲在日军隐蔽壕里或在逃跑途中被中国军队俘房而得到优待。如：9月6日，有一个朝鲜"慰安妇"从松山逃出跑到龙陵县凤岭乡大松坪农民监视哨而获救；9月7日，在松山俘获了5个"慰安妇"，其中两个是中国广东人，两个是朝鲜人，还有1个不明国籍；9月9日，在腾冲县城财神庙西端的民房内搜出两个"慰安妇"，1个是腾冲当地妇女，1个是朝鲜人。

据笔者调查，在滇西反攻战役中，被中国远征军俘获而获得解放的日军"慰安妇"有数十人，其中，朝鲜籍"慰安妇"约十八九人，日本籍五人，中国妇女四五人。仅第53军在腾冲就俘获"慰安妇"18人，第54军也俘获2人。

所有被俘的日军"慰安妇"都得到中国远征军的优待。首先，供给她们充足的食品和生活必需品，接着将有病和受伤的"慰安妇"送往医院治疗。

前面说到的那个朝鲜籍"慰安妇"朴永心，当时她的名字叫君春，是从腾冲调到腊勐慰安所后，于9月3日在松山战壕里被俘的。她当时怀了身孕，大流血，当即被送到医院做了手术。

被俘的朝鲜籍"慰安妇"和5个日本籍"慰安妇"，先被送往保山集中，在保山休养了大约1个月后，经大理、楚雄转往昆明，在昆明住了不久，然后被转送重庆。到达重庆后，朝鲜籍"慰安妇"先被交由朝鲜人民军全部带走，日本籍"慰安妇"和日军俘房被收容在离城6公里的郊外。

1946年4月下旬，中国政府决定遣返收容在重庆的300多名战俘，在滇西战场俘房的日军约有150人左右，其中，在腾冲俘房的日军官兵55人，在松山俘房的15人，另有5名日本"慰安妇"。这时，朝鲜人民军又将在滇西俘获的全部朝鲜"慰安妇"送回到重庆的俘房收容所。于是，这些朝鲜籍"慰安妇"和日本籍"慰安妇"与日军俘房一起被遣返日本。她们分乘30辆汽车出发，经过9天的行驶到了湖南常德，然后于5月上旬行抵汉口，又乘船经长江航行两天到达南京，在南京待了1个星期后转往上海，她们踏上了驶往日本的轮船，最后于1946年6月19日在日本鹿儿岛上岸。

至于朝鲜籍"慰安妇"为什么交由朝鲜人民军带走后又被送了回来？为什么要遣往日本？到了日本后，她们又是怎样回到朝鲜的？对于这些问题，笔者却没有调查研究过。

到过中国滇西的朝鲜籍"慰安妇"，除被日军杀害的、被中国远征军俘获而得到解救的外，还有在龙陵、芒市、庶放、畹町等地的慰安所里的一部分"慰安妇"，也有随混在残败的日军里经缅甸、泰国逃走的。近来在滇西民间还有一种传闻说，有的朝鲜籍"慰安妇"当年逃散流落在民间，隐姓埋名至今还有活着的人。还有人说，两年前曾有 4 个 80 岁的老妇人，拄着拐杖一起来，到某机关诉说她们是朝鲜籍"慰安妇"，因无人相信，她们又消失在茫茫人海中无影无踪了。

（陈祖梁）

（二十三）贵州

独　山

（1）日军办临时"慰安所"，抓当地妇女

1944 年 11 月底，日军第 3、13 师团突破中国军队的黔贵边境防线，侵入离贵阳 130 公里的八寨、独山一线，日本"慰安妇"也随军进入了贵州。

日军第 13 师团进入独山境内后，沿途杀人放火，无恶不作。在城郊，日军将几十名当地妇女押入一间理发屋，作为临时慰安所，供其奸淫。

（李秉新等主编：《侵华日军暴行总录》，河北人民出版社 1995 年版，第 1244 页。）

（2）日本士兵口中的独山日军"慰安妇"

日本老兵浦部一人编的《独山——另一个战争》中写到，日军占领独山后，要求汉奸组织提供"花姑娘"。第二个姑娘也在保长和维持会长的反复劝说下，为了村上的治安，而被迫到日军那里去，遭受凌辱。"姑娘流着眼泪来了。"

（［日］吉见义明、林博史主编：《共同研究　日本军慰安妇》，东京三一书房 1995 年版，第 86 页。）

三、上海、海南日军"慰安所"统计表

（一）上海日军"慰安所"统计表

序号	名称	存在时间	"慰安妇"国别			地址	备注
			中国	日本	朝鲜		
1	大一沙龙	1932.1—1945.8	O	O	O	东宝兴路 125 弄、123 弄	建筑尚存
2	三好馆	1932.1—1938		O	O	吴淞路松柏里 36 号	已拆
3	小松亭（小松沙龙）	1932.1—1943		O	O	虹江路大富里 5 号，1938 年迁至海能路（今海南路）81 弄 30 号	已拆
4	永乐馆	1932.1—不详		O	O	狄思威路（今溧阳路）	
5	陆军"慰安妇"团	1932		O		吴淞、大场、江湾、纪家桥、庙行一带的农民房舍	
6	伦敦酒吧	1936—不详			O	虹江路 97 号，1939 年迁至虹江支路 95 号	已拆
7	心酒吧	1936—不详			O	虹江支路宝德里 8 号	已拆
8	伊甸园酒吧	1934—不详			O	虹江路 362 弄 5 号，1937 年迁至宝德里 8 号	已拆
9	阿里郎酒吧	1937.8—不详			O	北四川路丰盛里 25 号	已拆
10	少女酒吧	1936—不详			O	海宁路 322 号，1937 年迁至静安寺路（南京西路）安乐坊 17 号	建筑尚存
11	亚细亚酒吧	1936—不详			O	汉壁礼路（今汉阳路）35 弄 31 号	已拆
12	光酒吧	1942 年已存在			O	汉壁礼路（今汉阳路）35 弄 37 号	已拆
13	乐酒吧	1937—不详			O	汉壁礼路（今汉阳路）35 弄一带	已拆
14	贝贝酒吧	1936 年已存在			O	南浔路 121 号	建筑尚存

序号	名称	存在时间	"慰安妇"国别			地址	备注
			中国	日本	朝鲜		
15	伯格斯酒吧	1936 年已存在			○	南浔路 135 号	建筑尚存
16	一心亭	1933—1936				北四川路横浜桥美楣里 7 号	已拆
17	梅月	1933—1935				北四川路横浜桥美楣里 31 号	建筑尚存
18	千登势	1933				北四川路美楣里 6 号	已拆
19	大星亭	1933—1936				北四川路横浜桥美楣里	
20	海乐	1933				北四川路横浜桥美楣里 16 号	已拆
21	筑紫	1933—1945				北四川路横浜桥美楣里 36 号	建筑尚存
22	浮舟	1933—1936				北四川路横浜桥美楣里 27 号	建筑尚存
23	曙	1933—1944				北四川路横浜桥美楣里 26 号	建筑尚存
24	都亭	1933—1938				北四川路横浜桥美楣里 29 号	建筑尚存
25	上海俱乐部	1933—1943		○	○	北四川路克明里 7 号，1935 年迁至美楣里 10 号	已拆
26	胜利亭	1933—1938				北四川路横浜桥美楣里 20 号	已拆
27	红梦	1938—1940				北四川路美楣里	
28	松竹	1938—1944				北四川路横浜桥美楣里 21 号	已拆
29	山游	1938—1941				北四川路美楣里	
30	东优园	1933—1940				北四川路克明里（今四川北路 1689 弄）4 号	已拆
31	大胜馆	1933—1941		○	○	北四川路横浜桥美楣里 12 号，1936 年迁至克明里 8 号	已拆
32	春园	1940—不详		○		北四川路克明里（今四川北路 1689 弄）13 号	已拆

序号	名称	存在时间	"慰安妇"国别			地址	备注
			中国	日本	朝鲜		
33	虹口行乐所	不详	○	○	○	四川北路 1717 号	已拆
34	上海军人俱乐部	1942—1944				四川北路海伦西路口	
35	沪上园	1945				四川北路 2023 弄 7 号	建筑尚存
36	旭俱乐部	1942—不详				四川北路 2023 弄 8 号	建筑尚存
37	风月庄	1938—1944				施高塔路（今山阴路）花园里 17 号	建筑尚存
38	沪月	1940—1943				东宝兴路 183 号	已拆
39	末广	1940—1943		○		东宝兴路 138 弄 3 号	已拆
40	东宝兴路 135 号	20 世纪 30 年代初				东宝兴路 135 号	已拆
41	东宝兴路 8 号	1940.6.1—不详				东宝兴路 8 号	已拆
42	东宝兴路 260 号	1940.5.1—不详				东宝兴路 260 号	已拆
43	六一亭	1932—不详		○		四川北路 1604 弄 63 号	建筑尚存
44	四川里 52 号	不详		○		四川北路 1604 弄 52 号	建筑尚存
45	曙庄	1936—不详		○		四川北路 1604 弄 41 号	建筑尚存
46	南昌上海馆	1942				北四川路三新里 3 号	已拆
47	三新里 2 号	不详				北四川路三新里 2 号	已拆
48	松柏里慰安所	1940.6.1—不详				虬江路松柏里 38 号	已拆
49	松柏里慰安所	1940.6.1—不详				虬江路松柏里 8 号	已拆
50	松柏里慰安所	1939.11.1—不详				虬江路松柏里 16 号	已拆
51	松柏里慰安所	1939.12.1—不详				虬江路松柏里 32 号	已拆

序号	名称	存在时间	"慰安妇"国别			地址	备注
			中国	日本	朝鲜		
52	松柏里慰安所	1939.11.1—不详				虬江路松柏里 33 号	已拆
53	松柏里慰安所	1940.2.1—不详				虬江路松柏里 25 号	已拆
54	松柏里慰安所	1940.4.1—不详				虬江路松柏里 34 号	已拆
55	沪星	1941—1942				吴淞路松柏里 36 号	已拆
56	顺兴里慰安所	1940.5.1—不详				虬江路顺兴里 9 号	已拆
57	顺兴里慰安所	1940.5.1—不详				虬江路顺兴里 14 号	已拆
58	顺兴里慰安所	1940.6.1—不详				虬江路顺兴里 19 号	已拆
59	映生里 3 号慰安所	1939.12.1—不详				海山路映生里 3 号	已拆
60	余乐里 19 号慰安所	1940.1.1—不详				虬江路余乐里 19 号	已拆
61	フロクタ-酒吧	1939—1942				虬江支路 119 号	已拆
62	Idealism 酒吧	1939—1942				虬江支路 129 号	已拆
63	虬江支路 116 号慰安所	不详			○	虬江支路 116 号	已拆
64	海能路慰安所	1940.1.1—不详				海能路（今海南路）26 号	已拆
65	海能路慰安所	1940.4.1—不详				海能路（今海南路）31 号	已拆
66	水乐庄	1933—不详				海能路（今海南路）14 号，1943 年迁至 60 号	已拆
67	远东舞厅	1939—不详				海能路（今海南路）81 弄 48 号	已拆
68	新田食堂上海支店	不详				老靶子路（今武进路）234 号	建筑尚存

序号	名称	存在时间	"慰安妇"国别			地址	备注
			中国	日本	朝鲜		
69	广东街慰安所	1940.2.1—不详				广东街16号	已拆
70	广东街慰安所	1940.6.1—不详				广东街三多里4号	已拆
71	广东街慰安所	1939.11.1—不详				广东街三多里5号	已拆
72	广东街慰安所	1939.11.1—不详				广东街三多里6号	已拆
73	军之友社	不详	○		○	海宁路168号	已拆
74	三亚贸易公司	1942				海宁路顺天坊11号	建筑尚存
75	虹口旅社慰安所	1938年已存在	○			海宁路449号	建筑尚存
76	海军くガぬ俱乐部	1942—1943				海宁路粤秀坊9、11号	已拆
77	花月	1938—1943				文路（今塘沽路）278号	已拆
78	武昌路338号慰安所	1942		○		武昌路338号	建筑尚存
79	日之出酒吧	1939—1942				吴淞路克俭里3号	建筑尚存
80	汤恩路260号慰安所	1942				汤恩路（今哈尔滨路）260号	建筑尚存
81	海乃家	1939—1946.3	○	○	○	公平路425弄12号	建筑尚存
82	海乃家别馆	1943—1945.8.15	○	○	○	东长治路609弄3号	建筑尚存
83	蒙特卡罗酒吧	不详				东百老汇路（今东大名路）471号	已拆
84	公共租界慰安所	不详	○			公共租界	
85	中华旅馆慰安所	1938.1—不详	○			福州路604号—605号	

序号	名称	存在时间	"慰安妇"国别			地址	备注
			中国	日本	朝鲜		
86	大上海旅馆慰安所	1937.12—不详	○			天津路 423 号	建筑尚存
87	靠近法租界的慰安所	不详			○	法租界	
88	太仓路慈云别业慰安所	不详				太仓路 116 弄 2 号	已拆
89	梦花街慰安所	1938—1945	○			梦花街 151 号—153 号	建筑尚存
90	南市食堂	不详				南市中华路老西门 1505 号	已拆
91	闸北、虹口慰安所	1940—不详				虹江路 679 号	
92	北火车站路局大楼慰安所	不详	○			北火车站路局大楼	已拆
93	浦东庆宁寺慰安所	1940—1945	○			浦东上川路庆宁寺渡口	建筑尚存
94	其昌栈军官慰安所	1943—1945	○			钱仓路 350 号	建筑尚存
95	其昌栈士兵慰安所	1943—1945	○			钱仓路 350 号	建筑尚存
96	杨家宅慰安所	1938.1—1945	○	○	○	杨浦区东沈家宅	已拆
97	みよし陆军慰安所	1938—不详	○			万安路 777 号	
98	朝日楼慰安所	1938—不详	○			万安路 761 号	
99	平和庄陆军慰安所	1938—不详	○			万安路 759 号	
100	陆军慰安所	不详	○			万安路 769 号	建筑尚存
101	万安路 745 号慰安所	1938—不详	○	○	○	万安路 745 号	建筑尚存

序号	名称	存在时间	"慰安妇"国别			地址	备注
			中国	日本	朝鲜		
102	万安路588号—594号慰安所	1936—1945	O	O	O	万安路588号—594号	建筑尚存
103	天狗慰安所	不详				春生街73号	
104	立花楼慰安所	不详				花园路	
105	常盘慰安所	不详				江湾镇	
106	京屋	不详				江湾市中心昭和路	
107	敷岛楼	不详				江湾市中心区杨家宅（今杨浦区东沈家宅）	
108	第二加茂川	不详				江湾市中心樱花园内	
109	日东俱乐部	不详				江湾市中心区五角场九州旅馆	
110	闸北庄	不详				江湾市中心区二条路	
111	陆军军人俱乐部	不详				江湾市中心区政益路357号	
112	政府路慰安所	不详				政府路181弄富民花园近国光路	
113	三民路慰安所	不详				三民路附近	
114	大康纱厂附近的慰安所	不详				杨浦区大康纱厂（今上海第十二棉纺厂）对面	
115	千田、深谷部队慰安所	1936—不详				跃龙化工厂内汽车库	
116	羽田别庄	1942—不详				眉州路272号	
117	上海寮	1937—不详				杨树浦路、大连路码头附近野战邮局一带	
118	突击屋	1943				杨树浦路321号	
119	恭兴路军人俱乐部	不详				恭兴路	
120	花月	1940—不详		O		淞兴路232号	
121	玉乃家	1940—不详		O		畑路通	
122	新月	1940—不详		O		三益路71号	

序号	名称	存在时间	"慰安妇"国别			地址	备注
			中国	日本	朝鲜		
123	日之丸	1941—不详		○		苔市路 228 号	
124	朝日屋	1942—不详		○		淞兴路同江路口	
125	新上海	1942—不详		○		三益路 71 号	
126	末广	1944—不详		○		淞兴路 232 号	
127	名古屋	1938、1939—1945		○		三益路 77 号	
128	慰安所	1938、1939—1945	○	○	○	锦泰路 62 号	
129	慰安所	1938、1939—1945		○		逸仙路长江路口	
130	吴淞食堂	1938、1939—1945		○		淞兴路近商会路	
131	统一食堂	1938、1939—1945		○		同江路	
132	大陆食堂	1938、1939—1945		○		苔市路	
133	旭食堂	1938、1939—1945		○		淞兴路	
134	江华食堂	1938、1939—1945		○		同江路	
135	日之丸食堂	1938、1939—1945		○		不详	
136	上海食堂	1938、1939—1945		○		不详	
137	上海郊外的慰安所	不详			○	上海郊外	
138	嘉定南翔金家园慰安所	不详	○			嘉定南翔金家园	建筑尚存
139	嘉定南翔大德寺慰安所	不详	○			嘉定南翔大德寺西首	
140	嘉定人民街朱家洋房慰安所	不详	○			嘉定人民街	
141	嘉定中下塘街慰安所	不详	○			嘉定中下塘街	
142	嘉定金家洋房慰安所	不详	○			嘉定西下塘街 49 号	
143	青浦县城慰安所	不详	○			青浦县城	
144	崇明庙镇慰安所	1938—1945	○			崇明庙镇镇政府内	
145	浦东高桥慰安所	1940—不详	○			高桥草镇七十一号	已拆

序号	名称	存在时间	"慰安妇"国别			地址	备注
			中国	日本	朝鲜		
146	浦东塘桥慰安所	1938—不详	○			塘桥路大年坊	已拆
147	罗店镇米家祠堂慰安所	1940—1944	○			罗店镇新村	
148	杨行"三百亩"慰安所	1939、1940—1941	○	○		杨行镇"三百亩"（宝山殡仪馆）	
149	松江第一慰安所	1943				松江城内中山路1528号	
150	马家宅慰安所	1941年底—1943	○			马家宅10号，今双峰路宛平南路间	已拆
151	徐家宅慰安所	不详	○			中山南二路一带	已拆
152	月迺屋	不详				乍浦路180号	建筑尚存
153	乍浦路254弄内慰安所	不详				乍浦路254弄内	
154	顺安里慰安所	不详		○		武昌路326弄	建筑尚存
155	六三亭	不详				塘沽路346号	建筑尚存
156	塘沽路310号—330号慰安所	不详				塘沽路310号—330号	建筑尚存
157	昆山路慰安所	不详	○			不详	
158	崇明城桥镇慰安所	1938.5—1945	○			不详	建筑尚存
159	浦东浦上路慰安所	1939年	○			浦东浦上路	不详
160	张堰油车村的日军慰安所	1941年秋—1945年夏		○		张堰油车村姜德辉家第二排房最西面一间	不详

序号	名称	存在时间	"慰安妇"国别			地址	备注
			中国	日本	朝鲜		
161	徐汇区慰安所	不详				徐汇区"龙山新村"	已拆
162	大夏大学慰安所	1937—1945 年间				中山北路华东师大教工新村	建筑尚存
163	龙华日军慰安所	1937.8.23 存在	○	○		上海龙华镇	建筑尚存
164	丰田纺织厂慰安所	1938 年 1 月—不详	○			丰田纺织厂日军小卖部	不详
165	海军下士官兵集会所	不详				峨眉路 400 号	建筑尚存
166	海军俱乐部	1934 年存在				东江湾路、多伦路路口	建筑尚存

（二）海南日军"慰安所"统计表

序号	名称	存在时间	现在地址	建筑状况
1	日军慰安所（具体名称不详，下同）	约1944年—日军战败投降（具体日期不详，下同）	陵水县新村镇	已拆
2	石峒庙慰安所	1939年4月—日军战败投降	陵水县陵城镇后山街（旧称瓦灶街）石峒庙	不详
3	后石日军机场慰安所	不详	陵水县三才镇后石村附近（原后石日军机场）	不详
4	"快乐房"慰安所	1943年初—1945年8月底	保亭县保城镇	不详
5	日军慰安所	1939年—日军战败投降	东方市新街镇（原感恩县新街市）	建筑尚存
6	军官慰安所	不详	东方市新街镇北黎村（原感恩县北黎市民宅）	已拆
7	军官慰安所	不详	东方市新街镇北黎村（原感恩县北黎市时高雷会馆附近）	已拆
8	士兵慰安所	不详	东方市新街镇北黎村（原感恩县北黎市原日军七营队驻地附近）	已拆
9	普通慰安所	不详	东方市新街镇北黎村（原感恩县北黎市西树林里简易平房）	已拆
10	日军慰安所	不详	东方市（原感恩县广坝电站）	不详
11	日军慰安所	不详	昌江县叉河镇（原宝桥镇）	已拆
12	日军慰安所	约1942年—日军战败投降	屯昌县南吕镇新市场（原琼山县南吕市）	已拆
13	日军慰安所	不详	屯昌县枫木镇（原琼山县枫木市）	不详
14	日军慰安所	不详	琼中县乌石镇老市址（原琼山县乌石市）	不详
15	"南恩光"慰安所	1941年后—日军战败投降	乐东县黄流镇（原崖县黄流市）民宅	不详
16	"营队"慰安所	1941年后—日军战败投降	乐东县黄流镇（原崖县黄流市日军机场）	已拆
17	"西松组"慰安所	1941年后—日军战败投降	乐东县黄流镇（原崖县黄流市日军机场）	已拆

序号	名称	存在时间	现在地址	建筑状况
18	工兵慰安所	1941年后—日军战败投降	乐东县黄流镇铺村（原崖县黄流市白极坡南进机场，即琼南航空十三基地）	不详
19	军部慰安所	1941年后—日军战败投降	乐东县黄流镇黄流中学校门旁（原崖县三高学校，日军强行拆除后建造黄流市日军派遣部旁）	不详
20	"乐园"日海军航空兵军人慰安所	1941年后—日军战败投降	乐东县黄流镇（原崖县黄流市日军机场东门外）	不详
21	日军慰安所	1941年后—日军战败投降	乐东县九所镇（原崖县九所市日军分遣队部旁）	不详
22	"华南庄"长官慰安所	1941年后—日军战败投降	三亚市崖城镇（原崖县崖城市）尊道一村民宅	不详
23	"崖泉庄"士兵慰安所	1941年后—日军战败投降	三亚市崖城镇（原崖县崖城市）尊道一村民宅	不详
24	陆军军官慰安所	1941年后—日军战败投降	三亚市文化宫后（原崖县日军新建的日式浮脚屋）	不详
25	"中岛慰安寓"工兵慰安所	1941年后—日军战败投降	三亚交通宾馆后（原崖县榆林地区榕根村附近）	不详
26	海军军官慰安所	1941年后—日军战败投降	三亚市三亚港榆林地区榆林小学（原崖县榆林港）	不详
27	士兵慰安所	1941年后—日军战败投降	三亚市红沙镇市盲残院址（原崖县红沙市欧家园）	不详
28	日军慰安所	1941年后—日军战败投降	三亚市藤桥镇中街（原崖县藤桥市中街）民宅	不详
29	金江市慰安所	1939年冬—日军战败投降	澄迈县金江镇中山西巷7号（原金山市乐善堂旁民宅）	建筑尚存
30	石浮岭慰安所	1939年冬—日军战败投降	澄迈县石浮镇（原石浮乡日军15警备区石浮中队所属）	不详
31	日军慰安所	1941年—日军战败投降	海口市长流镇烈文小学	建筑尚存
32	日军慰安所	1939年—日军战败投降	海口市长流镇新李村祠堂（原琼山县长流地区新李村学优分祠）	建筑尚存
33	日军慰安所	1939年—日军战败投降	海口市长流镇烈市楼新街（原琼山县长流地区烈市楼新街）	建筑尚存

序号	名称	存在时间	现在地址	建筑状况
34	长官慰安所	不详	海口市424海军医院（原中山路和新华路交叉口）	不详
35	日海军航空兵慰安所	不详	海口市解放西路市工人文化宫址（原海口市关上塘与法国天主教堂间）	已拆
36	日军慰安所	不详	海口市（原海口市白坡日军海口机场附近）	不详
37	日军慰安所	不详	海口市大兴西路	不详
38	日军慰安所	不详	海口市龙华路罐头厂	已拆
39	日军慰安所	不详	海口市（具体不详）	不详
40	日军慰安所	1939年—日军战败投降	文昌市清澜镇（原文昌县清澜市）	已拆
41	日军慰安所	不详	文昌市文城镇文中坡（原文昌县文城镇校场坡）	不详
42	日军慰安所	不详	文昌市公坡镇公坡小学址（原文昌县公坡市）	已拆
43	日军慰安所	1942年—日军战败投降	琼山市红旗镇龙发墟龙发小学	已拆
44	日军慰安所	1941年—日军战败投降	琼山市（原琼山县）府城镇绣衣坊大井巷2号	建筑尚存
45	日军慰安所	不详	琼山市（原琼山县）府城镇绣衣纺23号民宅	建筑尚存
46	日军慰安所	不详	琼山市（原琼山县）府城镇忠介路160号民宅	建筑尚存
47	日军慰安所	不详	琼山市（原琼山县）府城镇朱吉里路26号	建筑尚存
48	白石楼慰安所	不详	琼海市嘉积镇（原琼东县嘉积市）	不详
49	石壁市慰安所	1940年—日军战败投降	琼海市石壁镇石壁中学（原琼东县石壁市）	已拆
50	阳江市慰安所	不详	琼海市阳江镇镇政府址（原乐会县阳江市）	已拆
51	博鳌市慰安所	不详	琼海市博鳌镇（原乐会县博鳌市）	不详

序号	名称	存在时间	现在地址	建筑状况
52	万城慰安所	不详	万宁市万城镇民宅（原万宁县万城市）	已拆
53	南慰安所	1941 年—日军战败投降	定安县翰林镇（原翰林市）	已拆
54	日军慰安所	1939 年—日军战败投降	定安县定城镇泰华庙后	建筑尚存
55	日军慰安所	1940 年—日军战败投降	临高县新盈镇红民街 009 号、010 号	建筑尚存
56	日军慰安所	不详	临高县临城镇	不详
57	日军慰安所	不详	临高县加来镇民宅	不详
58	石碌慰安所	1942—1945 年	昌江县石碌镇河南派出所和县供销贸易公司址（原日军碉堡东侧 100 多米）	已拆
59	矿山慰安所	不详	昌江县石碌镇铁矿公园后山，即海南省钢铁总公司职工宿舍楼址	已拆
60	驻军慰安所	不详	昌江县保平乡保平小学旧址（原保平乡日军中队在保平村洗太夫人庙）	已拆
61	赵家园慰安所	1940 年秋—日军战败投降	儋州市那大镇大勇商场（原儋县那大市民宅）	已拆
62	李家院慰安所	1943 年初—日军战败投降	儋州市中共儋州市委第二招待所址（原儋县那大市民宅）	已拆
63	日军慰安所	不详	儋州市（原儋县）白马镇	不详
64	日军慰安所	不详	儋州市（原儋县）新州镇	不详
65	日军慰安所	不详	儋州市（原儋县）新英镇	不详
66	日军慰安所	不详	儋州市（原儋县）中和镇	不详
67	日军慰安所	不详	儋州市（原儋县）光村镇	不详

主要参考资料

1. 上海市档案馆所藏"慰安妇"相关档案。

2. 天津市档案馆所藏"慰安妇"相关档案。

3. 日本防卫图书馆所藏"慰安妇"相关档案。

4. 日本每日新闻社编：《远东国际军事法庭判决书》，张效林译，群众出版社1986年版。

5. 《中华民国史档案资料汇编》第5辑第3编，江苏古籍出版社2000年版。

6. 中央档案馆等：《日本帝国主义侵华档案资料选编——东北历次大惨案》，中华书局1989年版。

7. 中央档案馆等：《日本帝国主义侵华档案资料选编——东北经济掠夺》，中华书局1991年版。

8. 中国抗日战争史学会、中国人民抗日战争纪念馆编：《日军侵华暴行实录》，北京出版社1997年版。

9. 中国抗日战争史学会、中国人民抗日战争纪念馆编：《中国抗日战争大事记》，北京出版社1997年版。

10. 《中国山西"慰安妇"东京法院起诉书》（日文版），1995年。

11. 《台湾"慰安妇"东京地方法院起诉书》（日文版），1999年。

12. 《东京审判日本"慰安妇"制度罪行女性民间法庭中国大陆代表团起诉状》（中文版），2000年。

13. 日本战争责任研究中心：《战争责任研究》，创刊号至2007年。

14. 朱鼎元：《日本随军妓女的血泪》，《芜湖文史资料》，第3辑。

15. 郑文辉：《日军侵占新马三年八个月》，新加坡人民书局1982年版。

16. 叶德佛等编著：《香港沦陷史》，广角镜出版社1982年版。

17. 萨空了：《香港沦陷日记》，三联书店香港分店1985年版。

18. 小俣行男：《日本随军记者见闻录》，世界知识出版社1985年版。

19. 井上清：《日本军国主义》第1、2册，商务印书馆1985年版。

20. 洞富雄：《南京大屠杀》，毛良鸿、朱阿根译，上海译文出版社1987年版。

21. 晓图：《血淋淋的战争索赔案》，人民中国出版社1993年版。

22. 王钟伦、刘太亨主编：《从甲戌到乙酉1800亿美元民间受害大索赔》，海南出版社1993年版。

23. 王承礼等主编：《苦难与斗争十四年》，中国大百科全书出版社1995年版。

24. 符和积主编：《铁蹄下的腥风血雨——日军侵琼暴行实录》（上）、（下），海南出版社1995年版。

25. 中央档案馆等合编：《南京大屠杀》，中华书局1995年版。

26. 中国人民解放军军事科学院军事历史研究部著、王道平主编，罗焕章、支绍曾副主编：《中国抗日战争史》上、中、下三卷，解放军出版社1995年版。

27. 鲁思·本尼迪克特：《菊与刀》，吕万和等译，商务印书馆 1996 年版。

28. 王俊彦编著：《警惕日本——昨天的侵略与今日的扩张》，内蒙古人民出版社 1996 年版。

29. 殷燕军：《中日战争赔偿问题》，御茶水书房 1996 年版。

30. 苏智良：《慰安妇研究》，上海书店出版社 1997 年版。

31. 矢野玲子：《"慰安妇"问题研究》，大海译，辽宁古籍出版社 1997 年版。

32. 高平、唐芸、阳雨：《血债——对日索赔纪实》，国际文化出版公司 1997 年版。

33. 李正堂：《为什么日本不认账——日本国战争赔偿备忘录》，时事出版社 1997 年。

34. 海南省地方志办公室编：《海南省志·军事志》，南海出版公司 1998 年版。

35. 李正堂：《中国人关注的话题：战争索赔》，新华出版社 1999 年版。

36. 妇女救援基金会主编：《台湾慰安妇报告》，台湾商务印书馆 1999 年版。

37. 袁成毅：《中日间的战争赔偿问题》，陕西人民出版社 1999 年版。

38. 东史郎：《东史郎日记》，该书翻译组译，江苏人民出版社 1999 年版。

39. 内田雅敏：《战后补偿的思考》，骆为龙、张俊英译，学苑出版社 1999 年版。

40. 李玉、骆静山主编：《太平洋战争新论》，中国社会科学出版社 2000 年版。

41. 苏智良：《日军性奴隶》，人民出版社 2000 年版。

42. 苏智良、荣维木、陈丽菲主编：《二战时期的日军"慰安妇"制度》，学林出版社 2000 年版。

43. 韩国挺身队研究会编：《被掠往侵略战场的"慰安妇"》，金镇烈、黄一兵译，中国文史出版社 2001 年版。

44. 乔治·希克斯：《慰安妇》，滕建群译，新华出版社 2002 年版。

45. 松冈环：《南京战·寻找被封闭的记忆——侵华日军原士兵 102 人的证言》，新内如、全美英、李建云译，上海辞书出版社 2002 年版。

46. 陈祖梁：《血雾迷茫——滇缅抗日及日军罪恶揭秘》，云南美术出版社 2004 年版。

47. 苏智良、陈丽菲、姚菲：《上海日军慰安所实录》，上海三联书店 2005 年版。

48. 谢忠厚、田苏苏、何天义：《日本侵略华北罪行史稿》，社会科学文献出版社 2005 年版。

49. 在上海日本总领事馆警察编：《昭和十二年管内状况ノ内　特高警察ニ关スル事项》，在上海日本总领事馆警察部发行。

50. 中村三郎：《日本卖春取缔考》第三卷，日本风俗研究会 1954 年版。

51. 宫冈谦二：《娼妇　海外流浪记》，三一书房 1968 年版。

52. 高桥铁：《近世　近代 150 年性风俗图史》，久保书店 1969 年版。

53. 和歌森太郎、山本藤枝：《日本的女性史》，第一、二卷，集英社 1970 年版。

54. 稻叶正夫编：《冈村宁次大将资料》，上卷（战场回想篇），原书房 1970 年版。

55. 中村信：《大草原》，日本青云社 1971 年版。

56. 日本历史学研究会编：《太平洋战争史 5·太平洋战争 1》，东京青木书店 1972 年版。

57. 千田夏光：《从军慰安妇》，双叶社 1973 年版。

58. 森崎和江：《からゆきさん》，朝日新闻社 1976 年版。

59. 千田夏光：《从军慰安妇》正篇，三一书房 1978 年版。

60. 井上源吉：《战地の宪兵》，图书出版社 1980 年版。

61. 中村喜春：《江户っ子芸者一代记》，草思社 1984 年版。

62. 吉见义明编：《从军慰安妇资料集》，大月书店 1992 年版。

63. "从军慰安妇 110 番"编辑委员会编：《从军慰安妇 110 番》，明石书店 1992 年版。

64. "おしえへくたさい！'慰安妇'情报电话"报告集编辑委员会编：《性と侵略——"军队慰安所"84 か所 元日本兵らの证言》，东京株式会社社会评论社 1993 年版。

65. 高木健一：《从军慰安妇と战后补偿》，东京三一书房 1994 年版。

66. 西野瑠美子：《追寻日军慰安妇》，媒体情报中心 1995 年版。

67. 川田文子：《战争と性》，明石书店 1996 年版。

68. 石井研堂：《明治事物の起源》三，筑磨书房 1997 年版。

69. 金一勉：《游女 からゅき 慰安妇の系谱》，雄山阁 1997 年版。

70. 《诉状：中国·山西省に性暴力被害者损害赔偿等请求事件》，东京清井法律事务所 1998 年。

71. 松井耶依：《战時·性暴力を裁く》，凯风社 1998 年版。

72. 杨·露芙：《オランダ人ジャンの物語》，渡边洋美译，木犀社 1999 年版。

73. 松井やょり、西野瑠美子、金富子、林博史、川口和子、东泽靖编著：《女性国际战犯法庭全记录[Ⅱ]》，绿风出版社 2002 年版。

后　记

本书是中共中央党史研究室主持的抗日战争时期中国人口伤亡和财产损失调研丛书的子课题，同时得到了上海师范大学中国近代社会研究中心的支助。

本人自 1993 年致力中国"慰安妇"调查始，已过去 21 年，自研究中心成立，研究之外同时开展对受害者的援助，也有 15 个年头了。我们的调查涉及黑龙江、辽宁、吉林、北京、河北、河南、山东、山西、江苏、上海、浙江、福建、广东、广西、湖北、湖南、海南、云南、香港、台湾等地。回想在数十次的调查中，爬过高黎贡山、松山，到过苗族、黎族的村寨，也睡过窑洞，翻过车，遭遇洪水、塌方……我们依靠当地有良知的、热心的志愿者、研究人员，以及部分政府干部多年如一日的资料提供与工作帮助，依靠海外华侨包括国内人士彼伏此起的经济支助，依靠日渐成熟、负责任的媒体长期的正义声援，才走到今天。可以说，这是全社会共同关心的结果。

我们的调查研究，致力于在整体面貌上揭开日本在中国实施军事性奴隶制度的历史真相，使世人知晓二战时期日军在中国的"慰安所"布点以及被强征的"慰安妇"被难的真实概况。十几年来，积累的口述调查个案细节比我们所见的文献记录要丰富周密，是理所当然的；但调查结果显示，"慰安妇"制度在中国实施的范围和密度远远超过了目前所见的文献资料的记载，却是令我们吃惊的。

实地调查少不了事先的文献阅读与整理。在实地调查的之前与同时，我们翻阅查看了大量的中、日文书籍和档案，以为线索和指引，并双向核实和纠错。有感于当时日本政府及日军有意识地掩盖真相，以及战后我国在抗战史方面调查缺失所造成的资料零散、匮乏，我们一直想在这方面多做点基础的工作，以为后续者研究的台阶。本书即是这一研究的部分成果。

由于历史与现实的纠结复杂，调查中遇到重重困难，产生新的问题，因此，"慰安妇"问题的研究，远没有结束。这是一个越研究越感遗憾的项目。首先是时间的遗憾，老人们来日无多，没有时间了，而我们也没有大量的专门时间脱产调查。其次是力量的遗憾，以我们几个学术研究者的能量，无法组织全国规模的、翔实的、地毯式的调查，以致大量的幸存者和历史见证者包括珍贵的历史记录消逝。这可能是永远无法弥补的遗憾了。

在这里，我要感谢为"慰安妇"问题的调查和研究作出努力并对本书提供可贵帮助的众多朋友和学生们。如杨昭全先生主编的《日帝强征从军慰安妇罪行录》（吉林社会科学院内部版），翻译了不少来自朝鲜半岛的珍贵文献，本书收录了其中的部分资料，对于主编和译者，在此谨表由衷的感谢。同样，在我所尊敬的松冈环女士搜寻到的日本老兵的日记中，也有大量关于"慰安所"、"慰安妇"的记载，这些资料也是十分宝贵的，现收录在本书中，并向松冈环女士致谢。还有不少战时的文献、日本老兵的回忆录、中国见证人的来信等，也丰富了本书的内容。我尤其要感谢先后指导的 60 多名博、硕士生，他们几乎每个人都或多或少地参与了这项调查以及各类工作，跟着老师东奔西走，从不计较报酬；中国"慰安妇"资料馆能从 2007 年以来持续开馆，就得益于他们的付出和坚持。感谢我可爱可敬的学生们！

苏智良于上海师范大学

2014 年

总 后 记

　　历时多年的《抗日战争时期中国人口伤亡和财产损失调研丛书》终于问世了。参加这套丛书编纂工作的，主要是承担《抗日战争时期中国人口伤亡和财产损失》课题调研任务的各省、自治区、直辖市及其下属市、县的领导同志和课题组成员，以及部分著名专家。他们以高度的责任心和使命感，竭尽全力，攻坚克难，终于完成了各自承担的任务，并按统一要求，形成了调研成果的 A 系列书稿。同时，有关省、自治区、直辖市还从实际情况出发，编纂了主要反映市、县调研成果的 B 系列书稿。由于各地情况不尽相同及其他原因，呈现在读者面前的丛书，将分批陆续完成和出版。

　　为了保证质量，我们对本丛书中由各省、自治区、直辖市完成的 A 系列书稿（即省级调研成果）实行了四级验收制，即：所有的省级调研成果，先由有关省（自治区、直辖市）课题领导小组及其聘请的省级专家验收组分别审读通过、写出书面意见；然后提交到中共中央党史研究室课题组。中共中央党史研究室课题组审读后，再聘请国内知名专家审读书稿，提出书面意见。对每次审读提出的意见，各省、自治区、直辖市课题组都认真研究落实，对书稿进行反复修改，或是说明相关情况，直到符合要求。由一批专家完成的 A 系列书稿（即带全局性的专门课题调研成果），也通过类似的办法验收。主要反映市、县调研成果的 B 系列书稿，则由有关省、自治区、直辖市党史研究室组织验收。各种调研成果验收修改的过程，同时也是调研的深化过程、提高过程。经过反复修改补充的成果，在质量上都有明显提高。

中共中央党史研究室课题组在中共中央党史研究室室委会和分管室副主任的具体领导下开展工作。中共中央党史研究室几任主要领导同志即曲青山和孙英、李景田、欧阳淞主任，非常关心和重视本课题调研工作的开展。分管这项工作的室副主任李忠杰同志始终严格把握政治方向，精心部署和安排，明确提出创建"精品工程、基础工程、警世工程、传世工程"的要求，给工作指明方向，还及时领导解决调研过程中遇到的种种困难和问题。各地同志和有关专家同中共中央党史研究室课题组保持密切联系，对中共中央党史研究室课题组的工作给予了积极配合和支持。

　　中共中央党史研究室课题组由李忠杰、霍海丹、李蓉、姚金果、李颖、王志刚、王树林、杨凯等同志组成。先后担任中共中央党史研究室第一研究部领导职务的黄修荣、刘益涛、蒋建农同志参与了课题调研和审改的部分工作。中共中央党史研究室科研管理部、办公厅的部分同志也参与了有关工作。特别是在北京市和山东省召开的两次全国性会议，中共中央党史研究室科研管理部、办公厅的有关同志自始至终参与了繁忙的会务工作，付出了大量心血和辛勤劳动。

　　在李忠杰同志直接领导下，中共中央党史研究室课题组承担了组织指导与协调推进各地课题调研和联系有关专家完成全局性专题调研的繁重任务。在人手十分有限的条件下，课题组同志们近10年如一日，以对民族负责、对历史负责的自觉精神，克服困难，埋头苦干，为圆满完成任务做了大量工作。计先后编发213期达60多万字的《工作简报》，同各省、自治区、直辖市的同志和有关专家进行了数以千次、万次的电话联系及当面沟通，先后到10多个省、自治区、直辖市实地调查、参加会议，了解情况，当面指导，协助各地完成调研工作，或邀请有关地方的同志到北京进行座谈；还组织22个省、自治区、直辖市课题组编纂《抗日战争时期全国重大惨案》，同中央档案馆联合编辑《抗日战争时期解放区人口伤亡和财产损失档案选编》，同中国第二历史档案馆、中国人民解放军档案馆联合编辑其馆藏的相关档案资料，撰写有关专题报告，等等。将近 10 年来，课题组成员虽有变动，但工作始终如一，没有延误和懈怠。

需要说明的是，《抗日战争时期中国人口伤亡和财产损失》课题，有时也简称为抗战损失课题或抗损课题。虽然有学者认为"抗战损失"或"抗损"通常只能反映抗日战争中财产方面的损失，人口伤亡不能称作损失，但考虑到当年国民政府习惯采用"抗战损失汇报"或"抗战中人口与财产所受损失统计"等表述，所以本课题参照前例，以"抗战损失"或"抗损"作为课题简称。

2014 年初，根据中央领导同志的指示精神和中共中央党史研究室室委会关于做好出版和对外宣传全国抗战损失课题调研成果准备工作的要求，我们组织部分省、自治区、直辖市的分管领导和课题组成员对已经印出样本的 A 系列书稿再次进行复审和互审，并邀请部分承担了抗战损失专题调研任务的专家参加审稿工作。这次集中复审和互审的主要任务是：审核已经印出样本的 A 系列书稿，对相关数据、史实严格把关，保证课题调研结论的真实性，保证书稿没有重大差错。中共中央党史研究室主要领导同志和分管领导同志也提出要求：把工作做得再深入、再扎实一些，统一规范，责任到人，把问题消灭在书稿正式出版之前。

在复审和互审过程中，地方同志和邀请的专家以多种形式及时沟通，围绕审稿发现的问题研究讨论，和中共中央党史研究室分管领导进行交流，对一些重要的共性问题达成一致。经过复审和互审，对有关的 A 系列书稿做出进一步修改。在此基础上，中共中央党史研究室课题组同志又对拟第一批出版的每一部 A 系列书稿进行多环节的审读、检查、修改、校对，严格审核把关，尽可能如实、客观地反映调研情况和成果。

中共中央党史研究室的其他同志及一些外聘同志、从地方党史部门借调的同志，如徐玉凤、谢忠厚、杨延力、郭明泉、戴思厚、王俊云、梁亿新、宋河星、毛立红、王莹莹、茅永怀、庚新顺、李蕙芬同志等，满腔热情地参加了本课题调研的部分工作。不论是调研选题的讨论、同有关各方的联络，还是资料的整理、归类、建档等，他们都付出了辛勤的劳动。

这里，还要特别感谢国家社会科学基金规划办公室、国家新闻出版广电总局有关领导和同志对本课题调研工作的支持和帮助，感谢有关部门对丛书出版经费的支持和保证。中共党史出版社的领导汪晓军以及陈海平、姚建萍等同志，也为这套丛书的出版花费了很多心血。

我们相信，本丛书 A 系列和 B 系列各卷的陆续公开出版，必将大大有助于抗战损失课题调研成果的推广利用，有利于固化历史，更好地发挥以史为鉴、资政育人的作用。但是，我们也深知，本课题调研迄今所取得的成果，还只是阶段性的、部分的、不完全的成果。在已经取得的来之不易的成果的基础上，今后，这一课题的调研工作还要深入不懈地继续进行下去。

中共中央党史研究室课题组
2014 年 4 月 30 日